南北麻将赢家实用手册

李元秀　编著

内蒙古人民出版社

图书在版编目(CIP)数据

南北麻将赢家实用手册/李元秀著.-呼和浩特:内蒙古人民出版社,2017.8

ISBN 978-7-204-14957-5

Ⅰ.①南… Ⅱ.①李… Ⅲ.①麻将-基础知识 Ⅳ.①G892.2

中国版本图书馆CIP数据核字(2017)第228452号

南北麻将赢家实用手册

选题策划 石金莲 杨 柳
编　　者 李元秀
责任编辑 晓 峰 杜慧婧
封面设计 宋双成
制　　图 陈礼春
出版发行 内蒙古人民出版社
地　　址 呼和浩特市新城区中山东路8号波士名人国际B座5楼
印　　刷 呼和浩特市圣堂彩印有限责任公司
开　　本 710mm×960mm 1/16
印　　张 19
字　　数 300千
版　　次 2019年2月第1版
印　　次 2019年2月第1次印刷
印　　数 1—3000册
书　　号 ISBN 978-7-204-14957-5
定　　价 29.80元

如发现印装质量问题,请与我社联系。联系电话:(0471)3946120

前　言

麻将是我国古代独创的一种极富趣味性和娱乐性的牌具，是我国传统文化的一个重要组成部分，是中国的国粹，也是广大人民群众最喜爱的娱乐活动之一。

中国麻将形成的确切历史已难以考证，但溯其渊源，麻将是由中国古代的宫廷游戏——博戏逐步演化而成的。到唐代时，变为“叶子戏”；到明代又演化为“马吊牌”；到清代又演化为“麻雀牌”，即现代麻将的雏形。近百年来，麻将牌的种类和数量基本没有变化，但打法却不断演变发展。大约在二十世纪三四十年代，由原来的素麻将、花麻将发展成有绘儿麻将。在打法和计算胜负的方法上，各地也有许多新的创意。今后还将随着人们的习惯、环境等因素的变化不断变化创新。

与其他大众游戏相比，打麻将非常独特。打麻将时，人们要不断观察思考，运筹谋划，因此，它具有鲜明的益智性。打麻将时，存在大量无法控制且不确定的因素，这些因素会对牌情产生重大影响甚至决定一局的胜负，因此，它具有显著的博弈性。打麻将时，随机事件一直伴随着行牌过程，常常会发生意料之外的事情，甚至会频繁出现弄巧成拙、歪打正着的现象，因此，它具有很强的趣味性。打麻将时，牌情的起伏变化往往很大，好牌有可能因为进牌缓慢、不当而落败，差牌有可能因为进牌迅速、恰当而制胜，甚至经常会上演缘利获害、因灾受益的故事，因此，它具有强烈的戏剧性。

麻将是中华民族的珍贵文化遗产，麻将游戏是炎黄子孙智慧的结晶，是传统文化宝库中一颗灿烂夺目的明珠。本书简要介绍了有关麻将的基础知识，简明而又具体地讲解了麻将的基本打法、特殊打法，以及我国南北各地的一些不同打法，着重传授了麻将的入门与实战技巧。

本书编撰突出新颖性、实用性的特点。新颖性体现在编入了民间的种种招术，特别是码牌内容在其他麻将书中只是浅尝辄止，而本书则详细介绍；实用性体现在内容经过多次整理，实战牌例很多，使读者能够即学即用。麻将具有很强的趣味性、娱乐性，是我国普及程度最高的棋牌项目，有着广泛的群众基础。它作为一种竞技项目，虽入门简单，蕴含的道理却有其博大精深的一面，与数学、心理学、哲学、逻辑学都有关系。希望本书能够使广大的麻将爱好者尽快入门并不断提高牌技，使历史悠久、遍及城乡的麻将游戏有一个科学文明的规范打法，从而使中国麻将牌成为一种群众性的竞技运动。

目 录

第一章　麻将知识概述

一、基本知识

（一）牌具的组成

一副麻将牌总共为 42 种、144 张，分别由数牌（万、筒、条）、字牌（四风、三元）和花牌（春、夏、秋、冬、梅、兰、竹、菊）所组成。其中打“素麻将”使用 34 种、136 张牌（即不用花牌），这 136 张牌也叫基本牌；打“花麻将”使用 144 张牌，也叫全麻将牌。

1.数牌

数牌又叫序数牌、色牌。由万字牌、筒子牌、条子牌所组成，共 27 种 108 张，其中：

万字牌从一万至九万，各有四复张，计 9×4＝36 张；筒子牌也是从一筒至九筒，各有四复张，计 9×4＝36 张；条子牌也是从一条至九条，各有四复张，计 9×4＝36张。见图 1

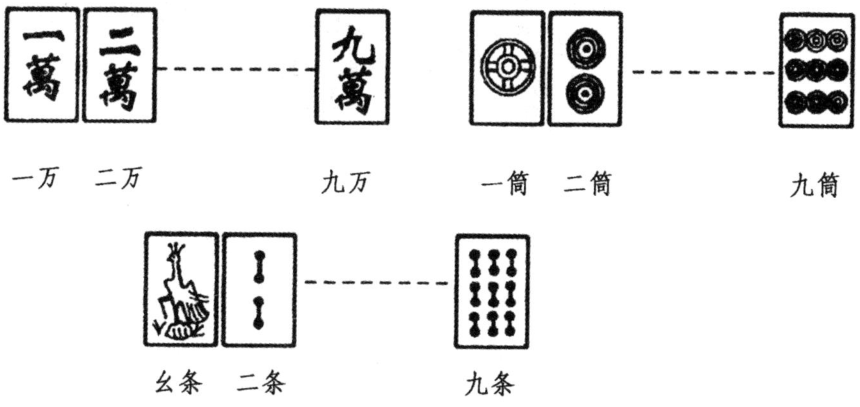

图 1

2.字牌

字牌由四风(东、南、西、北)和三元(中、发、白)共 7 种 28 张牌组成。其中:

四风:东、南、西、北各四张,4×4=16 张;

三元:红中、发财、白板也是各为四张,3×4 =12 张。见图 2

东　南　西　北　　中　发　白

图 2

3.花牌

花牌(或称“绘”牌),由春、夏、秋、冬、梅、兰、竹、菊 8 种牌组成。[也有的由财神、元宝、猫、鼠和春、夏、秋、冬(或梅、兰、竹、菊)组成],都是每种一张共 8 张。

花牌的作用有两种情况。一种情况是只起“财神”的作用——一张花牌可在和牌时增加一番,除此以外不起别的作用;另一种情况是起听用(或绘)的作用——可以顶替 136 张牌中的任一张牌使用,但不能用它来凑牌吃副和碰坎。见图 3。

图 3

4.骰子、风圈仪和筹码

一副完整的麻将,除麻将牌以外,还应备有掷点用的一对骰子,规格为边长 1~1.5 厘米的立方实心体,多为有机玻璃制成。上面刻有 1~6 个点数。风圈仪是用来指示风圈的,上面刻有东、南、西、北字样,是一个可以旋转的圆形指示盘(也有用四个小牌子代替的,上面同样刻有东、南、西、北字样,用以记圈)。筹码是用来计番(分)的,其材料有金属的,也有塑料的,形状、颜色、个数及其所代表的番(分)数各不相同。也有用扑克牌代替的。正规比赛使用专门的记分卡,1998 年 7 月,经国家体育总局审定出台的《中国麻将竞赛规则(试行)》(简称《新规则》,下同)中,规定记分卡的分值分别为 1、8、10、50、100 分。见图 4

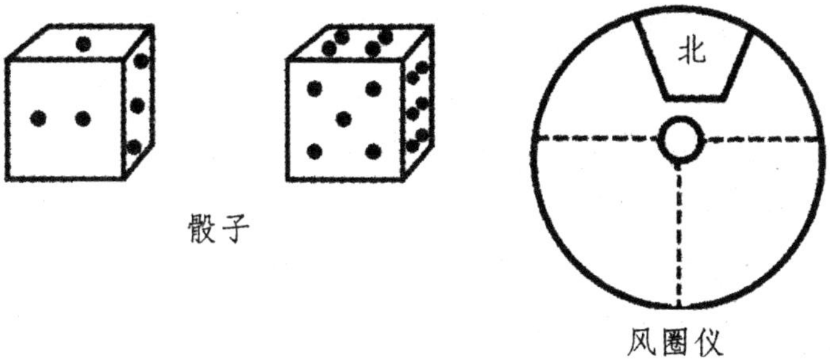

图 4

(二)打牌的程序

尽管麻将牌的打法多种多样,形式各异,但有一点就是无论打什么样的麻将,其打牌的基本程序都是一样的。

1.定位

麻将游戏是四人同玩,缺一不可。所谓定位就是采用一定的方式,来确定每个人入局的方位。

定位通常采用的方法有以下几种。

(1)摸风定位法:

首先指定某个方位为东,然后找出东、南、西、北风牌各一张,正面朝下搅乱洗开,四人随意各摸一张,然后按个人所摸的风名,东、南、西、北依逆时针方向各就各位。也可以不事先指定何方为东,而按照“自然风”依次入座,谁摸上东,就坐在东边,摸上南坐南边,依此类推。

(2)掷骰定位法:

一般是掷两颗骰子(也有允许掷一颗的),每人掷一次,两颗骰点相加,谁点大谁为东,以下按点数大小依次为南、西、北。“东”的位置不动,南、西、北按逆时针方向入座。如若点数相同,应按“先大后不大”原则进行。

也有按“骰点法”定位的，即两骰点数之和，“5”“9”者为东；“2”“6”“10”者为南；“3”“7”“11”者为西；“4”“8”“12”者为北。如果出现两个人点数相同时，第二个人应重掷。

(3)习惯定位法：

采用这种方法定位简单省事，既不用摸风头，也不必掷骰子，而是“长者为尊”，让年长者或大家敬重的人坐在东位，以示尊敬之意。

每打完一局(四圈)后，再按上述方法重新定位，俗称“调风”，以期求得机会均等。如采用摸风法调风，应由上一局最后一盘牌的和家来调。即挑出东南西北四张风头，背扣洗匀，并掷骰确定出“东”的方位(按骰点确定)。尔后其他三家各任摸一张，最后剩下一张是“做风”者的。仍按逆时针方向，东、南、西、北顺序入座，这与第一局的做法是一样的。

(4)抽签定位法：

这是正规比赛采用的定位方法。《新规则》规定运动员按照各自的抽签号码所确定的桌号和方位入座。

2.定庄

定庄就是确定谁是第一个坐庄的人。定庄的方法与定位的方法一样，也是摸风、掷骰、习惯定庄和抽签等几种方法。

采用摸风定庄时，谁摸到东风，谁就是第一个坐庄的庄家；采用掷骰法时，先由东位的人掷骰子，然后是南位、西位、北位接着掷。掷两颗骰子时，谁最先掷出5、9点，谁为庄家，如掷一颗骰子时，是1、5点。

有些地方按约定俗成规定，谁是“东”的方位谁就第一个坐庄，不再另行定庄。

如若是正规比赛，《新规则》中规定，门风东者为庄家。

3.洗牌与码牌

四人一起把牌背扣过去，牌面朝下，用双手搓动牌，使牌均匀而无序地运动，充分混合，以避免相同或相连的牌集中在一起。然后每人各按一定的墩数，两张牌摞在一起，码成牌墙摆在自家的门前。四人的牌墙左右相接成正方形，俗称“方阵”，也称“方城”“牌城”。

每人码牌的墩数是依据打何种牌来确定的，如打“素麻将”，使用136张牌，则每人码17墩；如打“花麻将”，使用144张牌，则每人须码18墩。

4.开门

开门是指在起牌之前,按《新规则》规定,通过两次掷骰办法,来决定庄家从哪一方位的哪一墩开始起牌。之所以这样做,是为了防止庄家作弊:在码牌时做手脚,将好牌码在于己有利的位置,然后再配合打骰捣鬼,把码的好牌抓到自己手里。

由庄家首先掷骰,规定掷两颗骰子,两骰点之和数,既是开牌的基数,也是决定第二个掷骰者数。

举例来说,庄家掷出的点数是3,以庄家为第一位,按逆时针方向顺序数,下家为2,对家为3,则第二个掷骰人便是对家(对家是开门起牌的方位)。至于从对家牌墙的哪一墩开起,则须由对家掷出的骰点与庄家掷的骰点相加之后才能确定。也就是说,两次掷骰的点数相加之和,是开牌的依据。

确定第二个掷骰者,用不着每次现数,有现成的口诀:

“五、九(庄家掷出的点数是5或9下同)自手”——由庄家自己再次掷骰;

“二、六、十过一”——由下家掷骰;

“三、七、十一对穿”——由对家掷骰;

“四、八、十二到底”——由上家掷骰。

5.起牌

起牌也叫开牌。前面谈到,两次骰点之和是开牌的依据,这就是说开牌从第二个掷骰者所码的牌墙开始。从右向左依次数到与点数相同的那一墩打住,由庄家开始抓下两墩,其余三家按逆时针方向,即东→北→西→南依次序轮流抓牌,每次抓两墩,每人抓三次(12张),庄家跳牌(即隔一墩抓上层的两张牌),其他三家再依次各抓一张,起牌完毕。庄家为14张牌,其他三家各为13张牌。

下面举个起牌留墩的例子。譬如庄家第一次掷的骰点是3,对家第二次掷出的点数为8,3+8=11,则庄家从对家牌墙自右而左留下11墩,从第十二墩开起。

有一套顺口溜,可帮助玩牌者快速而准确地定出起牌的位置(适用于每人码17墩):

“九(指两次掷出的骰点之和,下同),一家一手”——一列17墩牌,留下9墩,剩下8墩,每人抓一次,刚好抓完;

“十,抓把剩五”——即一列17墩,留下10墩,庄家抓一次,还有5墩;

“十一,抓把剩四”;

“十二,两把半”;

“十三,两把干”;

“十四,抓把剩一”;

“十五,一头数”;

“十六,两头凑”;

“十七,满贯”——17 墩全留下,从下家牌墙头两墩抓起;

“十八,过一圪挞”——17 墩全留下,从下家牌墙开头过一墩抓起;

“十九,过一手”——17 墩全留下,从下家牌墙开头过两墩抓起。

需要注意的是,各家起牌时,牌在墙上的走向为顺时针,从右向左行进,这与打牌顺序(包括抓牌、吃、碰、杠、补、和牌及轮庄顺序)正好相反,后者是从左至右依逆时针方向进行的,二者千万不可弄混。

6.坐庄

当庄的一家称为庄家,也叫坐庄。如果庄家连续和牌,称为“连庄”,庄家未能和牌,按以往沿袭的规定就要下庄,由他的下一家上庄,这叫作“庄家轮流坐”。轮流坐庄的顺序是,东风起,北风止,即东→南→西→北依次轮流。不过,《新规则》中规定:庄家无论和牌与否,都不得连庄。

注:有的地方(例如上海地区)不按东南西北的次序轮流坐庄,而是实行“随意庄”:就是谁和牌,谁为庄。

7.圈、局、风令

四家各坐一次庄,称为一圈,打完四圈(或到达比赛规定的时间)为一局。平时所说打八圈,就是打满两局结束战斗。

风令就是每局比赛圈数的标志。第一圈(东风圈)风令为东;第二圈(南风圈)风令为南;第三圈(西风圈)风令为西;第四圈(北风圈)风令为北。

圈风令是四家共有的风令。除此以外,各家还各有一“本门风”令,即打牌者每盘座位的标志。庄家的门风总是东,下家为南,对家为西,上家为北。

两种风令的规律是:圈风一圈有一变,门风随着庄家转。

关于风令加番(分)的规定:以往沿袭的规定是本门风坎,或庄家本门风对将,和牌时均加一番;凡得到的本门风坎子恰好与圈风令相一致时,称作“双风”(也称“连风”)和牌时加两番。例如庄家在东风圈中有东风坎时,称“双东”;南家在南风圈中有南风坎时称“双南”，依此类推，和牌时均有两番可得，如未能和牌，那当然也就作罢了。《新规则》中规定，圈风坎和门风坎，和牌时各有2分，没有“庄家本门风对将”和“双风”一说。

(三)组牌的方式

一般地说，起手13张(庄家14张)配牌，很少有达到五要素齐备或已经听牌的情况，大多要靠以后的摸调换张及吃、碰、杠来不断完善手牌面子的组合，直到成和。

1.摸调换张

这是组合一手牌的主要方法。每从牌墙上抓回一张，只要不和牌就要将手中难于组合的闲牌打出去一张，这就是摸调换张。在一盘牌中，这种摸调的机会平均每人大约为16~17次，而上张有效率最高的是在开局的前几巡之内。

2.出牌

每抓进或吃、碰、开杠、补花后，只要不和牌，就要打出一张牌。《新规则》规定，庄家第一次抓完牌(包括补花)到出牌限定时间为30秒。此后各家，每次从上家打出牌后，到自己出牌的时限为15秒(也是包括吃、碰、杠和补花)。

凡打出的牌必须先放在自家门前明示一下，然后再归入牌池内。要求放入牌池内的牌要有序地从左至右摆放，放置到第6张后，再依次另起一行，排列整齐，便于观察。《新规则》规定出牌不报牌名。

3.吃牌

吃牌就是利用上家打出的牌来组成副子。副子是由3张同色数字相连的牌所组成。例如自己手中有三、四筒搭子，上家打出二筒(或五筒)时，别人既不碰又不和，你如欲吃，便可以喊一声“吃”或“吃牌”(规定吃牌必须报吃)，把组成的二、三、四筒(或三、四、五筒)副子摆放在自家门前。注意报吃应稍慢一些，以防一旦有人碰坎，自己非但未能吃进，反倒暴露了手牌牌姿。

吃牌只限于吃上家打出的牌，下家和对家的牌是不能吃的(某些特殊打法规定可以“胡吃”或者“对着吃”“倒着吃”者除外)。

4.碰牌

当任一家打出与自己手中的对子相同的牌时，只要无人和牌，你都可以碰。规定碰牌必须报“碰”，并将组成的坎子(又称刻子)摆亮在自己门前。这叫作

"明坎",明坎必须亮牌。如手中有三张同样的牌,称作"暗坎",暗坎不需要亮牌。

规定"碰"比"吃"优先,亦即"许碰不许吃"。举个例子,上家打出五万,下家欲吃,而对家喊碰,则欲吃的一家必须让位给碰牌的一家。当然碰牌者应先于吃牌者报牌,或是同时报牌才行。如若吃牌者报吃于先,他家就不能再碰了。尽管如此,牌桌之上还时不时发生扯皮现象。因此,《新规则》做了明确规定:碰牌须在3秒钟内报出。跟打篮球一样:"二秒违例",这无疑是解决吃与碰发生扯皮现象的好办法。

5.开杠

自己手中有一副暗坎,当任一家再打出与手中暗坎相同的牌时,即可开杠;如果自己有一副碰倒的明坎,自己又抓进一张与该明坎相同的牌(别人打出的不行)也可开杠。这两种情况叫开"明杠",明杠必须明放在自家门前。

如若自己抓到四张相同的牌,开杠叫作"暗杠",暗杠应扣放在自己门前,在有人和牌或黄牌时,必须亮明,让三家查验,以防诈杠。暗杠不影响"门前清"。

开杠有以下几条规定:

(1)开杠必须先报杠(明杠、暗杠都须先喊一声"开杠");

(2)开杠后即在牌墙尾部补进一张牌,然后再打出一张牌;

(3)"杠"比"吃"优先;

(4)吃牌时手中有杠牌,不能开杠,只能在下一次自己抓进牌后才能开杠。

6.牌的摆放

《新规则》规定,凡吃、碰、杠上家的牌,要横放在亮出牌的左边;碰、杠对家的牌,要横放在亮出牌的两张之间;碰、杠下家的牌,要横放在亮出牌的右边。这样一来就把摆放牌规范化了(见图5)。

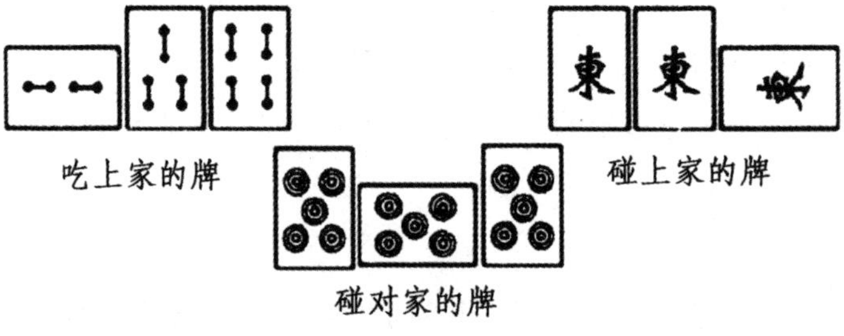

图5

7.将牌

将牌又称“麻将”“将头”“雀头”“眼”和“掌”。是基本牌型成和时的必要条件,亦即无将牌不能成和(只有特殊牌型“全不靠”和“七星不靠”是例外)。

任何两张相同的牌都能做将牌称为“乱将”,但在某些特殊打法中,对将牌是进行限制的。例如“定将”打法中,只允许数牌二、五、八的对子做将头,其他牌一律不行。也有的打法中规定,唯有二、五、八不能做将(如“穷和”)。不过这些“讲究”就某一地区来讲,早已是约定俗成的规则了。

8.听牌

当一手牌打到只差所需要的一张牌即可和牌时,称为听牌。听牌也叫“上听”“入听”或“有叫”。

9.和牌(和:读音 hú)

指一手牌经过摸调换张、吃、碰等手段,已经符合规定的牌型条件,达到或超过事先规定的起和番(分)标准(不规定起和分者例外)并报和牌的行为。

和牌的方式,分为自摸和(包括“补花”和)和点炮和(包括“抢杠”和)两种。

和牌者必须报和,并将手牌全部亮出,让其他三家查验。

10.诈和

不符合规定的牌型条件而宣布和牌,称为诈和。“诈和”分两种情况,一种是牌手一时疏忽,尚差一张牌才能叫听,却误以为已经听牌,或者是没有看清牌面,或者是记错了所叫和之牌,这是大多数的情况;另一种是有意欺骗,抱着侥幸心理,企图蒙混过关,这是极少数的情况。无论哪一种,对诈和者均按输牌对待,并要受到相应的惩罚。一般是按诈和者欲和出的番数罚筹码,即和多少罚多少,也有的加倍罚。《新规则》的规定是:本盘停和,并罚给各家 20 分,该盘继续比赛,诈和者继续陪打,别人和牌后,按规定付分。如果差两张以上的牌才能听牌,即视为故意诈和,取消比赛资格。

11.停和

牌手因出现违规行为,被取消本盘牌的和牌资格称作“停和”。停和家只有陪打的份儿,没有和牌的权利,别人和了牌,照样按规定付筹码。因此停和者都是采取消极“拆臭”战术,极力促成“黄庄”,或在迫不得已的情况下,放张小和的牌,以求尽量少失分。

被停和的原因主要有以下几种:

(1)错吃、错碰、错杠;

(2)诈和;

(3)错和(指没有达到规定的起和分而宣布和牌)及和错牌;

(4)多牌或少牌当了"相公"(多牌称为"大相公",少牌称为"小相公");

(5)故意耍赖。如通过语言或表情向同伙进行暗示、诱惑或传递信息等。轻者罚分,重者停和或取消比赛资格;

(6)带"混"玩法中误打出"混子"牌。

说明:以上系《新规则》中明文规定的"停和"。如是非正规比赛,可按当地约定俗成的规则执行。

12.放炮

放炮也叫放铳。是指某家打出的那张牌,正好是别人叫听的待牌,致使该家成和。这张点炮的牌称为"炮牌"或"炮弹"。打出炮牌者称之为"炮手"。当了炮手是要受罚的,至于罚多少,各地规定有所区别。

13.臭庄

臭庄又称"黄庄"或"荒牌"。顾名思义,就是一盘牌打到最后打黄了,含有"庄家倒霉"之意。

臭庄通常有以下几种情况:

(1)黄牌臭庄:当牌墙上的牌抓到最后一张,打出后仍无人和牌,造成平局,称为"黄牌"。即一盘牌抓黄了,"荒废"了。对黄牌的处理,通常有两种不同的方法:

庄家不下庄。其理由是三家未能"下"他的庄,他应当继续坐庄。而且有的地方还规定,庄家不仅不下庄,三家还要向他交付一定的筹码。

庄家下庄(由下家接替坐庄),并要受到一定的处罚。理由是庄家未能和牌,说明庄家无能。

至于究竟采取哪一种方法处理,应根据当地约定俗成的规则或按事先商定的打法进行。

(2)四风连打臭庄:在第一轮中,庄家打出头一张风牌或箭牌,其他三家跟着各打一张同样的风牌或箭牌,以此造成臭庄。庄家下庄,下一家上庄。也有的规定,只要庄家向三家付出一定的筹码,仍可继续坐庄。

(3)四开杠臭庄:如某家连续开了三杠,另一家又开出了第四杠,即可以宣告臭庄，庄家就得下庄。但若四杠都是一家开的，则不算数。

(4)三家喊和臭庄：某家打出一张牌，恰好是其他三家叫听的共同待牌，三家一齐喊和，即为臭庄。庄家下庄，谁也和不成，推倒重来。但也有的规定，三家齐和，按打牌顺序，让第一家抢和（注：《新规则》是按后者规定的）。

需要说明："臭庄—庄家下庄"这一条，系以往沿袭或各地约定俗成的规定。不适用于正规比赛。因为《新规则》中有明确规定：无论是否和牌，庄家不连庄。

14.混子

由四家事先商定，通过一定方式确定的一张或两张可以"满天飞"的牌叫作"混子"，每盘牌一换。混子的功能是可以用它来顶替136张牌中的任何一张使用，但也不能乱顶。混子顶牌的条件是：只允许顶替手牌中某一套副子、坎子、将牌当中所缺的牌，一张没有全由混子来顶就不行。也不能用它来凑牌吃或碰，只能在成和时做某一张牌的替身使用。

定混的方法通常有下面几种：

(1)庄家翻混。各家抓完牌（庄家14张，其他三家各13张）之后，由庄家翻出一张牌来，放置在牌墙上，就可以给这张牌定混（也有的规定在抓牌之前翻混）。假如商定带一个混子，翻出五条，五条便为混子；如带两个混子，则五条、六条都为混子；如翻出的是九条，那么九条、一条则为混子；万、筒依此类推。假如翻出东风，则东风、南风为混子；其他则南、西；西、北；北、东为混子；若翻出红中，则红中、发财为混子，其他则发、白，白、中为混子。

(2)对家打混。即由庄家的对家掷骰子，根据骰子的点数，从最后的牌墩由后向前数，数到骰子点数的那一张牌，将其翻过来，放在原处，就以这张牌按前述方法定混。

(3)上下滚。如商定带三个混子，则采用上下滚的方法来确定。假如翻出的是六万，则往上七万，往下五万也都为混子；如是一万，则二万、九万为混子，筒、条依此类推。如翻出三元牌，则中、发、白皆为混子；翻出风牌，则按东、南、西、北顺序，翻出的那张，连同前后两张风牌全为混子。假如翻出的是北风，那么除了与它相反方向的南风外，北、西、东全为混子。

（四）牌桌上的规矩

麻将牌的打法种类繁多，每一种打法都有一些特殊规定或规则。但无论哪一种打法，都存在一些最基本的规则或规矩，牌手们需共同遵守。

下面介绍的是一些牌桌上不成文的规矩。

（1）喊了就算。喊吃即吃，喊碰即碰，喊开杠即开杠，不允许反悔。不允许“空吃”“空碰”“空杠”。

（2）手触牌即算摸牌，牌一旦落地，就不许再往回拿。

（3）上家未打出牌，下家不许动手摸牌。

（4）下家业已摸起牌，他家就不准再碰（或杠）。

（5）行牌过程中，不允许将手牌故意翻倒，暴露于桌面（暴露的牌，必须在下一巡出牌时打掉），更不允许将别人的手牌暴露于牌面。

（6）讲文明礼貌，不准有小动作，不得耍赖。

（7）庄家必须报出风圈，并在抓牌之前将骰子收回。

（8）成和后应先喊“回笼”，将在押的筹码全部收回，然后再将手牌推倒。待三家查验确认后，方可将牌推入牌池内。

（9）关于报牌名问题。《新规则》规定，出牌不报牌名（出牌报牌名按违规处理）。但在非正式比赛的场合，牌手们大都习惯于以往沿袭的规矩，出牌时仍旧报牌名。如果不属于正规比赛，大家又都同意报，也未尝不可。但应遵守一条：报牌名不得打埋伏。譬如打白板不能喊成“四条”（白板中间无字，无图案，只有四条边框，形似四条）；打东风不能喊成“三条”或“三条——腿”（东风像三条腿）；打北风不能喊成“七万”或“七万——两张”。以免引起他家误解。当然有时为活跃牌桌气氛，喊某张牌的别称或戏称，也未尝不可，但应以不致引起误解为前提。例如，打一筒喊“鸭蛋”，二筒喊“眼镜”，幺鸡喊“小鸟”，二条喊“恶棍”，七筒喊“枪”，白板喊“电视”或“镜子”，红中喊“锥子”等等，虽不提倡，但也无妨，因为不存在造成误解的后果。

如有违反上述规矩者，轻者提出批评警告，重者予以罚番（分）、停和，直至驱出牌桌。

二、名词术语

1.番——打麻将时，用来计算输赢的单位名称。这里的番，是一个量词，不存在翻一番之意。

2.番子牌——指三元牌中、发、白。这三种箭牌如组成坎子都有固定的番，故有此俗称。

3.幼牌——指数牌中一至四的牌张。

4.老牌——指数牌中六至九的牌张。

5.老头牌——数牌中的一和九，称作老头牌。一万、九万，幺条、九条，一筒、九筒，共六种 24 张。

6.幺九牌——老头牌、四风牌和三元牌的统称，共 13 种 52 张。

7.筋牌——搭子两头可以组成副子的牌，互称为筋。例如五、六条搭子，进张四条可组成副子，进张七条也可组成副子，则四条与七条互称为筋牌。

筋牌也叫同一线牌，俗称“一路熟”。在数牌中共有三组，即一、四、七，二、五、八，三、六、九。每组内的三张牌均互为筋牌。

8.筋心牌——也称内挂牌，指数牌中的四、五、六的牌张。

9.筋袖牌——也称外挂牌，指数牌中位于筋线牌两个边端的六种牌：1、7，2、8 和 3、9。因其位居各类数牌的两端，起两袖作用，故称筋袖牌。

10.中张牌——指数牌中的二至八的牌张。

11.尖张牌——指数牌中的三与七。它有控制边搭的作用，一般不轻易打出。尖张牌也叫边张牌。

12.平家　　庄家以外的三家称为平家，也称散家、客家和旁家。

13.场风——即圈风。场风每打完一圈变动一次，规定第一圈为东风圈，以下依次为南风圈、西风圈和北风圈。

14.门风——属自己风位的风牌称为门风（也叫本门风），门风每下一次庄变动一次。庄家的门风总是东，其余三家的门风按逆时针方向依次为南、西、北。

15.客风——除自己风位的风牌外，其余三张均为客风。

16.双风——自己的门风恰与场风相一致时的门风坎子称为双风。双风也称连风。

17.轮向——指打牌时各家轮流的方向，打牌自始至终有两种轮向，一为顺时针方向转，如起牌、留墩、抓牌行进方向等；另一个是逆时针方向转，如轮庄、上下家、打牌和吃、碰牌、抢和等。

18.查番——查番是指“数小番”。在一般的打牌规则中，只要和数没有达到满贯（成和时事先规定的最高番数）就要数小番。将各类和出的小番往起加，超出满贯数的则不再算。

19.包庄——因诈和或者由于抓错牌而无法挽回损失者，都要包付本盘或下一盘和家所赢的全部番数。除此之外还有一种情况，即因打牌失当致使做一色牌的牌家手牌仅剩四张时成和，按规定也需包庄。但若属于自己牌已叫听则不包庄。

20.相公——打牌过程中，因一时疏忽或存心捣鬼，致使手中多出或少了一张牌，称为“相公”。多牌为“大相公”，少牌为“小相公”，一旦做了相公，只能陪打，不能和牌（别人和牌后，按规定付分）。但也有的地方给小相公一个补救机会：一旦小相公开杠后，从杠尾补抓一张牌，这时可以不打，这样小相公仍有和牌的机会（注：正规比赛绝无“补救”一说，大、小相公只能陪打）。

21.漏和——手中牌已经组合好，因一时疏忽，而未能和出，失去了和牌机会，称为漏和。

22.截和——某家打出一张牌，同时有两家或三家都能和牌，按照规定，应由挨近打牌者先和，离得远者则不能和出，叫作被人截和（也有叫拦和的）。

23.带宝牌——打牌前约定，在起牌时从牌墙上任意翻出一张牌，则这张牌就称作“带宝牌”。它的作用相当于“财神”——和牌时如和出这张牌则增加一番，未能和出则作罢。“带宝牌”与“混子”（或绘）不同，它不能顶牌用，只是增加番数的一种手段。

24.倒开门——如若打牌连续几次出现臭庄（黄庄），庄家为了换换运气，可在取牌时采用“倒开门”，即从左至右按逆时针方向取牌，换张摸牌的顺序也按逆时针方向，与正规打法完全相反。倒开门是庄家的一种特权。

25.自摸——自摸也叫自搂，听牌以后，自己摸来了所听的待牌而成和。

26.点炮——点炮也叫放炮、放铳。打出的某张牌，使别家和牌叫点炮。

27.食和——叫听以后，由别人点炮而使自己和牌叫食和。

28.放和——放和属于一种迫不得已的明智之举。当确知自己已无成和的可能，又判断出某家已叫听所需的待牌，而另外又有人在做大牌且已听张待和。在这种紧要关头，故意打出手中某张牌，促成小和的一家成和，以避免大和。

29.理牌——起完牌后，各家根据牌的种类，分别从小到大（或从大到小）按顺序将牌排列好，便于看和记，这是一种原始的理牌方法，并非技巧性理牌。

30.配牌——配牌又称基牌。各家按先后次序从牌墙上摸来的13张底牌，称为配牌。

31.配牌相——起手13张配牌到面子准备齐全（五要素齐备），这铺竖牌的牌面结构称为配牌相。

32.手牌——13张配牌，除吃、碰亮出的牌外，竖在自己面前的暗牌称作手牌。

33.面子——手牌中凡能够配成对子、搭子（包括嵌搭和边搭）的牌，均称为面子。例如，二、二条，北、北，中、中，四、五万，一、二筒，八、九条，六、八万等，都为面子。同时面子还包括复合面子，诸如四、四、五筒、五、五、六万、二、三、五条、八、九、九筒等。

34.朋组——指已经完成的面子。凡已完成的面子多为三张一组（杠是四张一组），不是副子便是坎子。

35.副子——副子也叫顺子、就子。数牌中，三张同色相连的牌组成副子。例如一二三万，四五六条，七八九筒等。

36.对子——两张相同的牌叫作对子。例如七、七万、八、八条、五、五筒、发发、东东等。

37.坎子——又称刻子。由三张同色属种的牌组成，例如三、三、三万，六、六、六筒，九、九、九条、南、南、南等。

38.明坎——指碰牌组成的坎子。明坎必须亮出。

39.暗坎——指自摸得到的坎子。暗坎不须亮出。

40.杠子——由四张同色属种的牌组成，不限于数牌与字牌。例如四、四、四、四条，西、西、西、西等。

41.暗杠——指自己手中自摸的杠。

42.明杠——自己有一暗坎，他家再打出一张同样的牌，如开杠，叫作开明杠；或是自家门前有一明刻，然后自己又摸来一张同样的牌，如开杠，也叫开明杠。

43.海——各家打入方城内的舍牌叫作“海牌”，而容纳舍牌的地方称之为“海”，也有的叫“河”或“牌池”。

44.地——各家吃、碰牌后亮出牌（付露）的地方，称之为“地”。

45.尸牌——指各家弃入“海”内之牌。

46.盘面——各家摸打吃碰后,我们把"地"内的付露,加上"海"内的尸牌,统称为盘面。

47.牌势——指牌局的进展情况和发展趋势。

48.牌姿——指手牌的组合情况。无论几组付露,手内剩下的几张牌,分别由搭子、对子、副子、坎子组成的状态,统称为牌姿。

49.巡——包括摸、吃、碰、杠在内,摸牌每轮一次,就叫作一巡。各家轮流摸牌,轮到谁家摸,均称为摸巡。

50.摸调——指摸牌者摸到上张的牌(注意与摸巡不是一码事)。

51.摸顺——指该家手气好,摸进的牌,张张有用,俗称摸顺,即摸牌很顺当(牌点旺)。

52.逆顺——与摸顺相反,手气冷背,摸进的牌,同手牌丝毫无关,或者连连摸单丁字牌,无一上张,俗称逆顺,即摸牌很不顺当(牌点背)。

53.喂牌——打出的牌,被下家吃进或被人碰坎叫作喂牌。

54.拆舍——属于打牌中的一种技巧。拆舍就是把手牌中的面子、对子或朋组拆开后打入"海"内的一种手法。譬如手中面子过剩(超过五组),或手头单丁生张属危险牌,以及因战术需要而拆坎改将头,必须拆合打掉。

55.舍牌相——各家先后打入"海"内的牌的结构状况称为舍牌相,它是推测其手牌牌姿的主要方法之一。

56.待牌——指各家手牌为完成面子的组合以及入听叫和所需要,但尚未得到的牌。也就是等待所要的牌,而准备打出又未打出之牌,称作待舍牌。

57.大幺牌——指字牌中的东、南、西、北风。

58.复嵌——指复合嵌搭的面子。如二、四、六等。

59.进张——摸上的牌对组牌有用。

60.熟张——指桌面上出现过多次的牌张。熟张又可分为"冷熟张"(数巡之前桌面上出现的牌)和"热熟张"(桌面上刚刚打过的牌)。

61.生张——指桌面上未出现过的牌。

62.闲张——指留在手中无用的牌。

63.突张——面子上多余的牌称作突张。例如五、六、八中的八(搭子五、六之外多余一张八),一、二、四中的一或四;八、八、九中的九或八等,都是突张。

64.荡张——指四下不靠的单丁牌。

65.嵌档——听牌后只和同色两张数牌中间相隔的一张牌叫嵌档,例如一、三万,中间嵌二万,二万为嵌张。

66.散搭——被拆舍的搭子以及欲切出的牌(待舍牌)都叫作散搭。

67.回头张——自己曾打出过某张牌,而后又叫听该张牌,叫作回头张。

68.绝张——桌面上已出现过三张,仅剩一张的牌(有时杠出牌或三张碰坎,一张在“海内”的牌)称绝张,也叫断张或“死牌”。

69.半断张——指搭子的一头待牌被人碰出,或海内已出现了多张,而另一头的待牌,尚有进张机会。

70.单边断张——指复合面子中,嵌张待牌已被人碰坎的情况。例如七、七、九筒,当八筒被碰坎后,再待八筒的机会极少了,除非摸入九筒一对,或再摸入七筒成坎,否则七、七、九筒的复合面子中,九筒便成了单边断张牌了。

71.多门听——指听牌后,一次可叫牌三张以上,即待和牌为三张以上的听牌,从三门听直至九门听。

72. 一入听——手牌接近完备,尚差一张有效牌便可进入听牌的牌姿,称为一入听。

73.二入听——手牌较为整齐,尚差两张有效牌才能进入听牌阶段,称为二入听。

74.三入听——手牌整理完毕,面子齐全,但没有一个朋组,尚差三张有效牌才能听张的牌姿,叫作三入听。

75.牌口——牌墙上开口处待摸的牌,叫作牌口。

76.牌墙——四家门前按规定墩数码成的牌,好像城墙一样,俗称牌墙,也叫牌阵。

77.付露——将吃的副或碰的坎,亮在自家门前称为付露。

78.伸吃——以一组复合面子,吃成两组面子或朋组,叫作伸吃。这多半是在手牌面子不足的情况下而采用的一种吃牌技巧。例如三、四、四、五条,如切出四条,便成为三、四、五条一组副子,因手牌面子不足,当上家打出二条或五条时,便以三、四条吃进,付露二、三、四或三、四、五条一组副子,所剩四五条,仍为一个两面进张的搭子。

79.钓手——属于诱引战术中之一技。如手牌有一、二、四、五筒,故意拆合一、二筒,上家以为因吃不上三筒而拆一、二筒边搭,于是随手将尖张三筒打出,借以牵制,不料却被四、五筒吃进。这种战法,即叫作钓手。

80.钓线——也属于一种诱引战术,如手牌中有五、七、九万,故意打出中张五万,上家以同一线筋牌为依据,打出八万(二、五、八同一线),恰好中了圈套——被七、九万吃进。

81.拆臭——就是将手牌中上好的搭子、对子乃至朋组拆开打出,以此来进行牵制叫作拆臭。一般都是在局势紧迫,自己又无和牌可能的情况下而采取的一种战术。

82.背反——手牌越多,上张越易,摸有效牌也就越顺。一旦到了升级转化阶段,因手牌待牌的面子越来越少,摸牌有效率也就越低,呈背反状态。

83.跳档——因别家碰牌,而使自己失去了一次摸牌机会,即造成自己摸牌跳档。

84.单骑——即单钓。

85.手把一——四组牌落地.手中仅剩一张暗牌叫作手把一,手把一必是单钓,而单钓未必是手把一(单钓的手中暗牌不受限制,其余牌张只要已成副、成坎就行)。

86.钓牌——指单钓一张将牌而成和的牌,故又称钓将或贴掌。钓牌又分为单钓、双钓和三钓等。

87.吃听——手牌成一入听状态,只要吃一张牌即可入听,牌桌上把这时的吃牌称为吃听。

88.碰听——手牌进入一入听状态,只要碰出一张牌便可入听,牌桌上把这种碰牌称为碰听。

89.密食——就是尽快地和牌。

90.密叫——即尽快地听牌。

91.做牌——指各家根据手牌牌情,按和牌要求进行行张组合,或吃或碰,或对或搭,并根据计番多少决定取舍,从而达到听张叫牌,称之为做牌。

92.行张——也称行牌,指打牌进行过程。包括摸、打、吃、碰、杠、补花直到和牌或黄庄。

93.破副——指某家组牌达到一定程度,为了达到某一牌局设计目的,将手中已成副的三张牌或坎子拆掉打出,叫作破副。

94.停叫——将听张叫和的牌姿拆成不听张,称作停叫,这样拆牌主要原因有二:一是考虑番数较少重新组牌;二是自己打出一张听张时,估计那张欲打之牌,很可能放炮,故不打,而将其他牌打出。

95.入听后退——自己手牌已经叫听,当牌局紧迫之时,却摸进意料不到的生张(高度危险牌)。为安全考虑,宁可后退一步不打,而选出一组安全的朋组,拆舍一张,使手牌退回到一入听状态。

96.烂牌——无法完成面子的牌铺,称为烂牌。

97.动牌——整副麻将 136 张牌里,因牌面结构的原因,字牌里的中、发、东、南、西、北;以及万字牌中的一至九万;条子里的一、三、七条;筒子里的六七筒等 20 种牌,均系一个方向刻制的。所以有正反之别,由于竖放时,会出现正放及倒置的两种情况,对于倒置牌需扶正过来才符合看牌习惯,故将这些种类的牌统称为动牌。

98.不动牌——字牌里的白板和数牌里的一、二、三、四、五、八、九筒以及二、四、五、六、八、九条共 14 种牌。因其牌面图形无正反区别,无须调整,故称为不动牌。

99.补花——抓到花牌(春、夏、秋、冬、梅、兰、竹、菊)后,明放在门前,并从牌墙最后补一张牌叫补花。

100.单放——指自摸成和的那张牌,不可随意插入手牌之中,应单独摆放,以便让其余三家核查。

101.报牌凡是吃牌、碰牌、开杠、补花及和牌,均须按规范语言报牌。分别使用“吃牌”“碰牌”“杠牌”“补花”“和牌”等词语。不能使用“等等”“看看”之类的词语。

102.番种——具有一定分值的各种牌张组合的形式或和牌方式的称谓。

103.罚张——被判定受处罚的牌,称为罚张。

104.轮转——牌手在比赛过程中,按竞赛规程的规定,进行位置的调换叫作轮转。

105.轮——行牌一周为一轮。

106.盘——每次起牌到和牌或黄庄,叫作一盘。

107.审牌——指审视手牌牌势。

108.赶口——指成和之前的一进张局势,即进一张即可听牌。人们常说的吃碰赶口,就是指吃一张或碰一张即可达到听张的要求。

109.抢杠和——指别人开杠的牌，正好是自己听张的待牌，只要对方属于明杠范畴，牌规规定，即可抢过来成和。

110.鸡和——一手牌没有番牌，而牌组中，既有坎子，也有副子，以这种牌姿和出的牌，叫作鸡和，得分最少。

111.A 牌——上听时打出的最后一张牌，称作 A 牌，一般 A 牌都比较安全。

112.引牌——指用来诱引所要待牌的牌张。例如五、六、八中的八（舍八引七），三、五、七中的七（舍七引四）等等。

三、牌谱训诫

1.头牌少吃碰

对方打出的头一张牌（也包括开局初始的舍牌）尽量不吃不碰。这是因为起手配牌大多比较杂乱，牌姿不够理想，应抓紧时机摸有效牌，以促成手牌的组合。开门即吃或碰，不仅容易泄露自己的作战意图，缩小自身的作战基地，对拓宽作战领域带来困难，而且也对以后的实战不利。况且头一张放过，后面还有出现的机会。何必急于吃碰呢？

2.牌从当面过，不如摸一个

在前盘阶段，上家打出的牌，可以吃起或碰起，但以不吃不碰为好。反正也轮到自己摸牌，还不如抓紧机会摸一张（前期摸牌上张的有效率高）。如若此牌已成绝张，当然应吃、碰在手。

3.入局顾三家

牌战过程中，不能只看自己手牌，应随时观察另外三家的牌势，以便采取相应对策，这样才能立于不败之地。

4.开局看三张

推测别家的牌，并非从自己的手牌着眼，而应从对方的舍牌相着眼，认真观察各家先后打出的牌，高瞻远瞩，见微知著，制定相应对策，以求捷足先登。

5.金三银七，骨架可喜

三与七是数牌中上好的牌张，有了同色的三与七，无论摸来同色的什么牌都能与之配伍（组成搭或对）。因此单张的三与七，一般被视为好牌，称作“金三银七”。同时，三、七也称为尖张牌，有控制边搭的作用，不到一定时机，不会轻易舍出。还有同色牌的一、五、九，堪称骨架之牌，同三、七一样，也是摸进任一张同色牌，都能组成面子。而其他的牌点就相形见绌了。

6.好张先打

手中没用的中张牌，应及早打出。例如手牌不缺面子，已有五、六筒搭子，即便摸来尖张3筒，也要及早断然打掉，以免来不及切牌，造成后患。

7.先打无吃

此乃牌技中的一种逆打手法，预测某家需要此牌，在他尚未组妥面子之前，及早切出，使其欲得不能，只好“望牌兴叹”。

8.先打幺，后打缺

打掉幺、九牌，可做断幺、九番，然后再酌情做成缺门花样。其目的是为了增番。

9.先打风，后打将

手中单张的风牌和箭牌，一般情况宜先打掉。这是因为字牌只能靠自摸成对或碰起成坎，比数牌少了一种组合形式。此外字牌有时还会失去多种最容易做成的花样。

在有了将牌之后，手里多余的对子，应及早拆舍或改成搭子。

10.不吃第三搭

吃碰两搭，六张落地，手牌七张，尚有回旋余地。倘若吃第三搭，九张牌倒地，手牌活动范围变得狭小，难以变化，且极易被他家察出牌姿，加以牵制，故以不吃第三搭为上乘战法。

11.勿贪吃张

对上家舍出的牌，不可随意乱吃，以免使自己的作战基地变得狭小。乱吃的结果还可能导致多门听牌姿的恶化，而形成难以出现的生张听牌。

12.不可妄碰

逢对必碰往往是初学者的偏爱。殊不知，每碰一次，同吃牌一理，也会使手牌的作战基地缩小，且碰牌往往还会使未完成的面子群折断，从而失去了联络性，其不良后果比吃牌更严重。

13.硬做吃下

当摸调不顺时，采取无理吃牌，以改变摸打顺序，促使牌运转来。

14.牌运之来,得心应手

牌风顺时,摸牌极易上张,几乎是想啥来啥,缺啥有啥,完全可以自由自在的应战。

15.牌技知通,牌势如风

懂得打牌技巧的人,其战术必定运用自如,临危而不乱,处胜而不骄,局势如镜,战法居他人之上。

16.付付求和,败可立见

打牌应视自己牌情和整个牌局形势来制定战略方针,切不可抱着每盘必和的念头(这等于同客观规律作对。)能和即和,烂牌无望就应弃和拆臭,否则必将一败涂地。

17.四付可和,不致败北

每一圈的四把牌中,如能和出一把,最终是不会成为败家的。

18.今日虽败,明日再赛

牌桌之上、胜败乃牌家之常事,切不可计较一时之成败。否则,败者欲胜心切,章法必将混乱,乃至心气浮躁、摔牌骂牌,弄得大家也不愉快。况且急于求成,往往是欲速则不达。麻将娱乐,来日方长,今日虽败,尚有明日。牌家应有君子风度。这才是正确的态度。

19.骰子何灵,权在计者

骰子的点数是随机的,偶然性的东西是靠不住的,不要把赢牌的希望寄托在骰子上或牌运上。骰子是人为掷投的,胜负的关键取决于竞技者本人的智商和战术运用的巧拙。

20.避重就轻亦为胜

当牌局紧张,自己又无成和之希望,应尽量避开大和家,宁可放张让小和家食和,以求得少失分,也算是败中获胜。

21.扬黑抑红胜家行

对局中,牌坛高手往往抑制胜者,扶持败者。即牵制连庄者或牌旺家,从而放松小和家或败家,以此压制胜者的旺顺之风,果能如此,必将取得最后的胜利。

22.乱牌忌吃碰

配牌凌乱不堪(指无联络性的单张牌),吃碰也无济于事,最好靠摸牌使手牌能够向前发展。

23.要张联络，方易求和

要张指三至七的中张牌。如手内三至七的中张要牌，能够上下连贯，联结融通，就比较容易和牌。

24.当庄不做牌，做牌不当庄

庄家是轮流当的，在牌战当中，必须把握机会，力求连庄，才能获得大胜。为欲连庄，决不可硬做大牌，应该有和即和，增加盘数，以求积得高分。

25.连庄不打东

庄家连庄，手中大多留有东风牌，因此，遇到庄家连庄，散家决不可率先打出"东"牌，免为其火上加油。

26.坐庄先打北

自己坐庄，手中的风牌，应先打掉自己上家的风位牌北风，其次是对家的风位牌西风，再后是南风。一旦北家碰起北风，自己也可多一次摸牌机会。

27.打熟不打生，冷热分得清

牌战进入危险期，舍牌时宜舍熟张，不可轻易舍出生张。舍熟张还应区分热熟张与冷熟张，"冷热无常态，隔巡熟变生"。

28.隔巡如生张

中盘战期，各家的牌，无时无刻不在变化，上一巡舍出的某张牌，安全无恙，下一巡再打就不一定安全了。

29.病牌不出门

病牌指绝对危险的牌。如预测某张牌放出去，就会"平地一声雷"，则应宁存不舍，置于手中加以培植。否则一旦出手，他人成和，自己手牌再好，岂不等于零？

30.有去无来

凡打出的牌，让人成和了，自己手牌再好，也当属无用，这种放炮牌称之为有去无来。

31.以和为贵

打麻将的目的在于求胜，而和牌是制胜的必要手段，因此，只要能够和出的牌，不管大和还是小和，高番还是低番，都应努力和出，不可一味贪大弃小，否则终将败北。

32.密食当三番

只要能食和，不计番大番小，有和即和。食和次数多了，等于和出一把大牌。

33.密食必密叫

欲尽快食和，就必须尽早叫听，入听早才能和得快。不懂得密叫的人，难以密食。

34.跟着牌风走，越打越顺手

风向，指导向之牌。如上家摸起二万舍出，你可能摸上一万或三万；如下家切出五条，你可跟打二条或八条。如此这般顺水行舟，即可使自己出手之牌不能为他所用，又可乘势得来所待之牌，实可谓“得心应手，美不胜收”。

35.未雨绸缪

打牌要有预见性，事先做好一切防备，就能取得实战中的主动权。

36.六张孤立牌，退出胜负圈

如若起手配牌单丁牌在六张以上，便是一手乱牌。即便每两轮摸进一张有用之牌，要达到听张阶段，至少也要十二轮后才能完成。这样的牌势，希望渺茫，可以说败局已定。明智的选择应当是弃和打臭，极力促成黄庄，万不得已时可退后一步，寻找小和家促其成和，此乃败中取胜之策。

37.莫做“春秋梦”

“春秋梦”，指无法实现的梦想。譬如本来牌色杂乱，却想和“清一色”；本来全手牌只有一两个对子，却企盼“碰碰和”。这种不切实际的想法以及由此产生的战法，必将导致一盘牌的败北。

38.希望大，吃亏大

如做清一色，可食大和。但若起手配牌不是顺手一色，后来摸调又未达到迫成一色，硬做的话，便会形成种种迹象，极易被人察觉。于是众人警戒，不会供你牌吃，进张困难，难以成和，吃亏也就越大。如若做混一色，虽然番数不高，“希望”小了，但隐蔽性增强，和牌的机会也就多了。聪明的牌手，应当善于处理这种辩证关系。

39.牌品高

指麻将竞技中保持君子风度。

40.有局望大，无局求快

能做的牌，可按牌姿去计划做牌，以求和出大牌来。如不能做的牌，无论番多番少，只图快听快和。

41.诛牌不到底

诛伐下家应做到有理有利有节。一味地扣牌，既不可能，也不可取。因为你不一定有那么多牌去扣，况且克扣的结果，等于和下家同归于尽，有时下家或许自摸还能成和，而你自己却终不成搭，没有和出的可能。

42.转下一张

吃碰应尽量做到稳妥、慎重，尤其当牌战处于紧要关头，吃碰更要特别留意。有时因为吃一张牌，而使摸牌的顺序向后滑落一张，致使自己失去和牌机会，反让他人自摸和出。

43.吊碰对家

当自己摸牌不顺，而对家摸牌极旺的情况下，只要对家打出的牌，手中有对子，就要碰过来，不管该碰不该碰。这样对碰乱筋，使摸调转换——本该对家摸的牌，变成自己来摸，而自己的牌，由对家去摸。这样对碰对摸，以转换手气。

44.吃乱筋，碰乱筋

由于吃牌碰牌，将使摸牌顺序大变，牌面也往往随之焕然一新。因此，如欲叫吃叫碰，宜不使对方察觉。出其不意的吃碰，才能扰乱敌眼，打破牌面局势，否则吃碰的效力就显得薄弱而无力了。

45.控边张

尖张牌三与七，是边搭的专用牌，可谓牌中之要牌。一般情况下，能多留一巡就不要早切。迫使下家拆舍边搭后再打出。

46.拆小张控大张

小张是指番牌小的和牌，大张是指大和的牌。这里是指宁可供给小和者食和，也不让大和者和牌。

47.摸牌随手放

打牌自始至终要注意隐蔽手牌，刚摸入的牌张，不要马上插入竖牌之内。应先放置一侧，待舍牌切出之后，尽量在三家不注意的情况下，再插入牌中。

48.承上制下

此乃舍牌技巧之一法。例如手中有四、六筒与五、七条搭子，而上家曾切过五筒，下家却曾打过六条，舍牌时应拆掉五、七条嵌搭，以等待上家可能再打五筒，借以牵制下家的六条。

49.戒剩单骑

手内尚有竖牌而做单钓听牌还可以,如因吃碰十二张倒地,手中仅剩一张牌单骑叫听,即为低路打法。一旦摸入险牌,两张必弃其一,该当如何?

50.双碰不如一嵌

如不欲做碰碰和,双碰听(对倒)不如嵌张听容易食和。但如是客风及幺九对子,则另当别论。

51.探敌释疑

探敌释疑也就是先打一张“试探牌”,意在投石问路。当对下家的牌姿不甚明了时,可先打一张可能被其吃进的牌,以探知虚实,进而加以控制。但当预测到对方业已听牌时,就要慎之又慎了。

52.居安思危

即使自己牌姿甚好,已接近和牌,也不可掉以轻心,死抱希望不放,须知牌无定势,变幻莫测,败北的情况常常难免。

53.细算和账

连续牌形的听张牌姿,事先应严密精算,了如指掌,以防待牌进张而不知和的情况发生。

54.牌脚越长越好打

某色牌的搭子,复合面互相关联,边嵌相混,对搭相叠。遇到这样的牌姿,千万不可眼花缭乱,不知所措。须知这种牌姿十分有利,可使搭子越拉越长,很容易上张。

55.欲和自摸,必叫生张

牌战进入后期,由于牌墙中牌未洗匀,每每摸进生张。如想自摸成和,叫听生张,反而容易奏效。

56.不知不扣,知则必扣

对他家想吃或想碰之牌,只要猜测准确,当扣不舍,以待自己听牌时作为引牌最后再切出。以此来延缓他人的入听时间,并为自己成和提供有利契机。

57.四副倒地必钓尖张

当十二张牌落地,手牌独持一张,等于向各家宣告:单钓将。这时各家为了牵制,势必扣住幺九和风箭不舍。你便应反其道而行之,不钓幺九风箭,专钓冷门尖张,常常能出奇制胜。

58.大番一和胜十小，小和不舍一返三

尽人皆知，和出一手大牌所得的番分，足够你多次失去小和的番分。然而，大牌难做，机会难得，有局望大，无局望快，对小和也不放弃。小和获分虽少，但积少成多，终成气象，总比他人和出失分要好。

59.脱火求生存

本来欲做清一色，但因局势紧张，而改变战术，采用“金蝉脱壳”之策，改听异种牌上，谓之“因形用术，脱火求存”。

60.加杠顾桌面

门前有碰出的明坎，又摸起一张同花色同点牌，当然可以加杠。但杠牌须三思。加杠之牌，须顾及盘面局势。如若局势危险，为确保安全，可将此牌扣下，以防被他人抢杠和牌。

61.兵不厌诈

诈者骗也，麻将竞技，诱惑战术是允许的。如佯装、设伏、陷阱、钓线等等，真真假假，虚虚实实，让对方摸不清实底，上当受骗，以达取胜之目的。

62.空城巧计

比如吃碰付露为一色牌姿，两手内听牌却是异种属牌，极易迷惑对方。此乃“空城”战术，如能运用得当，常常能出奇制胜。

63.守株待兔

牌战后期，局势异常紧张。自己叫听之待牌，迟迟不能出现，如改听口，为时已晚，且拆舍切出，很大程度会放炮。此时唯有耐心等待，切不可铤而走险，说不定会出现转机。

64.拆坎求和

谁都明白，手中握有一副暗坎，对听张叫和，是何等的宝贵。然而根据牌面需要，断然拆舍手中暗坎，以形成多面听牌。也实属高明之举，这便是拆坎求和的奥妙所在。

65.权宜之计

听牌时，可根据牌姿，先听起不成大器之牌，伺机进张调整。这种先听后调的战术，称之“权宜之计”。

66.莫道君行早，更有早行人

不要以为自己牌好，听牌听得早，还应想到很可能有比自己听得更早的人。

67.攻守相宜

麻将竞技需根据客观情况,采取攻势或守势。起手配牌有成和希望即攻,几巡过去,毫无进张,落于他人之后,手头单丁生张又多,不如求小败而改为守势。

68.大器晚成,后来居上

听牌虽迟,但听得好听得巧,待牌易出,和得快,虽然最后听牌,却最先成和。

69.红黑我自任之

无论胜败,必须奋斗到底。要持之以恒,不可胜时得意忘形,败时垂头丧气。

四、打法简介

麻将牌有多种多样的打法。有通行全国各地的传统打法,有流行于民间的通俗打法,有深受欢迎的花样打法,还有诸多的变革打法或称特殊打法。

纵观大江南北、牌手数以亿计,玩得较多的有四种打法:推倒和打法,穷和打法,花样打法,圪和打法。现分别简要地介绍如下。

(一)推倒和打法

顾名思义,所谓“推倒和”,就是这种打法简便快速,不计番,不做牌(不玩花样),只要一扯拢,就可推倒和牌。也就是说不论手牌是什么牌型。只要能组成四个三张组(或四张组)和一对将牌,即可成和。

因此,这种玩法特别适合初学者,不仅容易学,还相当热闹,很能提起初学者的兴趣。通过这种打法,可以掌握摸、吃、碰、杠等打牌的基本知识和有关规则,并能进一步提高打牌的战术技巧。

推倒和是深受人们欢迎和值得推广的一种玩法,它拥有众多的爱好者,在我国东北、华北、西北及西南一带颇为盛行。

例如抓牌情况如图6所示;

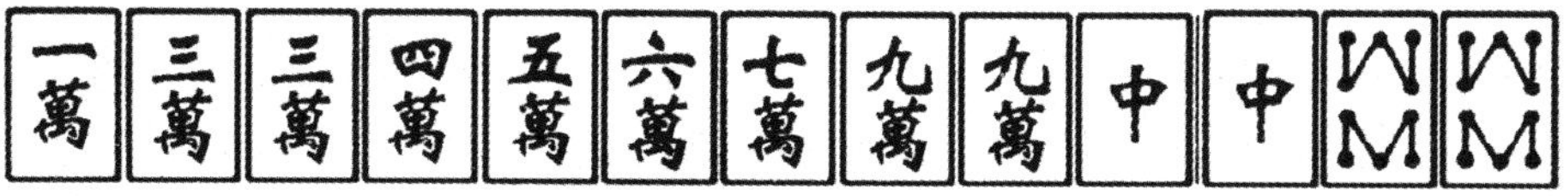

图 6

这手牌有 9 张万子，从 1~9 张张有联络，还有一对红中，另外是两张八条。如果打花样，无疑是一手难得的高番牌："清龙"加"清一色"的架势，最差也要做成"清龙""混一色"。当有人打出九万或八条时，除非有特别的需要，否则无论如何也是不能开碰的，非但不碰，还要舍去一对八条。以期完成上述高番牌的牌局设计，而不去贪图小和。

而在"推倒和"打法中，就截然不同了，因为"推倒和"讲求一个"快"字——快速简捷，立见成效。有吃即吃，逢碰便碰，不管它三七二十一，能和即和，和了就为胜。因此，只要上家打出二、五、八万，定吃无疑；任一家打出九万、红中与八条，必然碰倒。很明显只要吃、碰一张，打掉一张，然后再进一张有效牌，即可叫听待和。

(二)穷和打法

穷和是麻将牌几大打法中的一种，也是最流行、最受人们欢迎的一种。广泛流传于东北、华北和西北一带，尤以东北地区较为普遍。此种打法具有简单易学、组牌通顺合理、趣味性与智力性较强等特点，深受初学者和中老年朋友的青睐。

"穷和"是相对于"花样"而言的。穷者，没钱也，"钱"在此处就是"番"，无"钱"，也就是无"番"，简言之，穷和打法不计番。或者换一种说法，凡是在花样计番打法中，具有番值的各种牌张的组合形式，在穷和中均不能出现。

穷和与推倒和一样，都是以和计分的玩法，不打花样，不数番、不做牌，比较简单，好学。但成和有较多的限制，和牌也不那么容易。

穷和大多以"三色穷和"为主。这种打法要求成和的 14 张牌中，筒、条、万三色必须俱全，缺一不可，风、箭存在与否不作限制。也有些地方，除"三色穷和"外，还有"四色穷和"。"四色穷和"要求成和时，除万、筒、条外。还必须有风或箭存在。

穷和的成和条件较为苛刻，规定以下九项基本条件，在成和时是必须同时满足的：

(1)不“缺门”。万、筒、条三色牌缺一不可(指“三色穷和”，下同)；

(2)不“断幺”(九)。14张牌中，必须至少有一张由幺(九)牌或字牌组成的副、坎、将；

(3)不“门清”。就是必须“揭门清”——门前至少有一组吃或碰的明牌；

(4)不“平和”。就是必须有碰坎(明坎、暗坎均可)；

(5)有副子。14张牌中，必须有一组以上的副子(自己摸得或吃进的均可)；

(6)有将牌；

(7)不“四归一”。14张牌中，不得有四张同样的牌存在；

(8)不“手把一”。不准许吃碰四副落地，而手中仅剩一张暗牌单钓；

(9)二、八不作将。在136张基本牌中，规定只有二与八不能做将牌，其余牌均可。但也有些地方规定，二、八可以做将，甚至有的规定，只有二、八方可做将，其余牌张均不得做将。不过就大多数地方而言，还是以“二、八不做将”为多数。

说明：

①风头对将、风头碰坎可以代替幺九；中、发、白对将，不仅可代替幺九，还可代替碰坎。

②有些地方规定令风(指圈风和本门风)不准碰坎。其理由是，在花样玩法中，规定庄家本门风对将及圈风、本门风碰坎，均有固定一番，穷和玩法不能有番，故有此说。但多数人对此规定有异议，认为碰坎不应区别令风和非令风。

综上所述可以看出，穷和打法的主要特点是：牌手必须紧紧围绕九项规定进行组牌与和牌，核心是快听快和。

仅举一例；

上家(庄家)已碰坎南风，吃进六、七、八筒副子，又碰坎二筒，最后打出的一张牌是尖张三万，推测十有八九已经听牌。

牌局进入中盘战期，自己碰坎西风，手中10张牌。已成一入听牌姿(见图7)。这时无论抓来任何筒牌都应留下，尽管二筒是安全牌张也暂时不舍，而断然打掉四连副中的三万(因庄家刚刚打出三万，无人和牌，且下家门前已倒地三副万牌,他是不可能再要万子的)。

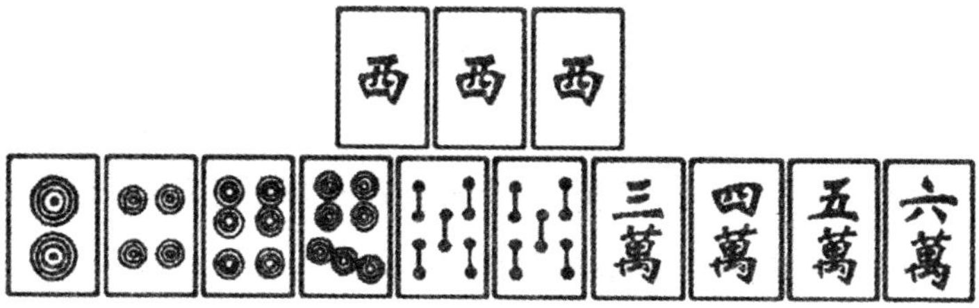

图7

抓来一张四筒,切出三万后,手牌仍是一入听牌姿。见图8。

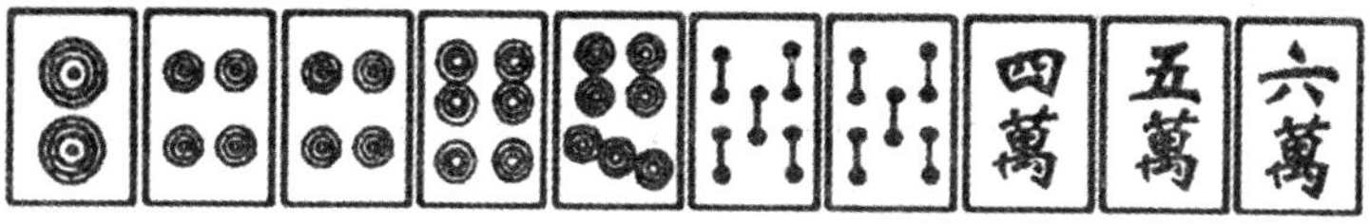

图8

庄家是肯定不要筒子了,他如抓上筒子必打无疑(除非他不想和牌),而且其他家也会顶庄家筒子,这样自己留住筒牌(对顶上家)吃碰机会就会增多,成和希望就会加大。

事情往往就是这样:某些看似偶然性的东西,却往往寓于必然性之中。牌过两巡,庄家抓上四筒,稍有迟疑便顺手打出,自己正好碰出四筒一坎。这时将手中绝对安全的二筒作为“A牌”兼“引牌”切出。下家抓起五筒,毫不犹豫地扔进牌池,满以为借此牵制刚刚打出的二筒(且四筒又被碰坎,五筒肯定能安全过关)。不料,“轰”的一声巨响——被人食和!

(三)花样打法

花样打法的特点是,组牌的技巧性高,行张,战术灵活多变。要求牌手利用手中有限的牌张,精心设计,巧妙运筹,尽可能地做成较多的花样,尽可能地争得高番。

这种打法,其组牌方式变幻莫测,花样千姿百态,可谓奥妙无穷,颇有情趣。故深受具有一定水平的牌手们欢迎,是江南各省的主体打法。在北方的一些地区,也有相当广泛的爱好者。最近经国家体育总局审定出台的我国第一部《中国麻将竞赛规则(试行)》(简称《新规则》下同)所确认的打法,就是花样计分打法。

花样打法，可分为“简单计番”（或称“素麻将”）“半花麻将”和“全花麻将”三种类型。“半花”与“全花”通常称为“花麻将”。

1.简单计番打法

一般只使用136张牌，不用花牌，少数地方也有加进两张“财神”的，但“财神”在这里，只起成和时增加一番的作用，不起“听用”的作用。

这种打法与前面介绍的“推倒和”基本相同，所不同的是，在这当中打了为数不多的常见的几种花样牌，进行了简单的计番。

简单计番，按各地约定俗成的原则，主要有以下几条：

(1)打牌之前，先规定出每人的底分，一般可定为100~200分，用不同的筹码来代表；

(2)将和牌后的各种牌型花色（包括和牌方式），规定为不同的番数（“番”在这里只是一种计算单位）；

(3)和牌一般只规定少数几个类型的番，例如一番、二番、三番、五番、十番（满贯）；

(4)和牌后将全铺牌中各种牌型花色（包括和牌方式）逐一计算，累计得出和牌的总番数；

(5)按一般惯例，总番数超过十番（满贯）的，均按十番计算；

(6)庄家和牌，平家加倍交分；平家和牌，庄家也要加倍向和家付分。

请看下面牌例。

起手13张牌如图9所示：

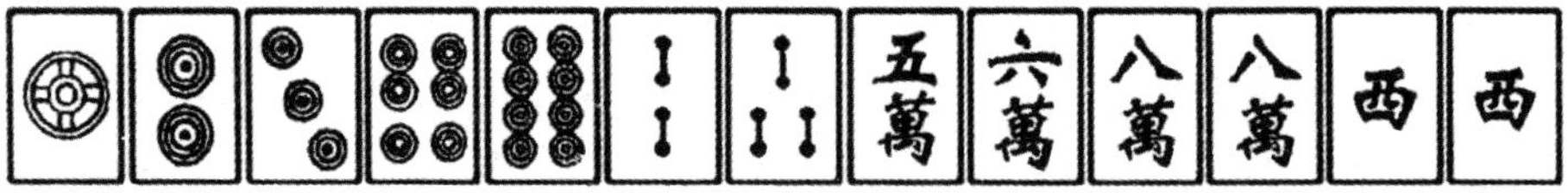

图9

这手牌有6个面子，如果打穷和，则已是二入听的牌姿。但在花样打法中，却并不理想，因为按上述牌势发展下去，必定是鸡和，几乎无番可算。

这就要精心设计了。

这手牌有西风对，八万对，一、二、三筒副，二、三条搭子，五、六万搭，还富余一个六、八筒嵌搭。搭子都很容易上张。

如果西风不是令风，初步应考虑打平和、无字、八将，进而争取断幺和门前清。

①上家（庄家）打出八万，不予理睬；②摸四筒，打西风；③摸五条，再出西风；④摸九万，出九万；⑤摸六万，出一筒；⑥吃四万，出六万；⑦摸北风，出北风；⑧摸四条。这时一手牌成为图 10 所示：

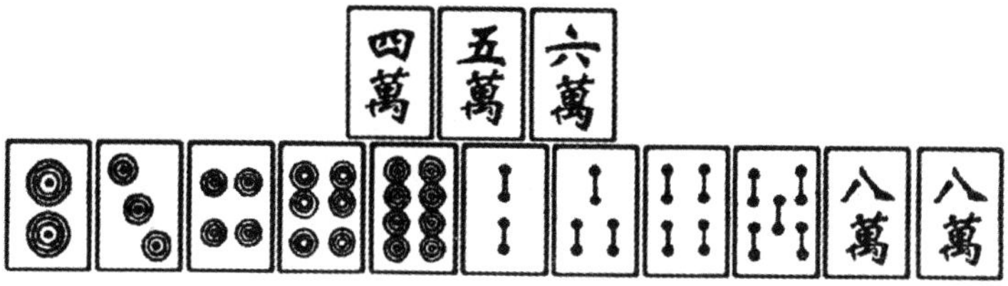

图 10

须打出一张，呈一进入听之势。

⑨出五条（下家刚刚打出八条）听牌。牌过两巡后，对家碰坎八筒，打出七筒，和牌。

这盘赢牌是：平和、断幺、八将、无字、嵌张。番数不算低。

2.花麻将打法

花麻将就是在 136 张基本牌里加进了花牌（春、夏、秋、冬、梅、兰、竹、菊）。分为全花麻将与半花麻将两种。花牌在这种打法中起“听用”的作用，即可以顶替 136 张牌中的任何一张牌使用，这就是半花麻将。半花麻将与前面介绍的简单计番打法基本相同，只是增加了“花”，在打牌技巧上略有不同而已。下面举一牌例。

庄家在北风圈里所持手牌如图 11 所示：

图 11

庄家根据自己持牌情况，做出以下分析：

手牌牌相不错，有一对圈风及一张花牌，条子有 6 张，基本上是两个搭子；

万子有一嵌搭，筒子只有两张。先确定打缺门，争取快听快和。

①先打出尖张三筒；②摸红中，出红中；③摸二万，出八筒；④吃八条，出九万；⑤摸西风，出西风；⑥摸八条，出八条；⑦摸九筒，出九筒；⑧碰北风，这时手牌 8 张，如图 12 所示：

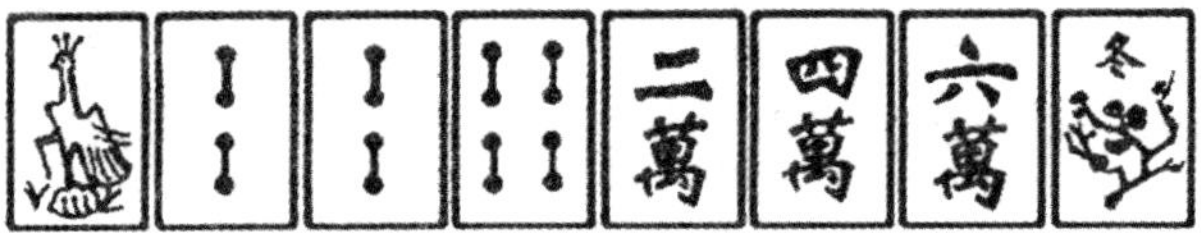

图 12

须打出一张，然后呈一入听牌姿。打哪一张好呢？四张条子只是要三条或者二条。幺鸡和四条中有一闲张，尽管三万已被对家碰坎，还是暂留下二万，待听牌后作为“A”牌兼“引牌”切出，以求嵌五魁成和。

⑨按输四不输一的原则，断然开出四条（况且下家刚打出七条），被上家碰倒，上家打出三条；⑩吃三条，出二条，安全无恙，这时叫听二、三、五、六万；⑪对家摸一张五万，随手打出，和牌。

这铺赢牌有：缺门、老少副、圈风坎、嵌五魁、二将，番数相当可观。

全花麻将是在半花麻将的基础上，又增加了一些花样，特别是增加了一些按特殊要求组成的“小花”，诸如：小三元（由中、发、白各一张组成）、小四风（由东、南、西、北任三张牌组成）、小孔雀东南飞（由幺鸡、东、南三张牌组成）、击鼓骂曹（由二条、一筒和白板三张牌组成）、鹊桥会（由幺鸡和两张不同的数牌七组成）等等。这样在打法上又有一些新的特点。主要是如何做花样，而在其他技巧的运用方面相对减少。

应当注意的是，不可一味贪图高番花样，不顾手牌牌势而去硬做，同时还要考虑“手气”的因素。否则，便会事与愿违。

这种打法，打牌前，需要商定好，带什么花，不带什么花，还要规定出成和的最低番数。

例如庄家有如下的一副配牌，见图 13：

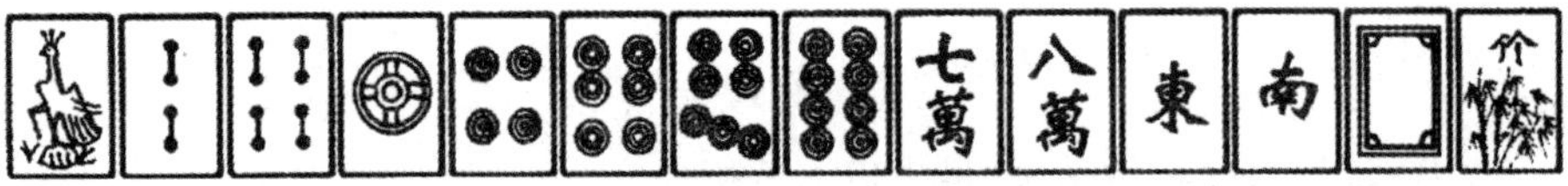

图 13

从图中现有的牌来看,可以放出一套击鼓骂曹,一套小孔雀东南飞或鹊桥会。但如放鹊桥会破坏了两个搭子,不如放小孔雀东南飞划算。放不放小花,放什么样小花,必须根据配牌情况权衡利弊,需要遵循的原则是:放出小花后可促使手牌快听快和。

庄家决定放出一套击鼓骂曹(二条、一筒、白板),和一套小孔雀东南飞(幺鸡、东、南)。然后首先打掉中张四条,呈缺门之势。并争取做筒子一色。假如随后摸来的牌是任何筒子,便断然开出七、八万,向筒子一色发展。如若进张六万或九万,也可以立即和牌,只不过番数有限罢了。

(四)圪堆和打法

这种打法,从形式上看,“数嘴子带翻番”,实际上也是一种简单计番打法。“嘴子”在这里是一个计分单位,相当于花样打法中的“番”。而这里的“番”,才真正是翻番。

此打法相当热闹,老少皆宜,流传地域甚广,在东北、内蒙古、山西、山东、京包铁路沿线一带颇为盛行。

至于说为什么叫“圪堆”,无从考证。大概是源于以下两方面的因素吧:其一,此种打法,战术技巧不复杂,把牌张“搁拢”到一块儿,就可成和;其二,正因为和牌比较容易,很快就可以使筹码成“圪堆”。

圪堆和打法所用的花样类型,一般都按当地约定俗成的规定,也就是 20 种上下,且数嘴子翻番的方法也大致相同,都是和了牌先计算出总嘴数,随后如有番再翻番。圪堆和常用的番种(包括花样类型和和牌方式)是:

1.财神(加一嘴);

2.暗坎(一嘴);

3.边、嵌、钓(各一嘴);

4.明杠(一嘴,现付筹码,不管和与不和);

5.暗杠(两嘴,现付筹码,不管和与不和);

6.一般高(一嘴);

7.老少(一嘴);

8.大连(同色牌有幺或九的连六)(两嘴);

9.小连(同色牌无有幺或九的连六)(一嘴);

10.缺门(一嘴);

11.够八张(同色牌,或者字牌够八张)(一嘴);

12.捉五魁(单指四、六万嵌五万,或单钓五万)(五嘴);

13.碰碰和(五嘴);

14.清七对(二十嘴);

15.混七对(十五嘴);

16.清龙(十五嘴);

17.混龙(十嘴);

18.清一色(二十嘴);

19.混一色(十嘴);

20.四归一(一嘴);

21.手把一(一嘴);

22.十三幺九(每一张牌加 10 嘴,也有的按十三条龙计算在约定上);

23.庄家成和,加一嘴,第二次连庄再加一嘴,依此类推;

24.和牌加一嘴。

翻番规定:

自摸一番;

门前清一番;

抢杠和一番;

杠上开花,按自摸算。

一番就是总咀数×2,二番即为总咀数×22,以此类推。

其他规定:

1.一般是规定三嘴起和(也有的地方没有嘴数限制);

2.使用 136 张牌,外加 2 张财神(财神在这里只起成和时加嘴的作用),每人码 17 墩,最后剩 7 墩黄庄;

3.如事先商定打"全调料",就可以重复数嘴子,比如一条清龙,至少还能数出五嘴;

4.有时为加快输赢速度,事前约定好,可打"一圪堆""二圪堆""三圪堆""五圪堆""十圪堆"。所谓"一圪堆",就是一嘴为一个筹码的意思,"二圪堆"则一嘴为两个筹码,依此类推。

下面举一个数嘴子的牌例，仅供读者参考。庄家以图 14 所示的一铺牌和出：

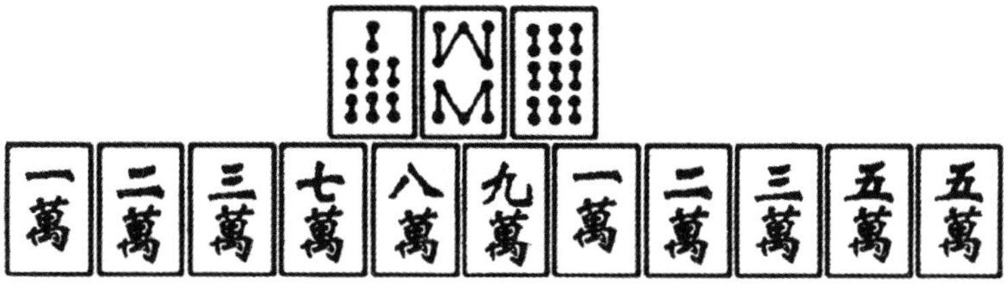

图 14

吃进一副七、八、九条，最后单钓五万自摸成和。

可数出的嘴子为：

和牌一嘴，老少一嘴，一般高一嘴，缺一门一嘴，够八张一嘴，捉五魁五嘴，单钓将一嘴，庄家一嘴，合计 12 嘴，自摸翻一番，12×2＝24 嘴。

假如没有吃、碰牌，门前清再加一番，那就是 48 嘴。

第二章　麻将实战制胜方略

一、理牌妙法

各家起完牌或者补完牌,必对手牌进行分类整理,排列整齐,以便于观察,这就叫理牌。

理牌得法,一方面不会造成漏吃漏碰,贻误战机,另一方面也使他家难以看穿自己的牌姿。理牌是整个战略过程的重要步骤。

高手向来重理牌,其间自有妙法在。

(一)理牌三阶段,各有侧重点

理牌贯穿于整个行牌过程(摸、打、吃、碰、杠、补花直至成和或黄庄)的始终。大体可分为三个阶段,每个阶段各有侧重。

第一阶段:从第一巡至第四巡,为单张整理阶段;

第二阶段:从第五巡至第十一巡,为面子牌的整理阶段;

第三阶段:从第十二巡至黄界牌,为听张叫和牌的整理阶段。

这种阶段的划分,应该说不是很精确的。因为起手配牌的情况差别很大,如果全手牌中没有一张单丁废牌,那就等于越过第一阶段而直接进入了第二阶段;反之,假若配牌太乱,单丁废牌几乎占半数,那么,对该牌手而言,第二阶段就要滞后了,因此很难断然划定,只能讲"大体"二字。

1.单张整理,废牌打完

这个阶段是指从第一次舍牌到手中无用的废牌舍完为止,亦即将手中不利于组合的牌张,换成有联络性的牌张。这一阶段应尽量以自己摸牌为主。

2.面子整理,初具牌阵

这个阶段很主要。如果前盘阶段对自己不利,就要靠中盘阶段加以调整,以利于面子的形成与组合。

当把手中无用的单丁废牌舍完之后，便开始进入了面子牌的整理阶段。但不排除手中仍留有一两张有较好联络性的单张。这时手牌中已大体形成了副子、坎子、对子和搭子。

如果手牌的牌组不够五组，就应设法培植，倘若超过五组，就要根据牌局形势拆掉多余的牌组，但必须是拆组合能力相对较差且别人不需要的牌组。

3.听牌叫张，伺机待和

手牌的面子已整理好，“海”中尸牌颇多，地上吃、碰的付露已有 1~3 组，各家也都大体先后进入了听张叫和阶段。

这一阶段很关键，必须把握牌局形势，不断顾及生、熟张，又要使自己的听张处于较为有利的地位，以期实现成和。如若牌局形势紧张，估计自己成和希望甚小时，就必须严控危险牌，必要时寻找小和家放和，控制大和家成和，以减少失分。

（二）排牌讲策略，神仙也难测

牌的摆放方法很有点讲究，一向为高手们所重视。精心理牌和排牌，不仅可使自己看着方便，更重要的是可迷惑对方，防止别人将你的手牌看个底穿。

下面这些妙法是高手们经常采用的：

1.快字当先，大致浏览

摸进手的牌，要以最快的速度，先整理出个大概，以防漏吃漏碰，在随后的进出张时，再逐步整理。

2.初始花张，不足为训

一上来就将手牌乱插乱放，是擅长打花张老手们的“专利”。但笔者却不敢苟同。初始手牌摆得太凌乱，往往使人目不暇接，不仅有伤目力与脑力，还容易因不慎看错一张牌，而造成漏吃失碰，故不足为训。

3.习惯摆放，次序变换

这是一种既不打花张，又符合实际需要的新型排牌技巧，为众多的牌手所青睐。

就是按自己的看牌习惯，将同属种牌按自然顺序摆放，但又不能按固定形式放置，必须具有融贯性加以伸缩。每吃碰一次，都要把余牌次序来回变换一次，目的是防止别人猜测出你的牌姿。

4.同色对搭，分隔穿插

凡属同组花色对子或搭子，应尽量拆置两处，以万、筒、条穿插分割。例如把五、六筒搭子，插于二万对子与六、七万搭子之间，不论或吃或碰，均不露一丝痕迹。

5.复合面子，倒序摆放

譬如手中有一、一、三、五、七筒这样的复合面子，故意将其排成一、一、七、五、三的倒序式。估计老头牌一筒容易出来，一旦碰倒一筒，存心将一、一、七筒一并翻出，打掉七筒，上家会以一路熟相顺应，如有闲张四筒，便会打出，则正中下怀。如果在一入听时就采用这种倒序摆放的技巧，则更显得奥妙无比。

6.风、箭对子，夹进牌心

凡有番的风、箭对子，如三元牌对子、门风、圈风对子，都要夹进牌心之内，不要置于两边，防止万一碰倒而露出马脚。

7.风、箭暗刻（坎），拆放三处

有完整的风、箭暗坎，可拆作三处，分别插入各面子牌中间，意欲不动。

8.摸牌上张，先置一旁

摸进上张的牌，不要马上急于归插牌内，先放于牌头，等下家发完了牌，再归档不迟，以防被别人识破。

9.面子欲拆，先行分割

准备拆舍的面子牌，应事前将其东西分开，避免舍出头张，别人便知你下一次舍的是什么牌了。否则人家来个“套地洞”：专要你打出的第二张牌，你就倒霉了。

10.手牌紧密，不留缝隙

手牌不应留有缝隙，否则，别人很容易猜测出你的牌姿。

11.两副落地，可打花张

两副落地，手牌仅剩 7 张，这种情况下，花张打法正是用武之际。这时采取花张乱插，无伤眼费脑之虞，可随心所欲，不必担心。且一般不可频频调换，以免引起别人注意。

12.欲切之牌，早做安排

准备打掉的牌，事先放置一端，既可加快打牌速度，又可防止被他家猜测手牌牌姿。

13.交替倒换,各铺有变

手牌排列顺序不可按固定模式一成不变,以免被对方摸准你的癖性,陷入被动。应经常变换招数,每盘牌绝不千篇一律。这样对方尽管知道你在变换花样,但难以知晓你葫芦里究竟卖的是什么药。

(三)配牌细思索,大致定战略

一铺配牌起到手,首先要认真审视,迅速做出和牌可能性大小的预测,果断制定出本铺牌的大体方针,随之而来的是确定该留什么牌,该舍什么牌。

人不是神仙,对实战中牌势的把握,只能是个大概的估计而已。这是因为四家对阵,各自为战,别人的战略部署,往往会冲击或破坏你的战略部署。因此最初制定的战略方针,难免要在千变万化的实战中加以调整。

配牌经过考量,理牌时可按以下三种类型制定不同的战略。

1.有局望大,无局求快

"局"是指配牌的牌姿有无做大番牌的条件。有做牌条件的牌姿称为有局,反之为无局。也就是说,有做牌条件的牌姿,可按牌姿去计划做牌,以期和出一铺大牌来;牌姿虽尚好,但无做牌条件,则无论番数多寡,只图快听快和。

2.牌势不济,守为上策

如果配牌是一手烂牌:同属种牌,互不联络,单丁荡张过半,则应毫不犹豫地采取守势,并做好不和的思想准备。

3.似有似无,斟酌行图

有时一手配牌的牌势,界于可能与不可能成和之间,一时尚难确定。这就需要谨慎行张,注意观察。在中盘战初期,尚有一定余地,再往后,就谈不上对自己手牌的牌势有什么企图了。这时就必须"当断则断",以免误事。

(四)依据牌形态,策划牌型格

上面我们谈到了根据不同的配牌相,确定战略方针的情况。如果牌势好,成和希望较大时,就要力争和出。和牌的方式应按手牌的状态加以分别对待。

选择和法要遵循扬长避短的原则,这样才能充分发挥自己牌姿的优势。

1.手牌中副子与搭子较多,战术上可取平和型;

2.手牌中对子多(包括对子及搭子的复合式),宜采取碰碰和型;

3.手牌中同属种牌占大多数,异种牌只有少数几张,适合打清一色型;倘若手牌中有带番的字牌刻子或对子,也无须强加拆舍,索性打混一色,番数也很可观;

4.如果手牌中搭子、对子或已成朋组的副子、坎子中都是无番牌时,则正适合打无番和(无番和在《新规则》中规定可得8分,不算最低的);

5.倘若手牌中单张字牌较多,而同色数牌均间隔两张以上,难以成副,则适合打十三不靠。虽成和难度大,但一旦成和,则是一手高番牌。

(五)做牌看条件,硬做必吃亏

做牌是麻将实战中的技术手段,也是起手配牌之后的战略企图。每个人打牌,都必须根据手牌形势,定出型格,准备做什么牌?怎么个打法?否则漫无目标的乱打一气,是很难获胜的。然而,一手牌能做不能做,做什么型格,并非由打牌者的主观意愿所决定,而是由牌势本身来定调的。也就是说,做牌是有前提条件的,离开做牌的原始条件和限制,人为地去硬做,必定事与愿违,导致败北。

从做牌的形态上看,主要是清一色、混一色、碰碰和、七对、十三不靠五种。其他诸如一条龙、缺一门、大小四喜、步步高、全带系列等等,虽也称为做牌,但均属于局部的范畴,仅为计番所用。至于像九莲宝灯、十三幺一类的大牌,实属可遇而不可求。极少有人刻意去做,除非是天造地设,只差一两张牌。

下面就来谈一谈做清一色等几种大牌的前提条件。

先说十三不靠。起手配牌中,字牌在五张以上,废牌在两张以内,有希望成型。否则难以做成。这是因为手中的13张牌,必须是五门齐且全靠自摸组成。如果字牌少于五张,废牌超过两张,那么在时间上是来不及的。

再说碰碰和与七对。起手配牌对子在4对以上,才有打七对的可能性;碰碰和也是如此,配牌中的刻子加对子,不能少于3组,否则也不易成型。道理很简单:打七对牌除了最后的那张和牌,其余的都得依靠自己摸进手里才行。如果配牌中对子连4对都不到,那么全靠自摸来达到入听牌姿,即使平均每四巡摸入一张凑对牌,至少也要八巡开外。这时别人早已听张,未等你入听,人家已经和牌了。倘若硬做,岂不自找苦头?

再看清一色。做清一色的原始条件，是同色牌要在 9 张以上，其中至少要有两个搭子及一个对子，其他 3 张牌也应与两搭一对有着边、嵌的联络关系，或者只有一张是孤牌。这样才有做牌的苗头，也就是说，是做牌的最低界限。否则，还是打老实牌为好，或者待两三巡摸打视牌张有无变化，再作决断。

即或具备了上述基本条件，也还要看非同色牌的状况如何才可以决定。如果 13 张牌中，有 9 张条子或番牌，另外 4 张是五万一对，五七筒嵌搭一组的话，那么情况就大为不妙了。不管这铺牌的条子与番牌有多好，哪怕在以后的摸打过程中，又有条子进张也无济于事，想要做成条子清一色或混一色，几乎没有可能。为什么呢？

很明显，你既要做条子一色，就必须把手中的万子、筒子的面子拆掉，逐张舍出。无论你怎样用尽心机，如何巧妙，别人都会清清楚楚地看到你在拆舍上好的对子与搭子，谁还不明白你是在做条子一色的大牌呢？这样一来，没有人敢向你提供条子，只能靠自摸去凑牌。这就势必耽搁许多时间，牌局进展之迅速，哪有时间等你，岂不误事？

还有，除了原有的 4 张万子和筒子需要打出外，还会有后来摸进的闲张也要切舍。这样不单是做牌意图暴露无遗，还给下家提供了喂牌机会，而自己却绝少有和出的希望。这就是"做牌不能有双搭，非同色牌不过四"的道理所在。诚然，在这种形势下，硬去做清一色牌，实属下策之下策了。

因此，拟做牌，就要看条件，绝不可硬做。同时还必须审时度势，随机应变，当按原计划做牌，但进张形势逆转时，不应硬拆硬切，应顺水推舟为好，否则损失就会更大。

（六）审视手牌相，选择面子牌

一铺牌成和的牌型分两类。

1.和牌的基本牌型

（1）一、一，一、二、三，一、二、三，一、二、三，一、二、三；

（2）一、一，一、二、三，一、二、三，一、二、三，一、一、一（一、一、一、一下同）；

（3）一、一，一、二、三，一、二、三，一、一、一，一、一、一；

（4）一、一，一、二、三，一、一、一，一、一、一，一、一、一；

（5）一、一，一、一、一，一、一、一，一、一、一，一、一、一（碰碰和）。

2.和牌的特殊类型

(1)一、一,一、一,一、一,一、一,一、一,一、一,一、一(七对);

(2)一、一,一,一,一,一,一,一,一,一,一,一,一,一(十三幺);

(3)一,一,一,一,一,一,一,一,一,一,一,一,一,一(全不靠)。

说明:一、二、三=副子,一=单张,一、一=将、对子,一、一、一=刻子(坎),一、一、一、一=杠子。

如果手牌中对子多(4组以上),则对子即为最好的面子,可往七对或碰碰和方面发展;假如手牌中有5张以上的单风箭,其余数牌也都是幺、九单丁为主,那么索性就以这些单张牌为"面子",寄希望于做成十三幺。做不成时,可改打"十三不靠"。但,这毕竟是很少数的成和情况,大多的和牌,还是以基本牌型为主。

和牌的基本牌型都是由一对将牌及另外四组副子和刻子所构成。也就是说,这5组面子牌是一铺和牌的必要条件,或称为五要素。面子有优劣之分,牌张有价值高低之别。优劣与高低便成为选择面子牌的主要依据。

按照优劣与高低,排列的顺序应该是:

第一,三张牌的复合面子。例如五、五、六万,七、八、八筒,三、四、四条等,既可看成两面进张的搭子,吃牌(或摸牌)成副,又可看成对子,碰出即成一坎。这样的牌组,可待牌较多,吃碰有10张牌的机会,显然容易组成朋组。

第二,两面进张的搭子。例如二、三万,四、五筒,七、八条等,可以两头吃牌,有8张待牌机会。其中尤以二、三,七、八这样的搭子为最优,因为老头牌幺与九较中间张容易出来尤其在开局初期。

第三,嵌搭。例如:四、六万,五、七条,七、九筒等。有4张待牌机会。其中以嵌2、8为优,这两种牌较其他中张牌易出来。

第四,对子。有2张待牌机会,其中应以幺九对子和客风对子为佳。因为前者属老头牌,联络性差,后者属无番牌,因此这两种对子,容易出来。

第五,边搭。例如一、二筒,八、九万等。这种搭子,只限于吃尖张三与七,是五要素中最差的面子。尖张3与7,有控制边搭的作用,一般规律,牌手都不轻易舍出。有时还不如单丁的中张牌靠张来得快。有人宁肯留单丁的中心张,也不愿手中有边搭是有其道理的。

还有个问题:嵌搭与对子任选的话,哪个优,哪个劣?一般地讲,嵌搭有4

张待牌机会,而对子可碰的待牌只有2张,单就待牌机会而论,当然是前者优于后者,但不能一概而论。如果是一、三、七、九一类的嵌搭,当然没得可说,若是中间张的嵌搭,情况就大不一样了。依笔者浅见,还不如幺九和客风对子。因为中间牌联络性强,不一定好出来,而幺九和客风牌,相对地讲,却容易出来(道理在前面已谈过)。诚然,在牌局后期人们对幺九牌比较警惕,这就需要综合考虑加以权衡了。

(七)留门不宜杂,太杂难成牌

手中的牌不可留得太杂,什么牌都有几张,往往难以成和。正如牌坛老手讲的:一门为正,二门为辅,三门为杂,四门不成牌。牌谱也有训诫:“六张孤立牌,退出胜负圈。”这些都是经验之谈。

如果只集中留一两门牌,进牌机会就会增多,和牌速度也会相应加快,并可争得较高的番数。

有的牌手以为,每门牌都有几张,进什么牌都能靠上,可以加快组牌速度,这实在是一种误解。即便上家打啥你吃啥,又有吃又有碰,再进一步讲,即便成和,试问你能数出几番来?何况你也不一定能那么顺当地把一手牌组拢好。

(八)牌型不同类,战术各不同

1.牌势不佳,以守为上

牌型如图15所示:

图15

13张牌中,只有一对北风与二、三万搭子两个较好的面子。一、三条为嵌搭;一、二、四筒虽为一复合面子,但待牌只有一种三筒,且为尖张。不过尚有七筒与七条,这样,筒子或条子再组合一组面子并不难。

这铺牌应该算比较差的,但还有希望,就看如何进张了。如能在三四巡内人手一两张有效牌尚可力争，否则的话，则应采取守势。倘若五六巡过后，牌势毫无改观，便应下不和的决心，不可再犹豫。

2.牌势糟透，弃和拆臭

牌型如图 16 所示：

图 16

这显然是一铺糟到家的烂牌。只有两个边搭，或者说一边一嵌，其他都是孤张。纵然有 4 张单风箭和 3 张幺九牌，但想做十三幺相距甚远；做十三不靠也没有可能。要想达到入听状态，即便每两巡能摸进一张有效牌，至少也需要十二巡以上。根本不赶趟。像这种烂牌，大可不必认真组牌，明智的选择应是下决心不和。战术上则应采取弃和拆臭，专拣安全牌打。不过在切舍风箭番牌时，还须谨慎，最好是追熟而出，以免为他人增番筑台。如若发现有人做大牌，必要时应寻找小和家供牌，促其快和，以牵制大和家成和，减少自己的失分。

3.接近听牌，努力拼争

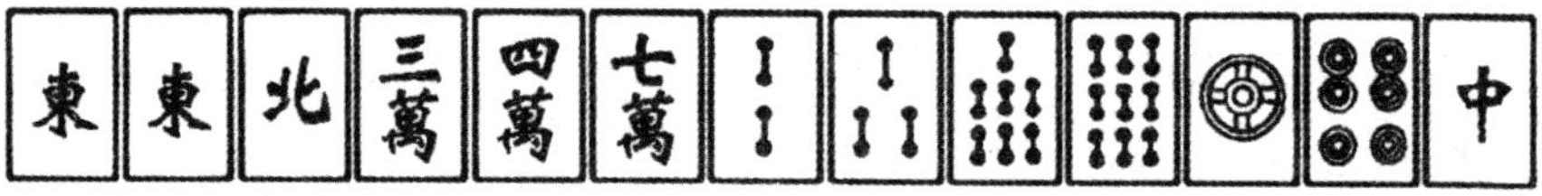

图 17

这是一铺很有希望的牌。已有东风对子(时值东风圈)，三、四万与二、三条两个搭子，还有一个七、九条嵌搭。四个要素。如能进一张五、六、七、八、九万或是红中、北风，最好不过了。不希望在筒子上进张。

当有人打出东风时，定碰无疑，然后打光筒子形成缺门牌面，最后如以单钓成和最为理想。

4.成和在望，当仁不让

牌型如图 18 所示：

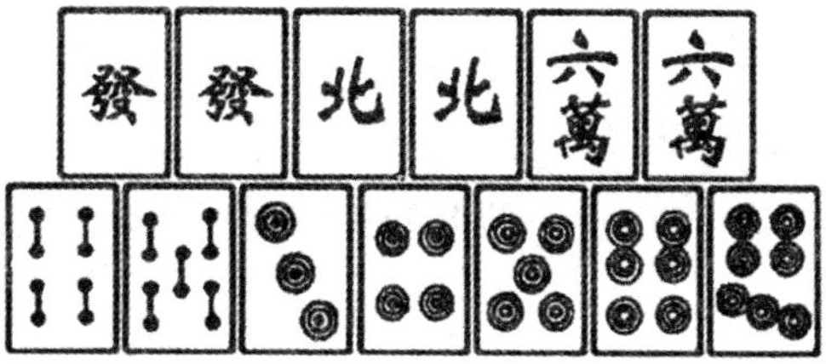

图 18

这是一手极佳的牌姿,已呈二入听状态。多出一组面子需要切舍,怎么拆?需视进张情况而定。

如果发财出来断然开碰,随后可拆舍六万对子,先打缺门;若北风先露面,且北风不是令风的话,以不碰为好,相反打掉北风对子以便进行牵制;如果既未碰发财,北风又无人打出,可考虑先打一张六万。打六万目的有二:(一)期望摸来五万或七万,形成搭子,准备向平和牌面发展(下一步拆舍北风);(二)不进万子时便把另一张六万也打掉,形成缺门牌面。如果先在条子或筒子上进张,也以拆六万为佳,目的同上;倘若先碰出六万,就应拆舍四、五条,意在形成缺门;若发财、北风已成熟牌,也可切舍其中之一。

总之,像这样的上好牌姿,一定要不失时机地把握住机会,绝不让他人和出。

(九)牌张巧运筹,中局尤重要

一般来讲,在牌战中期,除了一些特殊的牌局之外,手牌应该进展到二入听或三入听阶段。这时所剩的 7 张手牌,加上随后摸牌,使手牌成为 8 张。这 8 张尚未听张的手牌,该如何取舍?如何巧妙运筹,才能及早踏入听区?这便是入张战术所要研究的问题。

还是让我通过一些实例,作一番探讨吧。

[牌例 1] 牌型如图 19 所示:

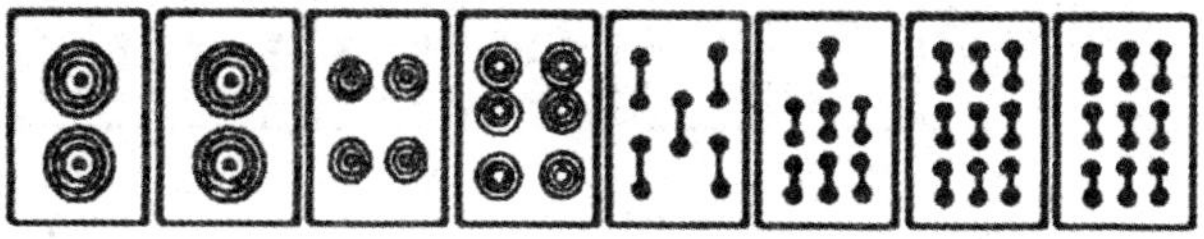

图 19

这样的 8 张手牌，该打哪一张呢？可以有以下四种不同的打法：

1.一对九条做将，打去二筒，待牌有嵌三筒 4 张，嵌五筒 4 张，嵌六条也是 4 张，总共是 12 张待牌，成和机会相当大；

2.以二筒为将，打出一张九条，待牌同样有嵌五筒 4 张，嵌六条 4 张，嵌八条 4 张，待牌也是 12 张；

3.如果打出六筒，则有二筒待碰 2 张，嵌三筒 4 张，嵌六条 4 张，待碰九条 2 张，也是 12 张待牌；

4.若是打出五条，待牌同样有 12 张。

以上四种打法，任择一种，功效相同。只是在实战中，应审时度势，顾及生熟张和下家的需求，使自己的舍牌尽量不能为他家所用，且使自己所求之牌尽可能在熟张上，以利于叫和，此为上策。

［牌例 2］牌型如图 20 所示：

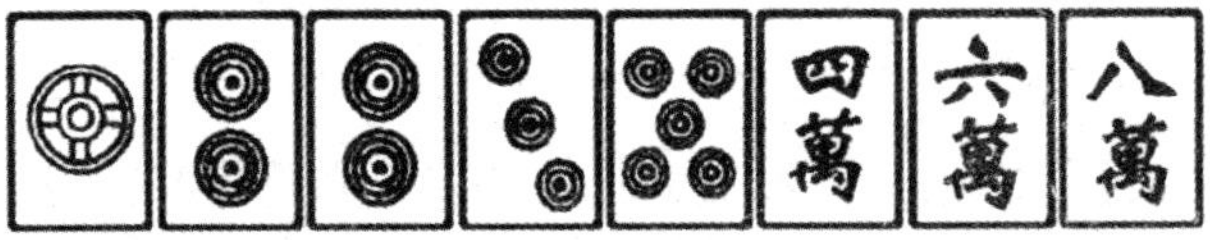

图 20

这样的牌姿，很容易造成众多牌手战术上的失误。一般人常常会打掉一筒，殊不知舍去一筒待牌的机会是有限的。仅有四筒 4 张，五万 4 张，七万 4 张，总共 12 张待牌。高明的打法应当毫不犹豫地舍掉二筒。这样待牌有五筒 3 张，四万 3 张，五万 4 张，七万 4 张，八万 3 张。合计待牌 17 张，远比打 1 筒有利得多。

如果打掉五筒，功效与打二筒相仿，但还是以舍去二筒为妥。假若保留筒子，而去拆舍四万或八万的话，是极为失算的。

［牌例 3］牌型如图 21 所示：

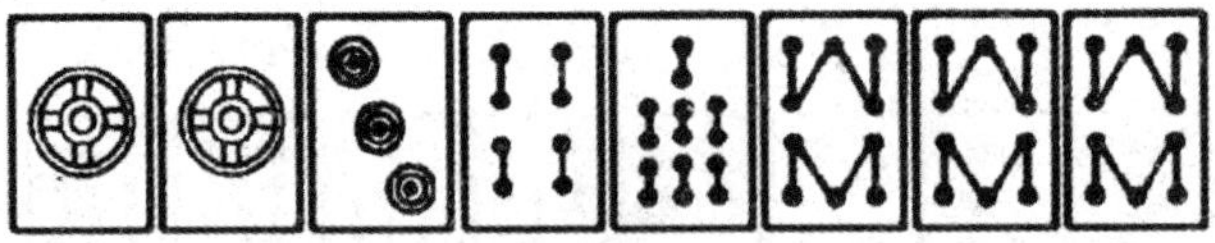

图 21

这样的一手一入听的牌姿简直令人迷惑不解，一时竟然不知该打哪一张好：是打三筒或一筒，还是打四条？

先来看一下打四条的情形。这时待牌有：九条 4 张，八条 1 张，七条 3 张，六条 4 张，五条 4 张，还有一筒 2 张，二筒 4 张，三筒 3 张，四筒 4 张，五筒 4 张。总共 33 张。

再看打三筒。打掉三筒，待牌有：一筒 2 张，九条 4 张，八条 1 张，七条 3 张，六条 4 张，五条 4 张，四条 3 张，三条 4 张，二条 4 张，共计 29 张机会，比打四条少了 4 张待牌。

倘若打一筒，情况就很不妙了。请看，打掉一筒，这时待牌仅有二筒 4 张，九条 4 张，七条 3 张，四条 3 张，六条 4 张，18 张机会。可见打 1 筒最为不利，而打掉四条是最为有利的——和头最多。

[牌例 4] 牌型如图 22 所示：

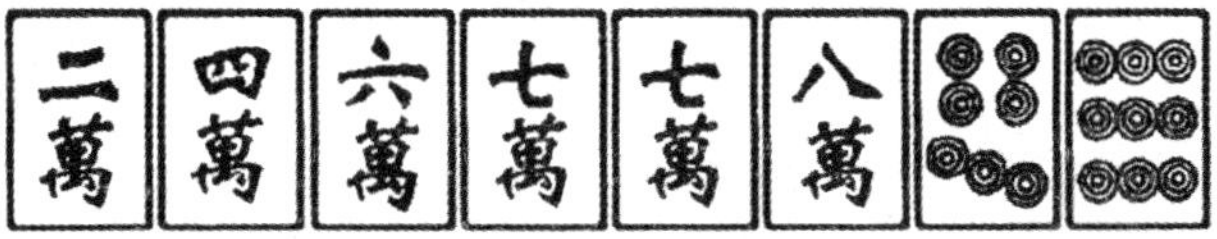

图 22

这也是一铺一入听的牌姿，打掉一张，再进一张有效牌便可叫听待和。

遇到这样的牌姿，如不仔细思索，很可能抽出二万或八万随手打掉，此乃拙劣技法。从战术上讲，即便忍痛割爱，也应切出七万最为有利。不妨让我们来做一下对比：

当打掉二万时，听张待牌有四万 3 张，五万 4 张，七万 2 张及八筒 4 张，共 13 张牌机会；如打掉八万，待牌也只有三万 4 张，五万 4 张，八筒 4 张等 12 张牌机会。

然而切出七万，情况就大不一样了。待牌将有二万 3 张，三万 4 张，四万 3 张，还有七筒 3 张，八筒 4 张，九筒 3 张。总共 20 张待牌机会。显然以打掉 7 万最为有利。

[牌例 5]牌型如图 23 所示：

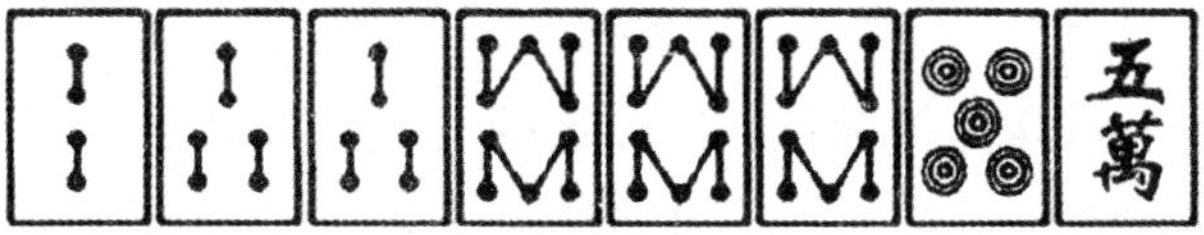

图 23

这还是一手一进落听的牌姿。这样一种牌姿，你准备打出哪一张呢？是打五筒、五万，还是二条？如果打五筒或五万，便是低路技法，为什么？只要你进一步理牌计算一下，便可知晓打掉二条是最为有利的。现在让我们来看一看五筒与五万的联络价值。

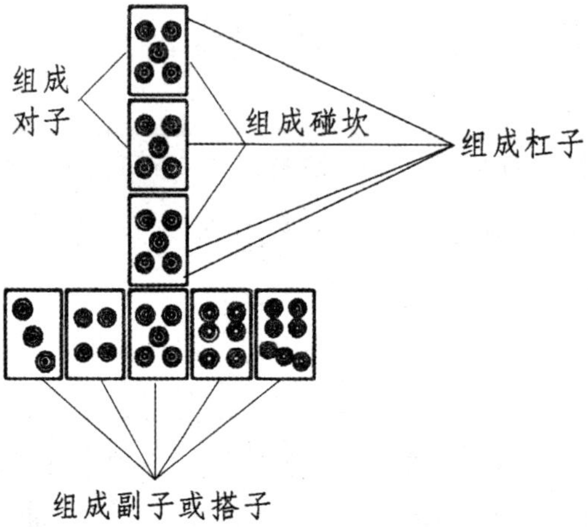

不难看出，一张五筒，可有 19 个待牌机会，若再加上五万同样有 19 个待牌机会，合计为 38 个待牌机会，这样的战术，何乐而不用呢？

二、舍牌法则

舍牌（又称切牌），贯穿于整个牌战过程的始终，摸、吃、碰、杠，一进一出，概莫能外。

舍牌就是把手中不符合自己牌势和作战部署的牌张，打入"海"内，表示舍弃之意。

合理而巧妙的舍牌，对于成败至关重要，麻将桌上常常有"一张牌定输赢"的局面。众多的牌坛高手向来十分重视舍牌，讲求舍牌的战术与技巧。每切舍一张牌，都要依据场合、阶段、局势、时间及需求等因素，综合考虑，权衡利弊。目的性相当明确：或是克扣，或是引诱，或则牵制，或则迷惑，或则避生就熟，或则保听防铳，或则出奇制胜，或则正常行张。总之，都是牌家的战略防范与战术进攻的相互结合，个中大有学问。

（十）薄弱之牌，先行切舍

开局之初，各家总要将不好的单丁废牌，以及战略部署以外的孤牌大致整理出来，然后先将面子之外的薄弱牌舍入“海”内。这种薄弱牌或属突张，或属联络性极小的单丁荡张或废牌，以便将手牌逐步整理成面子牌，这是实战初期各家的主要任务。

（十一）舍牌要诀，守己顾彼

舍牌的原则有两点。一是顾及他人之牌来舍牌，二是针对自己的手牌来舍牌。亦即“守己顾彼”。这就是说，每舍一张牌，都要尽量使他家无法吃碰，而使自己的手牌面子及早组成朋组，此乃舍牌之要诀。

（十二）好张先打，“望牌兴叹”

这里所说的好张，是指手中不符合战略部署的中张牌。反正不准备留，迟早是个打，与其晚打，不如早切。早舍，下家一般搭子尚未组合好，难以吃进，迟上几巡再打，下家搭子一旦组成，就等于“羊入虎口”了。这就是牌谱所训示的“好牌先打，先打无吃”的道理所在。

好牌先打，属逆打操作战术。所谓逆打战术，就是将对方往后很可能需要的牌，提前打出，使其“望牌兴叹”，而将对方不需要的牌，留到后头再打。

假使对方（主要是下家）的舍牌相主要是万子，那么自己则应打异种牌属的筒子与条子，等到对方（包括下家）组合好筒子与条子的面子后，自己则打万子，这就是战术上的先发制人。

牌型如图 24 所示：

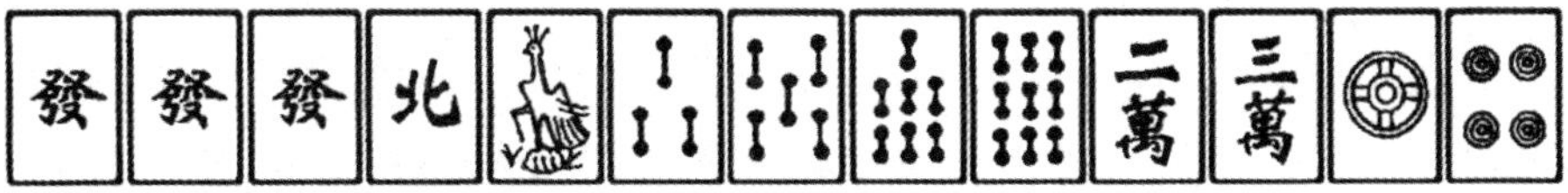

图 24

下家连续打条子，这时自己无论摸来条子或万子，都应毫不犹豫地打筒子（一方面抢先打下家往后可能需要的筒子牌，另方也形成缺门的牌面）。而且先舍中张四筒。尽管四筒有 19 个待牌机会，也应在所不惜。

至于闲张北风，早一巡迟一巡再打掉，无妨大局。

假使对方的舍牌相是六至九的老数牌，自己应及早将一至五的幼数闲牌，赶在对方组合之前打掉，以除后患，然后再打老数闲牌。

倘若发现"海"内字牌少见，应意识到很有可能有人在等待对子筑台。这种情况下应尽早将手中孤张字牌打掉，然后再舍数牌。

需要说明的是，逆打战术只适用于前盘战期的舍牌操作。当牌战进入到中盘战后期，各家相继进入一入听或听张状态，这时逆打战法已不能适用，只能是采用对应战法了。

(十三) 中盘舍牌，紧盯三家

中局阶段各家的手牌都会发生一定的变化，有的已进入二入听或一入听状态，有的甚至已达到听牌。这个阶段，一取一舍都关系到胜败，因此舍牌必须把握住安全关。尽可能做到不喂下家，也不让他家碰出，更不能让听牌者成和。

这个时期，舍牌战术应由前盘战期的逆打战法改变为顺应战法。一旦发现对方有明显的异样舍牌，说明其牌姿有了飞跃，更应提高警惕，做好防范对策。

牌型如图 25 所示：

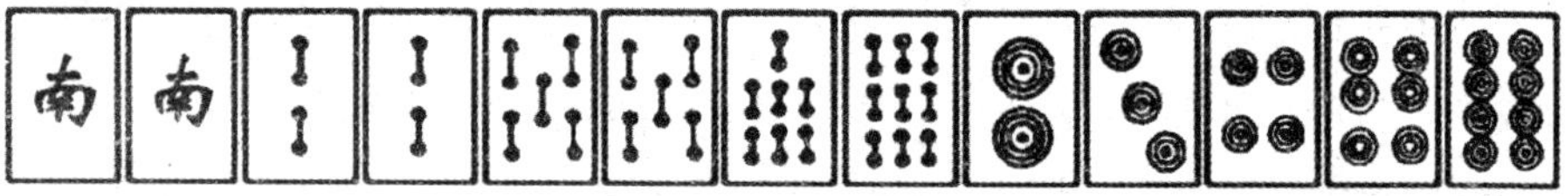

图 25

上家连续打出万子与筒子，而条子一张未打出，糟了！极大可能是在做条子一色。而自己的条子牌姿优于筒子，本来也想收集条子，但现在看难以如愿了。怎么办？必须立即改变策略：弃条改筒，以改变自己处于下家的被动局面。这样既可吃进上家的牌（筒子），又可切出条子，对上家进行牵制，使其欲吃不得，只能"望牌兴叹"。当然如能摸进有效的条子，可切掉 6、8 筒嵌搭，实现缺门成和亦当知足矣。

倘若发现下家在做带幺的牌，自己手中有字牌或幺九的闲张，须严加控制，使其难以成形。

（十四）终局舍牌，顺风扯帆

终局是牌战最紧迫的时期。硝烟弥漫，剑拔弩张，大家短兵相接，决一雌雄。

这一时期，逆打战法已不适用，只有采取对应战法。对应战法也就是依对方的舍牌相，按其径路，切出相同的牌点或同一线的筋牌。不过，在应用当中，要当心有人设置陷阱。有些老手常常留一张叫和牌的关联数牌，专等入听时切出，以引诱出同一线筋牌食和。此刻非同寻常，每舍出一张牌，都必须把安全过关放在首位。

要特别留心听牌者摸入手牌的替换。如果摸起即打毫不加思索，说明入牌不对路数，如果顺手打出的是两端的数牌，例如条子，即表明这类牌比较安全。如果摸牌入手替换出来的舍牌，都为中张牌，有理由认为该舍牌的邻近牌张，大都属于安全牌范围。

还要注意一点，不可依赖自己的舍牌相。比如自己在数巡之前曾打出过五万，现在再打五万，是否安全呢？这就不一定了。因为当时打出五万，是顺应对方的舍牌切出的，现在又打，是否仍然是顺应对方的舍牌呢？如果是，那可能是安全的，若不是，那可就难说了。千万不要以为前头自己曾打过该张牌安全无恙，现在再打仍然太平无事。因为舍牌的安与危，参照自己的舍牌相是毫无意义的，这需要由别人来决定，而自己是无法断言的。

再者说，隔巡如生张。当牌战进入到后期，各家的牌姿无时不在变化。原先出现过的安全牌，只要经过一巡，就未必仍然安全了。这就是人们常说的"隔巡如生张，旧安变新危"。

例如，第一家打出八筒，平安无事；第二家原先是五、五、五筒和九筒，单钓九筒的牌姿。摸牌摸进七筒，因牌面过生，又是尖张，不敢打，略加思索后，决定切出五筒（五筒与八筒同一线，至少有 50%的安全性），改听嵌八筒（同时估计到八筒还会有人打出），打掉五筒，顺利过关。

轮到第三家摸牌，该家本来也已听牌，幺鸡对将，七、八筒搭，叫听六、九筒。但事不从心，摸来七筒，也不敢打（这个时候，谁敢打生张加尖张的七筒？），于是决定改六、九筒为七筒幺鸡对倒，顺手将八筒舍出。他满以为第一家刚刚打过八筒，八筒是绝对安全的，不料，平地一声雷，却被刚刚改口的第二家食和。从战术上讲,打八筒丝毫不错,当了炮手也没有办法。

像这样隔巡点炮的例子实战当中屡见不鲜。

(十五)单张切舍,价值区别

不同的牌张,有各自不同的价值。同样是孤独的单丁牌,切舍时除考虑安全因素外,还必须考虑其本身的价值。尤其在开局初始,牌的价值是决定取舍的首要因素。所谓价值,是指联络牌张的能力。联络的牌多,价值就大,反之则小。牌种不同,在同属种牌内所处的位置不同,联络价值也就不同。

先看风、箭牌。风、箭牌横向无联络性。不可能用一张南风与西风去“吃”东风或北风(中、发、白也是一样),只可同本身(纵向)联络,组成对子与刻子。

再来看数牌。数牌具有三个方向上的联络性,联络价值有大有小。

幺九牌:联络价值小,横向只能一端联络,另一端为截头。幺,只能同二、三联络,加上本身,共3种11张牌;同理,九只能与七、八联络,加上本身,也是3种11张牌。

2、8牌:因一端只有一张牌,加上本身可与4种15张牌进行联络。

3、7牌:这两种牌属于尖张牌。算本身可与5种19张牌进行联络。由于尖牌有控制边搭的作用,故一般都不轻易舍出。

中张牌(三、四、五、六):加上本身可与5种19张牌进行联络,但牵制价值不高。

由此,单张舍牌的要诀便不言自明了。

(十六)客风切舍,先“上”后“下”

客风是指圈风和门风以外的风牌。客风即使成刻也无番。因此,单张的客风,除存心不想和牌而加以克扣外,应及早打掉。

假如手中有好几种孤张客风,自己坐庄时,应率先打掉自己上家的风位牌,然后再打对家、其次下家的风位牌。这是为什么呢?

其实很简单:自己舍牌一般是牵制下家,而对上家与对家的牵制作用不明显。因此切舍客风时,先将难以牵制的上家和对家的风位牌打掉,存心将下家的风位牌留在最后再打,这样才于自己有利。况且,一旦上家开碰,自己也多获一次摸牌机会,有所弥补损失,这便是“坐庄先打北”的原因所在。

假如自己不是坐庄，而是处于散家位置时，应首先打掉庄家的风位牌“东”，然后再依照上述打法去舍。“东”打得越早，庄家碰坎的概率越小。但当庄家连庄时，“东”就不可随便切舍，只能伺机而动。这是因为，庄家连庄时，手中多半握有东风对子，打出东风等于火上浇油。

（十七）三元切舍，内藏玄机

单张的三元牌，多半被率先打掉了。但也有人偏偏扣在手中不打，企盼再摸进一张凑成对子，一旦开碰，有现成番在握。不过实战当中，这种如意算盘最终能如愿者为数不是很多。因为牌战当中，靠后来摸牌凑成三元对子的机遇是寥寥无几的。多半都是起手配牌就有对子。有的人牌进中场，孤立的中、发、白还不舍得打，还在抱希望，唯恐丢弃可惜，这实在是一种愚蠢的想法。牌过数巡，这种牌还不见影，应该想到别人握有对子或刻子，你即使留到最后也得打，那时危险性岂不更大？如果别人开始只有单张，随后摸成一对，你这孤张的三元牌，岂不是替他人而贮存的？

退一步讲，即使手中是一对三元牌，如果面子够用，且都较佳，三元对子又久久碰不出来，权衡利弊之后，也并非不能拆舍，若能顺利成和，起码可获平和之番。这个账是应当会算的。

倘若手牌中有三张以上的三元单张牌，一般地讲，其手牌的牌势也不会很理想。正如牌谱训示的那样：“起手三张单风箭，牌势受阻难求和。”如确认没有成和希望，应紧扣不放，下决心拆臭，若有人打出，方可追熟切舍。

下面谈谈三元牌的拆对战术。三元对子很少有人拆掉。因为这种对子容易碰出，有番可计。但三元牌有时也会误事，常常因碰不出来，最终做了将头，耽误了许多面子组合的机会。下面举一个实例。

牌姿如图 26 所示：

图 26

这铺牌牌姿极佳，10 张万子已组成三个朋组，大有希望做成清一色（如做混一色，已是一入听牌姿）。

考虑到自己摸牌很顺，牌局尚早。故断然决定，舍弃一对红中，不贪图即将入听的混一色牌姿，决心打成万子清一色。

经验证明，上述决策是高明的。

（十八）舍牌跟同，不可盲从

跟同舍牌，属于对应战法。也就是视“海”“地”之牌相，而切舍相同的牌点或是同一线上的筋牌，从而达到牵制目的。

例如“海”内有两张五万，自己手里如有闲张五万，当然可以切出。没有五万，可切出同一线上的二万或八万。很显然，打出五万的一家，除非是嵌搭，否则他是不会再吃二万或八万的。

这种跟同战术，在前盘时期，并无多大实际价值，因为时机尚早，各家均未听张，前盘战期应以逆打战法较佳。

跟同舍牌主要应用在中局以后。在实战当中还要注意下面几点：

1.不可轻易跟同上家和对家的舍牌。上家（或对家）打六条，自己不要，你也跟着打六条或者三、九条，这就不对了。如果是终盘战期或已推测出各家均已听牌，另当别论，否则的话，就属于拙劣技法了。须知“两家不要一家要”，你这样做，很可能给下家一次极好的吃牌机会。牌桌之上常常是这样：下家与对家舍出的牌，正是自己需要之牌，只是隔着“锅台”——上家，无法吃进，干着急；同理，对家和上家打出的牌，下家很想要，也是隔着“锅台”（本人）够不着。可是自己如跟着打，“锅台”没了，下家当然高兴了，这岂不是拙劣技法？作为上家，你应该跟着下家打，才是正道。

2.如能在实战中，猜测出上家和对家后面需要什么牌，抢先打出，攻其弱处，让这两家“望牌兴叹”，实行战术上的牵制，这才是最厉害的一招。

3.留心陷阱。比如下家连打两张二万，作为下家的上家，你可能对此举做出种种推测：①万子富余；②准备打缺门；③欲做清一色或混一色；④拆对打平和等等。诚然，这些推测都是必要的，但还不够。还必须结合该家的打牌习惯，运用技巧的手法，进行猜测。如果该家是擅长设伏的老手，则应想到，他手牌的牌姿很有可能是二、四、六万，打二万是为了钓出五万，下一巡又抓上二万，接着再打出。倘若只限于牌面，你打二万，我就给你打五万，岂不正中圈套？

（十九）面子拆舍，双向斟酌

当手牌的面子超过5组时，就必须拆掉一组。拆舍的好坏，关系到一手牌的成败，必须动脑子思索，不可掉以轻心。

面子牌的拆舍，应遵循两条原则：其一，保证安全过关，这是首位的；其二，有利于构成朋组。所谓“双向斟酌”即指此意。

安全与否，是从他人需要的角度而言的，一般地讲，别人想要的牌，都不属安全牌，除非自己存心打掉的。

面子是否利于构成朋组，是从待牌机会多少来考虑的。机会越多越有利。机会越少的牌，只要安全，越是应该打掉。这里，我们姑且不谈安全因素，单就待牌机会来探讨拆舍面子的技巧问题。

搭子有两面搭、嵌搭和边搭之分。其中两面搭又可分为中间搭和两头搭。

两面搭待两边，有8次待牌机会；嵌搭待中间，有4次待牌机会；边搭待尖张，有4次待牌机会，但尖张难出，故实际待牌机会不是很多。

再说对子，对子碰成坎，待牌机会为2次。

由上所知，拆舍面子时，首先应拆掉边搭，其次是嵌搭。拆对子的前提是要保证有将头。打碰碰和除外，只要能保证将头，对子应先于嵌搭拆舍。

拆搭时，应注意以下几点：

1.首先应该拆掉有相同进张的搭子。手中有八、九万与五、六万搭子，都待七万，应拆掉八、九万边搭。同理，当手中既有一、二又有四、五时，则应拆掉一、二。其间应先打九、一，后打八、二。

2.然后拆边搭。拆边搭也应本着先远后近，先一、九，后二、九。这样一旦摸来的是三或七，使原先的边搭变成两面搭，可重新考虑拆舍其他相对不利于组合的搭子。留下此两头搭，反倒容易吃进回头张（因自己打过一、九）。

3.在保证将头的前提下，先拆对子，后拆嵌搭，尤其是中张对子，远不如一、三与七、九嵌搭容易进张。

如果手中有令风对子或是三元对子，又有其他对子时，就应先拆嵌搭了。原因是风箭对子容易碰出，其他对子做将头，进牌机会比起嵌张高了一筹。倘若手中对子多，除一对令风对（或三元对）外，还有两对的话，当然又应返回来先拆对子，而留下嵌搭了。

4.拆两面搭时,应先拆中间搭,留两头搭。例如:二、三与七、八搭子,待牌为一、四与六、九,属两头搭中最好的搭子,最容易进张成副,应当留下;三、四与六、七搭子,待牌为二、五、八,进张情况一般,拆舍与否,须视具体情况而定。

最为不利的是中心张的搭子,如四、五及五、六这类搭子,其待牌与尖张有关,最难进张了,故应为首舍对象(指两面搭而言)。

5.拆舍嵌搭时,须提防下家连吃。比如你拆二、四万,下家是三、三、四、五万多脚副子,则两张都是喂牌,一张也跑不掉。

6.拆舍面子牌,应视时间、阶段、场合等具体情况灵活变通,不可死守上述教条。譬如,前面说过,两头搭子有利于组合,是指实战初期,各家都把幺、九牌纷纷打出,故而容易吃进。然而到了实战中期以后,这类搭子就未必是好搭子了——开头大部分已打出,中期所剩无几,成副也就困难了。

7.拆搭还必须考虑实际的待牌张数。比如手中有一、二条边搭与六、七筒两面搭,准备择一拆舍。如若单从定义出发,肯定是边搭劣。但有时却未必如此。总观牌面发现,八筒被人碰坎,五筒已有人开了杠,你的五、八筒待牌,实际只剩1张八筒,还不知是否已被别人组合在手;而边搭一、二条,待牌三条,只露面1张,尚有3张希望。毫无疑问,这种情况下,理应拆六、七筒,而留一、二条。

8.拆搭要拆在下家不要的牌上,不使下家占便宜。这就需要观察下家的舍牌相,他打什么,你就拆什么。倘若发现下家有做碰碰和的迹象时,你就不宜拆边搭,而拆中心搭子,捅他的弱处,让其待牌不着天地。

9.拆搭要从自己牌姿的实际情况出发,这是个什么含义呢?让我们看一看下面的实例。

手牌如图27所示:

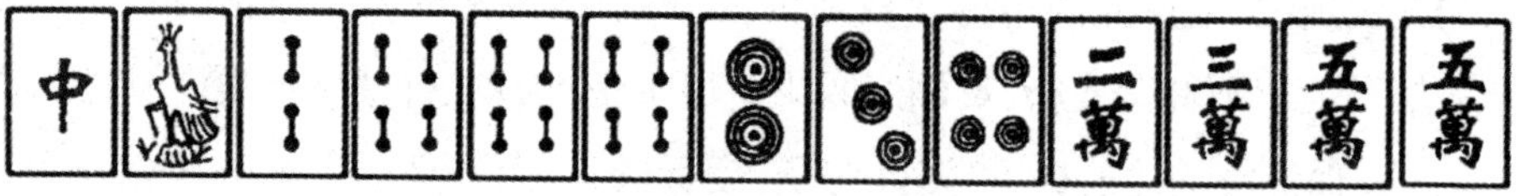

图27

这是一铺一入听的牌姿。摸牌摸进红中,这样就超过一组面子,必须拆掉一组才行。如按常规,当舍弃一、二条边搭。但在这铺牌里,拆此边搭属低路打法,应拆掉红中对子。为什么?请看:

“海”中已打出一张红中,另外从对家的舍牌相分析,一张风箭牌未打,连续打了几张中间牌，很有可能在做混一色、混幺九或十三幺九、十三不靠一类的牌，这使自己手中的一对红中很难有碰出的机会，五万是中张牌，也不易开碰，此其一自己手中握有四条暗刻，二条又被上家碰坎，上家摸上三条和其他家如有三条，便很难连接，除非有对或刻。连接不上就得打，即便开始不打，后面也得打，除非他不想和牌。这就是宁拆红中对子而保留一、二条边搭的原因所在，此其二。有了这两条理由，问题也就回答清楚了。

10.关于拆甲搭的问题

在拆舍搭子时，如遇到复合面子，如二、四、六筒，打二还是打六？一、一、二万，打二还是打一、七长脚复合面子，如一、三、四、五、六、八条，是打头好，还是打尾好呢？这一类例子一般在入听前后时常碰到。这便是所谓拆甲搭的问题，亦即拆打复合面子中哪一张牌。

拆舍这类复合面子，不得不考虑一些现实因素：

第一，估计待牌在别人手中的张数和用途以及自己摸入的机会有多少；

第二，哪类牌容易进张；

第三，考察一下牌局进展的阶段性，是前期、中期还是后期；

第四，判断欲打的牌，虽有一定危险性，但打后所留搭子极易上张，且危险性尚不致放铳的，不妨就打此牌；

第五，凡猜测打出之牌有来无回者，坚决扣住不打；

第六，只要是死盯下家，又能牵制上家的，照打不误。

以上各点，便是拆搭技巧的实际运用。

（二十）适时舍牌，看准火候

什么时候舍什么牌，里面很有学问，其中有两点最为关键。一是考虑对自己整个牌势是否有利；二是要设法摸清对方的牌姿，尤其是下家的牌姿。

如果已发觉下家在做万子清一色的大牌，自己舍牌就要紧扣万子。即使万子是孤张，也要置于手中加以培植。这样下家在短时间内难以将手牌组合齐备。还有就是自己在没有入听时，不要将下家可能吃进的牌放出，一旦叫听，不得不舍时方可打出。

牌型如图 28 所示：

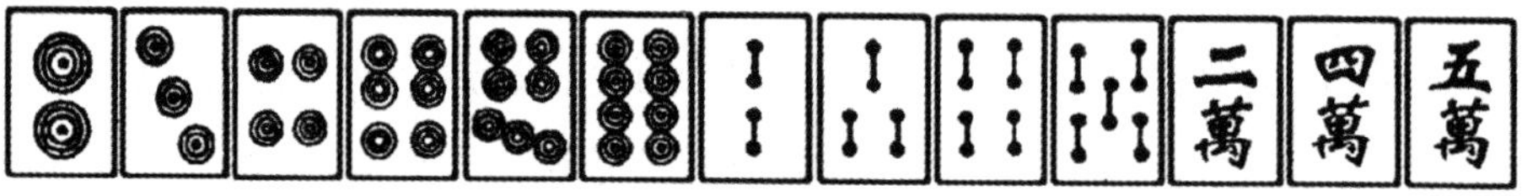

图 28

这是一铺一入听的牌姿，你的下家正在做万子一色牌。此牌如能摸进三万（二万亦可）最为理想，组成二、三、四、五万复合面子（或二万对及三、四万搭），打出二条或五条，即叫听二、五万（或三、六万）。这时上家打出六万，吃进之后，肯定得舍出二万，叫听二、五条。吃不吃呢？吃，带有一定风险；不吃，错过了上好的听牌机会。考虑到此刻下家未必入听，故以吃为佳。舍出二万，下家吃不进更好，如能吃进，也未必就和牌。自己位于上家，先于下家叫听，下家若抓上二、五条肯定往出打。再说，另外两家也都在控制万牌。三家都在提防一家的万子一色，还愁没有好牌出现于海内？

适时舍牌还有个关键问题：眼看要黄庄了，自己尚未入听，又不坐庄。这个时候，到底是舍好牌放炮，还是舍安全牌求黄呢？这个问题众说不一。庄家当然希望黄庄（有利可图）；听牌家希望自己成和，和了牌多得分，黄了反要失分；作为未入听的自己来说，牌局到了这种地步，就应该采取明智的做法：干脆放炮给小和的一家。这么是不是玩玄的呢？非也！试想，黄了庄，你要失分，别人和了牌也要失分，做大牌者和了，失分更多。不要忘了听牌家还有海底捞月的可能（注：《新规则》中把自摸牌墙上最后一张牌和牌，称作“妙手回春”）。假如果真这样，你的失分不是比给小和家放炮要大得多吗？

（二十一）去留选张，区别对待

舍牌战术中的去留选张，也称选牌，包括两个内容：

第一，原则打法。根据自己的手牌相来确定来牌要还是不要，以及应该打掉什么牌。这属于一种合理的打法。

第二，应用打法。根据整个战局的形势变化来选择舍牌，这往往是对自己手牌组合并不合理，但不得已而打出的牌，属于一种安全打法。

很显然，这是两种互相矛盾的选牌方针。如何将二者巧妙地统一起来为自己的赢牌开辟道路，这便是舍牌战术所要研究的课题。为此我们必须把握以下几点妙法：

1.必要的牌与不必要的牌

打麻将的原则就是：将必要的牌留下，将不要的牌打出；将必须留的牌留下，将不必留的牌打出；将能打的牌打出，将不能打的牌留下；将别人不需要的牌打出，将自己需要的牌“钓”出。

2.三入听期——舍牌顺序，倍加留心

所谓“三入听”，是指手牌整理完毕，五要素齐备，尚无一个朋组，需要进3张有效牌才能听张的牌姿。这时战局大体在摸打第五六巡上，此时的舍牌要倍加留心。三入听的牌从现状到听张，需要3张有效牌，同时必须舍出3张不要的牌。这3张牌的舍牌顺序至关紧要，起着关联入听的重要作用。如果先后顺序上发生差错，常常会招致莫大的损失。因此在决定舍牌的先后次序时，应参照各家的舍牌相和“海”“地”牌情，按冷熟张和热熟张排开，即可保证安全。

3.二入听期——洞察形势，随机应变

二入听阶段，关键是要掌握住以下两点：

第一，掌握住相互之间的入听差。谁家已进入到二入听，甚至一入听；谁家仍停留于三入听，甚至四入听，做到知彼知己，胸中有数。这需要从各家的舍牌相和门前付露加以猜测。如某家吃碰一付露，就有达到二入听的可能，吃碰两付露，就已达到二入听或有一入听乃至听张叫和的可能。只有掌握住彼我的入听差，才能避免意料不到的损失。

第二，先危后安。即先打危险牌，后打安全牌。

二入听毕竟距离完全听张尚差两步，先打危险牌，后打安全牌，反而对自己有利。倘若先打安全牌，后打危险牌，待对方已叫听，“炮手”将非你莫属了。

二入听先危后安，乃是这一阶段的舍牌原则。有的牌手想不通是没有道理的。你先打危险牌，别人最多从二入听进到一入听，也不排除从一入听进到听张的可能性，即使达到听张，并不是成和，仍可使牌战继续进行。一旦自己叫听，再打安全牌，就不至于放铳而使全盘战略告吹了。

打麻将不能想得很天真。谁也不可能没有危险牌，如果把危险都扣在手里，只打安全牌，自己做成和牌的局势便会受到限制。也就是说，自己叫听势必总是落后于别人。与其这样，还不如去看蚂蚁上树。只要坐到桌前，多少总是要冒些险，很显然，早冒险比晚冒险要好，越是晚冒险，越是输得惨。常见牌桌之上一些“道行”颇深的老手，打到最后，直到当了炮手，手里还攥着一张早已稀烂臭的“发财”，况且竟然不知“悔改”，下一次依然是“外甥打灯笼——照旧（舅）”，这并非是犯傻，更不属于失误，乃是二入听阶段舍牌的一种战术，而且是成功的战术！

第三，一入听期——耐心等待，切忌硬拼。

手牌进入到一入听，往往只要一张牌。要想摸到这张牌，机会是少之又少，有时竟数巡不见进张。这就是牌桌上常说的“自摸与入听的背反”。出现这种局面，也属正常，只能耐心等待，寻求新的转机。

但等待不是消极，要在战术上早作安排：

1.当手牌进入到一入听阶段后，不要过多地把希望寄托在自己摸来好牌上。应把进张的机会寄托在别人供牌为主的基点上，免得渴望变成失望。

2.一旦发现一入听面子停滞不前，应及时变更面子。例如，搭子改对子、对子改搭子等，以改动吃碰待牌情况，缩小背反间的差距。

3.以假吃、假碰破坏原有的摸调顺序，争取出现新的局面。

4.战术上可设置陷阱，引诱他人放牌。

5.入听后退。各家分别进入一入听，大体是处于中盘后期。这个时候也是牌局吃紧的时期。每当手牌听张之时，常会摸进令人头痛的生张，多半是高度危险牌。留下无用，打出危险。如果硬闯，十有八九是炮弹。碰到这种情况，头脑一定要冷静。如果自己不是特别好的牌姿（例如清一色大和、多门听等），如果猜测到听牌家并非一般的小和，那么就不可心存侥幸，不值得去冒这份险。然而，有些牌手，尤其是初出道者，却往往大相径庭。他们侥幸心理十足：“我就不信那么凑巧，偏偏就和这张牌？”反正“上听不要命”“豁不出孩子，套不住狼”，于是牙一咬，心一横，“该死该活豁出去！”“啪”的一声，甩了出去。刹那间，一声巨响，震耳欲聋！

有经验的牌手，绝不这么干。宁可委曲求全，后退一步。将该牌置于手中加以培养，选出一组安全朋组，拆舍一张，甘愿手牌倒退至一入听状态。这才是明智的选择。此时此地，用得着这样一句老话：“留得青山在，不怕没柴烧”。

（二十二）诱引设伏，待牌易出

牌桌之上，自己同上、下家的关系，就是控制与诱引的关系。你要想吃进某一张牌，不想点招数是很难办到的，而巧设迷局，往往就可以让上家舍出你所需之牌（也包括碰起其他家的牌），这便是实战当中的诱引战术。

这种诱引战术，在前盘战期和中盘战前期，是凭借一张不要的舍牌，诱引出一张同一线上的筋牌，达到吃碰目的；待到中盘战后期，则是凭借舍出一张外挂筋袖牌（或内挂筋心牌），诱引出对方打出同一线的筋牌，以供自己食和。

［牌例 1］牌型如图 29 所示：

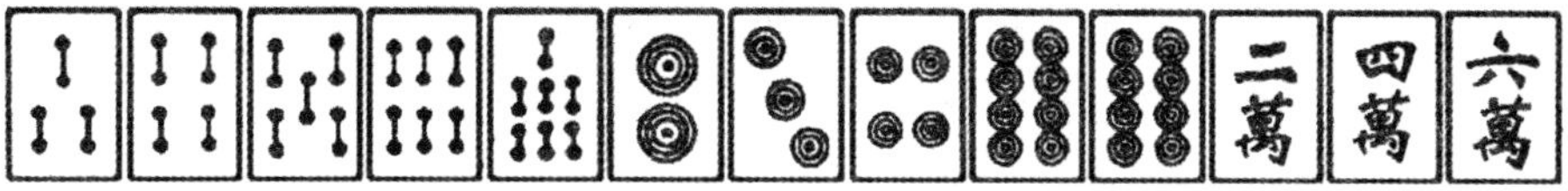

图 29

这铺牌已呈一入听牌姿。当吃进或摸来二、五、八条时，便舍出外挂筋袖牌二万，他家见你打二万，便会采取一路追熟战术，打出五万（或八万），于是你便达到食和的目的。

［牌例 2］牌型如图 30 所示：

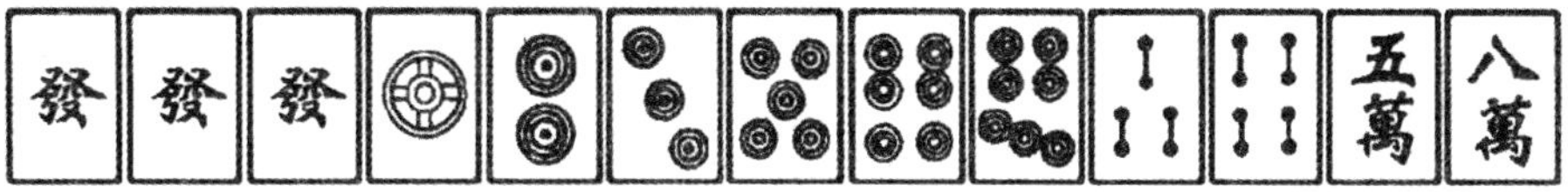

图 30

当吃进或自摸二、五条后，便是听牌了。这时切出内挂牌五万，欲引诱同一线上的筋牌八万，从而达到单骑食和之目的。

［牌例 3］牌型如图 31 所示：

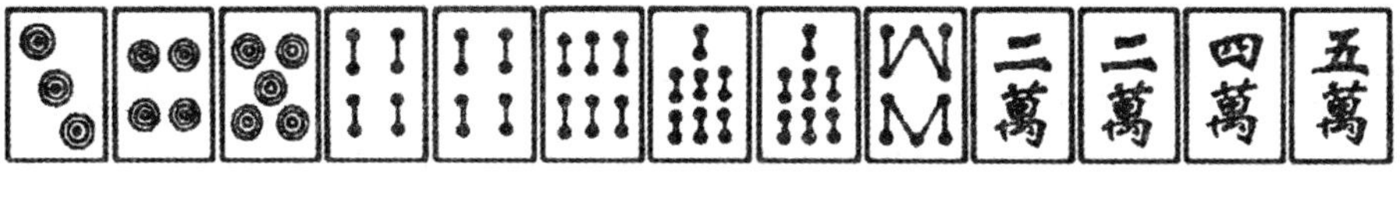

图 31

如摸入或吃进三万（或六万）后，即切出外挂牌七条，欲诱引出同一线上的四条，作对倒和。

[牌例 4] 牌型如图 32 所示：

图 32

这是一手已经叫听的牌，叫听二、五万。这时摸牌摸来了八万，应将摸上的八万留于手中，将手牌中原有的八万切出。如此倒腾一番，绝非自找麻烦，而是一种招数，为的是掩人耳目以诱引出同一线上的二万或五万，达到食和的目的。

[牌例 5] 牌型如图 33 所示：

图 33

当吃进或摸来二、五筒后，一般人都会舍出二万，叫听三、六万。但这是一种低路打法。作为胜诀战术，应拆舍六万。这样较容易诱引出同线筋牌三万，边牌食和，同时也可单骑二万食和。

（二十三）一、四切舍，认真琢磨

手中有一、二、四条时，一般打牌都是先切一条，留二、四条嵌搭，一旦摸来五条，再切二条，即可由嵌搭变为两面搭。不过这只是面子过剩时的一种舍牌战术。如果作为入听打法，则并不可取。为什么？请看：

假设你已吃碰两副落地，手头另有一个朋组，当摸进一张五筒后，牌姿成为：

五、五筒，一、二、四条。打掉一张后叫听。如按常规打法，打掉一条，叫听嵌三条。下一巡摸来五条，你肯定留下五条，再打二条，叫听三、六条。令你感到高兴，暗暗为自己切一不切四而庆幸，但结局未必乐观。因为你这样一打，别人早就窥察出你在等待三、六条和牌，谁还肯轻易放铳给你呢？尤其牌局进入到停张阶段，各家都十分敏感。你这种先舍一后舍二的打法，实属“此地无银三百两”。你打一条时，别人可推测出你有两种可能：一是一、二、四条打的一条；二是一、一、二条打的一条。明知你的待牌是三条，何况你摸牌调换后又打二条。很明显你是三、六条的和牌。不然的话,在这种形势下,你是决不会“荡”一张一条做“A”牌的。

如打四条,情况就不同了,四条是中张,牵连到三条、五条、六条等牌张,很难猜测出你到底要哪一张条子,顶多推断你要二至六条之间的某一张而已。再说四条一出,若无人吃碰,别人还会追熟而切出四条。于是四条附近的三条无形之中也增加了安全感,被舍出的可能性就会增大。倘若四条一出即被人碰倒,则三条出现的概率就更高了。这就是实战当中的微妙所在,也是一种舍牌策略。

诚然,四比一危险性大一些,这就需要瞅准时机了。

世界上没有绝对不变的东西,打麻将当然也不例外。倘若发觉四条牌面过生,且五、六条少见,这就另当别论了。

总之,在众多的场合下,“输一不输四”的要诀是成立的,但也不排除有相反的情况。

(二十四)摸牌换五,须防一、九

也许有人会提出:五是中心张,九与一乃两张端数牌,他们相距甚远,怎么会牵扯到一块儿呢?

还是让我们先看下面的实例吧。

某家吃碰、两付露,手牌7张:一、一筒,三、四、五万,三、五条

显然,叫牌嵌四条。当牌战后期,该家摸牌入手后,换出一张五条来打入“海”内,这个动向表明他的牌姿有了变化,必定是改嵌张为两面听(当然也不排除叫听对倒的可能,但对倒还不如嵌张易和出,故后者的可能性甚微)。从上例来看,只有摸进二条,换切五条,使嵌搭三、五条换成二、三条,叫牌也自然由嵌四条成为一、四条两面听;倘若入手的是六条,他必定切出三条,而不会切五条。

假使将上面的7张手牌换成:

發發發,五、七万,六、六筒,他只有摸进八万,才会换出五万,改嵌六万,为六、九万两面听。

于是,我们得出一个结论:在牌战进入听张的紧迫阶段,凡换舍五的一家,极大可能需要一或九食和。反之,如果手牌原来的牌姿是三、五、七、九万,无论摸进二万或八万,都不会舍出五万的。倘若手牌是三、五、七、八、九万,一旦摸

入二万，如不为了快听张，也绝不切舍五万，可拟做一条龙大牌。

因此，对于中心牌张五来说，玩牌者无不得而见爱的，如无用处，多便早早舍出，以防后患。而晚打者必有原因。

当然，听张后换舍五者，还有其他一些可能。诸如：

1.改变叫听门数（手中有暗刻，叫听牌为四联张三、四、五、六，当摸入一张二或七万时，即改暗刻为将头，变双面单骑为一、四、七或二、五、八三门听）；

2.原来听张单骑中张五，一旦摸入熟张幺、九牌或风、箭时，调换叫牌，切出中张牌五；

3.原先听张叫熟，因摸上生牌，考虑到时局紧迫，不敢打，索性调换，打出熟张5，以保安全过关；

4.为牵制起见，死盯牌面而调换舍五；

5.改双碰听为两面听，如五、五摸四后切五。

总之，在战局紧迫阶段，凡进入听张后，又换切五者，定有因由。这时手头有一或九的人，务必提防，否则很可能招致厄运。

（二十五）先五后三，一、四安全

上面谈到了听张后换牌切五，一、四与六、九必属危险牌。

然而，先切五，后切三，这时一与四反成安全牌了。某家先切五，后切三，其手牌牌姿变化必定是下列5种情况之一：

1.手牌原是二、三、五筒先打掉五筒，留二、三筒搭子，下巡又摸上一张二筒，留二筒做将头，故又切出三筒；

2.手牌原是二、三、五筒，摸入二筒，舍五筒；随后又摸人一张二筒，二筒成为一刻，故而又切出三筒；

3.手牌原为三、五筒，摸入二筒舍五筒，后来又摸进将头和一张三筒，随即将三筒舍出，仍留二、三筒搭子，听牌一、四筒；

4.手牌已成一、二、三筒或二、三、四筒，单一张五筒，而将五筒舍出，后又摸来一张三筒，顺手切出，仍维持原副子；

5.手牌原是三、五筒，摸进二筒切五筒，后来又摸牌上张组成另一朋组，切出三筒而单骑二筒听张。

上述5种情况，除第3种外均可看出，先切五筒，再切三筒后的牌姿，无一例是需要一、四筒食和的。即一、四筒成了安全牌。

同理,仍以 5 为中心,手牌五、七筒面子,若切出五筒后又切七筒的话,那么,据此可以断定,此家没有摸进八筒。无论他怎样调包,都不可能叫听六、九筒。你手头如有六、九筒,尽管放心大胆切出好了。

(二十六)舍牌安危,灵活对待

实战中、后期,局势千变万化,牌的安危也随之变化。某一张牌在中盘战期为安,但到了牌战后期也许变危;有的舍牌对下家可能为安,而对上家或对家可能即危。总之,牌无定势,安危亦不固定,相互之间随时都可能转化,故必须灵活对待。

每舍一张牌,事先都要掂量一下安危情况与程度。都应问一问何时安何时危,对谁安对谁危,是轻危还是重危。只有这样,才有希望制胜。

在战术上应紧守下述几条原则:

1.如推测对三家都有危险的牌,即使不放铳也不应打出。不然,等于帮助别人将牌姿向前推进了一步,这对自己是十分不利的。

2.不可盲目地跟随别人追打。譬如上家打出一张五万,自己手头也有一张待舍的五万,看起来这张牌似乎绝对安全,但自己如追打,对下家则不一定就安全,尤其是中间隔一两巡之后的追打,不单对下家,也包括其他家,更是如此。这就是牌战后期的微妙之处,应格外注意。

3.估计欲舍之牌只有一家吃、碰的可能,并无放铳的危险,但舍无妨。

总之,凡待舍之牌如对两家或三家都有危险时,决不可切舍;对其中一家有危险但不致放铳时,可以打出。也就是说,舍牌的安危,只能以三分之一为界限。危险性在三分之一以内时,可以切舍,超过此限是决不应打出的,此乃麻将胜诀战术中的关键所在。

(二十七)隐蔽舍牌,瞒天过海

舍牌要想方设法掩盖手牌的真相,使对方难以猜测自己的牌姿,极力扰乱三家的注意力,为自己的快速组牌和和牌铺平道路。

1.声东击西,掩人耳目

例如,自己手中有六、八、九三张万子,在手牌面子足够的前提下,当有人碰坎五万时,你便毫不迟疑地将六万打出。此时你的上家绝不会疑心你想吃进七万,他想到的是你因五万被碰而舍弃六万。他手头如有不挨张的七万,便会舍出。这样你便轻而易举地得到了尖张七万。倘若你不是打六万,而打九万的话,就不可能有上述的效果,这就是掩人耳目的战术——由于五万被碰坎而切舍六万,造成上家判断上的失误。

再比如,自己手牌已是一入听状态,叫听万子或者筒子。当摸上一张绝对安全的二条时,不要急于打掉。这时可将手头另一张待舍牌切出。等到再吃进或摸进一张有效牌,具备叫听条件时,再将二条打出,以造成各家的错觉:以为你的待牌在二条附近,于是你所需要的万子或者筒子,就会容易出现。

2.真假相济,虚虚实实

这方面有很多成功的经验可以借鉴。比如舍牌的姿态上,有时来个干脆利落,出手大方;有时又要故意慢慢吞吞,优柔寡断,以使对方很难判断你到底是在做高番,还是做平和。再比如,自己的牌姿较佳,这时即使摸进好张子,也不可溢于言表,相反还要佯装一番,给人一个摸调太差的感觉,以达到麻痹他人的目的。

如欲做大牌,就要设法隐蔽自己的做牌意向,以造成对方判断上的失误。比方说,你的13张配牌里,有一对白板,还有两张单张客风,8张万子,另一张是三条。显然是一铺上好的万子一色的大牌架势。这种情况下,无论你摸进的是什么牌,都应率先将两张客风牌打掉。这样就可以麻痹三家,误认为你不会有清一色或混一色的大牌,否则的话,你不会先打风牌而不打其他异色牌的。

假如你先打三条,下一巡如摸来不管什么筒子(例如五筒),又切出,开局连续打尖张等中张条筒牌,各家就会猜测你在做万子一色的大牌。泄露了天机,你的战略计划就不容易实现了。

诚然,欲做大牌,要想一点痕迹不露,也是很困难的,除非是天造地设。但是这并不等于就毫无办法。你应该而且完全可以利用有利条件,在可能的范围内制造假象,尽量使各家对你的牌势产生疑惑或误解,能否做到,这就看你的功夫了。

(二十八)精确计算,绝不丢张

怎样舍牌才能不丢张?这是初学者时常感到迷惑的一个问题。所谓“丢张”,就是舍牌时由于择张不慎,将有用的牌张打掉,相反却把无用的牌留在牌铺里了。

让我们通过以下几个实例来说明这个问题。

[牌例 1] 牌型如图 34 所示：

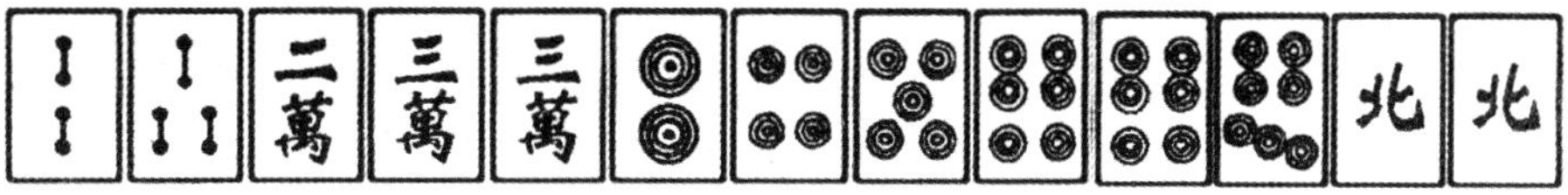

图 34

这是一手二入听的牌姿。摸牌又摸进一张北风，该打出哪一张呢？初学者可能打掉二筒。其理由是二、四筒是嵌搭，且四后有五，二筒似乎属闲张。这种打法显然不妥。打掉二筒，无非想吃一、四万，这样一来，将头何在？只好反复运将，机会稍纵即逝。聪明的牌手，绝不这么干。应毫不迟疑地切舍二万，腾出三万做将。吃上一、四条，打掉二筒，叫听五、八筒；吃上五、八筒（或是一张三筒，打出六筒），叫听一、四条，岂不顺而快乎！如若先打二筒，后又进三筒，该当如何？只好眼睁睁望着牌面——白白地慢了两圈。

[牌例 2] 已吃倒二付露，手牌 7 张为：

發發，六、八万，四、五、七筒。

摸牌摸进一张八万，打哪一张才不丢张呢？当然是打七筒了。因为发财与八万都比较好碰出，碰出一对，即可叫听三、六筒，而七筒显然已成为多余的突张。

假如打六万，进张七万怎么办？不打六万，即便八万碰不出，还可吃或摸七万成副，发财为将，仍是叫听三、六筒的牌。

[牌例 3] 牌型如图 35 所示：

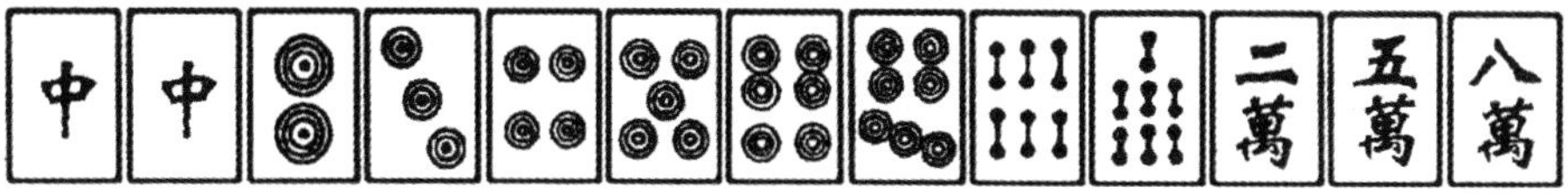

图 35

这样一铺牌，筒子已成两副，条子是一两面搭子，唯万子不成形状。该如何舍张好呢？筒、条牌均不宜动，只能在万子上开刀了。那么二、五、八三张牌，舍去哪一张才不丢张呢？相比之下，应是舍五万。这是因为除了再摸来一张倒霉的五万，其余摸上任何一张万子都可与二、八万配伍，当进张五、八条后都可叫听。如摸一万，便打掉八万，叫听边三万；摸来九万，舍去二万，叫听边七万；若是摸进二、八万，就是对倒和了。

再有一种不丢张的打法是：如手牌为一、四、七，应打一，随后摸来任何一张同色牌都能配伍；同理三、六、九应打九，也是摸到任何一张同色牌都能靠上。

如此，我们将以上三组关联数牌，归结为三句话（指舍张），即“二五八打中，一四七打小，三六九打大”。

（二十九）不吃反打，牵制对家

［牌例 1］手牌如图 36 所示：

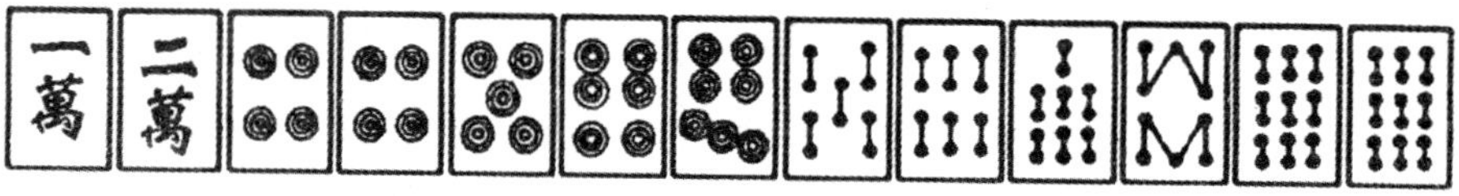

图 36

当上下家舍牌中都有一、二万，若上家打出三万时，如牌局尚早，以不吃为宜，选择摸牌。如在条子、筒子中上张，倒不如拆掉一、二万边搭，以此来牵制上下家。而对家可以不去考虑，他没有碰牌的可能了。如三家中有人打出四筒或九条，定当碰起，不让他人吃进。

［牌例 2］牌型如图 37 所示：

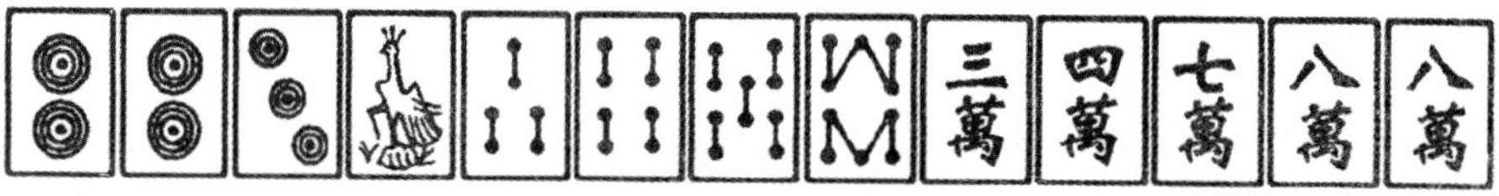

图 37

这铺牌也有牵制别家的条件。当上家打出一筒或四筒，或者二条、二万及五万时，如果他是想改变摸调顺序的话，只要是牌局尚早，或者自己摸调较顺，就可以先不吃；如果对家打出二筒或八万，上家欲吃，便断然开碰，以此来牵制上家。

（三十）明察秋毫，鉴别铳牌

铳牌（或称炮牌），就是对方叫听后的待牌，一旦出现，立即成和。

明知是炮弹的牌，当然谁也不会往出打，除非是存心放牌给小和家，以避免更大的失分。

问题就出在“不明知”上头。无论是“吃不准”也好，怀疑也好，凭侥幸也好，都不是“断定”，不是“分明知道”，否则就不会甘当炮手了。

诚然，在千变万化的对局中，要想一眼就把铳牌判断出来，绝非易事，因为人不是神仙。然而众多的牌坛高手，凭借自己丰富的实战经验和高超的测牌技术，明察秋毫，鉴别铳牌的方法与技巧，是值得我们认真学习的。

这些方法与技巧可归纳为下面几点：

1.仔细观察对方的舍牌相。从其舍牌的途径来推测他的做牌意向、手牌牌姿，进而鉴别自己欲舍牌的安危状况。

例如，东家的舍牌按先后顺序排列为：

北风、一万、九万、一筒、二万、九条、红中、幺条、八条、二筒；

西家的舍牌相(按先后顺序)是：

四万、六筒、三条、南风、六条、九筒、七万、五万、五筒、九筒。

很明显，东家的舍牌绝大部分是幺九和字牌，数牌也仅是二、八而已。据此推测，东家的手牌以中张牌为主，听张叫和幅度较大。对他而言，如舍出中张数牌危险性相当大。

西家的情况则正相反。10 张舍牌中有 7 张是中张牌，且一开始就舍出 3 张中张牌。因此，对该家来说，如舍出中张牌安全性大，危险性小。

2.若能看准对方在中盘战后期的筑台状态(例如：清一色、混一色、混幺九、碰碰和、七对等等)，那么可以有理由认定，凡与其筑台无关的种类牌，大体上都可安全过关。

3.警惕自己的暗刻。在中盘战后期至终局阶段，自己手中的暗刻连同该暗刻的同一线筋牌，多为放炮的危险牌。例如手牌有暗刻四万和一张七万，当盘面上这两种牌一直未能露面，且二、三万与五、六万又少见时，千万要当心，很可能有人听张的叫牌是两面听的四、七万或者一、四万。这时，如果你的牌姿是四、四、四万和五条(单骑一张五条)，多时和不出，当摸进一张四条时，欲改单骑为两面叫听，就要格外小心了。否则的话，四万一出，很可能平地一声响雷。

那么若已猜测出欲舍牌是放铳的高度危险牌，该如何处置呢？办法无非两条：

一是趁机舍出，二是编入手牌加以培植。倘若不是自己的手牌牌姿特好，且是容易和出的高番牌，或者已测出对方是多台形态的一手大牌，你最好还是后退一步，紧扣危险牌，采取拆臭，才是上策。

（三十一）“引牌”后放，成和在望

所谓引牌，是指用来诱引所要待牌的牌张。一般是与搭子间隔一张，或对子的相连张，以及与搭子或对子处于同一线的筋牌。

它和“A”牌不同的地方在于：“A 牌”一般诱引作用不明显，多数是安全系数较大的字牌，尤其是箭牌，或者是谁也不要的数牌。

而引牌（都是数牌），具有明显的诱引作用：在入听之前切舍引牌，是为了组合朋组，在入听时切出引牌，则是为了诱引待牌食和。

“引牌”的使用，一定要把握好时机，不可随便乱舍。作为胜诀打法，把它放在叫听时再切出，才能起到诱引食和的作用。诚然，“引牌”必须是安全系数较大的牌，最好是谁也不要的安全牌，否则的话，就难免上听点炮了。

下面让我们看两个实例，以便从中掌握引牌的使用技巧。

［牌例 1］ 自己吃进七、八、九万一副牌，手牌 10 张呈一入听牌姿，见图 38：

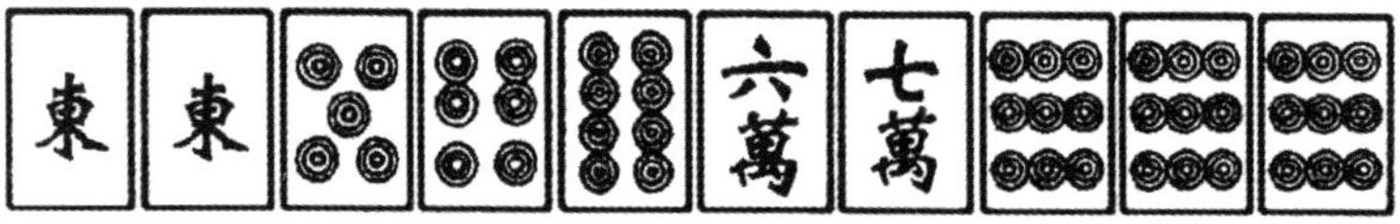

图 38

摸牌摸进红中，这时有两种打法。一是舍掉八筒，留下红中做入听时的 A 牌；二是切红中，留八筒，将八筒作为入听时的引牌兼 A 牌（八筒“海”内见 1 张）。

第一种打法从安全角度讲没有问题，红中绝对是安全牌（“海”里已见 3 张）。但对所待四、七筒而言，并无任何诱引作用。采用此种打法者，视八筒为突张，不能不说是个遗憾。

第二种打法是聪明的。请看：自己手中握九筒暗刻，八筒“海”内已见 1 张，六筒“海”“地”共出现 2 张，七筒出现 2 张。如此，你手中这张八筒虽不敢说绝对安全，但安全系数也是相当大了。假如你先打八筒，刚好下家的手里是七、

八、八筒的复合面子(原想吃六、九筒一直未进张)。见你打出八筒势必开碰,碰八筒就得打掉七筒,这时你只能急在心里“望牌兴叹”——因为还未听牌。而先开红中情况就不同了:下家未碰出八筒,七筒当然不可能出手。等你入张五、八万后再切出八筒,下家的七筒不就正好撞上你的枪口了吗?

[牌例 2] 假设已吃碰付露两组,手牌 7 张加上摸的一张共计 8 张,为:發發發,四、五、六,六、九万。如打九万,叫和三、六万两面钓将。然而在牌局紧迫阶段,想食和尖张三万和中心张六万,也不那么容易。这时倘若九万为熟张,六万又不是炮的话,作为胜诀打法,应断然切出六万,即将六万作为引牌打出,以诱引同一线的熟牌九万,这样虽然少一张待牌机会,但却反而容易和出。

也许有人会提出,为什么不拿九万做引牌,这样不是可以诱引出两张同一线筋牌三万和六万吗?从道理上讲是这样,但实战当中却往往与理论大相径庭。试想,你打九万,他家会以为你是在追熟,对尖张牌三万,仍然心有余悸,舍出六万的可能性也不是很大。然而你切六万,他家便会警觉起来,因为这个时候敢打中间张者,其牌姿肯定有了新的变化,十之八九已叫听。于是便采取追熟战术,或者追打六万,或者切出同一线的九万,你的战略计划也就容易实现了。

为此我们得出一条结论:既安全又具诱引作用的“引牌”,比仅有安全效果的“A 牌”要略胜一筹。这就是牌桌上所说的“引牌断后,和起没够”的缘由。

三、吃牌技巧

吃牌就是上家打出的牌,正好与自己手中的搭子相吻合时,便可吃成副子,付露于门前。

吃牌是麻将战略过程中的重要步骤,个中技巧,很有些名堂,必须认真加以研究。

(三十二)初始少吃,摸调当先

一般来说,开牌初始很少吃牌。也就是说在前两三巡内,应以摸调为主。因为这个阶段摸牌的有效性强,况且牌张的组合面目还处于模糊状态,尚难做出合理的通盘设计。开头故意不吃，还可以碰一碰自己的运气如何，期望能有一铺多台高番的牌势出现。倘使一上来就有吃必吃，会使作战基地缩小，不利于操作，同时也容易暴露自己的战略意图，实在是弊多利少之举。因此，牌谱有"头牌不吃"的明训，应谨记。

然而，任何事情都不是绝对的，打牌也不能生搬硬套。遇到下述几种情况，还是要吃的：

1.边张、嵌张、绝张。边口、嵌口不理想，进张机会少一半。尤其是边口牌，常被人加以控制，故以吃为宜；绝张牌如不吃，后面就没有机会了，逢舍必吃属于正道。吃边、嵌、绝张牌，也可以扭转手牌的不利局面。

2.吃有利于做大和之牌张。起手配牌就有高番牌相，则不应失去吃牌机会，尤其是不易得到的牌张，更不应放过。

3.虽属开局初期，当手牌面子整齐，五要素具备，已进入二入听或三入听时，应照吃不误，以便加快组合进程，及早踏入听区。

（三十三）中盘当吃，权衡得失

当牌局进入第二阶段，亦即大体上从摸打的第五巡开始。这段时期，牌势已逐渐明朗，且摸调的有效率也明显下降，因此这个阶段应以吃牌为主，摸牌为辅，来促进手牌面子的完备，加快组牌的节奏和步伐。

中盘战期，各家的牌姿均不同程度地发生了改变。有的已达到二入听或一入听状态，甚至已听张待和，慢一点的也是处于四入听或三入听阶段。此时吃牌要谨慎行事，依据自己手牌和整个牌局形势，权衡得失，分别对待。

可吃的情况：

1.配牌中，边搭、嵌搭在两组以上时，应当有舍即吃，以改变牌姿不利的局面。

2.摸调不顺的情况下应当吃，以此来改变摸牌顺序，说不定下巡即能摸上好张子。

3.吃牌后，可使手牌更快地迈向一入听，甚至达到听张状态，当然要吃进。

4.吃牌如有利于自己做大牌，决不放过。否则，一旦上家察觉出你有做大牌的意图后，断然不会再向你供牌，那时你只有靠自摸了。

5.上家舍出的牌是蚀张，你等于拣了个便宜，当然要吃起。"过了这个村，哪还再会有这个店”？

6.如判断上家舍出的牌，是其面子组合后多余的牌，而非荡张时，应当吃进，否则，难得再有第二次出现的可能。

不宜吃的情况：

1.吃后有损台番的牌，以不吃为好。如不吃仍有较大的入听机会时，不妨放弃吃牌，这样可增“门清”番分；对于二、三类搭子，假若手头原本无字牌和幺九，只要时间允许，不妨放过一，伺机进四，可得“断幺”番分；倘若手牌中的某一色牌只有两张，另外两色牌（包括字牌）牌姿较佳，如战术上允许，不如不吃，而选择摸牌，若另外色牌进张理想，索性将这个搭子舍弃，形成“缺门”的牌面，又可增番。

2.最好不吃第三搭（庄家连庄除外）。因为一旦三副牌落地，手牌仅剩四张，不仅活动范围大大缩小，再欲调整十分困难，而且也等于全部暴露了自己的作战部署，这对自己的成和显然很不利。因此，如不影响自己入听，不吃为上。

3.摸调顺利的情况下，以不吃为佳。因为每吃一次牌，都会使牌墙上的牌序发生变化；或前移一张，或后退一张，使原本对自己有利的摸调顺序改变，很难说不出现恶化的可能，这是个划不来的账。

4.吃牌后，手中没有安全牌可打时，还不如不吃，而采取摸牌。

5.如吃牌反倒使手牌的牌面遭到破坏，当然不应该吃。例如手牌有六、六、七、九万两个搭子，当面子不足时，只可吃八万，不可吃五万。

6.如搭子的待牌尚有4张以上未出现时，可暂时不吃，选择摸调。

7.牌局处于紧迫状态，而自己的手牌相差甚远时，以不吃为妥。

8.在手牌面子不足的情况下，即使上家舍出的牌可吃（指两面搭），只要不是绝张，就应暂时放弃吃牌，而抓紧摸牌凑搭子，以免形成单骑入听。而且不吃的话，该张牌很大可能还会再次出现。

（三十四）终局慎吃，先行设问

终局阶段是牌局风云突变的阶段。各家的手牌已经进入一入听或听张状态，大家明争暗斗，一决胜负。这个时期的吃牌，应格外慎重。必须顾及目前的局势，权衡利弊，预测险情，防止骗局和陷阱。对于各家的舍、吃、碰、杠，一举一动都要细致观察，用心琢磨，多问几个为什么。

譬如，某家为何在这个时候换切尖张七筒？他的手牌牌姿可能是何种形态？自己如吃进七筒，舍出八筒的话，会不会放铳？

总之这个阶段的吃牌，非同往常，须另眼看待才行。因为此时此刻的一吃一舍，必牵动全局，关联成败。

一般来说，这时可以吃牌的情形有：摸调不顺，只要手头有安全牌可打，就应有吃必吃，以改变一下手气；边张、嵌张、绝张牌，逢舍必吃；还有，吃后便可听张时定不放过。

下面几种情形，不应考虑吃牌：

吃牌后破坏了三面听的牌姿；吃牌后手中无安全牌可打；眼看黄庄，如果自己不是特别好的牌姿，即使有安全牌可舍，也应以不吃为佳。否则，由于摸调顺序的改变，很可能被别人自摸成和，损失就大了。

（三十五）吃牌要诀，在于灵活

前面已就各个战期的吃牌情况作了概要的介绍。其中最关键的是要机动灵活，因势权变。也就是说必须依据时机、手牌和牌局形势等实际情况，灵活变通地加以运用，切不可固守程式化的教条。这个基本原则，不单实用于吃牌，也实用于牌桌上所有战术技巧的实施和运用。

［牌例 1］

起手 13 张配牌如图 39 所示：

图 39

这样一手散乱不堪的牌面，即便上家打出二筒或二条，也应以不吃为妥。因为吃出一组付露也无济于事，应赶紧摸牌。如能在前四、五巡内，摸进 2~3 张有效牌，还有拼争的希望，否则的话，则趁早下定不和的决心，跟熟打臭好了。

［牌例 2］

摸打进入第九巡时，自己已吃倒一、二、三条和七、八、九条二付露，手牌 7 张，如图 40 所示：

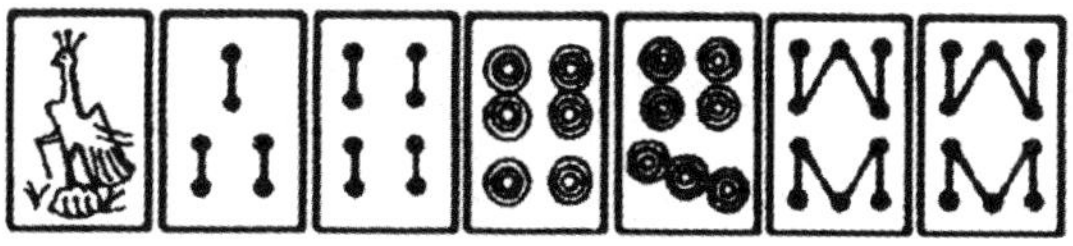

图 40

很明显,已是一入听的牌姿。这时上家打出八筒,如吃进,切掉幺条,叫听二、五条。此时从三家的舍牌相看,只有上家接近听牌,另二家均处于二入听前后,也就是说在时间上尚有余地。假如吃八筒和出二、五条后,番数有限(只有缺门、老少副和八将的番),不如选择摸牌,若能上张条子,不如伺机舍弃筒搭,存心做清一色大牌有利。

假若情况变化一下:已窥测出下家在收集筒子,正在做筒子一色牌(已接连打出了几张万子与条子的中心张,筒子一张也未打过,且他又是庄家)。这种情况下,自己就不应再固守原来拟做"清一色"的框框了。干脆吃进八筒,切掉幺鸡,等待和二、五条算了,尽管牺牲了高番大牌,然而总比拆舍 2 张筒搭,喂饱下家,使其和出筒子一色的大牌损失要小得多。

像上面这种随机应变吃牌与不吃牌的例子,在实战当中随时都可能碰到。譬如说,自己的牌姿相当好,有条件做"门前清",但当猜测出另三家当中,有两家做大牌,局势明显吃紧时,你还能继续固守自己的"门前清"吗?显然不能了。这时应赶紧吃牌,极力争取早听快和,方为上策。

(三十六)双对套吃,变死为活

假如手牌牌姿如图 41 所示:

图 41

叫听一筒二筒对倒。但久久未能和出。这时上家抓牌入手后换出一张三筒,估计已听牌。吃好呢,还是不吃好呢?观察"海""地"盘面,三筒已见二张,一、二筒一张未露面。按一般规律,牌过中局,一、二少见,必有人握对或刻。鉴于这种情况,断然吃起三筒,打掉一张绝对安全的二万,仍叫听边三筒。明知三筒仅剩一张,还不晓得是否已被别人组合到手牌之中或者码在后八墩里。不过有一点是清楚的:只要不是上述两种情况,仍有再次出现的可能,故尚有一线希望。

事情说来凑巧,下家紧接着也摸起一张三筒,连考虑也没考虑,顺手丢出,不料竟然当了炮手。他感到愕然:怎么还和三筒?牌倒后方知究竟,连喊"命苦"。殊不知这种"双对套吃",正是在不得已情况下采用的一种吃牌技巧,目的是变死为活。

这盘牌成和,带有一定偶然性,但退一步讲,即使不和牌,也不必反悔,因为战术上无误。

(三十七)多头多脚,伸吃有招

所谓"多头",是指在中张副子的大数牌端多出一张同色牌;"多脚"则是在中张副子的小数端多出一张同色牌。它们实际上就是带对的搭子。既可视为对子与搭子的组合,又可看作两面搭与嵌搭的复合,也可看成副子之外多出一张可联络的荡张。

例如,四、五、六、六万与五、五、六、七筒,前者为"多头",后者则为"多脚"。

"多头"与"多脚"的伸吃,有两种情形:

以四、五、六、六万为例。吃进四、七万,还剩一个四、六万嵌搭,待牌五万;若吃进五万,则还剩一个五、六万两面搭子,待牌四、七万。

"多脚"牌的吃牌规律与"多头"牌完全一样。

拿五、五、六、七筒来看,若先吃进六筒,待牌为四、七筒,反之则待六筒。

不难看出,这种"多头"与"多脚"牌的伸吃,有如下的规律:凡是伸吃搭子两面同一线筋牌的,这两张牌之间的大数邻牌也必属该吃的牌。反之,如伸吃嵌搭后,其嵌档牌大数边的同线筋牌,也定为该吃之例。

[牌例] 已吃倒一付露,手牌 10 张呈一入听状态。见图 42:

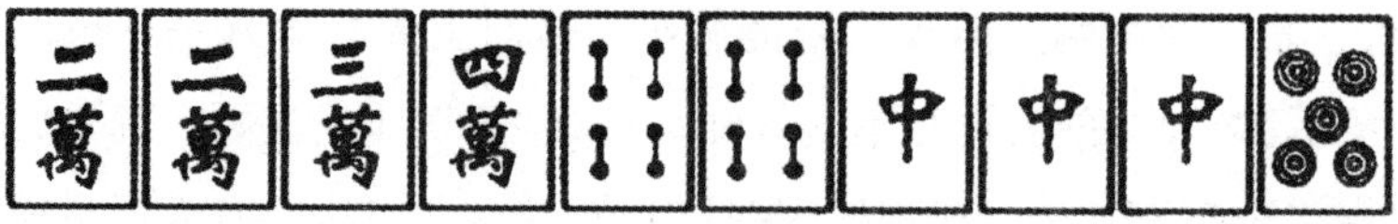

图 42

这手牌如筒子不上张，只好将二、二、三、四万作为两个搭子看待，否则就不具备一入听条件。

当上家打出一万或四万时，便以二、三万搭子吃进，然后切掉五筒，叫听嵌三万。

这种打法应事先将带对搭子分两处排放于手中，以防吃进一张后，对方从你的抽牌顺序上识破你是多脚伸吃，下一张他就不打了。

（三十八）大肚伸吃，内藏奥妙

什么叫“大肚子”牌呢？所谓“大肚子”牌，就是指中张副子的中间牌多了一张同色牌。例如：二、三、三、四条，四、五、五、六筒，六、七、七、八万等都是。

那么，“大肚子”牌有何奥妙之处呢？当手牌面子不足时，可把它当作两个搭子对待。尔后依靠上家的供牌，或自摸的牌，来组合成所需要的副子，以解“燃眉之急”。

［牌例］已碰红中付露一组，手牌 10 张如图 43 所示：

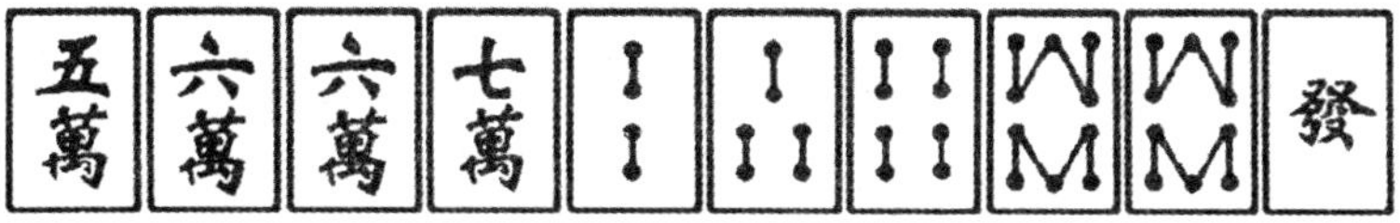

图 43

只有将五、六、六、七万看作两个搭子时，方可具备一入听的条件。

当上家打出五万或八万时，以六、七搭子吃进，组成一组付露。手中还剩五、六万搭子，打掉发财，叫听四、七万。

这类“大肚子”牌的伸吃，也有其规律可循。即：凡是伸吃的一头，则另一头邻牌的同一线筋牌，也必属该吃之列。也就是说，“大肚子”牌五、六、六、七万，如果吃进一头六、七、八万，则另一头的五、六万搭子，其待牌必定是吃进的五、八万邻牌的同一线筋牌四、七万。

与“多头”“多脚”牌同理，“大肚子”牌，也应分放于两处，以防被他家看露其牌姿。

（三十九）迷惑吃牌，诱敌误判

所谓“迷惑吃牌”，是指吃牌时，借付露之机，故意将舍牌一并露出，制造假象，迷惑对方，致使对方造成错误判断，以达到钓出一路熟筋牌的目的。

此乃高手们常用的一种招数，且能屡屡得手。请看下面实例。

[牌例 1] 庄家已吃倒二、三、四万一付露，手牌 10 张如图 44 所示：

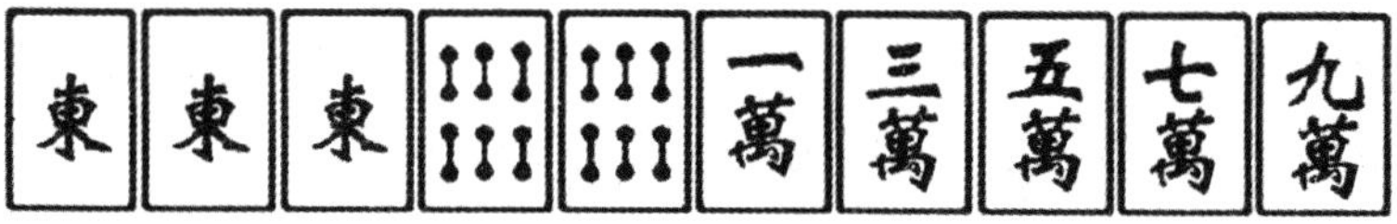

图 44

显然已是一入听的牌姿。吃或摸进二、四、六、八万中的任一张，即可叫听。

“海”中已见五万一张，系西家所打之牌。北家追熟，打出同一线筋牌二万，庄家以一、三万嵌档吃起二万，完成二付露。这样的舍张与吃牌，在中盘战期平平常常。

然而在这平淡无奇之中，却内藏暗计。庄家高明之处就在于：事先即把复合面子一、三、五、七、九万排插于手牌中间了。在吃二万时，一并将一、三、五万一起推倒，随后将五万打入“海”内，故意制造假象，以使旁家误认为他手中仅有一、三、五三张万子——原本三张两嵌，吃进二万，五万也就无用了，故而舍掉。这样就以假象迷惑了各家，从而造成判断上的错误，以致丧失对二、五、八万的警惕性——谁还会想到庄家手牌偏偏仍是七、九万嵌八万的叫和呢？于是庄家成和的可能性极大。

不出所料，两巡过后，西家摸起一张八万，稍一巡视，随手扔出，庄家一声“和”！西家甚感惊讶，牌倒一看，如梦初醒，方知上了迷魂大当，可惜为时晚矣！

[牌例 2] 手牌牌姿如图 45 所示：

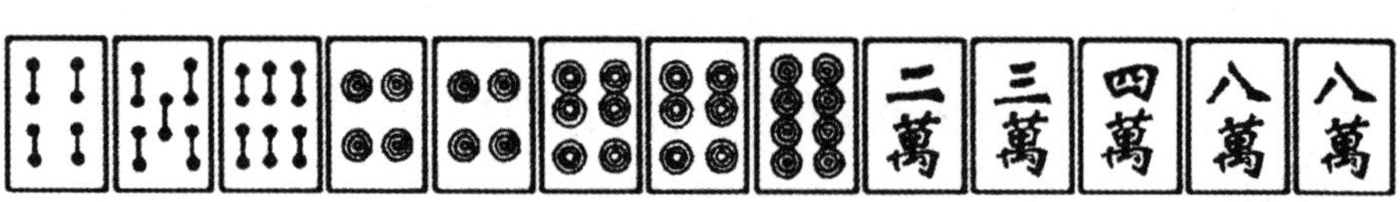

图 45

已呈一入听状态，只要摸进一张四、五、六、七筒或是八万，即可叫听，且为门前清的牌面。

一般人在理牌时，容易将同色牌按数字顺序排列，就像图 45 那样。殊不知这种排牌方法，弊病很大，一旦或吃或碰，牌姿极易被人察觉。

高手决不这么做。预先将筒子拆开，排成两嵌搭顺序即：四、六，四、六、八筒的形式。

当上家打出五筒，在喊"吃"的同时，将四、六、八筒一并翻倒，吃进嵌五筒，打掉八筒。由于五筒被吃进，各家便会以为五筒安全，往往再次打出。不料正好上当。这就叫作不打四筒听五筒，故意打八（筒）不听七（筒）。战术要诀在心，焉有不胜之理？

倘若上家打得不是五筒，而是七筒，同样翻出四、六、八筒，吃进七筒，切出四筒，其效果大致与上述相同。

类似这种虚虚实实，真假相济的战术技巧，在麻将桌上屡见不鲜，高手们往往就是靠这样的招术取胜的。

（四十）付露妙吃、钓出筋线

这种招数与上一节介绍的迷惑吃牌如出一辙。也是借吃牌付露之机，将舍牌露出，制造假象，迷惑他家，以钓出同一线筋牌来。

［牌例］已吃出一付露二、三、四筒，手牌 10 张如图 46 所示：

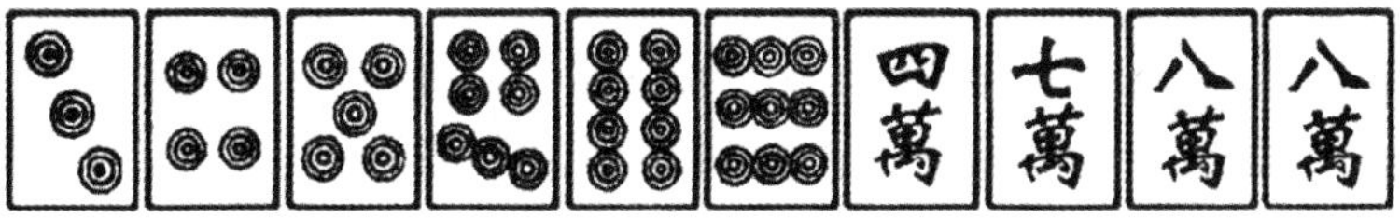

图 46

这样一手牌，只要二至九万，进任何一张牌即可达到听牌条件。

但事不如愿，几巡过去，不能上张。此时牌局已近终盘期。对家打出八万，为尽早入听，定当开碰，形成单钓牌姿。为此事先将七万提到牌头，在碰出八万时一并将四、八、八万翻倒，再切出四万，使各家感觉你手中仅有这三张万子，不会怀疑你单钓七万。于是一、四、七万便大有希望出现。

当然也可切七万钓四万，但相比之下，还是舍四钓七有利。因为八万你已碰坎，七万如不是对子或刻子，便被堵塞了成副的路，于是便极大可能被舍出。

四、碰牌奥妙

碰牌是牌张组合的方法之一。当任一家打出与自己手中对子相同的一张牌时,便可开碰,组成一坎牌。

碰牌是有一定技巧的,特别是在牵制与反牵制上面,深藏着颇多的奥妙,很有探讨之必要。

(四十一)碰牌得当,不可乱碰

何谓乱碰?手中有对子,不考虑后果,不顾及牌局的形势,见碰就碰,即谓之乱碰。

例如:手牌牌型为:二、二万,四、五、五、六、七万,三、七条,一、二、二、三筒。

这样一手牌,无论什么人打出二万,五万或者二筒,都不该开碰,请看:

碰了二万,何以为将头?如碰五万,不仅四万成了孤牌,六、七万也成了半断张的搭子(等于破坏掉一副一搭);倘若开碰二筒,所剩的一、三筒则成了嵌二筒的断张嵌搭。况且由于碰坎,也使本来做“平和”的牌面,荡然无存。

这铺牌只要摸进任何一张条子,切出二筒,或是另一张条子,便成一入听的牌姿。

假如手牌对子多,碰后有番可增,不妨开碰。若是碰了也无番,而且破坏了原本上好的牌面,反倒使牌势变成对自己不利,或是将大和碰成小和,甚至不和,这种笨拙之事是绝对不能干的。

(四十二)权衡利弊,当碰即碰

决定碰与不碰,必须根据自己的牌势,结合整个战局的态势,权衡利弊,做出决断。

下面是几种当碰的情况:

1.起手配牌的牌相就较好,五要素齐备,已呈三入听状态。如开碰可使牌姿由三入听迈进二入听。

2.手牌对子多,有希望做成碰碰和。

3.仅剩一张的牌,不应放过。

4.尖张对子,存心要碰,迫使旁家拆舍边搭。

5.中张对子,如碰后可使牌姿向前发展,且有安全牌可打时,也当开碰。

6.已窥测出有人做大牌,或者牌局处于非常紧迫状态下,即使自己也想做高番牌,此时宁可弃大和改小和,也要开碰。

7.自己摸调不顺时。

8.庄家牌旺时,北家打出的牌,只要手上有对子,都应断然开碰,不管是否有道理。其用意不言自明(造成庄家摸牌跳档,以牵制其可能连庄的机会)。

9.东风对子,凡舍必碰,本门风和圈风也当碰出。

[牌例1] 牌型如图47所示:

图47

如若"海"中已出现过一张四筒,随后又有人追熟切出最后一张四筒时,应以碰出四筒为宜。这时如六筒安全,将六筒打掉,索性叫听尖张三筒,成和希望颇大。

[牌例2] 牌型如图48所示:

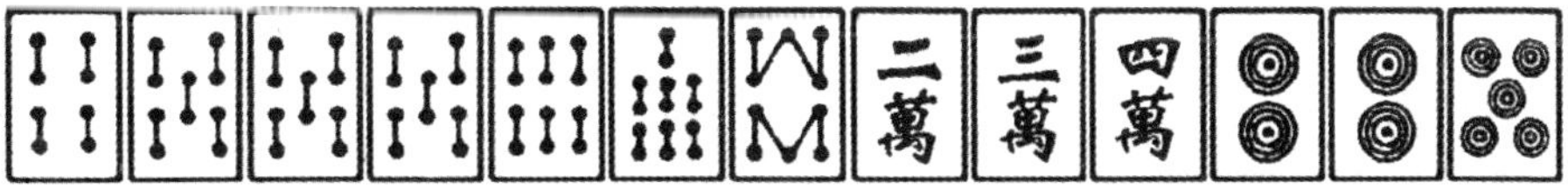

图48

当五条再度出现时,应碰起五条一次(注意五条不可开杠),切出五筒,这时手牌是一连五的复合面子,叫听三、六、九条。

[牌例3] 牌型如图49所示:

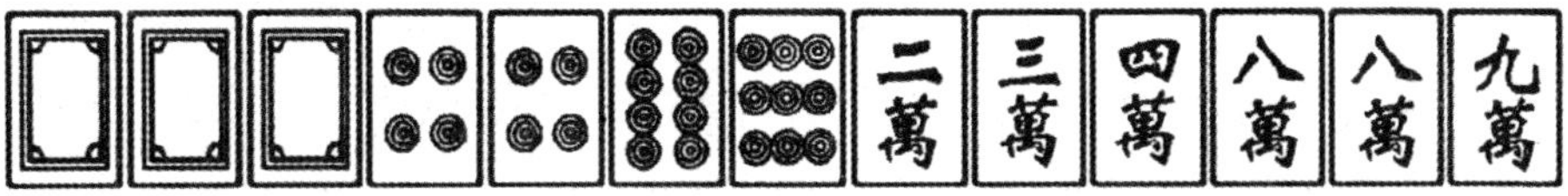

图49

已是一入听的牌姿。当碰出四筒，切出九万，则叫听边七筒。七筒虽属尖张，但前有四筒开道，后面定有人追熟，作为四筒一路熟的筋线牌七筒就不难出现。

［牌例 4］牌型如图 50 所示：

图 50

这也是一手一入听的牌姿，五万或五条碰出哪一对均可叫听。

假如上家打出一、四条，吃进后则叫听五万、五条对倒。

总之，有利即碰，无利则放。遇到下面几种情况不碰为宜。

1.上家的舍牌，一般情况下，以不碰为好，以免失去一次摸牌机会，待另外两家打出此牌时再碰不迟。当然，如属绝张、尖张或碰后即可叫听或局势紧迫等情况，则应另当别论。

2.下家当庄或者下家牌旺时，尽量不碰。

3.碰后手中无安全牌可打时，不要碰。一旦摸起与对子组成新的面子时，干脆变对为搭，舍掉此熟张。

4.已经判断出舍牌是由对方的配牌里抽出来的不要碰，以免其中有埋伏。这种情况下，舍牌者多为单骑牌姿。例如，该家原先手牌为二、三万，六、七筒，尚未入听。当他进张一、四万，或是五、八筒时，舍出一张，必是单钓听和。如进张一、四万，舍出七筒，则单骑六筒。你手牌如是六、七、七筒，碰出七筒必打六筒，岂不是自投罗网？即使你无六筒可打，别家见七筒已被碰坎，手中如有不靠张的六筒，也会打出来，致使单骑者成和。

（四十三）开局少碰，摸调为上

有经验的牌手，开局初期很少吃碰。原因是这个阶段摸调有效率最高，应抓紧摸牌。再者，开始即吃碰，不仅容易泄露自己的战略意图，还可使自身的作战基地变得狭窄，不利于操作。

当然，也不应死搬教条，还是前面那条原则，“权衡利弊，当碰即碰”。

例如令风牌,有对必碰;有番和的牌,原则上也不应放过;起手配牌的牌姿较佳,已呈三入听状态,有碰即碰,以便及早踏入听区;至于尖张牌或前面已放过一张的绝张牌,更不必说了,自然应当碰起。

(四十四)中局以后,区别对待

进入中盘期以后,首要的任务是加速手牌面子的组合。这期间,手头有对子,在保证将头的前提下开碰通常是有利的,但也应区别情况,不能一概而论。

凡有番的牌打出必定要碰;头次已经放过,第二次再出现时,必碰无疑;中张牌只要手中有安全牌可打,也应碰起。

当按照预定的战略目标,手牌有构筑多台型(如大、小三元;大、小四喜;字一色;清幺九等)、碰碰和型及多刻型等大牌条件时,只要对象牌一露面,立即开碰。

倘若欲做混一色或全带幺一类的牌,碰与不碰就要斟酌了。此时碰牌应以番牌为目标,否则宁肯弃之不碰。

如是为了牵制对方,打乱其阵脚的话,不妨存心去碰。虽说此一碰对自己牌势不见得有道理,但能起到改变摸调顺序,打乱对方作战部署的作用,也不失为明智之举。

以下是一些不当碰的情形:

1.一般来讲,对上家的舍牌,以不碰为好。选择摸牌往往比碰坎更为有利。何况暂时放过,后头还有再次出现的可能。若发现庄家急待想改变摸调顺序,就更不应开碰了。

2.自己摸调很顺时,不宜碰牌。尤其有做混一色、全带幺或清幺九的构想时,更不应急于开碰,以免暴露了自己的作战意图、于操作不利。

3.当手牌面子不够整齐,尚处于四入听阶段时,这种状态下不宜开碰。此刻应当赶紧摸牌,尽快促成面子的完备。

4.处于牌旺者上家位置时,尽量不碰牌。

5.碰后预计下一巡舍牌有困难时,不碰为妥,相反可拆舍此对子打安全张。

6.牌至终局,手头有带对搭子,要格外当心。如果对子的邻张牌恰好与自己手中的暗刻处于同一筋线上,一旦开碰,舍出此邻张牌,则十之八九是炮弹。

例如,手中握有暗刻九、九、九万,另有一个带对搭子五、五、六万,倘若五万开碰，舍出六万，极大可能让手持七、八万（或四、五万）搭子者食和，除非你自己单骑六万。

（四十五）老头客风，依牌而定

幺九属端牌，在数牌中联络价值倒属第一；客风牌即使碰成坎也无番可计，故这两种牌在战局中最易出现。

当他家打出这类牌，手中有对子，是碰还是不碰呢？这就要看手牌的情况了。

如果手牌有碰碰和的牌型，或碰后即可听张，当然要碰。倘若不是这种情况，又不甘心于小和，还是不碰为好。

这类对子的用途是：一可作为安全牌拆舍，牵制对方；二可充当将头，促成平和牌面。不然的话，就没有多大价值了。

（四十六）复合面子，不碰为佳

这里所说的复合面子，单指中张牌复合面子而言。例如四、四、五筒，五、六、六条，七、八、八万等，其实也就是带对子的中张搭子。

这类牌除特殊情况而外，开碰大多不利。其原因有：一是中张牌是各家面子组合不可缺少的牌张，舍出的机会较少；二是正因为机会少，其凑成刻子等待的时间就要长，至少要比组成副子长一倍以上；三是潜藏不测。当牌战进入各家叫听阶段，你手中有七、八、八万，对方的手牌是五、六、八万。倘若对方作为入听时的引牌切出八万，你若开碰，必舍七万，岂不正中圈套？除非你单钓七万。

因此，在牌桌上，有经验的牌手，遇到手牌中有中张的带对搭子，如果不是为了保存将头，大都采取舍对留搭，而且行动越早越有利。

（四十七）设伏妙碰，诱敌中计

［牌例 1］已吃倒二、三、四条一副牌，手牌 10 张如图 51 所示：

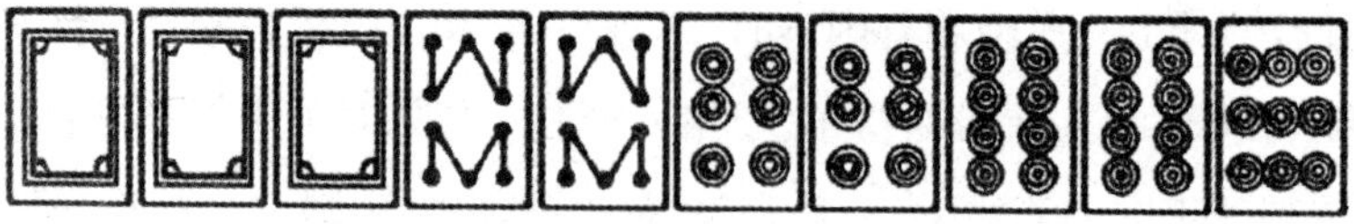

图 51

已呈一入听状态。如果对方打出六筒，碰牌时故意将六、六、八筒一并翻倒，打掉八筒，给人一种假象：吃七筒未吃上而碰六筒。倘若上家打出七筒，也同样将六、六、八筒同时翻倒，吃进七筒，切掉六筒。如此迷阵，对方焉能知晓其中奥妙：吃进尖张七筒还听和边张七筒？于是极大可能有人会以七筒熟张追打，不料正中埋伏。

［牌例 2］牌型如图 52 所示：

图 52

这已是一手叫听边三万的牌姿。但尖张三万难得出现，久久不能和出。这时有人打出一万，果断碰起，顺手舍掉二万，使旁家误认为想吃三万未能吃到而碰坎一万。殊不知此乃瞒天过海之计，暗藏玄机。于是追打一万及其同一线筋牌四万与七万，便会接踵而来，使你仍叫听一、四、七万的计划得以顺利实现。

（四十八）烂牌硬碰，寓守于攻

当手牌散乱不堪，几经绝望的情况下，与其追随他人出张，“苦熬岁月”，“坐以待毙”，不如硬撑门面，为“死”而碰。故意制造紧张气氛，让对方提心吊胆，不得不放弃做牌，匆匆迁就小和，以此达到减小自己损失的目的。

假如 13 张手牌是：

中，发，白板，西风，一、一、二万，六万，一、一、二筒，四、八条

这样一手烂牌，即便平均每两巡能进一张有效牌，达到听张条件，至少，也要经过十二巡以上。没等你入听，别人早已和出几遍了。根本没有希望，应抱定不和的决心。但当已窥测出有人在做大牌时，不妨改变策略，改“死守”为“佯攻”，以此扰乱对方的视线，使对方产生紧张心理，打乱其作战部署。

基于这种方略，当有人打出一万和一筒时，断然开碰，反正手中至少有四张安全牌可打，不存在后顾之忧。这样一来，你连碰两个幺刻，又不切舍老头牌，对方就会误以为你有做“清幺九”大牌的可能。为了赶牌，他只好弃大和求小

和。于是也就达到你以假乱真，为死硬碰的目的了。

这就是说，同样是死定的牌，不如使对方认为是听牌更有价值。

（四十九）碰牌之道，重在牵制

碰牌是牌张组合的一种方式，或者说碰牌是和牌的一种手段，这是没有疑义的。但如若仅仅为了自己成和而碰牌，那就未免有失偏颇了，高手们很少这样做。

这是因为，碰牌更重要的价值在于牵制。通过碰牌，改变摸调顺序；通过碰牌，扰乱做大牌家的作战部署；通过碰牌，为连庄家或牌旺家设置障碍；通过碰牌陷对方于迷惑等。

［牌例 1］自己处于南家位置。当摸打进至第九巡上，手牌已呈一入听状态，只要筒子或万子，再人手一张有效牌，即为门前清的叫听牌面。

牌姿如图 53 所示：

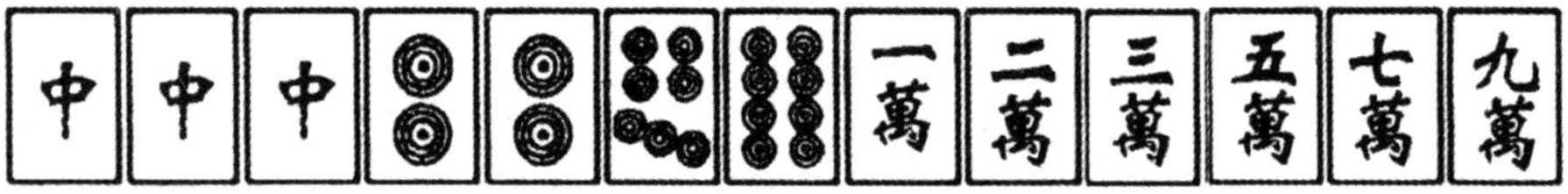

图 53

上家已连坐两庄。假如这时对家打出二筒无论上家是否想吃，都应碰过来，以使庄家摸调跳档，打乱其阵脚。

很显然，自己并无碰二筒的牌。碰坎二筒不仅碰掉了将头，也破坏了门前清的牌面（如若以红中为将牌，那就还要损失箭刻番，况且牌姿并无进展，仍是一入听状态）。尽管对自己很不利，但从全局考虑还是值得的，只要能牵制庄家，蒙受损失也在所不惜。倘若让庄家顺利成和，自己的损失不是更大吗？

下面再探讨有关碰牌的逆用牵制战术。

所谓逆用牵制，是指当上家在对下家进行牵制过程时，下家所采用的一种反牵制手段，以达“将计就计”之目的。这是麻将取胜战术中的较为奥妙的一招。让我们看下面的牌例。

手牌 13 张如图 54 所示：

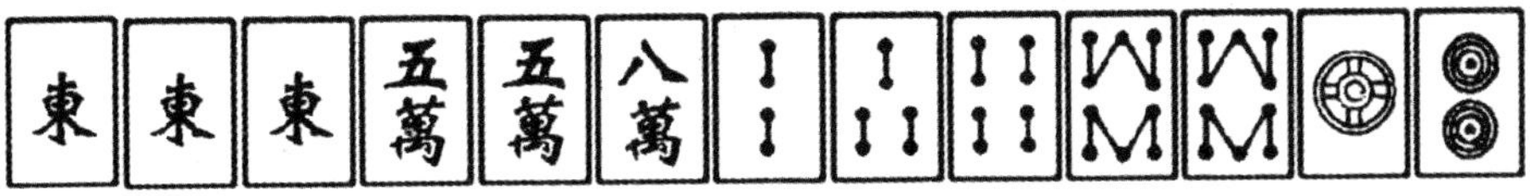

图 54

摸牌摸来一张二万,该打掉哪一张呢？有人可能会打二万或八万(它们是孤张,且联络性较差),不妥！应开筒子。也许有人会提出,放着二、八万荡张不打,反倒拆舍一、二筒边搭,这不是瞎打吗？实则不然。

请看:二万与八万,都是五万的同一线筋张,一旦五万开碰,凡有四、六万嵌搭或单张者,必舍无疑。因为既然嵌五万成了绝张,还不如舍掉,并可以此牵制打出五万的一家及碰坎五万者(一般情况下,这两家都不会再要四、六万)。聪明的牌手正可以利用这一点进行逆向牵制:好好地将二、八万保留下来,一旦入张三万或七万,使面子形成二、三、五、五万或五、五、七、八万牌姿。这样,一旦碰出五万刻子,上、下家(或对家)企图借拆舍四、六嵌搭来牵制牌局时,恰好中了逆用牵制的埋伏。

另外还有一个理由,一、二筒属边搭,进张难度较大,拆掉不算可惜。况且拆舍这个搭子,还可形成缺门牌面,何乐而不为呢?

据此我们得出如下经验:凡与手中待碰对子形成同一线筋张的牌,即使是单张,往往也是“宝贝”,不可轻易舍掉。这便是碰牌逆用牵制法的奥妙所在。

五、杠牌要领

手中有四张相同的牌为一杠。牌规规定,明杠有一番,暗杠为两番,杠越多番越高。开杠如从牌尾补摸的一张,恰好是自己叫听的待牌,称作“杠上开花”,番数尤为可观。

因此从增番角度上看,开杠是幸运的,也很壮观。

然而,杠牌与碰牌一样,都是有一定讲究的,一向为高手们所重视。也就是说,开杠虽好,但又不可随便乱开,必须依据手牌姿态、牌局形势以及摸调顺逆等因素,结合起来,权衡而定。

(五十)杠牌三思,权衡得失

1.自己摸进四张同样的牌,开出此暗杠最为理想。因为《新规则》规定,暗杠不影响门前清。

2.自己门前已有吃、碰付露,又摸进一张与明坎相同的牌,只要猜测该牌不是旁家叫听的待牌,当然可以开杠,既增加一番,又可多摸一张牌。

3.如拟做字一色或门前清的话,别人打出自己暗坎相同的牌,开杠就多此一举了。

4.在手牌面子较佳的情况下,不应急于开杠。待听牌后再开杠,说不定有"杠上开花"的可能。

5.在手牌牌势一时尚难达到入听条件时,应及早开杠,这样还可多一次摸牌机会。

6.下家舍出的牌,开杠等于多一次摸牌机会,当然不应放过;如是尖张,且与手牌牵连不大,开杠后有抑制各家的作用;如属中张牌,也可对他家面子组合构成一定的威胁,故如遇上述情况,以开杠为上策。

(五十一)单骑叫听,暗刻勿杠

倘若手牌既有副子,又有暗刻,已呈单钓将的叫听牌姿。这种情况下,当有人打出与暗刻相同的牌时,开杠好还是不开杠好呢?如开杠自然多一次补摸的机会,但从战术上讲,还是不杠为佳。

例如叫听牌姿是:五、五、五条,九筒。单骑九筒。他家打出五条,如不杠选择摸牌,若是摸进四条,叫听改为三、四、六条,远胜过单钓;如摸进六条,则可改听四、六、七条,也是三门听;即便摸来的是三条或七条,也可改听三、四条或六、七条,均比单骑要强。如果单骑的一张不是端牌九筒,而是中间张子(譬如四筒),则摸进三筒或五筒时,不妨舍出安全牌五条,改听二、五筒或三、六筒。

(五十二)故意弃杠、迷惑对方

在有些情况下,故意弃杠舍牌,反倒可以迷惑对方,有利于自己。例如自家门前已碰红中付露一组,手牌还有绿发一刻,白板一对。当有人打出发财时,不要开杠,给各家一种无大牌的感觉。假设开了此杠,红中、发财一并亮相,各家必吃惊不小，为防你做大三元，定会紧扣白板不舍，于自己食和极为不利。不但不杠，相反如若是自己摸来绿发时还断然打掉，以此来麻痹各家，使其不会怀疑你有三元牌握在手中。由此这般，他们手中的白板便会无所顾忌地打出，于是正中圈套。

（五十三）加杠当心，以防抢杠

当摸进一张与自己门前的碰坎相同的牌时，是否加杠呢？这时必须将安全放于首位，切不可贪图杠番和多摸一张牌，而置安全于不顾。否则万一有人恰好就听在这第四张牌上，让人抢杠成和，岂不后悔莫及。一些有经验的老手，常常专听此类绝张，不可不防。抢杠的情况不仅限于数牌，字牌加岗也应谨慎。特别是进入中盘战期以后，常有人做十三幺一类的牌而进入听张阶段，这样，你加杠的这张字牌，必定成为他的猎物。

（五十四）暗刻开杠，不可杠断

例如自己手中有一副牵连左右的中张刻子，这时他家打出该张牌，就要仔细斟酌了。否则一旦贸然开杠，使本来相互连接的面子失去了联络，岂不因小失大，得不偿失？

假设你有下面这样一手牌，见图 55：

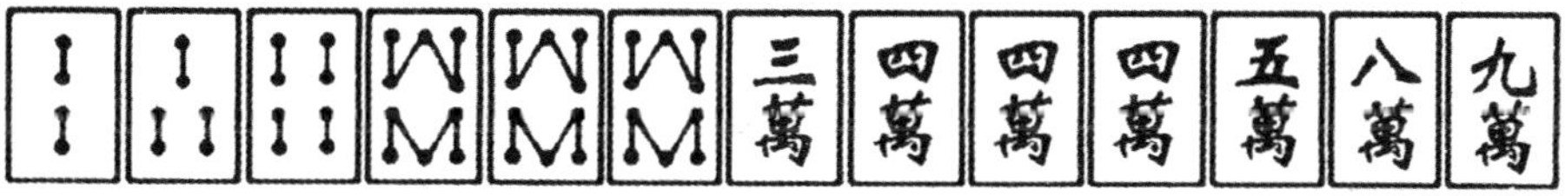

图 55

叫听边七万。这时他家打出四万，你如开杠那就坏了。一杠子下来，就把手中的三、五万杠断了。使它们成了无依无靠的孤张。要么打掉，要么重新组合，这就误事了（而且不开杠还可牵制需要这张牌的另外二家）。如此开杠，实属得不偿失之举，万万使不得。

不去开杠，仍叫听边七万。倘若出于七万乃尖张之考虑，不妨碰起四万一坎，然后打出一张，改边七万为单骑，也属正道。

如自己摸来四万，不开杠，将其打掉，仍叫听边七万；如留下四万，则成打八钓九或打九钓八(万)的单骑牌面。

倘若有人打出八条,断然开杠,不仅可得杠番,又不破坏牌姿,还可多得一次补摸的机会,说不定时来运转,“杠上开花”也未可知。

六、测牌技艺

众所周知,两军对阵,必须“知己知彼”,方能“百战不殆”。这一至理名言,同样适用于四人对局的“方城大战”。

测牌乃麻将实战取胜的关键。众多的牌坛高手深谙此道。他们擅长观人察牌,根据各种情况和迹象,综合分析,从而能比较准确地推测出对方的牌势,并预测自己所需待牌出现的可能性,进而相应地做出自己的作战部署。

在众多场合下,如欲准确测出对方的手牌,并非易事,因为人非神仙,但也不是可望而不可即。只要肯于用脑,观察得法,推测合理,就不难知其奥妙。

测牌也就是运用逻辑思维的方法,通过对他人的舍牌、“地”牌以及表情动作等来推测其手中的牌势。对方手中有什么牌,想要什么牌;自己的待牌上家有没有,旁家会不会舍出等等。做到心中有数,以便采取相应的对策。设计型格、运筹实施、确定取舍,减少失误,加速组牌进程,及早踏入听区,直至成和。

(五十五)观察“海”“地”牌,舍留好安排

麻将牌是有连贯特性的。开局的前几巡除外,各家打出的每一张牌及其先后顺序,都是与他手中牌情相连带的。也就是说任何人都不会无缘无故地打掉某张牌。这虽然是最基本的道理,然而我们正是从这里出发,来寻求各自取舍的依据的。

譬如,你手中有二、三万搭子,当观察“海”、“地”四万已出现3张,一万又被人碰坎时,你定会感到一种危机。这种情况下迫使你不得不考虑这个搭子是继续保留还是拆掉。

反过来,如八条已见3张,九条见1张,于是你手中的七、八条搭子,便很容易进张了。因为八条已满张,九条便成为失去联络的孤张牌,除非是一对,否则便会被舍出来。

倘若"海"、"地"没有出现四、五筒中张，那么三、六筒必然成为被人吃进或和出的危险牌。

又比如"海"、"地"中五、六条未露面，而幺鸡被人碰坎，你如把四条当成幺鸡的同一线筋牌打出的话，就要上当了。

以上所述，虽然是一些基本概念，但测牌必须从这些地方起步才行。否则，你的测牌便无从着手，更谈不上准确了。

（五十六）注意牌顺序，揣测有依据

前面说过，任何人也不会无缘无故地切牌，除非开局初期手牌闲张太多，否则都会按照一定计划，有步骤地进行。

舍牌的先后顺序，必与其手牌的形态有着密切的关系。据此，当某家舍牌时，你可以猜想，他为什么先打那一张，后切这一张呢？其中必有道理。

例如，某家先打一筒，接着又切出二筒。可以猜测他有两种可能：一是面子过剩拆边搭；二是手中有相同进张的四、五筒搭子而拆掉此边搭。

又如某家一上来就连续打中张，先打四万，后又切六万。不难想象，该家要么万子过剩；要么手头幺、九、字牌面子较佳，有做"全带幺"或一色类大牌的可能；要么是搭子富余，对子较多，故拆带对的嵌搭四、四、六万中的四万，切出四万后，又摸来三万，故又接着切六万，手中有三、四万两面搭。当然这并非是唯一的答案。其手牌也可能是四、六、六万的牌姿，原打算用六万做将头，但切出四万后，又摸来七万，因手中尚有其他对子，考虑到五、八万比较好出来，故切掉六万，留六、七万搭子。

再比如，某家先打二条，后切四条，一般人不会引起怀疑。但若先打四，后打二，人们就会注意了。这种不正常的打法，表明其手牌定有奥妙，极大可能手中有幺鸡对子。先打四条，留一、一、二条，如进三条，便切幺条，不进三条，便切掉二条。

总之，任何一张舍牌的出现，都能够给人一个情报。因为，除了牌战初期以外，每一张切牌，都与切牌者手牌有着连贯关系，就看你是否善于用心思索了。

（五十七）留心察排牌，手牌知大概

在《理牌妙法》一章里，我们曾介绍过有关排牌的技巧。在实战当中，排牌

的次序往往能给人提供揣测其手牌牌姿的机会。

打牌当中，很多人都习惯于按自然顺序摆放牌：同一花色，由小到大，自左而右一字排开；筒、条、万、字牌分门别类，看上去一目了然。

这种排牌方法，固然是便于自己看牌，但同时也便于别人看穿你的牌。

举例来说，自己于第七巡上，吃倒一、二、三万副子，手牌 10 张如图 56 所示：

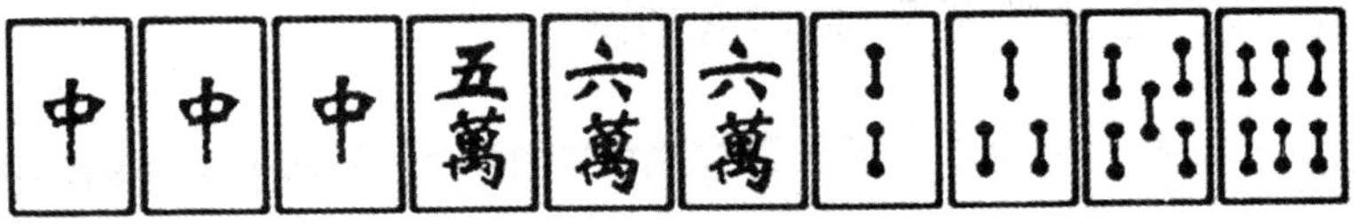

图 56

这时上家打出四条，你稍微犹豫一下，随后将右边的第三、四张牌放倒（因幺鸡已被人碰坎，故以二、三条吃进），吃起四条，亮出二、三、四条副子。切出五万，叫听四、七条。自己满以为吃了四条，还叫听四、七条，稳和没跑，殊不知“天机”已泄露——就在你犹豫的一瞬间，各家早已将你的手牌看个底穿：料定你手里还有一个五、六条搭子，而且就排列于手牌的最右端。否则你决不会吃四条时犹豫片刻。

显然这盘牌如能和出，那应该说万幸了。

（五十八）结合姿态测，往往更准确

单是从“海”牌“地”牌等方面进行测牌，远远不够。还应在实战当中，结合观察对方的表情神态——这也是一条可供揣测的线索。这样常常会取得可喜的效果。

特别要留心观察其眼神。一个人的某一个眼神，是其内心真实情感的自然流露，在牌桌之上，即便是精通骗术的老手，擅长伪装，他的手、嘴及其他部位的动作可以扯谎，但眼睛是从不扯谎的。

玩牌者的姿态，是可供测牌的一条重要线索。譬如某家听牌单骑南风，这时无论任何人打出什么风牌，他都会下意识地先是一怔，随之将目光从“海”内移向自己手中。这种“此地无银三百两”的表情动作，恰恰暴露出自己急待风牌成和的秘密，岂能瞒过明眼的牌坛高手？

又例如自己手中有二、三、三筒的复合面子，当上家打出万子或条子时，你会不屑一顾地只管摸牌。但当上家打出二筒时，你便会下意识地暂停摸牌动作，慌忙看一眼自己的手牌，然后才去摸牌。仅此举动，上家便知你不要二、五筒，而偏吃一、四筒无疑。

牌桌之上，类此“不打自招”的现象，可谓比比皆是。

某家手里有副大牌，他会不由自主地表现出一种紧张神态：眼睛不断地盯视手牌；不时地数一数本无差错的 13 张牌，生怕多张或少张；每切一张牌都要仔细斟酌，思索一番；一旦入听，便会情不自禁地流露出喜悦，然而却又故作无奈之状。殊不知这种表里不一的反常表演，常常被经验丰富的老麻坛们所识破，从你的表情上，早把你的牌姿猜测个八九不离十了。

话又说回来，言语既可以用来制造假象，也能帮助人们辨别真伪。因为一盘牌摊开之后，便知究竟。你用谎话骗人一次，下一次就很难得逞了。

（五十九）判断听没听，细看牌迹象

判断对方是否已听牌非常关键。如果对方（尤其是下家）未入听，自己手牌有险张，就可放心大胆地舍出加快自己手牌面子的组合；若他家已经叫听，则当谨慎了，以防放铳。

推测他家是否听牌，应设法摸清两点：一是听了还是没有听；二是听在何种牌上以及大致的范围。譬如叫听万子，是大万子，还是小万子，或者是中间张万子。若能准确地推测出他听的是哪张牌，那是最好不过了，当然后者是难度较大的。

判断别人是否听牌，通常是通过其舍牌的种种迹象加以辨别。

1.某家已吃、碰三组付露，手中仅剩四张牌，多半已叫听。

2.某家一直紧盯下家，当他突然打出一张下家很可能吃进的牌，十有八九已叫听。

3.打牌接近末尾，突然放出一张生牌，表明业已叫听，而且很有可能是一铺大牌，或者多门听的上好牌姿。

4.某家在吃、碰之后，或是摸牌入手，替换出一张绝对安全的舍牌（多半为风、箭类牌），表明已叫听。这是有经验的老麻坛惯用的一种打牌技巧，手中扣留一张安全牌，作为入听时的“A 牌”舍出，以确保“上听不点炮”，渡过此关。

5.牌过中局,某家摸牌即打,这种情况多是已听牌,而且听得不错,单骑的情况很少可能。

6.打完危险牌后,又吃进一组牌,表明已经听牌。

7.某家在摸牌即打几次之后,突然又从手中换出一张牌,不假思索地打入"海"内,而且该张牌是放在手牌的两端位置,很可能已听牌。

8.某家在做"清一色"或"混一色"时,突然打出该色牌的中张牌,表明已经听牌。

9.某家连拆两个搭子后,又切出一张幺九牌,多半已听牌。

10.眼睛总是盯着"海里"的牌,而对自己手牌很少去看,表明已经听牌。

11.反扣牌。将手牌背扣过去,随后摸起即放,或是又替换出一张打掉,说明已听牌。

12.神态反常。某家一直焦躁不安,若突然活跃起来,甚至喜形于色,这就等于告诉别人——他已经入听待和了。

(六十)测牌靠得住,根本在路数

不可否认,上述诸多现象固然可以作为测牌的依据,然而都不是根本所在。测牌的根本依据还在于牌的路数。

1.开头舍张,初露端倪。某家开牌伊始,就接连打出番牌中、发、白,一方面表明他手中数牌较多,同时也表明他没有做大牌的牌势,倒是有可能打平和。如开头即打客风,有理由推测,该家一般不会有"清一色""混一色";也不会有"十三不靠十三幺……";"碰碰和""混幺九"的可能性也几乎不存在。

若一上来就打中张,或有几手打中张,这表明,要么他有一手相当好的牌,要么就是想打幺九一类的牌,也有可能手中对子较多,想打七对。

如果开始打万子,则不会有万子一色(筒子、条子也是一样);若一开始舍二筒,则他必无三、四筒,有五筒的可能性也很小。也可能筒子牌不多,且都比较"老"。

再譬如,某家从两头舍牌,则他有打平和的意图,不会有做大牌的打算。

2.某家只舍两色牌,另一色牌从不舍张,定在做清一色或混一色无疑。反过来说,某家只收集某一色牌且大都要吃碰,其余牌全部打出,那么,可以断定他在专心做一色大牌。或者某人已亮出两组同色的付露,即有做一色的嫌疑;倘若三组付露皆为同色牌,则“清一色”的可能性在90%以上。

3.最初舍牌相中,多是中张,后来却从手中换切出一张幺九牌,说明在拆搭或打空张。如属拆搭,下巡应接着切出二、八牌(很少可能切三、七尖张),或见幺不见二或见九不见八,则不是拆搭而是打空张了。

4.某家拆舍两面搭子,极有可能在做一色大牌(最低限度也是打缺门),或许手内风、箭、大幺对子过多(考虑到风、箭对子好碰,风令刻和箭刻又有番可图),故宁肯拆舍两面进张的搭子。

反过头来,凡开大幺对子者,手中必有好搭。倘若拆舍风令有番对子,说明手牌牌势极佳,很可能在做大牌。对该家要格外警惕。

5.先舍一,后打二,须防三、六(他手中很可能有四、五搭子);先打九,后切八,须防四、七(其手里很可能是五、六的搭);如先打九、后切六,就须防范“八”了(他手中很可能是六、八、八、九型牌姿)。

6.吃牌犹豫,必有多张同样牌相牵连。例如:手牌有四、五、六、六、六、七、八筒,本是二组副子,单一张六筒。这时上家如恰好打出六筒,如吃进则成四、五、六筒付露,手中还有六筒对及六、七、八筒一组副子。但考虑到手里对子不少,吃六筒并不能使牌姿有进展,故显出欲吃又止的状态。

又例如:手头是二、二、三、三型牌姿,如吃进一或四,便没了将头,只能碰一对或拆一对,留一对作将牌。因而会出现片刻的迟疑。

7.欲碰又止,可不必防其有大幺牌。他手中可能有复合面子,担心碰后造成太多的孤张,得不偿失(例如:二、三、二、五等);也有可能手里是带对的搭子(例如:三、四、四等),当心碰后会点炮。

8.不必担心三、四、六、七牌有人钓将。在以往沿袭下来约定俗成的打法中,规定幺九牌作将头,有番可加;二、五、八作将也有番可得。而中间张三、四、六、七则无番可计,且其中一半为尖张,较难出现,故一般人多不愿用这四种牌做将头。不过《新规则》中,取消了“幺九将”和“二、五、八将”两个番种。故此条已不适于正规比赛的场合。

9.嵌二、八是好搭子。这是因为单张、幺九牌大多在前期打掉了,再加上二、八牌本来联络性就差,因此只要不是对子或刻子,又不成搭,很容易被人舍弃。这就使得一、三、七、九成为容易进张的上好搭子。

10.幺九少见,必有对子或杠子。

11.临近末尾,边口牌反倒容易成和。

12.临尾出生张,手中必有大牌。

13.临近听张阶段,凡切出中心张五的牌家,必定需要相邻的四或六。

14.凡碰坎尖张者,绝对不会要边张牌。如下家碰了三筒或七筒,你手头有一、二筒或是八、九筒,尽可放心打出(除非另两家碰牌)。

15.凡单钓听张者,叫牌多是幺、九、风箭一类的牌以及半熟的张子,有时是二、八牌。绝无单骑生牌尖张的(但临近黄庄除外)。

16.某家听牌后,从手中替换舍八,须防六、九钓将(他手中可能是一对将牌与六、八或八、九的牌姿。因尖张七难出,当摸进与将头相同之牌,组成一坎,便存心舍八钓九或六了)。

17.上家打牌不顾一切,多半是为了影响下家,他自己的牌不一定就好。

18.对上家打出的牌不屑一顾,只管摸牌,此家十有八九在做"七对"、"十三不靠"、"十三幺"或"门前清"等花样。因为这些牌型全靠自摸才行。这时你如是上家,尽管放心打牌好了,反正你已经无法控制他了。待发现他已叫听,这时就必须谨慎了。

19.凡坐庄者,如不顾他人做一色牌,我行我素地喂牌,则其中定有计谋。牌桌上凡坐庄者多想早听快和。如明明知道下家在做"清一色"大牌,他竟然置之不理,说明他心中"成竹在胸",早有考虑,才敢引诱做"清一色"的牌家吃牌。

20.牌战后期,须谨防半熟的牌。即几巡之前打出过一、二张的牌,这时如再打最容易出铳。因为凡是有些打牌经验的人,后期叫听待牌,多是这种半熟张子,很少有去叫生张的。

以上都是麻将爱好者,在长期实践中,摸索总结出来的经验。笔者之所以不厌其烦地引列许多,无非是想让读者们融会贯通地加以领会,掌握路数测牌的精要,如能做到见微知著,举一反三,则测牌的准确性将会达到惊人的程度。

(六十一)最后几张牌,窥察知奥妙

要特别注意观察对方只剩最后几张手牌时的摸牌、替换与切牌的动作。往往就在这一刹那间,便可判断出对方叫听的牌姿是什么样子。

譬如,某家落地三付露,手牌四张:三、四、五、六万,两面钓将的牌。在摸起即打几巡之后,当又摸起一张牌时,目光从"海""地"中扫视一遍,然后将牌入手，从手牌一端替换出六万切入“海”内。这个动作至少表明以下几点：

一、他已改变了叫听。

二、从替换切舍熟张六万的情况看，其手牌牌姿有几种可能：①三、四、五、六万四连副，两面钓将三、六万。当摸进二万或五万时，看到六万，“海”、“地”已出现二张，而三万又属尖张，难以得到，故而切出六万，改听二、五万；②原来是四、六万嵌五万，当摸来三万时，改嵌张为两面听张，叫和二、五万；③原为单骑六万，当摸进风、箭牌（或是别的幺、九牌或熟牌，比六万待牌数多），而改换钓牌。

三、摸上了险牌，担心会出铳，而切出六万。

据此，你已基本清楚该家手牌的状况，手内如有他所要之牌，当然是不会打的了。

（六十二）监视牌正反，对方心胆战

在136张麻将牌里，字牌加上数牌，合计34种。其中有20种牌面、图形或文字是正反有别的，还有14种是正反不分的。

习惯上将20种有正反朝向的牌，称为动牌，其余14种正反不分的牌，称为不动牌。

这20种动牌是：红中、发财、东、南、西、北风；一至九万；六筒、七筒；一条，三条和七条。见图57。

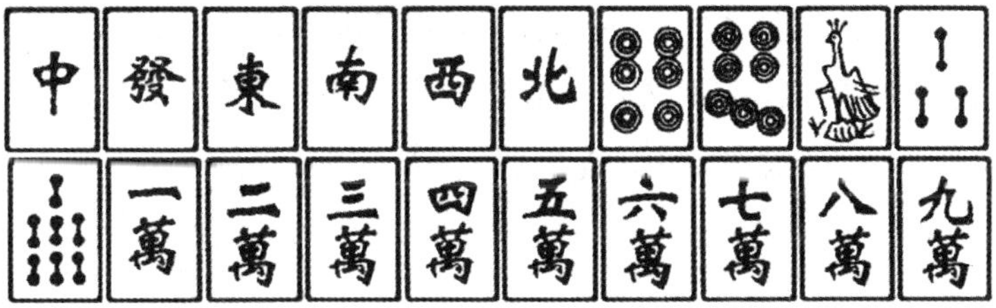

图57

14种不动牌为：一至五筒、八筒、九筒；二、四、五、六、八、九条和白板。见图58。

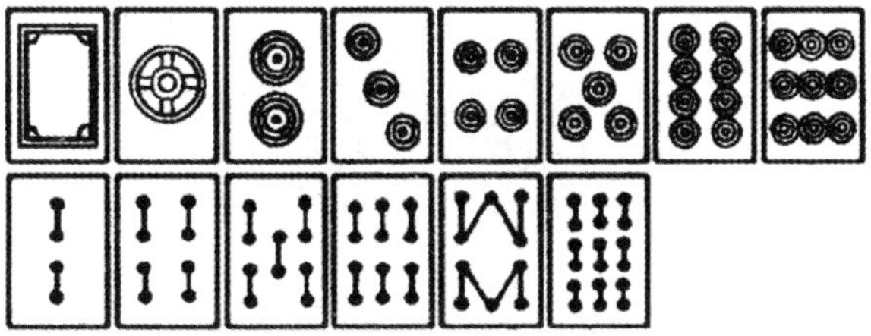

图58

在玩牌过程中，绝大多数人，当碰到手牌颠倒放置时，都会下意识地将牌扶正，否则看上去十分别扭。

正是这一翻个儿（扶正）的动作，为高手们窥测对方的手牌提供了天赐良机——这是很多人难以注意到的奥秘。

假设某家碰出三刻付露，手中只剩 4 张牌。因已经有三副刻子倒地，十有八九是碰碰和的牌势。若 4 张手牌是北北。五条没有正反之分（即不动牌）不需要动它，而北风却不同了，正反很明显。北风原来只有一张，后来又摸进一张，入手时呈倒立状，这时对方会自然而然地将其扳正。

你如细心观察他的这一动作，便可初步断定他的碰碰和叫听的牌中，一对为不动牌，另一对则是动牌。你根据自己手牌及“海”“地”盘面形势，哪些牌出现过，哪些牌尚未露面，就能将对方的手牌，猜测出个大概。起码能将对方手中的一对动牌与一对不动牌的范围大大缩小。这样一来，你便可以对其实行控制和影响。这种效果越是临近最终阶段，对方手牌越少，“海”“地”牌越多时，推测的准确度相对越高。

再例如，南风圈时，东家三副碰坎落地，手牌 4 张，原是一筒对子，白板、南风各一张，尚未入听。一巡后，恰好摸起一张白板，排在手牌四张之后，然后抽出南风打入“海”内。

东家是明显的碰碰和大牌，摸牌后又改切圈风南风张子，由此分析，手里很可能握有门风“东”。但观察该家并不见有矫正牌张正反的动作出现。于是可以初步判断，该家手中对倒的叫牌，仍是 14 种不动牌中的两种。只要进一步观察“海”“地”牌相，再结合自己手牌占据的牌张，大体可以推测出该家碰碰和的不动牌是什么牌了。

这种监视动牌与不动牌的招法，如能运用得当，简直就像看到了对方手牌一样，令人吃惊。

七、听牌要诀

赢牌是麻将竞技的目标，而和牌又是获胜的途径。尽管最终的胜者，有时并不一定是和牌次数最多的人，然而牌桌之上，却从来没有不想多和的牌手。

欲和必先听,这是不言自明的。也就是说,听牌是和牌的必经阶段,没有听牌,就不会有和牌。

听,有多种听法:高番大牌有高番大牌的听法;平常小和有平常小和的听法;庄家有庄家的听法;散家有散家的听法;不同时期、阶段,有不同时期阶段的听法。但无论采取何种听法,都必须依自己的牌势而定,且都围绕"快"和"多"两个字做文章。快,就是早,先踏听区;多,就是番分高,尽可能地争取和出多一些的番分。

欲达此目的,除牌运之外,最重要的那就是听牌战术的运用是否得当了。

下面的结论无疑是正确的:良好的牌势,准确的判断,是确定听牌的必要条件;良好的听牌,容易成和,而恶劣的听牌,希望渺茫。

(六十三)配牌有相,早听为上

一般来讲,若起手配牌较佳,入听快,中局期即可结束战斗。倘若起手牌差劲,摸调又迟迟不能上张,即使战至中盘后期乃至终局,恐怕也难以达到入听状态。这样的情况在牌战中司空见惯。

假如战局摸打至第四、五巡上,手内废牌、闲张大体处理完毕,手牌面子齐全,五要素具备。这时就要抓紧吃碰牌,使面子组成朋组,争取及早听牌。早听,成和机会就多。虽然后听者也有和牌的时候,但在众多情况下,先听牌者和牌的机会远多于后听牌者。这是因为,早听牌,"海"中熟牌很少,你的待牌大多数还未出现。随着摸打的继续进行,你的待牌或被他人打出,或是自摸,故成和机会就多。反之,听牌晚,"海"里已是尸牌遍野,你的待牌相对减少,成和的机会自然跟着减少。

尤其当自己坐庄时,更应力争早听。如果手牌不是自然天成的大牌局面,就不可去贪这个"大",宁肯迁就小和,也要"抢早"。此乃老麻将们取胜的一条经验。

道理很简单:庄家成和,赢分三家;倘若自摸,得分加倍;即便是小和,战果也是可观的。反之如去贪大做牌,势必会耽误许多时机。况且你是庄家,人人注目,进张多数要靠自摸,这样组牌速度必然放慢。一旦旁家和出,岂不倒赔老本?

由此我们得出一条结论:当自己没有高番牌时,必抄近路,以快听快和为上策，自己当庄时，更应如此。

（六十四）听得早，不如听得好

上一节我们谈了“早听成和机会多”的道理。然而，实战当中，确有一些先听牌而不能成和，晚听者却后来居上的情况，这又是为什么呢？

这就是本小节我们所要着重探讨的问题。

早听而不能和出，除了“牌运”的因素以外，更重要的恐怕还是听牌战术上运用不当所致。说得明白一点，是听牌时机和听口选择不适当造成的。换个说法：听牌时机的决定和听口的好坏，比听牌时间的早晚更为重要。

因此，一副牌与其早听不能成和，倒不如宁可迟听，也要选择良好的听牌。

那么，什么是良好的听牌呢？

简言之，就是成和概率高的听牌牌姿，或者说易出牌的听牌牌面。诸如：

1.三门以上的多口听。

2.坐听一条线。即同时叫听三张以上的关联数牌：一、四、七，二、五、八，三、六、九。

3.叫听熟张。尤其是中盘战后期和终局期，前面已打过一两张的牌。

4.单钓风箭。

5.对倒幺九老头牌。

6.中局以后的二、八牌。

7.叫听绝张牌的邻牌。

8.门前清。门前清的听牌有其独特的优越性。第一，灵活性大。可根据牌势随时变换听牌的组数和形态；第二，保密性强。别人很难看出破绽；第三，不容易出现被上家“截和”和被他人拦牌的情况。

9.混一色等高番牌。

10.对倒客风或单骑客风。

相比之下，下面几种为难以成和的较差听牌：

1.叫听边口牌，包括单钓或对倒尖张（临近黄庄除外）。

2.中盘战后期和终局阶段，叫听生张。

3.叫听绝张牌。

4.单钓中张牌。

5.对倒中张牌。

6.与上家(包括庄家)叫听同一花色的牌。

7.单钓或对倒增番的牌(例如本门风、圈风等)。

8.终局期单钓幺、九、生张等。

[牌例] 手牌如图 59 所示:

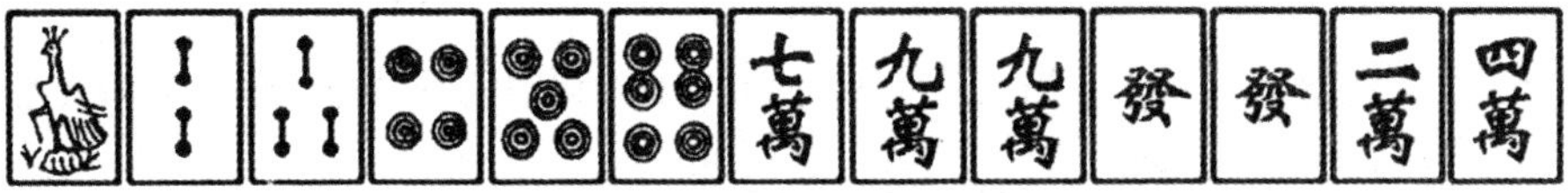

图 59

假如不是坐庄,当有人打出九万时,应不予理睬。否则碰出九万,死嵌尖张三万,听口相当不好。况且,即便是成和,番分只有九万一刻和嵌张。稍有经验的牌手,决不应采取这种低路打法。这铺牌已有一、二、三条,四、五、六筒,还有七、九、九万,基本组成一条花龙。此时对家打的九万如碰倒,则即将到手的花龙便夭折了。如上家打八万,当然可吃。九万不碰就抓,抓来一张六万,打掉二万。轮到上家抓牌,他抓起八万即打,将八万吃进,切出九万。一巡过后,对家以切五万追熟(二、五、八万同一线),不料,恰被自己食和。既有花龙一条,又是嵌 5 魁,番数相当可观。

(六十五)"熟"比"生"好,"暗"比"明"强

这里所说的"熟",很好理解,就是指熟张牌。听牌选在熟张上,容易成和;那么,明与暗又是个什么概念呢?

"明",指的是已吃、碰门前的付露;"暗",则是指未露面的手牌。

"熟张易出,听牌好和",这是众多牌手的共识。尤其牌过中局,各家的防范意识都很强,大多采用对应战术,追熟跟线,轻易不肯贸然打生张。有经验的牌手,此刻宁听熟牌一口,不和生牌两张。

[牌例 1] 已碰坎红中,吃倒一、二、三条副子。手牌 7 张如图 60 所示:

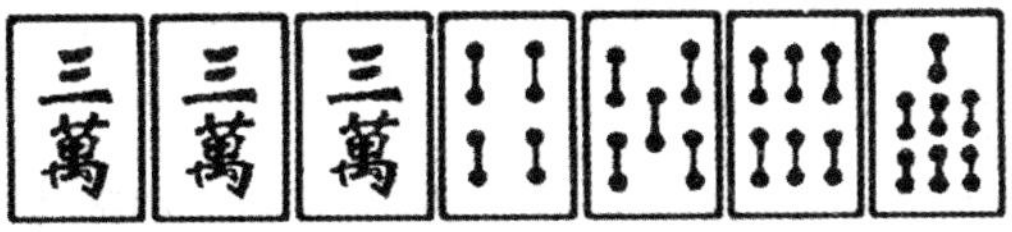

图 60

叫听四、七条。这时已是中局后期，下家碰坎九条，吃倒六、七、八筒一副；上家碰坎四万和六条，有可能在做碰碰和；对家则是门前清的架势，不吃不碰，汤水不进。

上家碰六条后，切出一张二万。估计手中可能还有一万。自己摸牌，摸来一万，该怎么个打法呢？

观察“海”、“地”盘面，四条见 2 张，自己手里 1 张，还有 1 张；七条未露面，自己手 1 张，还有 3 张。四、七条总共还有 4 张。再看万子幼牌，四万还有 1 张，三万还有 1 张，二万还有 1 张，一万还有 2 张。

“海”中的一万，是数巡之前对家打出的，此刻如自己再打，未必就能安全过关。

鉴于下家最后打出的幺鸡无人问津，且二条、五条已出现多张的情况，决定改变听口，断然开一张四条，叫听一、二万。切出四条，无人问津。一巡过后，上家又摸起二万，随手扔出，不料“轰隆”一声巨响，地动山摇。

［牌例 2］吃倒一、二、三筒及二、三、四筒两付露，手牌 7 张，如图 61 所示：

图 61

像这样的一手牌，不应企图拆舍三、四万，去做缺门加一般高。道理很简单，你门前已有两组筒子付露，别人便会猜测你做筒子一色的可能性，至少有一半，谁还会给你打筒子呢？除非自摸。再者说，三筒是尖张，你自己已占用了 2 张，仅剩 2 张未见面，尚不知是否已被别家组合于手牌中，或是砌入后八墩里，你的边三筒，极难和出。

明智的选择，应当是拆舍一、二筒边搭而留三、四万。万子在这手牌中系暗牌，各家的注意力主要放在明牌筒子上了，防你做筒子一色。而对其余色牌则必定放松。故留此搭，容易和出。

如果自己能摸来三筒，那当然是最理想了。这时可视具体情况，或打九条，叫听二、五万，或单钓一张万子；若是摸来一筒或二筒，即为叫听二、五万；倘若上家打出二万或五万，或自己摸进二、五万，可单钓一张筒子。无论哪种情况，和出后都有番可计，均不致于是鸡和。

当然，和“暗”不和“明”，不应成为教条，须依具体情况灵活掌握。在手牌或牌局形势允许的条件下，理当如此，如果无此条件，假如上例中一、二筒是险张，或者二、五万已成绝张牌，那也只有顺其自然了。

（六十六）打马又扬鞭，坐听一条线

坐听一条线，系等差数列的听牌式。当已组好两副牌，剩下的七张牌是一对将头，与中张五连副时，即为坐听一条线的听牌形式。

例如：东东，二、三、四、五、六万；发发，三、四、五、六、七筒；五、五万，四、五、六、七、八条等。其待和牌分别为：一、四、七万，二、五、八筒，三、六、九条。

这种等差数列的听牌式，同时坐听三张或三张以上的牌最容易和出。因为当战局进入到中盘后期，各家先后听张或逼近听张。这时牌手们的防范意识都很强，几乎清一色地采用对应打法，也就是跟同战术：视对方的舍牌相，依其径路，切出同样牌点或同一线筋牌，以求安全过关。

譬如，你在一入听时，对家打出一万，下一巡你已经听牌，叫听搭子为二、三万别人并不知道。这时就会有人跟打一万或是打一万的关联数牌四万（或七万），于是你便和牌了——这种情况在牌战当中，尤其是中局以后，比比皆是。

值得注意的是，不可过早地把四连副破坏掉了。例如，已吃进一、二、三万付露。手中 10 张牌为：

东、东和五、六筒，四、五、六、七万，一、二条。

当上家打出三、五、八万时，不应去吃，吃了牌姿并无进展，仍是一入听状态，应选择摸牌。如能摸来三万或八万，便成为一个极佳的五连副（摸上五万也不错，组成一副与一个两面搭），切牌如一、二条安全，可拆此边搭。如若有幸上家打出的是三条，或自己摸进三条，那当然就不能再保留这个四连副了——这应另当别论。

再譬如，手中有三、四、五、七或五、六、八一类的牌（已有将牌），只要有别的闲牌可打就不宜将“七”或“八”当作突张打掉。前者一旦摸来六，后者摸来七，便可形成宝贵的五连副及四连副。四连副两头再进一张邻牌，便是五连副。手头有了五连副，你还用发愁“坐听一条线”和不出吗？

(六十七)听牌避与上家同

打牌要避免与上家听同样的牌,或听张待牌属于同一线的牌。例如上家叫听二、五筒,你也叫听二、五筒,或者五、八筒,这样就会出现被上家拦和的情况,或者是一半机会被拦和,这对自己是十分不利的。

那么,在实战当中,怎样才能避免上述情况呢?

主要是注意观察上家的舍牌,尽可能准确推测出其手牌牌姿。例如上家专打条子和筒子,这就大致可以估计出他是坐听万子牌,这时自己就应多留条子或筒子,特别是当看见上家在吃、碰万子时,千万不可再留与上家冲突的牌张。这样就可以削弱上家在位置上所占据的优势,相反他还会不断地向自己提供待牌。而且你还可以及早舍出万子,对其实行反牵制,打乱其阵脚。

(六十八)明做一色,暗叫他张

此乃麻将战术中的"声东击西"之计,极易奏效。

比如自己拟做万子清一色,打出的尽是筒子与条子,谁还看不出你的良苦用心呢?即使你打得再乖巧,也休想逃脱明眼人的窥察。正因为这样,麻将桌上能顺顺当当做成清一色者,为数不多。然而高手们有自己的招法。他们深知做清一色和牌的希望是较小的,但若以假乱真,表面上以一色牌姿出现,而实非一色的手牌,却最容易和出。

例如,两组付露都是万子,手牌 7 张也是一对将头,一副万子朋组,只有叫听的搭子是筒子。这样一来,每每切牌都会使人看出你在做万子一色,于是各家紧扣万子不放,纷纷舍出条子或筒子,于是你成和的机会大矣。

因此,在做一色牌时,因局势紧迫,而能灵活机动地改变策略,实乃高明之举。心理上已是放弃清一色的念头,而牌面上仍旧是清一色的架势,这是最能迷惑人的一种招数。

若起手 13 张配牌就是清一色的牌势,当然不能放弃。然而,尽管是这样,如遇牌局紧张,也应随机应变,不宜固执一色,宁可减番迁就小和。这里的关键问题在于时间的迟早,一迟便没有希望,除非叫听的是热熟张,尚可一搏。

（六十九）有利莫过多门听

多门听在麻将战术中独占鳌头（在素麻将里，听牌的类型有听一至九张的九种类型）。历来为众多的牌坛高手所青睐。

先让我们来领略一番多面听的“风采”（部分类型）。

1.四面听：

手中叫听的牌张仅有7张。是由一暗刻与一边相连副，另一边一张邻牌所组成。见图62、63：

图62

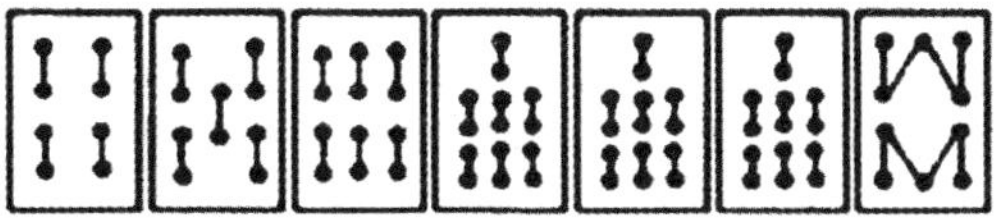

图63

图62待和一、二、四、七万；图63待和三、六、八、九条。

2.五面听：

叫听的7张牌为一暗刻与一相连的四连副；或两暗刻夹一邻张牌所组成。见图64及图65：

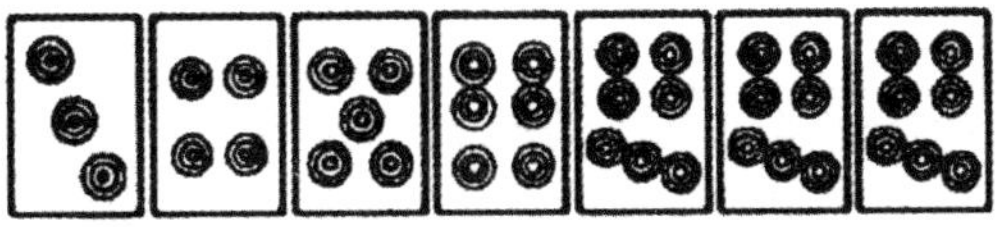

图64

图65

图64叫听二、三、五、六、八筒；图65叫听三、四、五、六、七万。

3.六面听：

已组好一副牌。叫听的 10 张牌，系一暗坎与其相连的同色数牌所组成。见图 66：

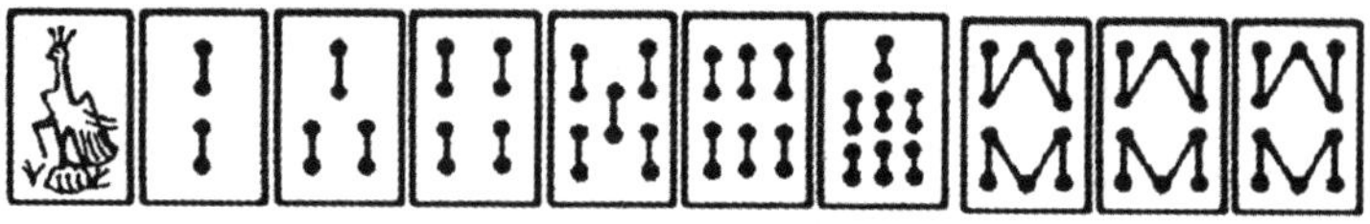

图 66

叫听一、三、四、六、七、九条。

4.七面听：

13 张手牌皆为一色，且数字相连。见图 67：

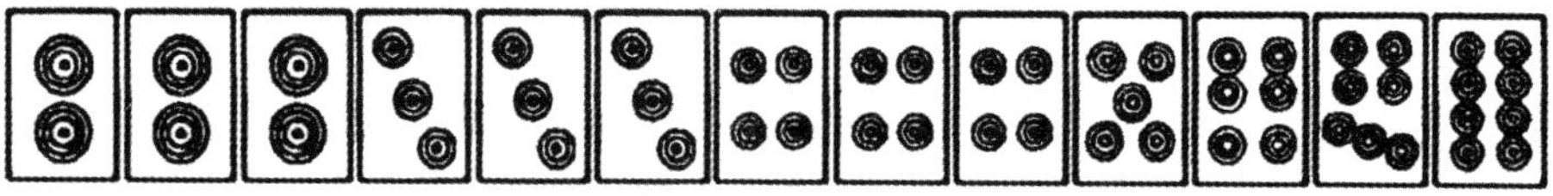

图 67

叫听二、三、四、五、六、八、九筒。

5.八面听：

手牌 13 张为清一色牌，且是以下列形式相连接。见图 68：

图 68

待和一、二、三、四、五、六、七、八万。

6.九面听：

这种听牌又称做“九莲宝灯”。是最高级，最难成功的妙品。手中 13 张牌为清一色，并按下列形式连接而成。见图 69：

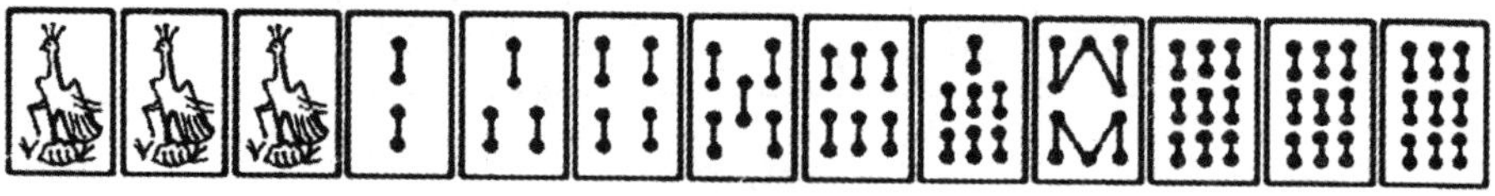

图 69

叫听 9 张牌,从一至九,条子张张和。

从上述牌例中可以看出,多门听的前提条件是同色类牌要足够多,且同时还必须有一定的顺序联络性,否则实难成功。然而也正因为同种属牌过多,显得眼花缭乱,往往使众多的初出道者,感到迷茫,看不清究竟有几个听牌门,只好在手中倒来倒去,难以清出个头绪,而且很容易将手牌牌姿暴露给别人。

如能牢记下面的公式,来回查算,则和牌的牌门便可知晓。这个公式即:在完成一组或两组朋组之后,其余的同种色牌中,只要在暗刻与暗刻的中间,依数字顺序各有一张牌,则每张牌都可成和(包括暗刻及其前后相邻牌)。

[牌例]吃倒二、三、四筒付露,手牌 10 张如图 70 所示:

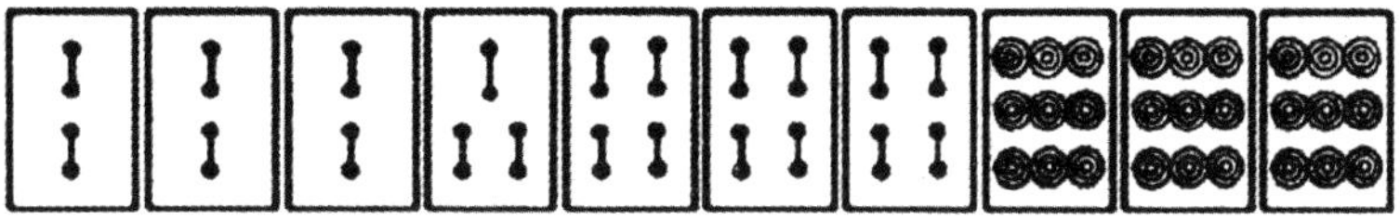

图 70

条子牌系同种牌属,三条与二条暗刻及四条暗刻有顺序数关系,符合上面的公式。故听张的牌门应是两暗刻(二条与四条)及其前后相邻牌(一条、五条及三条)都可成和,亦即五门听,听和一、二、三、四、五条。

但像下面这手牌,便不能和出:

北、北,七、八条,四、四、四、五、六、六、六筒,一、一万。

因为北、北、七条、八条、一万、一万均没有组成朋组,与公式不符,所以不能和牌。

(七十)切万叫筒,“障眼”取胜

故意扰乱对方视线,造成对方错误判断,使其于不知不觉之中,打出自己叫听之待牌。这种掩人耳目的战术技巧,常常可取得出奇制胜的效果。

[牌例]已落地一副牌,手牌 10 张,如图 71 所示:

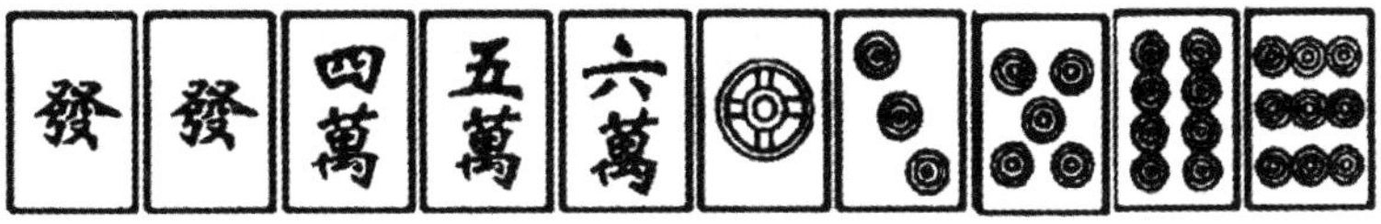

图 71

已是一人听牌姿，摸牌摸进二万，从盘面上看，这张二万绝对安全，打出后肯定无人要，但先扣下不打，而将手中的一筒切出。因为二筒已被人碰坎，一筒“海”中又已见2张，一筒也不会有人过问。打出一筒后，果然太平无事，上家照一路熟切出四筒，正好吃进，亮出三、四、五筒付露，这时再将二万打出，各家一看你在这个时候打出二万，估计你的叫牌就在二万附近，于是扣住小万子不放，而纷纷切舍条子或筒子。两巡过后，对家碰坎六筒，打出七筒，正好被自己的边七筒食和。

这种遮人耳目、障眼取胜的战术，在实战当中屡见不鲜。往往有这样的情形：自己手牌7张已经叫听，譬如牌姿为：南、南，四、五、六、七、九条，嵌八条的牌，当上家打出三条，按说应以四、五条吃起三条付露，然后打九条，改嵌八条为五、八条两面听牌。然而，此乃低路打法。何以见得呢？试想，你吃三条，打九条，就等于告诉别人，你的待牌就在九条以里的几张牌之内，尤其八条的可能性最大，谁还会给你打呢？除非自摸。不吃三条，别人就弄不清你到底叫听什么牌。

所以在关键时刻，宁肯少吃一张，也应遮人耳目，让对方猜测不出自己的牌姿。有些新手可能想不通：放着两口不听，偏要听一口，这不是“傻帽”吗？非也！非但不傻，而且是聪明透顶。实战当中，往往就在这些似有似无之处，使人迷惘，从而丧失了主动。

（七十一）施放烟幕，待牌易出

麻牌实战中，从对方的舍牌来推测其手牌的牌势，早已成为司空见惯的猜牌方法，而且是主要的方法。高手们正是利用了这一点，故意设下迷障，施放出烟幕弹，致使对方判断失误而中计，从而达到出奇制胜的目的。

[牌例] 已吃倒两组付露，手牌7张，如图72所示：叫听边三条。

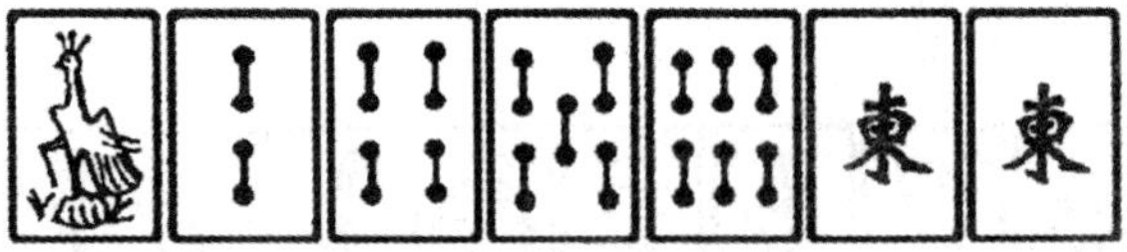

图72

摸牌摸进七条，须打出一张。考虑到五条已被人碰坎，断然切出手中的四条,给各家的印象是因五条被碰,而开四条,很难想到你手头偏偏是一、二条的叫听搭子。一巡过后,对家碰坎二条,打出幺鸡;上家碰幺鸡切出三条,一声"和牌",上家如梦初醒,方知上了迷魂大当。

(七十二)暗度陈仓,诱敌上当

预先将手牌中的复合面子按计划需要排列开来,然后借吃、碰付露之机,故意将欲切之牌暴露出来,然后打出。暗地里却设下陷阱,引诱对方钻进你的口袋之中。

笔者在前些年的一次玩牌中,曾上过一当,当时的情景,至今记忆犹新。

我坐在庄家的上位。此时他落地一组牌,其手牌 10 张,已呈一入听牌姿,见图 73:

图 73

此公姓计,不愧为牌坛高手,故意将万子按下列顺序排于手中:

五、六、八、二、二、三、八、八

当本人打出二万时,他故意将右边的五张牌一起翻倒(存心让各家看到他有对八万),碰出二万,赶忙将一对八万竖起,还装模作样地说了句"露馅了",后切出三万。这时他又补充一句:"八万一会儿再打"下一巡又轮到本人摸牌,恰好摸到一张七万,见他手中一对八万未打,误以为是叫听对倒或是作将头,便将未入手的七万舍出,不料正中其诡计。牌倒后方知,他手中的八万系一暗刻,故意制造假象骗人。尽管此公的行为未免不端,但他竟能想出如此"妙术"——陷他人于判断失误的境地,足见其深谙"兵不厌诈"之玄妙,玩牌的道行可谓深矣。

其实,像计某人这种招数,在牌桌之上并不算稀奇。只不过不像他那样有失规矩,故意露牌,近似于耍赖了。

借吃、碰付露之机,将欲切之牌一并翻倒,接着打掉,暗中设伏,引诱他人中计。此乃是一种战术技巧,很多有经验的牌手都擅长此术,且能屡屡奏效。但须注意此招不可连续使用,否则被别人识破你的惯用手法,再用就不灵了——

“空城计”只能唱一次。要不非被司马懿识破不可。

(七十三)故意付露,狡诈碰听

当吃(或碰)一副牌后,手牌10张已进入一入听状态时,便可考虑设伏,引诱他人中计。手牌如图74所示:

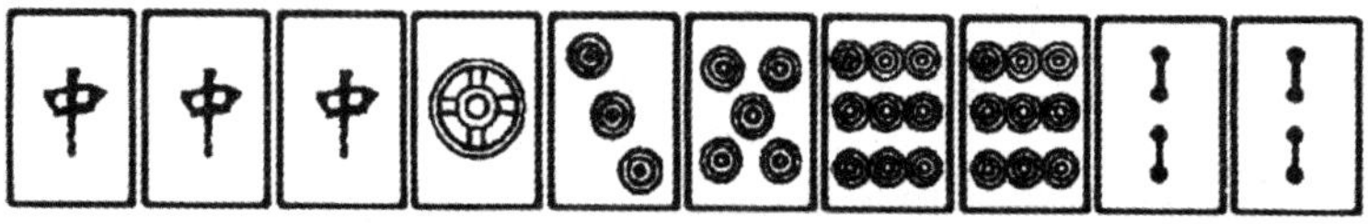

图74

这时可将五张筒牌有意排成九、九、一、五、三的倒序式。考虑到九筒老头牌较易出现,故在碰出九筒时,一并将九、九、一筒推倒。碰起九筒,打掉一筒,这时,各家的注意力高度集中,防范出铳,几乎百分之百采用对应战术,或追熟或跟线,于是你专心设计的嵌4筒的待牌,就大有希望被打出来(或将筒子排成九、九、五、三、一的形式,以五筒来引出二筒,更易奏效)。

(七十四)妙舍筋牌、钓出同线

[牌例]手牌如图75所示:

图75

当吃进或摸入六筒之后,应切舍六万,以勾引出同一线筋牌九万食和。倘若打九万,而叫听三、六万的话,虽然两面钓牌,待牌张数比钓九万多出一倍,但却很难和出。因为,三万属尖张,很少有人轻易打掉,六万是中张,也有较大难度。而九万属于端牌,联络性仅有七万与八万,只要不成对或刻,很容易被打出。况且这种勾引型打法还可保留“四、五、六”三色同顺的牌面,成和后有现成番分可计。

又如,手牌为:二、三、四筒,一、二、三、四、五、六、七万,五、七、九条。当摸进一万或七万,刚好留作将头,这时可有两种打法:一种是打出外挂牌九条,诱引嵌张六条;另一种是打出内挂牌五条,勾引嵌张八条。相比之下两种打法,后一种比前一种在战术上略高一筹,尤其在各家听张阶段,“八”较“五”更易出现。

(七十五)佯装拆搭,暗设机关

牌型如图 76 所示:

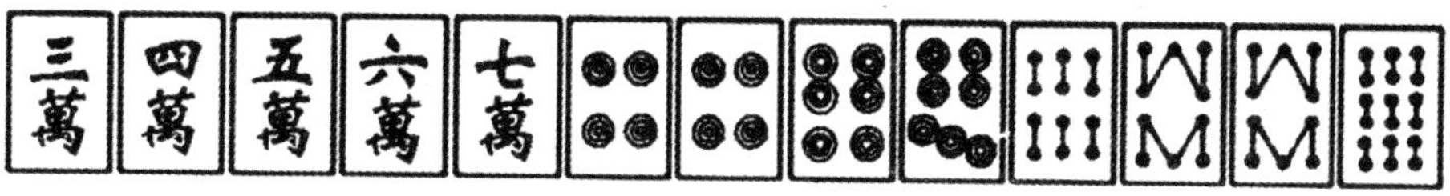

图 76

这铺牌,当吃进或摸来二、五、八万中任一张后,都应首先切出六条。下一巡无论摸到什么牌,应接着打掉八条,而后伺机等待五、八筒,便可听张。为什么要先打六条继而舍八条呢?这就叫“佯装拆搭,暗设机关”:你切六又打八,分明是拆嵌七条的搭子嘛。这样便会给各家一种错觉:此人不要七条。于是尖张七条便无形中被涂上“安全”的色彩,出现的可能性自不待言。

这种陷阱凹穴,在中盘战期以后,更能实现诱惑对方,而使自己达到获取待牌的目的。

(七十六)单骑独听,易如反掌

常见牌桌老手,每每以单骑独听的方式成和,令人赞叹,尤其是单骑客风,简直是易如反掌。

在一般人看来,单钓的待牌只有三张,比嵌张或对倒还少一次机会,其实并非如此。持上述看法的人,明显地缺乏对单钓听牌优越性的了解。其一,单钓换张自由,既可钓熟牌,又可钓易出来的幺九或风箭类番牌;其二,专叫在别人不注意且不要的牌上,机会岂能会少?其三,还有一点,有时还可打回头张——这是很富有欺骗性的一种招数。例如,本来是以一对红中作将,五、六条的搭子入听,叫和四、七条。当有人打出红中时,出于增番的驱使,断然开碰,打出六条,单钓五条。事有凑巧,下巡偏偏摸上六条,不必懊悔,不妨换张改打五条,单钓回头张六条。虽然减少一张待牌,但机会不见得就少。尤其在牌局紧迫之时，他家必定采取追熟战术，这样六条再度出现的可能性极大。

（七十七）四副落地，单钓尖张

十二张牌落地，大多是摸调不顺，靠吃、碰企图“密食求和”来实现“全求人”的大牌。当手头仅剩一张牌时，按说以单钓幺九、客风或兜底番牌最为有利。但有些牌坛高手却独辟蹊径，故意叫尖张，这又是何故呢？

原来是高手出于老谋深算：明知各家会扣住常规打法的幺九、风、箭一类的牌——不让你单钓加“全求人”的大牌和出。为此他们常常会故意放出尖张牌，企图寻求小和家，以减少自己的损失。高手们高就高在“将计就计”：“你不是放尖张企图避我之大和吗？那好，我就抛弃常规打法，不去单钓幺九、风箭，而偏偏去钓尖张。”于是放尖张者“自投罗网”的局面便时有发生。

这些老麻坛们，有时竟然采用出人意料的单钓招术，和牌后令人惊叹不已。本来九张落地，筒子付露一色，“天机”泄露，手牌四张是一、二、三、五筒，单钓五筒。此时因一筒已见两张，三筒被人碰坎，二筒仍属安全牌范围。各家估计该一色牌可能叫在四至九筒之间，故死扣不放。一巡以后，上家入听，切出二筒，这位老手竟异乎寻常地拆开朋组，用一、三筒吃进二筒，呈十二张落地牌姿，随后断然切出五筒，仍钓二筒。因其切舍五筒，各家推测他手牌一张肯定在六至九筒之间。为了防铳，只好追熟，于是有人仍切二筒，以示牵制，不料正中圈套，被这位老手单骑食和。牌倒后该家直喊：“没想到，没想到”！也真的确实难以想到。这就是一些老麻坛，将单钓战术运用到近乎神奇地步的一个范例。

（七十八）欲和自摸，必叫生张

前面讲过，听熟张的牌容易食和，这是从战术角度讲的。实战当中，叫听生张而自摸成和者也屡见不鲜，这又是怎么一回事呢？

所谓生张，是指“海”、“地”中少见之牌张，既然很少出现，说明仍在牌墙内，并未起出（当然也不排除拿在各家手中的情况），越是接近末尾，牌墙牌越少，生张出现的机会越多，自摸的可能性也就越大。许多玩牌者忽略了这一点，不能不说是个遗憾。牌墙上的牌越接近摸完，同属种牌集结的越是居多，这是由于洗牌不均匀所致。一把牌完了，人们总是顺手将自己的手牌一推，而手牌本身又是万、筒、条分别排列的，洗牌时也未必洗得很均匀。所以在码墩时，同种类同一组的牌，在牌墙里相距不远，有的上下一张、有的隔墩砌入，最多相隔2~3墩。头巡摸来五万，下巡便可能摸到三、四万或者六、七万。中盘战期不显，而到了后期就比较突出了。

诚然，生张被别人摸去，是不会轻易舍出的。但叫听者自摸的概率也比较高。故牌谱有“欲和自摸牌，必定叫生张”之训，是有道理的。

（七十九）瞅准时机，巧“套地洞”

所谓“套地洞”，就是指专听上家拆舍的第二张牌。此乃反牵手法中最妙的一招，使对方防不胜防。

例如你是庄家，已碰东风一刻，一万明杠。手牌7张如图77所示：

图77

叫听七、八万（若单钓七万，则为碰碰和）。但几巡过去，无法和出。这时“海，地”已见八万三张，七万二张，二万四张，其他万子未见。气氛十分紧张，各家都知道自己在做万子一色，牵制死盯，故进张难度极大。

自己前面已舍出过三、七筒，五、七条等中张牌。显然对家与上家已不准备和牌了，专拣筒、条熟张打，万子一张不舍。

当牌战进至第十一巡上，上家摸牌入手，换出一张五条打入“海内”，估计是在拆舍五、六条搭子，加以牵制。轮到自己摸牌，摸来六条，好！当机立断，放弃混一色、碰碰和的原计划，断然打掉七万，单等上家打出的六条食和。不出所料，下一巡果然如愿以偿。

这个牌例告诉我们两点：第一，当自己的牌势已被各家察觉，形成牵制死盯的局面时，应机动灵活地伺机改变原定计划，切不可固执死守，哪怕是天然自成的一色大牌，也在所不惜，否则等于“作茧自缚”。第二，改听并非瞎改。要瞅准机会，专听上家（包括他家）用来借以牵制自己的第二张牌。亦即“套地洞”——此乃反牵战术中极妙的一招。

(八十)慎重择张,多方踩叫

踩叫也就是选取听牌,自然是听口越多越好。有时一手牌,由于同色牌张相互牵连,往往使人一时看不清究竟有几个听口。若择张不当,就有可能造成“赊口”,把原本四口听变成三口听,或把三口听变成两口听乃至一口听。这当然就很不上算了。

例如手牌已组好两组牌,余下的 7 张皆为数字相连的同一色牌,见图 78:显然业已听牌。

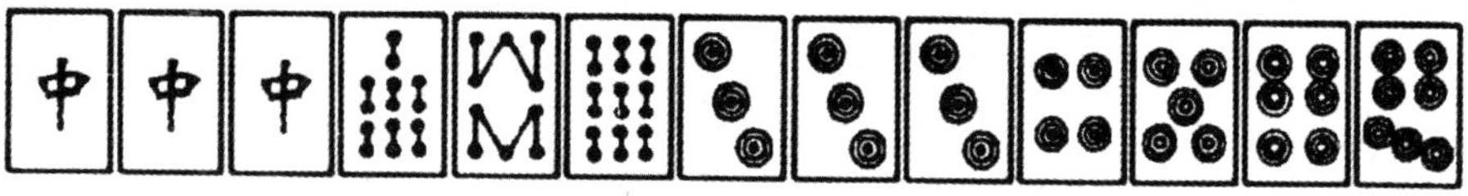

图 78

当摸进九条时,你如将四筒或七筒作为闲张打掉可就大错了,这样一来只能叫听六、九条;假如你能看清筒子牌面是双钓三面听的听牌类型,你便会断然舍九条,而叫听四、七、二、五、八筒(五口听)。

再例如,已吃倒一、二、三条一副牌,手牌 10 张为:

西、西、西,三、三、四、四、五、六、七万。

摸牌摸进一张二万,打哪一张最有利呢?如将二万打掉,叫听仍为三、四万对倒;如打三万,则叫听四、七万(两头钓将);如打四万或七万,那就只能单钓三万了。上述几种择张均属拙劣打法,都不符合多方踩叫的原则。正确的打法应当是拆暗刻西风变将头,使手中叫听的复合面子,成为一个中张牌的五连副:三、四、五、六、七万,待和三、六、九万(三口听)。况且拆坎变将头,还可多得平和的番分。

(八十一)巧选听牌,钻空妙和

实战当中,常常有一些失去联络的断张牌,或者被各家认为安全且不要的牌。你如能伺机将听口选在这些牌上,则成和希望大矣。

(1)碰坎或杠子的邻张牌。例如二条被人碰坎或开杠,你单钓幺鸡或是三条,往往很容易和出。又如八万被人碰倒,你手中恰好有七、八万的搭子,只要观察“海”“地”六、九万没有满张，则这个七、八万的搭子就相当值钱了。尤其是九万，只要不成对或刻，留在手中又连接不上，必被舍出无疑。你如能看准时机，把听口选在这一类牌上，成和希望岂能不大？

(2)庄家不要的牌，或者大和家不要的牌，都是你选择听牌的“宝贝疙瘩”。

例如上家(庄家)已碰坎九筒、九条和一筒。先后打出三筒、七筒、五条、七条及五万等中张牌，估计十之八九在做“清幺九”或是“混幺九”，“碰碰和”的可能性很小。

这时自己吃出一、二、三万一组牌，手牌10张已呈一入听状态。见图79：

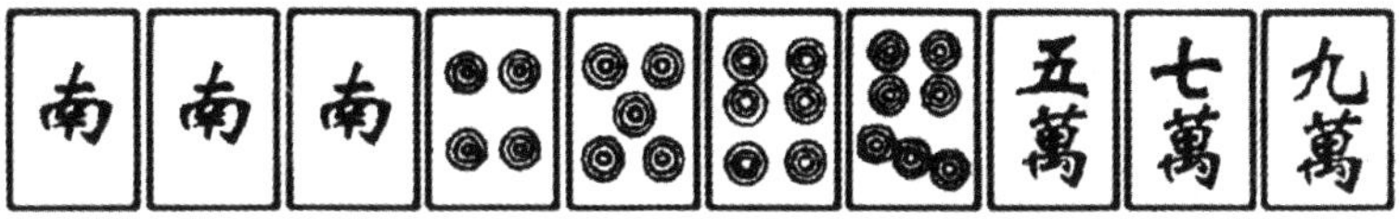

图79

庄家打出六万，吃不得。如吃进，打九万，极其危险；打七筒单钓九万，又有被庄家截和的可能(除非自摸)。不吃即摸，摸来二筒，留下，干脆打五万。一巡下来，庄家摸八万不要，正好吃进，组成七、八、九万付露。这时拆舍暗刻南风(绝对安全)，打入“海”内，手牌则是二、四、五、六、七筒，南、南，以嵌三筒入听。牌局到了这个地步，各家的注意力都放在幺、九和字牌上，中张牌与尖张牌反倒成了“安全”牌。又一巡过后，对家摸起三筒，满以为可以牵制庄家(庄家曾打过三筒)，随手打出，不料却被本人的嵌三筒食和。而且番分可观：有万子的老少副筒子的连六、缺门，外加平和。

3.碰坎或暗坎的关联数牌搭子。比如六万被碰坎，则三、四万或八、九万便成为极易成和的好搭子。这是因为六万被碰，断了五、七万组副的路，只要不成对或刻，留在手中也没用，除非想单钓，否则必打无疑，此其一；其二，各家为了牵制的需要，必打被碰之牌两边的邻张。六万被碰则打五万或七万，八筒被碰则打九筒或七筒。当手头只有一张三万或九万时，也不必急于打掉，只要时间允许，又有别的熟张可舍时，就应先留下，一旦摸入四万或八万，搭子组成，便可伺机待和了。虽然这种打法有时需要付出一定代价(例如舍出其他中间牌张，甚至拆舍边搭、嵌搭等)，但猜测此举不久所得到的回报远大于此。既然有利可图，何乐而不为呢？不过也要注意，凡事不可勉强，尤其到了各家入听阶段，更应权衡利弊，防止出铳或贻误战机。

（八十二）久听不和，改口另图

本来叫听较早，牌姿又很理想，可是数巡过去，仍无和出机会，其中肯定有原因。这时你应参照“海”“地”牌，对各家的牌姿进行推测。随后，只要时间允许，就应尽快对牌姿稍加变动，改换听牌方可有出路。切不可抱残守缺，吊死在一棵树上。

例如，碰出九万刻，手牌 10 张已叫听，见图 80：叫听二、五、八万。但上听多时，就是不和。

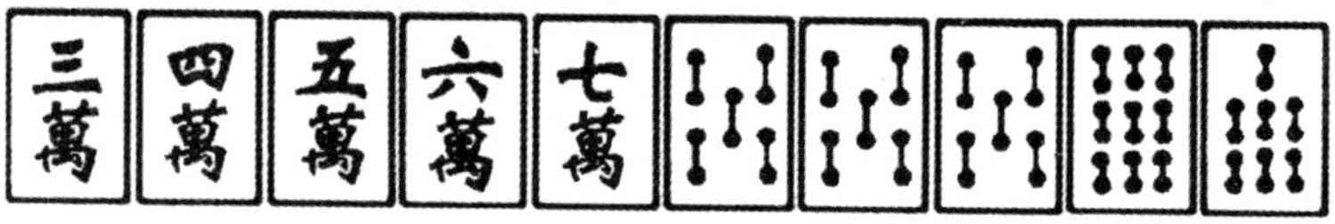

图 80

经过一番仔细观察，发现自己的三面叫听实际并不乐观：八万已被人碰坎，五万“海”内已见三张，自己手里一张，已满张，二万已见二张，系开局之初打出的，以后再不见影。按常规推测，中局以后这类牌少见，必有人握对或落入后八墩中（其他万牌的情况是：一万见二张，三万见一张，四万、六万、七万、九万各见一张）。待牌二、五、八万实际一共还剩下 3 张，是否被人组合于手牌之中尚很难说。据此来看，这个三面听牌形势很是不妙，应及早改听，以争取较多的待牌机会。

如若摸入五或八条最好不过了，干脆打掉三万（或者七万），改三面听为两面听，叫听四、七万（或三、六万）两头钓将。

若自己摸进三万或七万，更为理想。摸三万打七万，叫听三万与五条对倒和五、八条；摸七万则打三万，叫听七万与五条对倒和五、八条。远比死等二、五、八万有利得多。

也就是说，久听不和，定有因由，不可死等。应积极进取，及早改变听牌，方有成和希望。

但须注意，临近黄庄，不宜改口。这时再改，一是机会已经甚少，二是无熟张可舍时容易点炮。

（八十三）牌无定势，因时而异

打麻将和作战一样，各种战术技巧的运用都要依时间、阶段、场合的不同而有所不同。任何人也不能只按定义去生搬硬套，不切实际的纸上谈兵非败北不可。马谡的兵书读得不算少，但他只知道“居高临下，势如破竹”，却忽略了“靠山近水”“安营扎寨”。结果被司马懿切断水源粮道，全军覆没，丢了街亭，也丢了脑袋。

实战当中，每一张牌的价值、生熟、安危、难易随时随地都在发生变化。因此，听牌战术的运用，就必须灵活掌握，随机应变，切不可死搬教条。下列听牌技巧的运用，就须因时而异。

1.幺九牌。幺九牌在实战初期最容易出来。这时留幺九搭子最为有利，很容易吃进。然而到了中盘期之后，它就未必是好搭子了。因为前期盘面已见多张，中期就没有多少了.进张也就困难了，等到后期，就更难得一见了。

2.风、箭牌也有这个问题。前期好出现，中局之后，一张未露面的风头和中、发、白也很少有人敢打。

3.二、八牌也不例外。一般规律，中局以后叫听二、八容易成和。这是由于孤张的幺九牌，在开局之初大部分已被打掉，故使得二、八牌失去了联络，如若不成对或刻，用处就很小了。然而也不可“认死理儿”。一旦久听不和，则应想到有人握对或刻或是落进后八墩之中，应及早改换听牌，不能一棵树上吊死。

4.生、熟张问题。生张固然不易叫听，然而待牌虽属熟牌，若“海”“地”已出现多张时，其虽熟而其优势不多矣，故也不宜叫听。

5.还有“空子”牌。例如碰坎的邻张或被杠断了的牌，都是选择听牌的目标。但也应视时间，场合而定。当牌战进入中局后期以后，情况往往多变，如若这种“空子”牌是生张或者冷熟张的话，也不大容易被舍出。尤其是临近末尾时，一张未见的“空子”牌最好不要去指望。

6.反面的情况也有。例如边口牌不是个好搭子，这是谁都知道的。然而牌到终局，边口牌往往却成为容易成和的好搭子。道理其实也很简单：三与七是尖牌，有控制边搭的作用。手头有尖张的人，即便是孤张，不到一定时机是不会轻易舍出的。也就是说，拿尖牌的人，控制有边搭的人。拿边搭人等盼不上尖张三或七，只好拆舍此搭。等你把一、二或八、九边搭一拆，别人手中的三或七也就完成了牵制的使命。如果你能瞅准时机，当别人拆舍一、二万时，你能沉住气假如有条件的话，目标就选它（3 万），于是你成和的希望极大。

八、牌桌对策

牌桌之上，四家之间的关系既微妙又复杂。

作为下家，自己希望得到上家较多的供牌，以加快手牌面子的组合；而上家的既定方针是极力加以控制，不让你的计划得以实施。麻将经上有一句至理名言："使任何一家慢一步进张，便是自己的便宜。"四人打牌，每个人都有上家、下家和对家，自己也是一样。自己对待下家的态度，与上家对待自己的态度，大概也不会有什么两样。

总而言之，四人对局，各自为战，互为竞争对手，你争我夺，针锋相对。然而有时又需要结成统一战线，来共同对付某一家劲敌。

如何处理与其余三家之间的关系，争取自身的主动，乃是检验一个牌手水平高低的一个标志。下面就来探讨一下这个问题。

（八十四）控下之术，攻其弱处

控制下家是打牌的基本战术中很重要的一条原则，也是能否取得牌战胜利的关键环节。正如牌桌上流行的俗谚所讲："控制不住下家就等于自杀"。假如你接连向下家供牌，他的组牌速度便会加快，从而构成对整个牌局的威胁，当然也包括对你本人的威胁。

不言而喻，控制下家的目的就是不让他吃牌。下家吃不上牌，其组牌速度必然放慢，同时也会涉及他的下家。因为下家吃不上你的牌，他手中的中张牌就会留着不放，这样一来，他的下家牌张组合也必定受到影响。这种环环相扣的不利因素，使得两家处在被动之中，这对你来讲是大有益处的。

从战术上讲，控制下家，也就是向他的薄弱处进攻。其方法通常有下述几种：

1.跟同切舍，下家没辙

跟着别人后面打叫跟同。下家打什么牌，你也打什么牌；他打万子，你也打万子;他切筒子,你也切筒子;他舍大条子,你也舍大条子。总之是跟着他的牌花走,他毫无办法。如手中没有与他相同的牌点可切时,可以打该张周围的牌,或是筋张牌,一般他也难以吃进。

不过这种跟同战术,在开局初期并无多大实际意义,因为时机尚早,下家并未入听。跟同打法主要适用于中局以后。前盘战期应以逆打操作为主,来实行对下家的牵制。

2.观其舍牌,先发制人

假如开局初期下家接连打出万子,那么自己则应先打异种牌属的条子与筒子,待其组合好条子与筒子的面子后,自己再打万子。这就是逆打操作——认定对方往后很可能需要的牌,故意提前打出,使其欲吃不能;而将对方不需要的牌或是安全牌,留到后头再打。

假如下家的舍牌相是六至九的老数牌,自己应尽早将手中一至五的幼数闲牌,赶在他组成面子之前打掉,使其"望牌兴叹",最后再打老数牌。

如果发现下家很少打出字牌,即有可能在等待对子筑台,或有做"十三幺"、"十三不靠"的趋势。这种情况下,则应尽早打掉手中没用的字牌,然后再来打数牌。

3.猜测行张,谨防上当

譬如下家吃进二、三、四万副子,又打出三万,说明他不再需要吃小万子;又如碰坎四条,拆了六、七条搭子,说明条子已满足,且手牌牌姿极佳,十有八九已叫听,否则不会拆舍两面进张的搭子;如若接着切出的是中心张五筒的话,那么你手中的1筒或者九筒,尽管一点用也没有,也绝不可打,否则必当炮手无疑。

基于这样的分析推测,你在行张时就心中有数了,不仅不当"供给员",相反还要坚决克控。

4.先打中间,后切两头。

假如自己手上既有幺、九闲张,又有中张荡牌,应于开牌初期,先将中张牌打掉,存心暂留下幺九稍后再切。道理何在呢?这是因为,一般人打牌都是先打孤独的风、箭牌,再打幺九或二、八闲张。你则来个反其道而行之:当下家忙于舍字牌和幺九闲张时,你率先切出没用的中张。此时下家的搭子尚未组合起来,欲吃不得,干着急。等他打完了上述闲牌,中间牌面子组妥时,该轮到自己打幺九或二、八了。

5.控制边张,迫其拆搭

如已推测出下家手中有一、二或八、九的边搭,自己手中的三或七,即使一点用没有,也不可轻易打出。凡有经验的老手,几乎无一例外的都是严控边张,迫使下家(或听牌家)拆掉边搭,然后再切三或七。

若因牌势需要(例如自己决心做高番牌,)必须拆舍一、三万的嵌搭时,也应先切掉一万,然后再视下家如何动作而定。若下家叫听边三万,死活不肯改口,那么这张三万是不能舍的。宁可自己不和或是单钓三万。

6.探敌释疑,无妨大局

所谓探敌释疑,是指用探测对方手牌的方法,以解除自己疑点的一种战术。这叫作"投石问路",期望从下家可能吃、碰当中,来探知其手牌相的蛛丝马迹,以便实行克控。例如下家的舍牌相尽是万子与条子,而筒子一张不舍,基本上可推测出他在收集筒子。但有时也不尽然,也许下家的万子与条子已经组妥,故而一并舍出,也未可知。为了弄清真相,不妨用一张筒子试探一下,如果吃进,则无疑说明在收集筒子。虽然断送了一张牌,但"不入虎穴,焉得虎子",后头紧扣筒子就是了,无妨大局。

7.下家牌盛,尽量不碰

当下家牌点旺盛或者坐庄时,应尽量少碰牌,否则会让他便宜一次摸牌机会。但这要看情况,不能一概而论。有时甚至恰恰相反,故意要碰。比如下家摸调极顺时,每每上张,为了打乱摸调顺序,则应有吃即吃,有碰便碰,尤其是下家打出自己的对牌,决计要碰,不管是否有道理。这样一来,就可达到摸调互转的目的,同时也打乱了下家的阵脚,为其顺利和牌设置障碍。

8.下家牌弱,适反其道

当下家牌弱时,则应放松抑制其进牌,可适当供其一、二张牌,待他入听后,再严加控制。这样做并非为了"照顾"邻居——牌桌之上绝无照顾之说。而完全是为了自身的利益而考虑。因为你一味抑制下家,必留一些闲牌于手中,这样就势必会延误自己手牌的组合,岂不是犯傻?

9.依其径路,攻其弱处

譬如牌战进入到中盘后期,自己已吃碰两组付露。手牌 7 张,又摸一张,共计 8 张:发发,七、八条,三、四、五、六万,很显然,须从这个四连副子中打掉一张,使手牌进入叫听状态。

这时舍牌在顾及安危的前提下，就须视下家的舍牌相加以取舍了。如下家打过五万而未打过二万，就应打六万，攻到他的弱处；相反，如果下家打的是二万，却没有打五万，那么自己就不该打六万，而应打三万了。道理很简单：

如果下家有一对二万，配上一张四万或一万的复合面子，他是不会打出二万的，除非是叫牌听张；同理，倘若下家手中有一对五万配上一张七万的话，也未必先打五万；相反，他若有一对七万配一张五万，却往往会打出七万，因他知道七万是尖牌，很难碰出。故此，当下家打五万时，六万便成了安全牌。当然若下家的复合面子是四、五、五万的话，就是打了五万，你无论舍出六万或三万，都能开吃，这又另当别论了。

假如手牌是四、五、六、七万，当下家打五万时，你就该切四万，他打八万，你便切七万。这样来攻其弱处，使他无计可施，只有暗暗叫苦。

再譬如，发现下家陆续舍弃中张，很有可能构筑带幺牌。这种情况下，作为上家，自己就应严控字牌和幺九牌，尽量阻其成形。

当然，此种战术须根据自己牌势和盘面局势而定。单是克扣下家，等于在客观上帮助另外两家，同时也使自己牌张组合的进度放慢。只有该松则松，该紧则紧，扣住一家，牵连两家，才是取胜之道。

10.诛牌到底，损人误己

诛伐下家的战术，关键在于适度，讲究诛得紧，而非一诛到底。也就是说要做到有理、有利、有节，切忌不分青红皂白一味穷诛。前面说过，单单抑制下家，等于在客观上帮了另两家的忙，同时你也不一定有那么多的牌去控制，况且这样做的结果，势必影响自己手牌的组合，最终同归于尽，而下家或许还有自摸成牌机会，而自己却终不成搭，永无和出希望。因此，一诛到底的做法，既不可能，也不可取，损人又误己，实属蠢人之举。

抑制下家首先当注意时间性。其间有两点必须分清：

一是何情应抑制？明知五万切出，下家必要，但要法有不同。是进张呢？还是食和？若切出，下家只是吃、碰，并非食和，而自己的牌姿倒是向前迈进了一步，成和有望，又何苦非克不放呢？

二是何时才抑制？这不能一概而论，要区别情况对待。一种情况是牌局进入中盘战期，该抑则抑，到了紧迫阶段，应控必控。但在初期，各家牌散的情况下，抑制作用是不大的。然而另一种情况则相反，自己起手配牌极糟，单丁生张在一半以上，若决心不和，就当步步抑制，丝毫不让。主要还是扣住风令和番牌，不让其和出大牌来。当扣不扣，乃是常败者的一种通病。

还有一点，就是要力求抑得准，抑得有道理。这就需要应用测牌法，摸清下家的手牌牌姿，有的放矢。

下列情况，应予适当放松：

(1)上家或对家牌旺时，这时的重点应放在牌旺家，故对下家应有所宽松；

(2)上家牌旺或连庄时，可故意供下家一两张牌(以不点炮为前提)，目的在于改变摸调顺序；

(3)下家的牌势弱时；

(4)自己牌势相当不错，当下家离入听尚远时；

(5)已窥测出下家决心不和时，抑制已失去意义；

(6)自己手牌几多险张，不打则无成和希望，而下家又不是庄家，或无大和牌时。

(八十五)盯上之道，乱其阵脚

盯住上家，是麻将牌战中一项基本策略和手段。盯住上家，为的是摸清他的牌情，以便制定相应的对策，使自己获得主动权，从而消除上家的威胁。

麻将之道，在于四人都同时“算计”另外三家，想方设法陷对方于被动，以便自己稳操胜券。纵观牌战的每一局，都毫无例外地在这种防范与算计中展开和发展，贯彻始终。而其中起控制作用的，是各人的牌技、计算能力以及牌运。

盯上战术内容包括两个方面：一是摸清牌情，做好防范；二是设伏诱骗，加快组牌。

在方法上，通常有以下几种：

1.观其舍牌，探知牌况

例如上家专舍万子与条子，筒子一张不舍，据此可初步判断他在收集筒子。这种情况下，自己手牌面子的组成，就应以万子、条子为主，防止进张的牌路被上家堵死；如上家于开局五、六巡上，仍在连打孤张风箭，据此可知其手牌牌姿杂乱不佳，成和希望不大，这时要防范上家对其他两家放铳，冲击自己的大和；再比如，上家一上来就打出中张五条，那么，据此可断定五条绝对是孤张，表明他的条子牌势较弱，组成朋组的可能性不大，而筒子和万子则较多，或是其中的一种花色牌较多，这时自己就要提防上家在该色牌上做清一色或混一色的情况；若上家连续打出二三种花色的中张牌，而字牌和幺九牌几乎不见踪影，那么据此可推断他有可能在做“全带幺”的牌。自己手头如有单张风、箭或老头牌，要么早切，要么干脆不打，置于手中培养。

2.上家牌旺，乱其阵脚

上家火太旺时，不仅对家要死死盯住不放，作为下家的自己，也要把重点放在上家身上。如此前后夹击，使得上家不敢肆无忌惮地做牌。有时不得不迁就小和，顺坡而下。

对付火旺上家最有效的办法，就是寻找机会，乱其阵脚。例如故意吃、碰上家的舍牌，或者存心向下家喂一两次牌，这样上家的摸调就改变了。

火太旺的人，其配牌并不一定很好，但摸牌非常顺手，每每上张。对付这样的对手，必须设法打乱他的摸牌调子。

如对家打出一张上家欲吃的牌，或是下家打出的牌，自己手中有对子，不管有无道理，都应断然开碰；上家打出的牌，自己可吃即吃，有碰即碰借此削弱上家成牌的机会；若下家牌势较差时，可故意向下家供一两次牌，以改变上家的摸调。吃碰上家一张牌，使摸牌顺序向后滑落一张，这样本来归上家摸的牌，便转到自己手中来了，上家的摸调也就改变了。可见麻将牌战中的吃、碰之道，乃是防火旺家连庄的有效办法。

3.巧设迷局，诱骗待牌

下家处于被上家控制的地位，这是无法改变的位置劣势。任何人打牌都不可能全靠自摸，除非你是做“十三不靠”、“七对”、“碰碰和”一类的花样牌，根本不需要吃上家的牌。否则，很大一部分牌张组合，还是要依赖上家供给的。但上家是不会轻易供你牌吃的，相反会千方百计抑制你，专拣你不要的牌打，这就需要你动脑筋多想办法。然而，无论你如何表示“亲善”，想与他搞好“睦邻关系”，他都不可能买你的账，却偏要与你作对到底，这就需要另图良策了。

下家只有“牌高一筹”，才有可能迫使上家就范——于不知不觉之中，按照你的愿望，打出你所需要的牌来。这种招数便是诱骗战术。

诱骗战术通常采用设“迷魂阵”，巧施钓饵，诱鱼上钩，间或辅以其他“雕虫小技”，联合运用，其效果甚佳。

招数之一：近搭舍张。打与搭子相近的牌，以引诱上家舍出搭子的待牌。

例如手中有五、七、八筒，不妨先打出五筒，给上家的印象是，你既然先打筒子的中张牌，大概是孤张，或者不需要筒子。如果他手中有不靠张的六筒，便会趁机舍出，而这正是你所期求的。不过这种近搭舍张的技巧，一般适用于中盘战期以前，一旦进入中盘后期，各家先后听张或逼近听张时，反而会引起对方的警觉：你大概就听在这张牌的附近吧，于是扣住不打，岂不成了“弄巧成拙”？

招数之二：拆带对搭子。例如手中有四、五、五条，不妨打出五条，上家会以为，你打了五条，六条于你何用呢？于是将六条打出，正好吃进。

当然这类带对搭子，既可以吃又可以碰，两个成牌机会，拆掉似乎可惜，但当需要之时，也不得不“忍痛割爱”了。再说这种带对搭子，只要手中另有将头，拆对留搭还可免除后顾之忧。因为一旦进入各家听牌阶段，这种搭子最容易惹事：无论吃或碰，打出另一张时，往往就会出铳。这种情况在实战当中随处可见。

招数之三：有六不打九。手中有六、八、九万，欲吃七万成一副，一般人大都会打九万，而不打六万。因为六万是中张，还可以往前靠。一旦摸来五万或四万，还可再切掉八万，使搭子成为五、六或四、六牌型，总比八、九死边七要强得多。这种考虑如在面子组合期，当然无可非议，但如作为入听打法，则实不可取。道理很简单：无论打九万或打六万，目的只要一张牌——七万。你打六万时，上家（也包括他家）会推测你的待牌在二至五万之间，要七万的可能性不大；若打九万，情况就不同了，对方会猜测你的待牌，就在九万附近，不是八万便是七万，这样一来，你的边七万待牌便会被扣住不放，如欲成和，只有自摸了。所以有六、八、九时，宁切六不切九。此乃心理战术的一个小小手段，不可不用。

招数之四：巧用“钓线”。例如你手中是一、三、五、七、九万（五张三嵌）这样的复合面子，舍牌时故意切出中张牌五万，上家见你打中张五万，如在开局初期，会以为你在打孤牌；若是面子组合期或入听阶段，便会按照“一路熟”的原则，打出二万或八万，以示牵制，而这正是你求之不得的。

“钓线”，也就是利用关联数来获取待牌。关联数是一个等差数列，麻将牌的副子都是由三张同花色数字相连的牌所组成。在数牌一至九的九个数字当中，每隔两位取一个数，就形成三组关联数：147，258，369。关联数之间存在一种呼应关系，在组牌和听牌当中，如能运用得当，可以产生一种奇妙的作用，因此受到众多牌手的青睐。

例如欲得一、四可舍七，欲求三、六而切九，欲吃（或碰）二、五而打八等等。这种“钓线”技巧，被广泛应用于牌战之中，成为一种极好的引诱战术。它之所以灵验，是由于这种战术适应了人们的“追熟”心理——你打二，我切五或八，这就叫“一路熟”。一路熟是麻将战术中舍牌的基本原则。高手们正是利用了这一点巧施迷局，反骗于对手，而上当者大有其人。这正是“兵不厌诈”的具体运用，岂止是适用于上家？

招数之五：迷惑战术。借吃、碰付露之机，将欲打之牌一并推倒，故意制造假象，致使上家判断错误，从而打出自己所需的待牌。

例如自己手牌是：东、东、东，一、二、二、四筒，呈一入听单钓将的牌面。如能摸上一张三筒最为理想了，切出一张熟牌二筒，即可叫听一、四筒（两面钓将）。但想自摸三筒谈何容易。这时上家碰坎四筒，打出三筒，太好了——机会终于来了。吃起三筒，并将二、二、四筒一齐推倒。给人的印象是，原本就是吃三筒或碰二筒的牌，殊不知此举内藏诡计。吃起三筒付露二、三、四筒，打掉多余的二筒，单骑1筒。一巡下来上家摸起一筒，以为太平无事（一筒与四筒同一线，且下家刚刚吃起三筒，打出二筒），孰料却当了炮手。

招数之六：巧吃回头。即自己曾打过某一张牌，例如三万，下巡却摸来了四万。这时不必懊悔，也不要一气之下，又将四万打掉。应断然改变战略，切舍其他牌张，这样你丢进“海”里的三万，定有机会再吃回来。

例如手中有五、六、七万副子，摸进三万自然会打掉，事有凑巧，下巡偏偏摸来四万，使手牌成为四、五、六、七万四连副子。这时你千万要冷静，不要将这张四万也丢进“海”里，而应留下，改切别的牌张。上家见你打过三万，为了牵制的需要，他很可能追打三万或者六万，你不是就可再吃回来吗。当然这并非原意，但事情往往是“无心插柳柳成荫”也只能顺其自然。自己打出三万，再吃回三万，在客观上也起了某种“骗”的作用。

还有一些巧吃回头的情形更为妙极。譬如手中是四、六条与七、九条两个嵌搭。在拆舍嵌搭时，先舍去四条，保留六、七、九条，基本上不影响原来要牌。可事不凑巧，刚打完四条，随后又摸来四条。这时自己要沉住气，不可有一丝懊悔的表情，更不可赌气继续舍弃。而应断然切舍其他面子。上家见你打出四条，即可放心地舍出五条，正好吃进，作为同一线上的八条，也有极大被吃进的可能。这种“回马钓手”战术，在实战当中屡屡奏效，有时连一些老麻坛也难免上当。

招数之七:上家打啥我留啥。上家打万子,自己就留万子,他打筒子,则留筒子。这样上家就很难猜测下家在做什么牌了。既猜不出,他的牌也就不好打了。相反,自己的牌倒是可以得到快速组合的机会。譬如上家万子过剩,你便多留万子做面子,尽量舍弃条子与筒子。上家以为你没有万子,或万子已组合好,便会继续打万子,进行牵制,这样你吃牌的机会就多了。当然也可能出现另外一种情况:上家见你不打万子,他也不再打万子,这也无妨,耐心等待就是了。既然他不需要万子,再摸上万子总会往出打的,除非他不准备和牌了。因此你还会有吃进的机会,或自己摸进的机会。即使万子一时组合不起来,还可先组合筒子或条子,最后听在万子上。因为上家打了较多的万子,他的上家和对家也会顶他万子走(防其做筒子或条子一色的大牌)。于是你获胜的希望很大,这就是"拾遗补己"的一种战术。

(八十六)勾住对家,不可轻敌

麻将桌上,同自己关系最密切的,无疑是上家与下家,而对家跟自己没有直接关系。对家的控制者是他的上家与下家。

正因为对家跟自己的"距离"较远,所以,往往容易被忽略,甚至甩在一边于不顾,这是众多玩牌者的通病。究其原因不外乎两条:一是认识上的片面性:供牌有上家,抑制是下家,而对家跟自己不发生直接关系;二是顾不过来:每打一张牌,同时考虑上、下两家已属不易,哪还有那么多精力去顾及对家,除非他是庄家或是已经听牌。

其实如能把对家置于"老三"的位置,也属正常,怕只怕不屑一顾。有这种想法的牌手,只从自己需求的角度考虑问题,而将对方的需求放之脑后了。须知当你打出一张牌,对家如开碰,那么他与自己的关系就如同上下家了。此其一;打麻将是四人对阵,单刀斩关,互为敌手,你如不清楚对家的牌势,怎能做到知己知彼?你打出对家的碰牌,就等于帮助他向和牌迈进了一大步。此其二;当自己摸调逆顺或对家火旺之时,你设法打出一张对家必碰之牌(不放铳为前提);或者将对家打出的牌碰过来,那么就可以达到摸牌互转的目的——原属该自己摸的牌变成了对家去摸,而本属对家的牌,则转到自己手中。这就是牌战中打乱摸调顺序的战术。此其三;第四,麻将之道,在于一家有大、小和时,其他三家分别加以制之。齐心合力首先对付大和的一家,如无大和,则首先把目标对准先和的一家。所以当对家要和牌时,自己一要不放铳,二要尽早冲散对家,这也是自己的责任。

至于勾住对家的方法与策略,形同对待上、下家,只是有些小的变化,这里就不再赘述了。

总之,漠视对家是不明智的,无论从哪一方面讲,对家都是自己的对立面。正确的做法应当是:既要控制下家,又要盯住上家,同时还要勾住对家。必要时实行"遥控",有利时则拿来利用。

(八十七)三家联合,对付庄家

牌桌之上,各以其他三家为敌手,互不通融。但在对付庄家(尤其连庄者)和牌旺家这一点上,又有着利害相关的一面。促使三家往一起走,联手对付共同的"劲敌"。庄家如和牌,三家的失分都要加倍,散家和牌,失分只是庄家的二分之一。正因为这样,其余三家便会不约而同地结成统一战线,协同作战,牵制庄家,目的是使其不能和出。

然而有时也会出现与此相悖的局面。也就是通常所说的"各人顾各人,爹死娘嫁人",谁也不愿意为牵制他人而牺牲自己,能扣便扣,得骗即骗,管你张三李四,只要于自己有利就干,谈何相互关照。于是便为庄家或牌旺家提供了可乘之机,以致使牌局形势越发对其有利,此乃散家们自作自受的"悲剧"所在。

聪明的牌手,应率先冲出怪圈,在矛盾中寻求共同点,"同仇敌忾",一致对外。须知这绝不是为他人做"嫁衣裳",实在是为自身的利益而求同,尽管是暂时的权宜之计。

三家联合对付庄家,通常采用的招法是:

1.北家把好关。北家位于庄家的上首,最为关键,任务最重。应按照诛伐下家的战术,实施对庄家的牵制。绝不能让他随便吃到牌,而且要尽量少碰牌,以减少庄家摸牌的机会。

2.南家勤捣乱。作为庄家的下家,南家应按照牵制上家的战法,全力以赴,紧盯不放。对于北家打出之牌,有碰即碰,不管有无道理,造成庄家摸调跳档,以剥夺他可能吃牌与摸牌的机会。

3.西家让方便。西家距庄家较远,难以直接实施牵制,但也不能等闲坐视。

作为西家,除了故意碰北家牌,使庄家失去一次摸牌机会以外。他的任务是接应。尽可能向北家供牌,促其早听快和。

4.散家不做牌,有听即听,有和便和,以终止庄家的牌运。

总之,三位散家必须同心协力,密切配合,才有可能破坏庄家尤其是连庄家的优势,最终促使其下庄。对付连连和牌的旺家,其余三家也应按上法予以牵制。

这里必须指出,三家联手对付庄家或牌旺家,只能是暗中默契,不约而同,绝不允许事先约定同盟——“杀黄牛”,否则,便属于串骗作弊了。

(八十八)头脑清醒,把握自己

牌桌之上,四家之间的关系错综复杂,微妙异常。每个人都想和牌,为此而使出浑身解数来盯骗上家,抑制下家,注视对家。于是便形成一种复杂而有趣的场面:每个人在抑制下家的同时,必须设法摆脱上家的控制;自己在盯骗上家的同时,还得时刻提防被下家所蒙骗;每个人在上下招架的同时,还不得不分散点精力注视对家;每个人为了自己想和牌,就必须打掉手中的闲张,然而又不得不防范被下家吃进或是给人点炮;每个人都在“算计”另外三家,而有时三家又鬼使神差地坐在一条板凳上,联合对付某一家……这种多元化的矛盾情景,终其全局都不会消失。牌战之道,概莫能外。于是便提出了一个十分重要的问题:如何把握自己。

把握自己,应成为每个牌手参战的第一要旨。因为无论何人,只要你往牌桌上一坐,你的任务就是自己成牌。所有的战术、技巧都是手段,都是为自己成牌这个目标服务的。

试想一个牌手尽管他抑制下家有术,盯骗上家有方,勾住对家有招儿,若他忽略了最重要的一点——自己成牌这个宗旨,那么你是干吗来了呢?岂不成了“狗熊游泳——瞎扑腾”一气!

一名优秀的牌手,必须是善于把握自己的牌手。他必须具备下列的素质和技能:

1.头脑清醒

必须记住,首要任务是自己要成牌。绝不可只顾干预别人而忽略了自己的组牌,或者被别人牵制得手忙脚乱,晕头转向。

然而，如若只顾自己埋头组牌，而不顾及他人牌势和整个牌局的变化，又必定陷入盲目被动之中。因此牌手必须有一个清醒的头脑，紧紧围绕自我和牌这一目标，积极组牌。既要控制下家，又要盯住上家，还要注视对家，必要时还得与其中的另两家协同作战，共同对付劲敌，也就是说要统筹兼顾，不可顾此失彼。

2.纵观全局

善于审时度势，权衡利弊，果断决策，关键时刻要拢得住、放得开。

3.进退有术

舍与留、扣与放、吃碰与牵制都要做到有理、有利、有节。该进则进，该退则退，攻防相宜，不可一意孤行。

4.随机应变

依据自己牌情和牌局变化的实际情况，灵活机动，不可死守教条。

九、花样采珠

（八十九）流行花样

麻将牌的花样五彩缤纷，千姿百态。有资料表明，目前麻将花样已达四百余种，其中广为流行的花样也在百种以上。本书重点介绍“规范花样”，附带再介绍一些其他常见花样。

所谓规范花样，是指经国家体育总局审定，新近出台的《中国麻将竞赛规则（试行）》（以下简称《新规则》）所认定的番种中包含的花样类型。

注：《新规则》所认定的番种，分为9个系列共81种（包括特殊系列及和牌方式系列）。

1.大四喜※（“※”：代表“规范花样”，无“※”者为普通常见花样。）

大四喜是由四副风坎与任意一对将牌组成的一手牌。见图81。

图81

2.小四喜※

小四喜由四风中的三副坎子,并由另一风头作将。余一组可任意组合。见图82。

图 82

3.大三元※

大三元由中发白三副坎子组成,余一组和一对将不受限制。见图83。

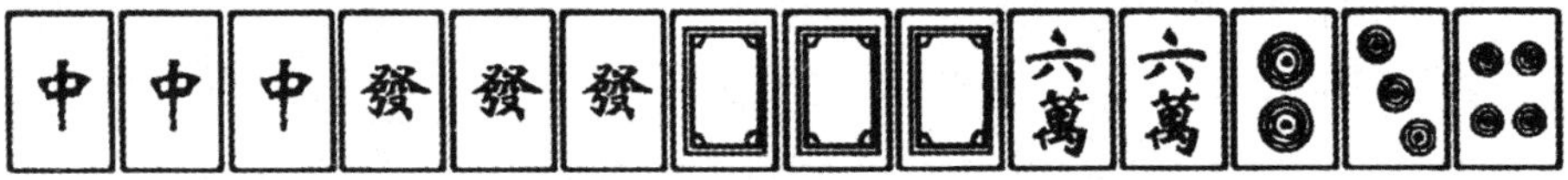

图 83

4.小三元※

小三元与大三元不同之处是,小三元允许中发白之中有一对作将,余两组可任意组合。见图84。

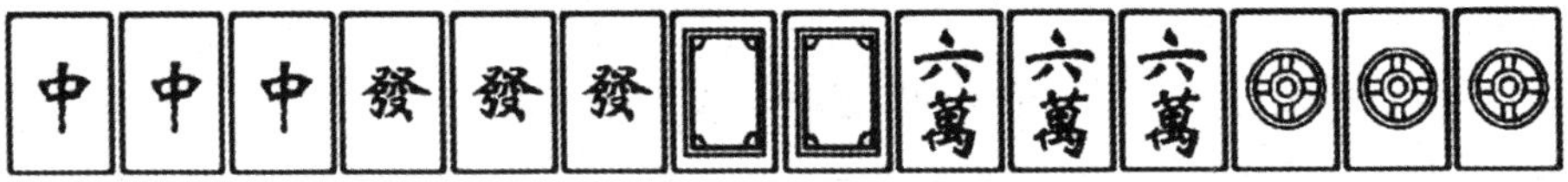

图 84

5.字一色※

一手牌全由字牌的刻子(杠)、将牌所组成。见图85。

图 85

6.风令坎※

和牌中有与本门风或圈风令相同的风坎牌。

7.箭坎※

和牌中有由中、发、白三张相同的牌(碰出或抓进均可)组成的坎子。或两副坎子(称双箭坎)。

8.三风坎※

和牌中有三副风坎,余一组和将牌可任意组合。见图 86。

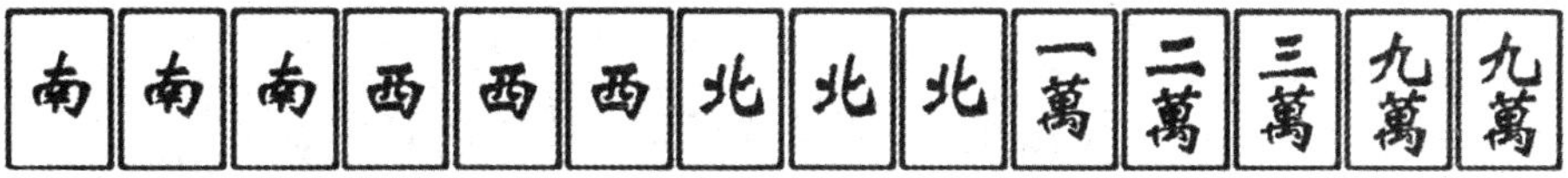

图 86

9.连七对※

指由一种花色的数牌,组成数字相连的 7 个对子。见图 87。

图 87

10.七对※(也叫小七对、花七对、七巧)

其组牌方式是任意的 7 对。见图 88。

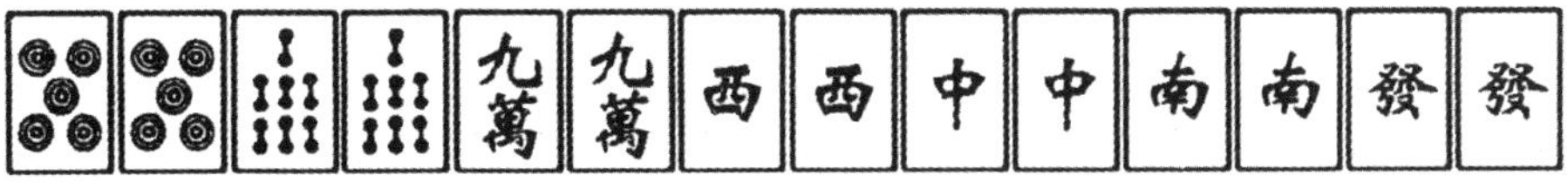

图 88

11.清一色※

一手牌全部由一种花色的数牌所组成。见图 89。

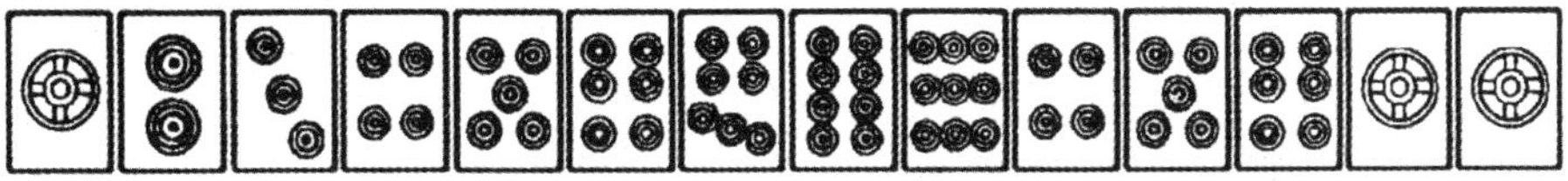

图 89

12.混一色※

由一种花色的数牌与字牌组合成的一手牌。见图 90。

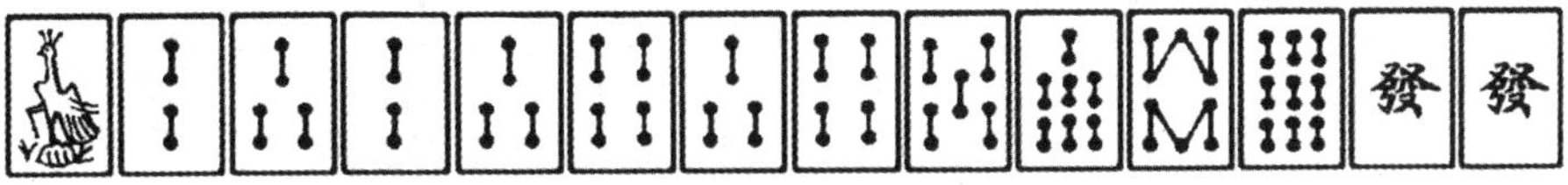

图 90

13.绿一色※

绿一色是由二、三、四、六、八条及发字中的任何牌组成的副子、坎子、将的一手牌(可以有发字牌,也可没有发字牌)。见图91。

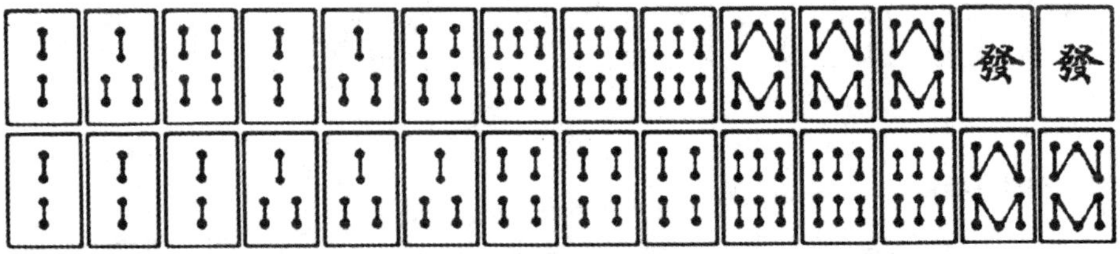

图91

14.清七对

清七对,又称清小七对,是指七对牌全由数牌组成,而不能有字牌对子。见图92。

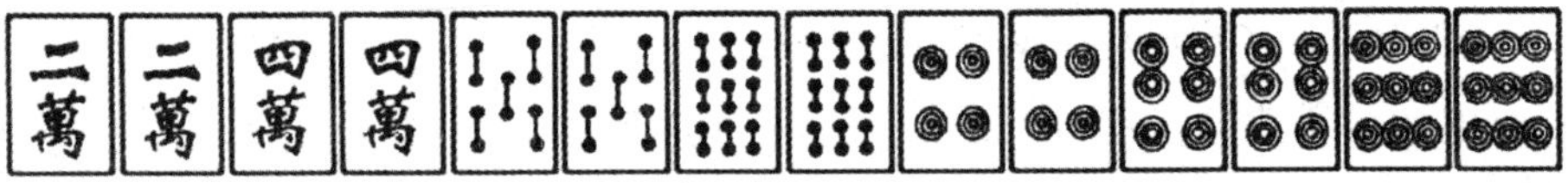

图92

15.五门全小七对

五门全小七对是指七对当中包含有万字对、筒子对、条子对、四风对、三元对,缺一不可。见图93。

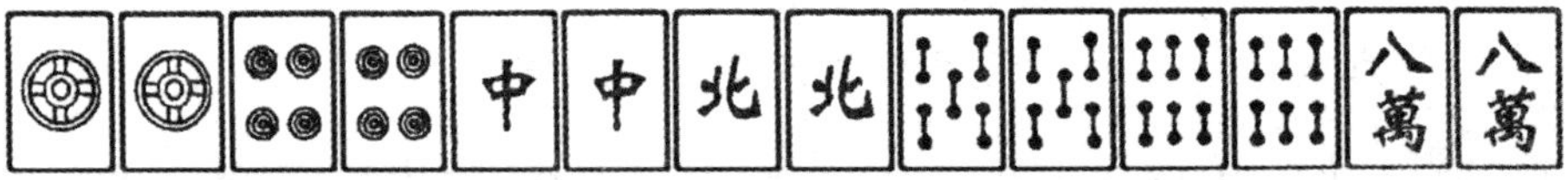

图93

16.九莲宝灯※

九莲宝灯是一种特定牌型。系由一种花色的数牌,按一、一、一、二、三、四,五、六、七、八、九、九、九的形式组成。这种牌型为九门听,和该色牌的任一张牌。见图94。

图94

17.五门齐※（又称五门全）

由三种花色的数牌和风、箭牌组成的和牌，即五种牌都有一组或做将牌。见图 95。

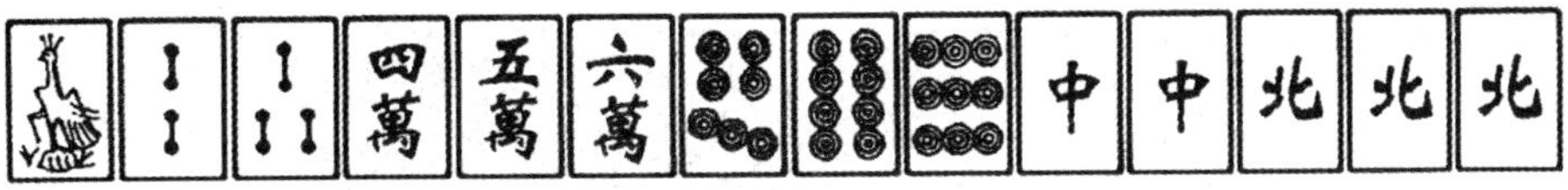

图 95

18.缺一门※

指和牌时缺少数牌中的任何一种，与字牌无关。缺字牌不叫缺门，缺两门数牌也不叫缺门。见图 96。

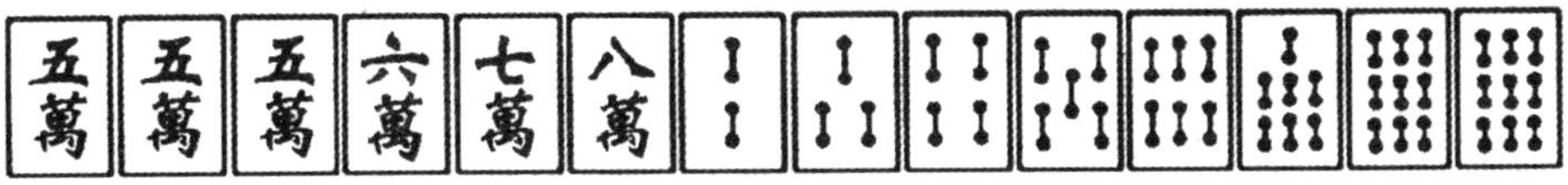

图 96

此为清缺，如有字牌，则为混缺。

19.无字※

无字指一手牌和牌时没有三元、四风的牌组，全由数牌组成。

20.清龙※

清龙又叫清一条龙，由同一花色一至九相连接的数牌组成。三个副子可以是自摸或吃牌而成，其余一组和将牌可任意组合。见图 97。

图 97

21.组合龙※

组合龙规定，一手牌中必须有三种花色的一、四、七，二、五、八，三、六、九不能错位的数牌。其余一组和将牌可任意组合。见图 98。

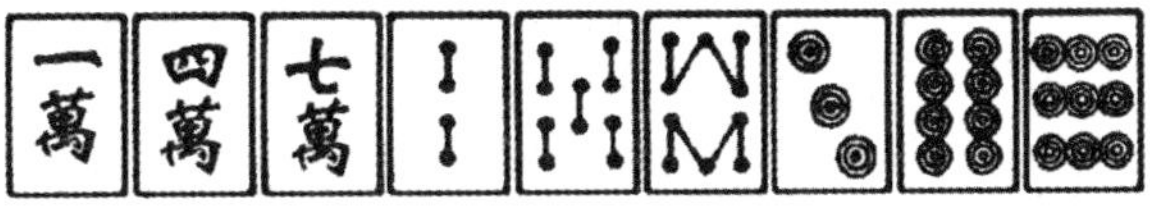

图 98

22.花龙※

一手牌中有三种花色的三个副子且能够正嘴连成一至九的数牌，其余一组和将牌可任意组合。见图99。

图 99

23.混龙

混龙又称两色龙。组成一条龙的副子只能由万字、筒子、条子中的任两色组成。其余一组和将牌可任意组合。见图100。

图 100

24.青龙在天

青龙在天是指清一色且有一条清龙牌。见图101。

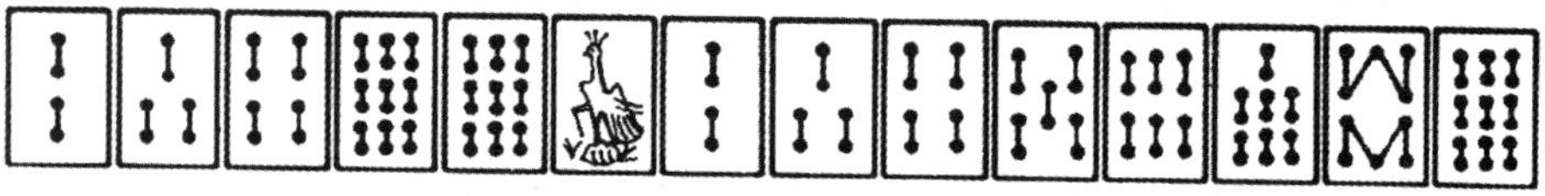

图 101

25.双龙戏凤

双龙戏凤是指和牌时，须有万字牌与筒子牌的各一个老少副，将牌为一条（其形似“凤”）。见图102。

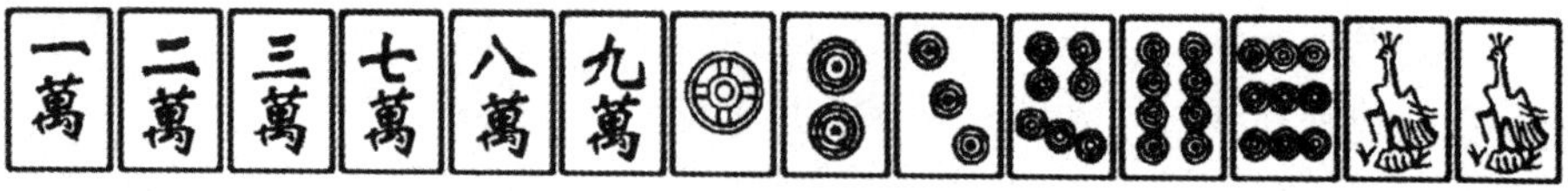

图 102

26.双龙戏珠

双龙戏珠是指和牌时须有万字牌与条子牌各一个老少副，加一对一筒（其形似“珠”)作将牌。见图 103。

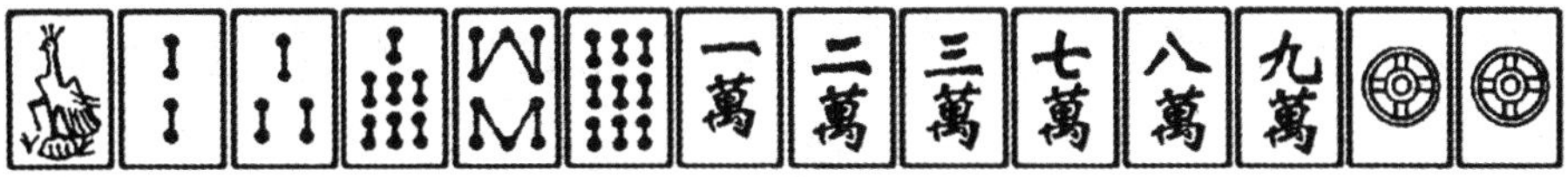

图 103

27.双龙斗蛇

双龙斗蛇的组牌形式为筒子、条子的各一个老少副,加一对一万作将牌(“一”字形似一条长蛇)。见图 104。

图 104

28.连六※

连六由同色 6 张相连的数牌组成。其余两组和将牌可任意组合。见图 105。

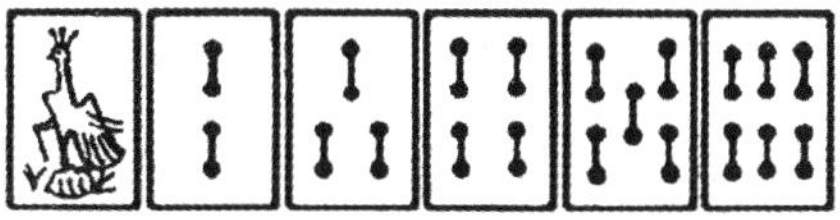

图 105

29.老少副※

老少副又称老少配。其组牌形式是同一种花色牌的一、二、三和七、八、九两个副子,其他不限。见图 106。

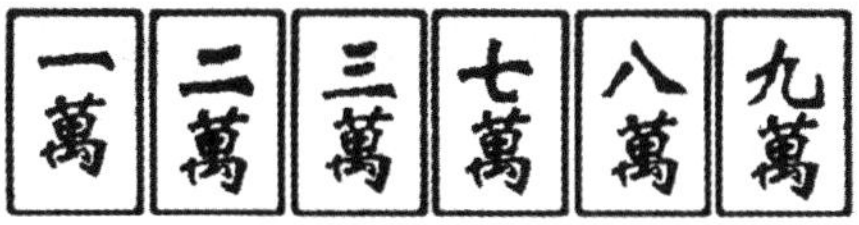

图 106

30.一色双龙会※

一手牌由同一种花色的两个老少副及五作将牌所组成。见图 107。

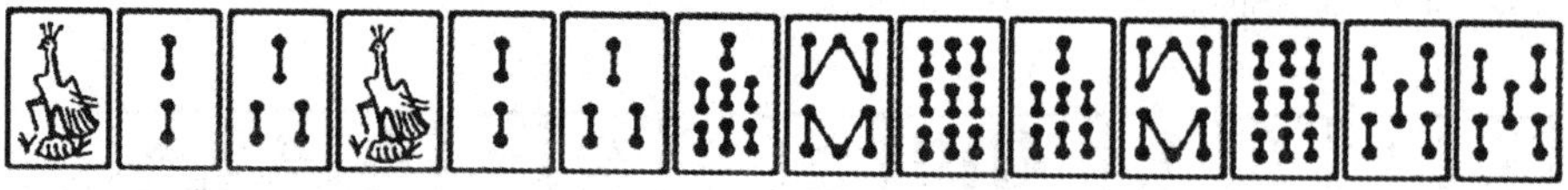

图 107

31.三色双龙会※

由两种花色两个老少副及另一种花色的五作将组成的一手牌。见图 108。

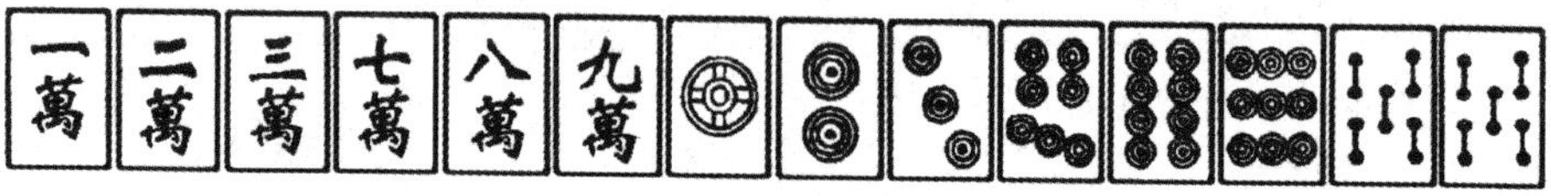

图 108

32. 一色四同顺※

一色四同顺又称一色同四句，其组牌形式必须是数牌中任一门牌的同样四个副子，另一对将牌不限。见图 109。

图 109

33. 一色三同顺※

一色三同顺又称同三句。就是万字、筒子、条子任一色牌中，有三个数字相同的副子。另一组和将牌可任意组合。这三组副子可以是吃进或自摸而成，但不能是碰坎。见图 110。

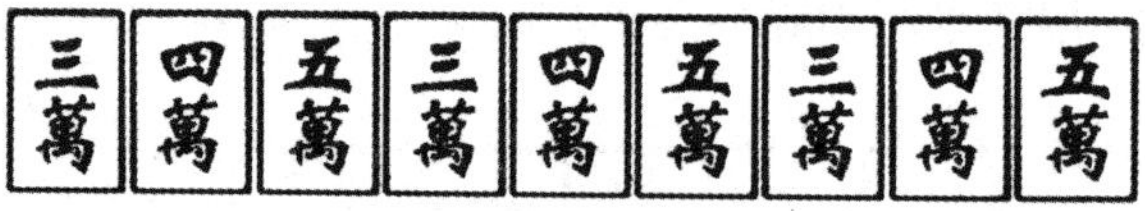

图 110

34.三色三同顺※

三色三同顺又叫“三姊妹”。就是万字、筒子、条子各有一个副子，而且数字相同，其余一组和将牌可任意组合。见图 111。

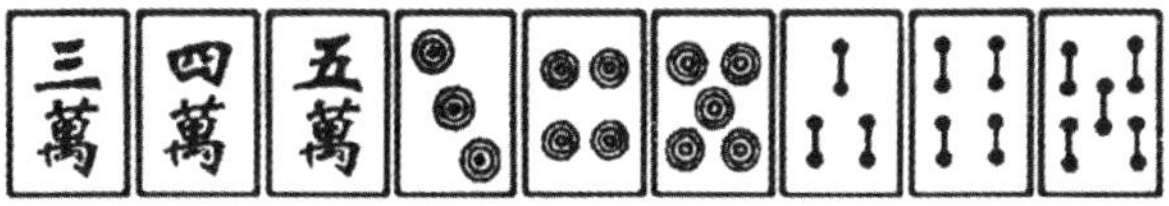

图 111

35.喜相逢※

喜相逢又称姊妹花。是由色牌中任两种花色两个数字相同的副子组成。见图 112。

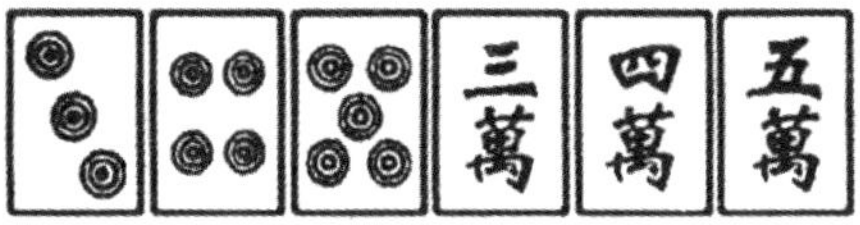

图 112

36. 一般高※

一般高是由色牌中任一色牌的两个相同的副子组成。见图 113。

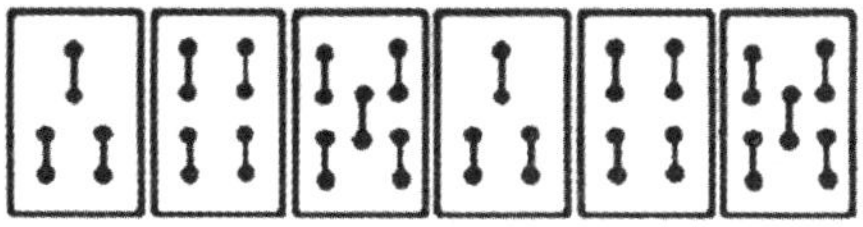

图 113

37.全带幺※

全带幺又称混老头。就是一手牌中,每副牌和将牌中都须有幺九牌或字牌。见图 114。

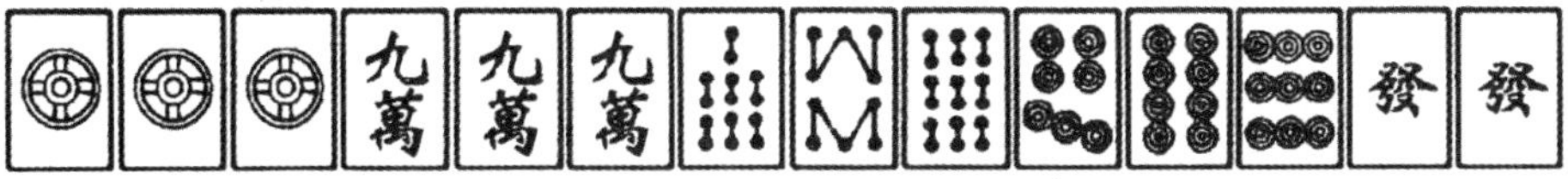

图 114

38.全带五※

又称全五。就是和牌时,一手牌中的每一副牌及将牌都必须有五。见图 115。

图 115

39.大于五※

大于五是指和牌时,一手牌都是由数牌的六至九的副子、坎子和将牌所组成。见图116。

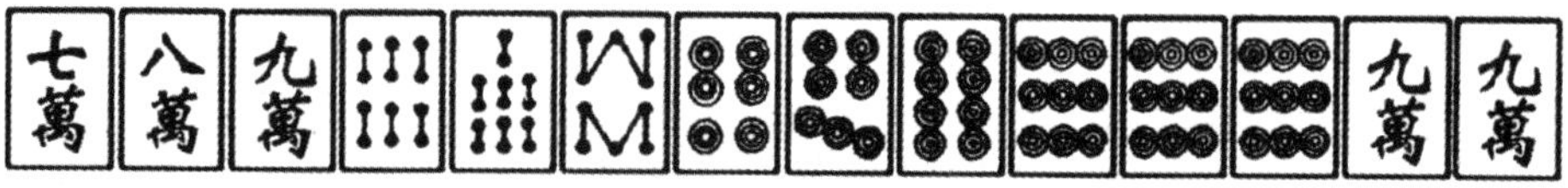

图116

40.小于五※

小于五是指和牌对一手牌都是由数牌的一至四的副子、坎子和将牌所组成。见图117。

图117

41.全大※

一手牌全是由数牌七、八、九组成的副子、坎子(杠)、将牌。见图118。

图118

42.全中※

一手牌全是由数牌四、五、六组成的副子、坎子(杠)、将牌。见图119。

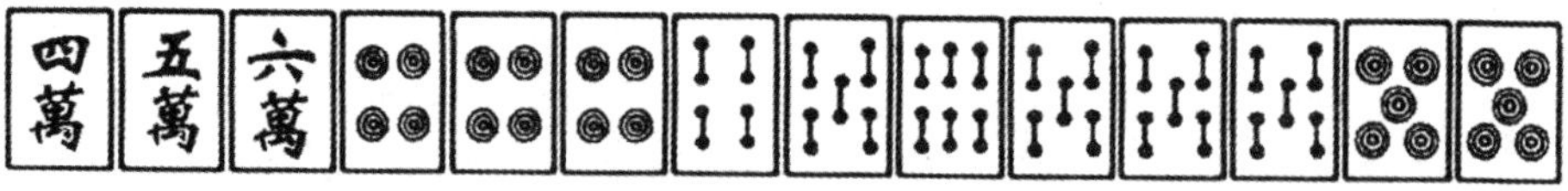

图119

43.全小※

一手牌全是由数牌一、二、三组成的副子、坎子(杠)、将牌。见图 120。

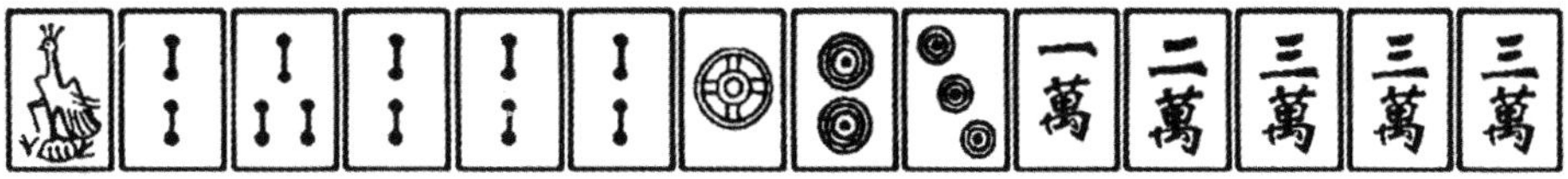

图 120

44.全幺

全幺又称全幺九、粒粒幺。即一手牌全部由一与九组成。显然不可能有副子，只能是四坎(杠)和一对将牌。实际上是碰碰和的一种特殊形式。见图 121。

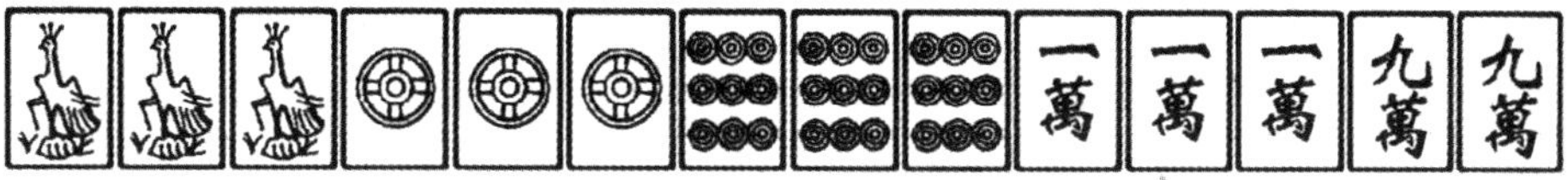

图 121

45.幺九坎※

3 张相同的一、九数牌及字牌组成的坎子(或杠)。

46.双同坎※

两副数字相同的坎子。

47.三同坎※

有三副数字相同的坎子(杠)组成的和牌，其余一组和将牌可任意组合。见图 122。

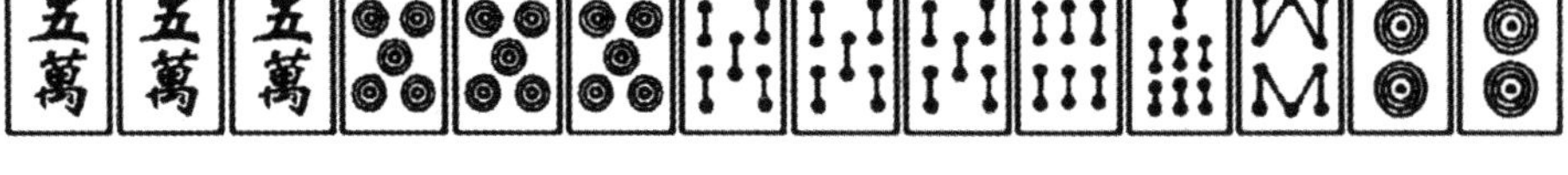

图 122

48.三暗坎※

手中有三副暗坎组成的和牌。其余一组和将牌可任意组合。见图 123。

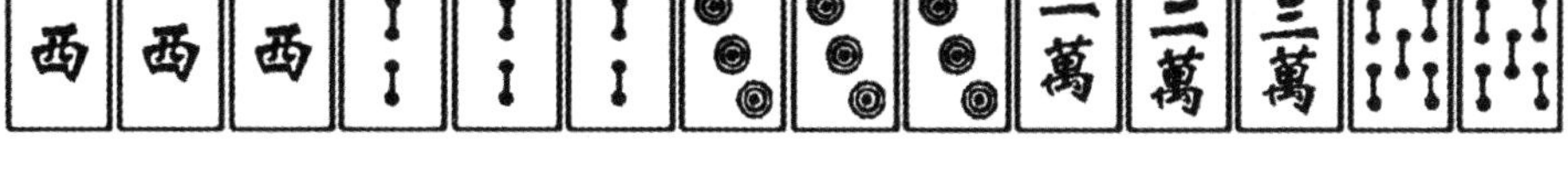

图 123

49.双暗坎※

手中有两副暗坎。

50.全双坎※

全双坎是指由数牌二、四、六、八组成的坎子、将牌，使一手牌成和。见图 124。

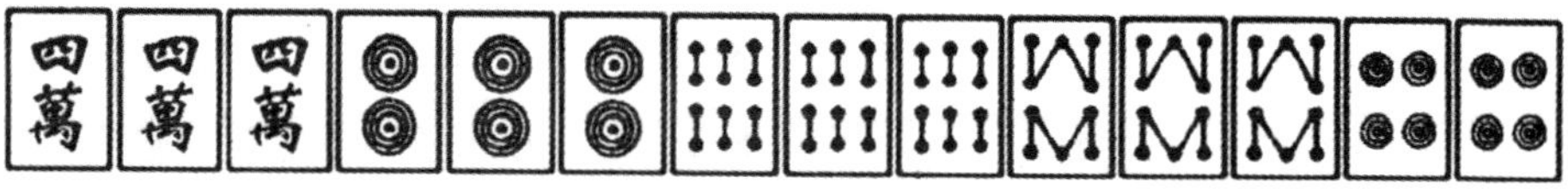

图 124

51.四暗坎※

四暗坎是指由四副暗坎（或暗杠）组成的和牌。见图 125。

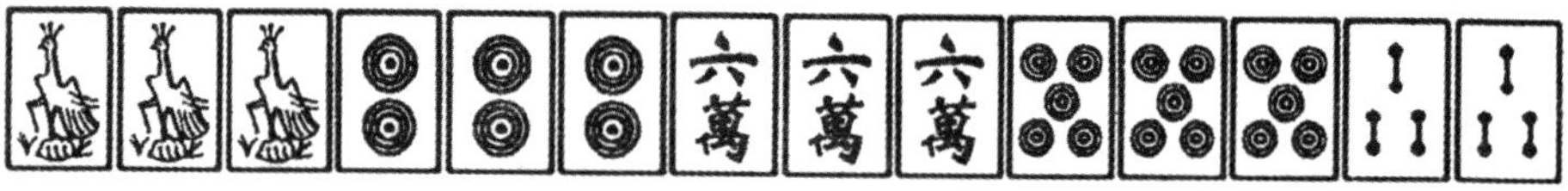

图 125

52.碰碰和※

碰碰和又叫对对和，要求成和时，一手牌必须是由四副坎子（或杠）及将牌所组成。

53.清一色碰碰和

又称清大对对，系碰碰和的一种特殊形式。要求成和后，一手牌必须是由同一色牌的四个坎子（或杠）及将牌组成。

54.清幺九※

要求成和后，一手牌全部由数牌的一、九坎子和将牌所组成。见图 126。

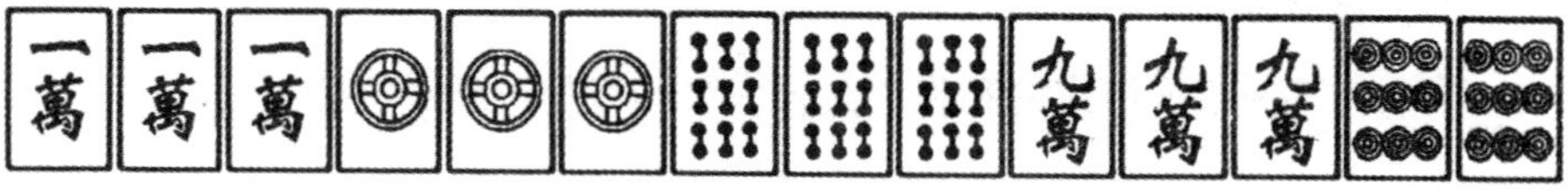

图 126

55.混幺九※

由字牌和数牌的一、九坎子、将牌所组成的和牌。见图 127。

图 127

56. 一色三节高※

又称清三节或“三连碰”。要求成和时，有一种花色三副依次递增一位数字的坎子。其余一组和将牌可任意组合。见图 128。

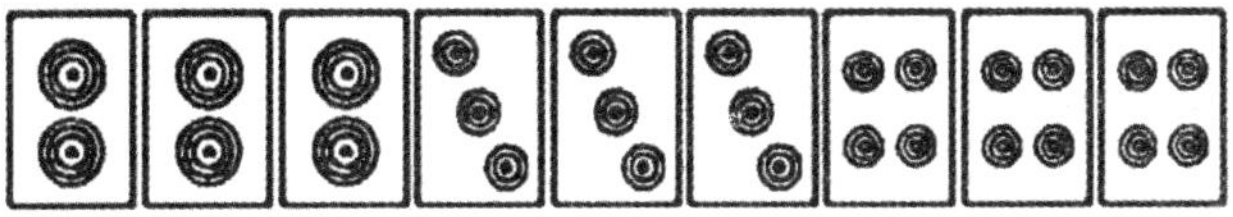

图 128

57. 一色四节高※

又称清四节。要求成和时，有一种花色四副依次递增一位数字的坎子。一对将牌不限。见图 129。

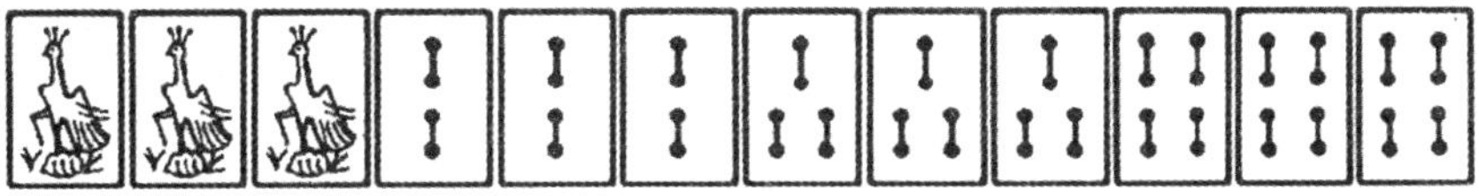

图 129

58.三色二节高※

要求成和时，有三种花色 3 副依次递增一位数字的坎子。见图 130。

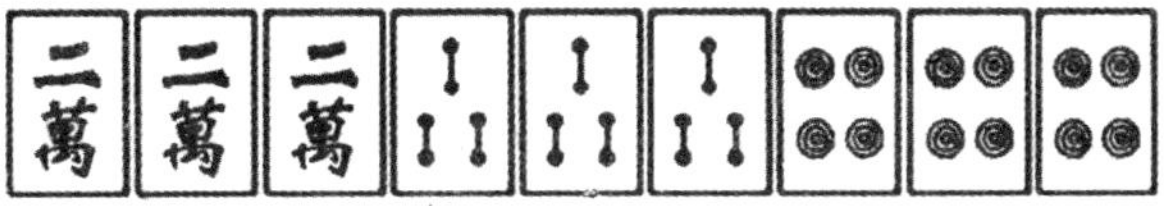

图 130

59.两色节节高

要求成和时，有两种花色 3 副依次递增一位数字的坎子。见图 131。

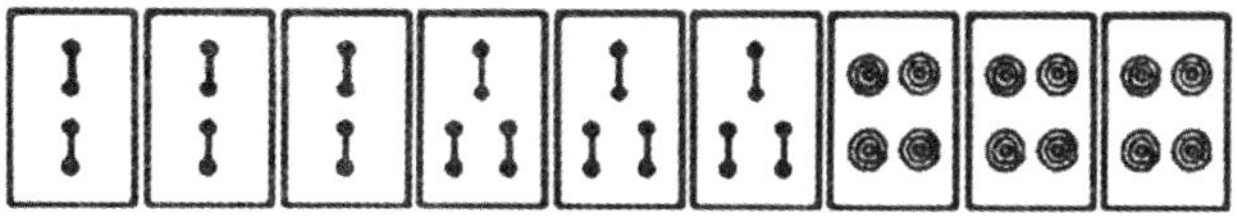

图 131

60.明杠※

自己有暗坎，碰别人打出的一张相同的牌开杠；或自己抓进一张与碰的明坎相同的牌开杠。

61.暗杠※

自己抓进四张相同的牌开杠。

62.双明杠※

一手牌中有两副明杠。

63.双暗杠※

一手牌中有两副暗杠牌开杠。

64.三杠※

一手牌中有三副杠牌。

65.四杠※

一手牌中有四副杠牌。

66.孔雀东南飞

组牌形式为：幺鸡、东风、南风各一碰坎，其余一组和将牌可任意组合。见图132。

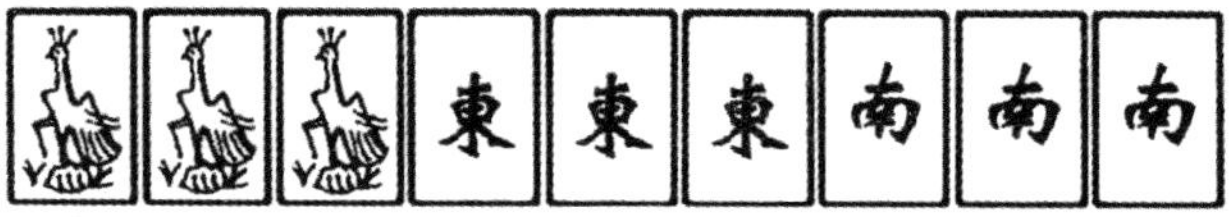

图 132

67.小孔雀东南飞

系孔雀东南飞的变通形式，一对幺鸡作将，东、南风各一碰坎，其余两组可任意组合。见图133。

图 133

68.西北飘

又称西北下大雪。组牌形式为：西风、北风、白板各一坎，余一组和将牌可任意组合。见图 134。

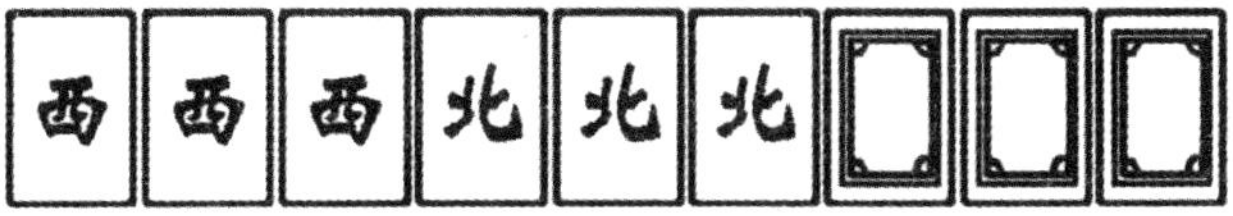

图 134

69.风花雪月

风指四风中的任一风;花指五筒(形似梅花);雪指白板;月指一筒,上述牌组成四坎,将牌任意。见图 135。

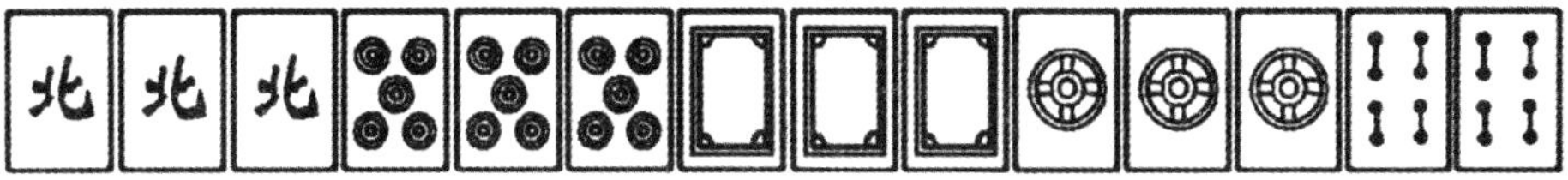

图 135

70. 一色四步高※

要求成和时,有一种花色 4 副依次递增一位数字或依次递增两位数字的副子。见图 136。

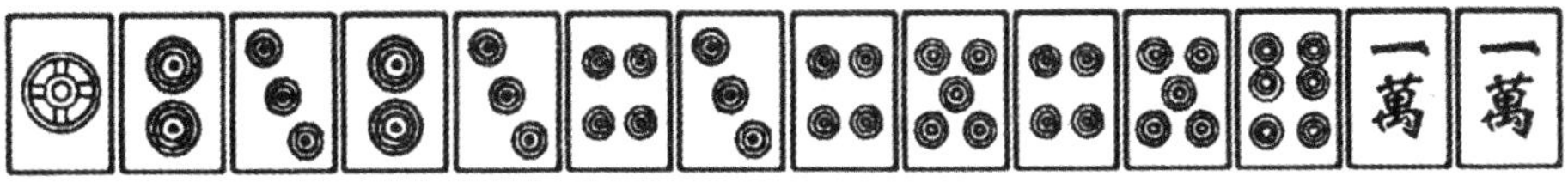

图 136

71.一色三步高※

要求成和时有一种花色 3 副依次递增一位数字或依次递增二位数字的副子。见图 137。

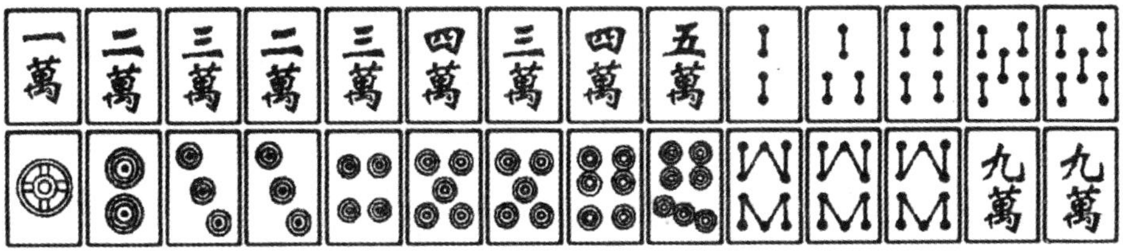

图 137

72.三色三步高※

要求成和时有三种花色 3 副依次递增一位数字的副子。见图 138。

图 138

73.两色步步高

两色步步高是由色牌中的两色牌组成，其组成样式与一色三步高相同。见图 139。

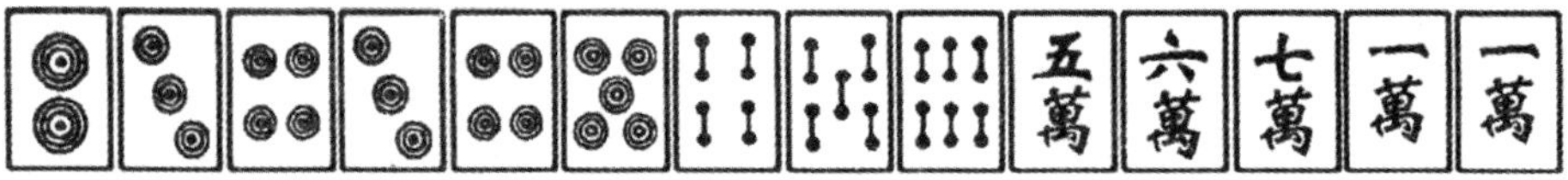

图 139

74.平和※

要求一手牌成和时，由四个副子，且由数牌作将来组成，即不能有碰坎和字牌出现。边、嵌、钓不影响平和。

75.七星不靠※

要求成和时一手牌必须有 7 个单张的东西南北中发白，加上 3 种花色，数位按一、四、七，二、五、八，三、六、九中的 7 张数牌组成且没有将牌。见图 140。

图 140

76.全不靠※

全不靠又称“十三不靠”“十三烂”。其组合形式是要求一手牌成和时没有将牌，由单张三种花色 147、258、369 不能错位的数牌、东、南、西、北、中、发、白其中的任何 14 张牌组成（全不靠与七星不靠的区别在于字牌的张数上。七星不靠规定字牌必须是七张，而全不靠并未规定字牌的数量。虽未规定，也是不言自明：不是 5 张，便是 6 张，因总数是 14 张）。见图 141。

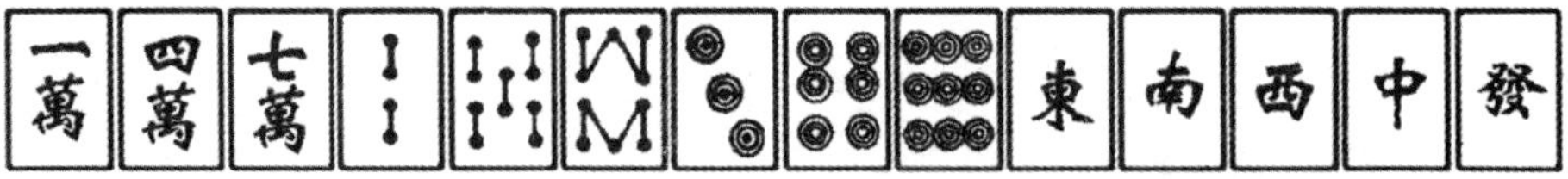

图 141

77.推不倒※

推不倒的组牌形式很特殊。要求成和时,14张牌全部由不动牌(牌面图形没有上下区别的牌张)组成。包括筒子牌一、二、三、四、五、八、九条子牌二、四、五、六、八、九及白板共14种牌。由其中牌的副子、坎子、对子、将牌所组成。见图142。

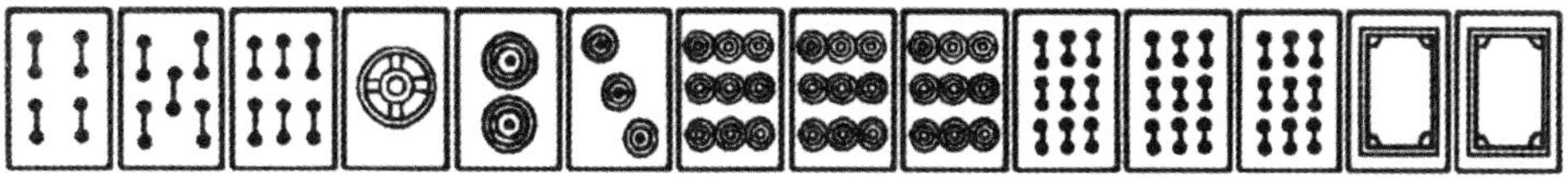

图142

78.十三幺※

由数牌一万、九万、一筒、九筒、一条、九条、东南西北中发白各一张,最后进其中任一张相同的牌作将组成的和牌。见图143。

图143

79.无番和※

无番和是指成和的牌中,数不出任何番种分(花牌除外)。见图144。

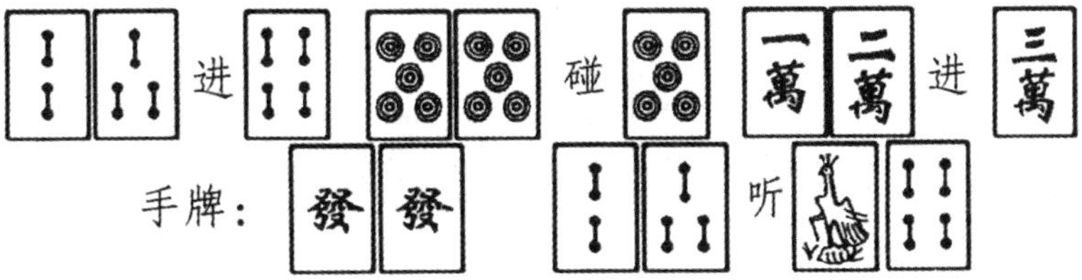

图144

80.四归一※

指和牌时某一种花色四张相同的数牌都归于某一家手中(但不包括杠牌)。见图145。

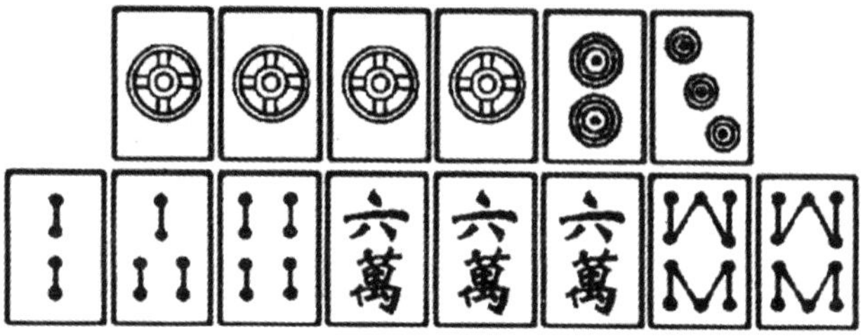

图 145

81.花牌※

指春、夏、秋、冬、梅、兰、竹、菊。每抓进一张,则将其明放在牌前,并到牌尾再补抓一张。成和后每一张花牌按规定计一番(分)。

82.孔雀开屏

全副牌必须都是条子,其中幺鸡九条必须是坎子。其余两组和将牌可任意组合,它实际上是清一色的特殊形式(一条意喻孔雀,九条意喻开屏)。见图 146。

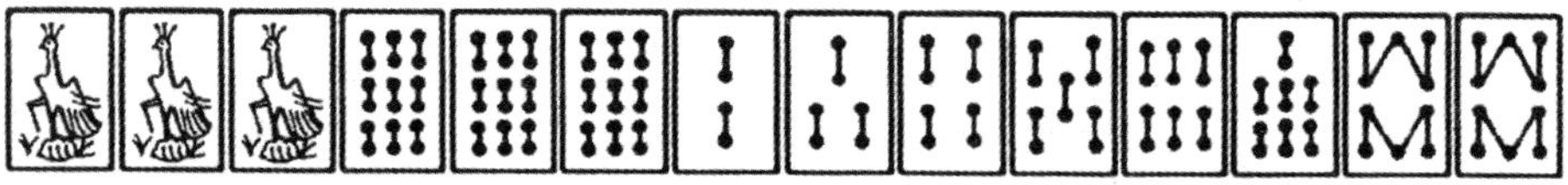

图 146

83.捉五魁

捉五魁也叫嵌心五,是嵌当的一种特殊形式。即在听牌时,手中有四和六,单待五和牌(也有的地方规定,捉五魁只能是嵌五万或单钓五万)。四、五、六副子以外的其余牌组可任意组合。见图 147。

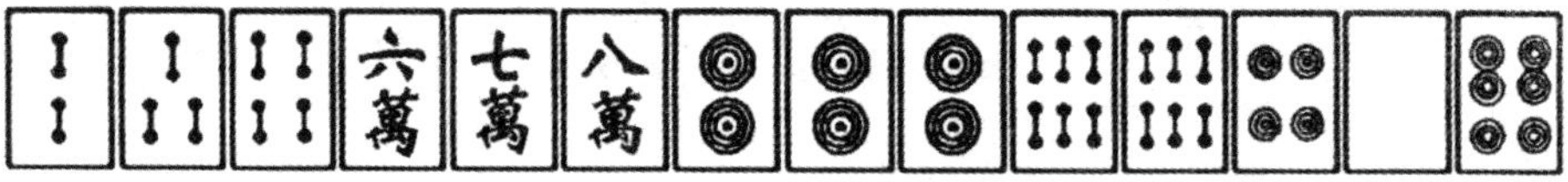

图 147

84.杠上开花※

这是一种和牌的形式,即听牌后开杠抓进的牌正是听牌所待之牌,因而成和(但不包括补花)。

85.抢杠和※

他家抓来一张开明杠的牌,正好是自己听张的待牌。牌规规定可以抢过来，因而成和，称之为“抢杠和”。

86.全求人※

是指和牌时一手牌全是靠吃、碰而组成，最后和的那张牌也是他家打出的牌。

87.不求人※

是指一手牌的组合全靠自摸，最后和的那张牌也是自摸的。

88.门前清※

是指一手牌到成和时，没有吃、碰、明杠，全是自摸而成，但最后和的那张牌须是别人放的炮。

89.海底捞月※

是指和别人打出的最后一张牌。

90.妙手回春※

是指自摸牌墙上的最后一张牌和牌。

91.断幺※

一手牌的全部牌组中，没有幺、九牌（包括字牌），全是由色牌中的二至八的牌张所组成。见图 148。

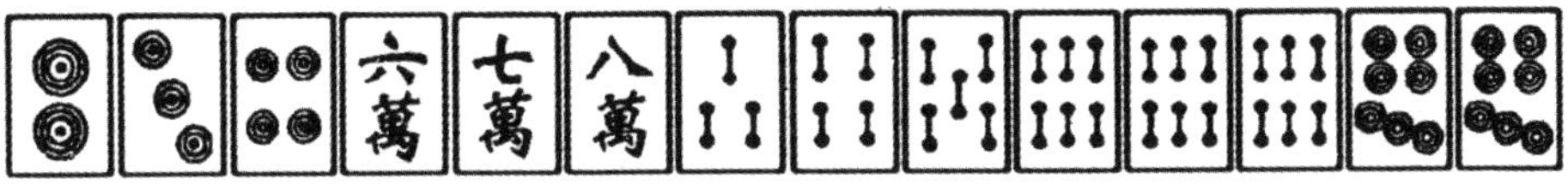

图 148

92.边张※

是指单和一、二、三的三及七、八、九的七，或一、二、三、三和三，七、七、八、九和七，都为和边张。若手中有一、二、三、四、五和三及五、六、七、八、九和七不算和边张。

93.嵌张※

是指和两牌之间的嵌当牌。例如四、六和五；四、五、五、六和五也为和嵌张；若手中有四、五、五、六、七和六则不算和嵌张，以此类推。

94.单钓将※

指钓手中单张牌作将成和牌。

95.钓雪

“钓雪”不同于单钓将。白板谓之雪，只有单钓白板成和，方为钓雪。

96.和绝张※

是指和“海”“地”已亮明的三张牌所剩的第四张牌(抢杠和不再计和绝张)。

97.二、五、八将

指做将牌的只能是色牌中的二、五、八三种牌,其他都不能做将。

98.天和

庄家抓完第14张牌后,即已形成四副一对的成和牌,即可宣布和牌。天和只有庄家才会有此特权。

99.地和

平家抓完13张牌后即已叫听,庄家打出第一张牌,如是自己叫听的待牌或者第一次自摸和牌,便称为地和。

“天和”与“地和”,可以说几乎完全因牌手的运气好坏而定,与牌手的打牌技术毫无关系。

100.击鼓骂曹

这种花样,称为“小花”,由一张二条、一张一筒和一张白板组成。二条代表鼓槌,一筒代表鼓,白板代表曹操(曹操被人们称为白脸奸臣),其余三组牌和将牌可随意组合。见图149。

图149

(九十)花样计番

打麻将,首先要学会算番,否则便很难利用一手好牌的优势去取得尽可能高的番数。

番数的高低是根据牌面组合的难易程度来决定的。一般情况下,难度大的花样类型和牌方式番数就高些,反之则低些。

但随着麻将花样名目的增多,算番也跟着复杂起来了,而且花样也因地域、打法的不同而有差异。这就更需要牌手们掌握算番的基本功,以适应现代麻将竞技的要求。

下面分别介绍传统麻将计番法、现代麻将简易计番法和最新规范计番法。

1.传统麻将计番法

所谓传统麻将计番法,是把“番”作为翻一番来使用的,计分的单位用“分”。也就是累计得分后再翻番的一种计算方式。其程序是:

第一步:先规定出底分(和牌的起点分数),然后算出和牌的基本分(即基本牌组的分数相加),再加上和牌方式分。三者累计之和便得出翻番的基础分,在此基础上翻番。

第二步:算番。“番”来自和牌的花样类型,不同的花样规定有不同的番数。例如门前清、一般高、自摸等记一番;小七对、碰碰和等记两番;清一色、全带幺等记三番;小三元、十三不靠等记五番;大三元、大四喜等为满贯(10番)。

此处的“番”即为翻一番。一番为基础分加一倍,即基础分×2;两番就是基础分的四倍,即基础分$\times 2^2$;依此类推。

例如某家和牌,算得基础分为25分,得番三,则该家应得分数为$25\times 2^3=$ 200分。

如是庄家和牌还有一番;平家和了牌,庄家向和家付分要加一倍。

2.现代麻将记番法

现代麻将计番,通常是采用沿袭以往的简易计番方法。这种计番方法比起传统计番方法简明易懂且易记,有明显的优点。其原则是:

(1)打牌之前,先规定出各种牌型花色(包括和牌方式)不同的番数。

(2)这里的“番”数,只是一种计算单位(相当于分),不存在翻一番的意思。

(3)为了方便记忆,只规定少数几个类型的番。通常只有一番、两番、三番、五番、十番(满贯,也有的不作满贯封顶规定,有多少计多少)。

(4)和牌后,将全手牌的各种牌型花色(包括和牌方式),逐一计算,累加起来,便得到这副牌的总番数。

(5)计算的原则是:凡有必然联系的花样,不得重复计番;没有必然联系的,则都可以算进去。

(6)按规定,计算出的总番数,超过10番时,一律按10番计算,即10番(满贯)封顶。

(7)庄家和牌,平家加倍交分;平家和牌,庄家向和家也是加倍交分。

(8)自摸除有一番外,总番数还要加一倍。

(9)出铳者双倍向和家交分。

例如:庄家吃倒二、三、四筒和五、六、七筒两组付露。手牌为:四、六、六、七、八万,八、八筒。最后自摸五万成和。

得番为:连六番,缺门番,断幺九番,平和番,八将番,无字牌,捉五魁番。以上番数累加后,再来计算庄家与自摸。即总番数×22=应得番数。

全国各地花样计番方法千差万别,对同一花样类型或和牌方式规定的番数往往出入较大。然而如综合各地,按番数高低分档排列的话,大体情形是由高而低分五个档次排列顺序:

第一档(番数最高):九莲宝灯、四方发财、天和、地和、大四喜、大三元、十三幺九。

第二档(番数次高):十三不靠、海底捞月、小四喜、字一色、同四句、清三节、清大对对、二龙戏珠、二龙抱柱、二龙斗蛇、清幺九。

第三档(番数居中):清龙、清七对、清一色、碰碰和、孔雀东南飞、全五、三色同顺、全大、全小、小三元、一色节节高、杠上开花。

第四档(番数次低):全带幺、不求人、全求人、混一色、花龙、一色步步高、一般高、姊妹花、门前清、摸五魁、二五八将、暗杠、连六、老少配、击鼓骂曹、抢杠和、暗杠。

第五档(番数最低):缺门、平和、断幺、无字、边、嵌、钓,门风刻、圈风刻、幺九刻、明杠。

3.最新规范计分法

1998年国家体育总局颁布了《中国麻将竞赛规则(试行)》。该规则对番种、分值与计分方法,做了统一的规定,当为最新规范计分法。它不仅适用于竞技麻将的正规比赛,也同时适用于各地的休闲型麻将游戏。当然后者也可以仍按照以往沿袭下来的办法进行。

该规则认定的番种共81种,以“分”为计算单位。分值分为12级,依次为88、64、48、32、24、16、12、8、6、4、2、1分。

A.番种分值

属于88分的有7个番种:

(1)大四喜——由4副风刻(杠)组成的和牌。不计圈风刻、门风刻、三风刻、碰碰和。

(2)大三元——和牌中,有中发白三副刻子。不计箭刻。

(3)绿一色——由二、三、四、六、八条及发字中的任何牌组成的副子、刻子、将的和牌。不计混一色。如无"发"字组成的和牌,可计清一色。

(4)九莲宝灯——由一种花色序数牌按一、一、一、二、三、四、五、六、七、八、九、九、九组成的特定牌型,见同花色任何一张序数牌即成和牌。不计清一色。

(5)四杠——4个杠。

(6)连七对——由一种花色序数牌组成序数相连的7个对子的和牌。不计清一色、不求人、单钓。

(7)十三幺——由3种序数牌的一、九牌,7种字牌及其中一对作将组成的和牌。不计五门齐、不求人、单钓。

属于64分的有6个番种:

(8)清幺九——由序数牌一、九刻子组成的和牌。不计碰碰和、同刻、无字。

(9)小四喜——和牌时有风牌的3副刻子及将牌。不计三风刻。

(10)小三元——和牌时有箭牌的两副刻子和将牌。不计箭刻。

(11)字一色——由字牌的刻子(杠)、将组成的和牌。不计碰碰和。

(12)四暗刻——4个暗刻(暗杠)。不计门前清、碰碰和。

(13)一色双龙会——一种花色的两个老少副,五为将牌。不计平和、七对、清一色。

属于48分的有2个番种:

(14) 一色四同顺——一种花色4副序数相同的副子。不计一色三节高、一般高、四归一。

(15) 一色四节高——一种花色4副依次递增一位数的刻子。不计一色三同顺、碰碰和。

属于32分的有3个番种:

(16) 一色四步高——一种花色4副依次递增一位数或依次递增两位数的副子。

(17)三杠——3个杠。

(18)混幺九——由字牌和序数牌一、九的刻子及将牌组成的和牌。不计碰碰和。

属于24分的有9个番种：

(19)七对——由7个对子组成的和牌。不计不求人、单钓。

(20)七星不靠——必须有7个单张的东南西北中发白，加上3种花色，数位按一、四、七，二、五、八，三、六、九中的7张序数牌组成没有将牌的和牌。不计五门齐、不求人、单钓。

(21)全双刻——由二、四、六、八序数的刻子、将牌组成的和牌。不计碰碰和、断幺。

(22)清一色——由一种花色的序数牌组成的和牌。不计无字。

(23)一色三同顺——和牌时有一种花色3副序数相同的副子。不计一色三节高。

(24)一色三节高——和牌时有一种花色3副依次递增一位数字的刻子。不计一色三同顺。

(25)全大——由序数牌七、八、九组成的副子、刻子(杠)、将牌的和牌。不计无字。

(26)全中——由序数牌四、五、六组成的副子、刻子(杠)、将牌的和牌。不计断幺。

(27)全小——由序数牌一、二、三组成的副子、刻子(杠)、将牌的和牌。不计无字。

属于16分的有6个番种：

(28)清龙——和牌时，有一种花色一至九相连接的序数牌。

(29)三色双龙会——2种花色2个老少副、另一种花色5作将的和牌。不计喜相逢、老少副、无字、平和。

(30)一色三步高——和牌时，有一种花色3副依次递增一位或依次递增二位数字的副子。

(31)全带五——每副牌及将牌必须有5的序数牌。不计断幺。

(32)三同刻——3个序数相同的刻子(杠)。

(33)三暗刻——3个暗刻。

属于12分的有5个番种：

(34)全不靠——由单张3种花色一、四、七，二、五、八，三、六、九不能错位的序数牌及东南西北中发白中的任何 14 张牌组成的和牌。不计五门齐、不求人、单钓。

(35)组合龙——3 种花色的一、四、七,二、五、八,三、六、九不能错位的序数牌。

(36)大于五——由序数牌六至九的副子、刻子、将牌组成的和牌。不计无字。

(37)小于五——由序数牌一至四的副子、刻子、将牌组成的和牌。不计无字。

(38)三风刻——3 个风刻。

属于 8 分的有 9 个番种:

(39)花龙——3 种花色的 3 组副子连接成一至九的序数牌。

(40)推不倒——由牌面图形没有上下区别的牌组成的和牌。包括一、二、三、四、五、八、九筒,二、四、五、六、八、九条、白板。不计缺一门。

(41)三色三同顺——和牌时,有 3 种花色 3 副序数相同的副子。

(42)三色三节高——和牌时,有 3 种花色 3 副依次递增一位数的刻子。

(43)无番和——和牌后,数不出任何番分(花牌不计算在内)。

(44)妙手回春——自摸牌墙上最后一张牌和牌。不计自摸。

(45)海底捞月——和打出的最后一张牌。

(46)杠上开花——开杠补抓进的牌成和牌(不包括补花)。不计自摸。

(47)抢杠和——和别人自抓开明杠的牌。不计和绝张。

属于 6 分的有 7 个番种:

(48)碰碰和——由 4 副刻子(或杠)、将牌组成的和牌。

(49)混一色——由一种花色序数牌及字牌组成的和牌。

(50)三色三步高——3 种花色 3 副依次递增一位序数的副子。

(51)五门齐——和牌时 3 种序数牌,风、箭牌齐全。

(52)全求人——全靠吃牌、碰牌、单钓别人打出的牌和牌。不计单钓。

(53)双暗杠——2 个暗杠。

(54)双箭刻——2 个箭刻(或杠)。

属于 4 分的有 4 个番种:

(55)全带幺——和牌时,每副牌、将牌都有幺牌。

(56)不求人——4副牌及将中没有吃牌、碰牌(包括明杠),和牌也须自摸。

(57)双明杠——2个明杠。

(58)和绝张——和“海”、“地”已亮明的3张牌所剩的第4张牌(抢杠和不计和绝张)。

属于2分的有10个番种:

(59)箭刻——由中发白三张相同的牌组成的刻子。

(60)圈风刻——与圈风相同的风刻。

(61)门风刻——与本门风相同的风刻。

(62)门前清——没有吃、碰、明杠,和别人打出的牌。

(63)平和——由4组副子及序数牌作将组成的和牌。边、嵌、钓不影响平和。

(64)四归一——和牌中,有4张相同的牌归于一家的副子、刻子、对子、将牌中(不包括杠牌)。

(65)双同刻——2副序数相同的刻子。

(66)双暗刻——2个暗刻。

(67)暗杠——自己抓来4张相同的牌开杠。

(68)断幺——和牌中没有一、九及字牌。

属于1分的有13个番种:

(69)一般高——由一种花色2副相同的副子组成的牌。

(70)喜相逢——2种花色2副序数相同的副子。

(71)连六——一种花色6张相连接的序数牌。

(72)老少副——一种花色牌的一、二、三,七、八、九两组副子。

(73)幺九刻——3张相同的一、九序数牌及字牌组成的刻子(或杠)。

(74)明杠——自己有暗刻,碰别人打出的一张相同的牌开杠;或自己摸进一张与碰的明刻相同的牌开杠。

(75)缺一门——和牌中缺少一种花色的序数牌。

(76)无字——和牌中没有风、箭牌。

(77)边张——单和一、二、三的三及七、八、九的七或一、二、三、三和三,七、七、八、九和七都为边张。手中有一、二、三、四、五和三,五、六、七、八、九和七,不算和边张。

(78)嵌张——和 2 张牌之间的牌。四、五、五、六和五也为嵌张。手中有四、五、五、六、七和六不算嵌张。

(79)单钓将——钓单张牌作将成和。

(80)自摸——自己抓进成和牌。

(81)花牌——即春夏秋冬,梅兰竹菊,每花计一分。不计在起和分内,和牌后才能计分。花牌补花成和计自摸分,不计杠上开花。

B.计分原则

(1)起和分:8 分。即和牌时番种分值之和至少为 8 分,否则不能成和。

(2)底分:也是 8 分。指和牌后未和家必须向和牌家所交付的比赛分。

(3)基本分:指和牌后,番种分数的总和。

(4)和牌分数的计算:

自摸和:(底分+基本分)×3(未和家)

点炮和:底分×3(未和家)+基本分×1(点炮家)

(5)基本分的计算原则:

a.不重复原则

当某个番种,由于组牌条件所决定,在其成立的同时,必然并存着其他番种,则其他番种不重复计分。例如“十三幺”,就不能再计“五门齐”、“不求人”和“单钓”分;“大三元”就不能再计“箭刻”分。

b.不拆移原则

确定一个番种后,不能将其自身再拆开互相组成新的番种计分。例如不能将“清龙”再拆开,计算“老少副”、“连六”分。

c.不得相同的原则

凡一组合过某一番种的牌,不能再同其他一副牌组成相同番种计分。

例如:一铺和牌中,有一、二、三万,一、二、三条,一、二、三筒三组副子。只能计一个“喜相逢”分(例如一、二、三万与一、二、三条)。不能用一、二、三万同一、二、三筒再组成一个“喜相逢”计分。

d.就高不就低原则

有两副以上的牌,有可能组成两个以上的番种,而只能选其中一种计分时,可选择分数高的番种计分。

e.套算一次原则

如有尚未组合过的一组牌,只可同已组合过的相应的一副牌套算一次。

很显然,最新规范计分法取消了庄家和牌以及天和、地和等一些偶然性的因素,这是非常合理的。因为这样更有助于体现智力竞技的特点。

C.计分示例

［牌例 1］某家吃倒一、二、三万与七、八、九万两副牌,手牌 7 张如图 150 所示:

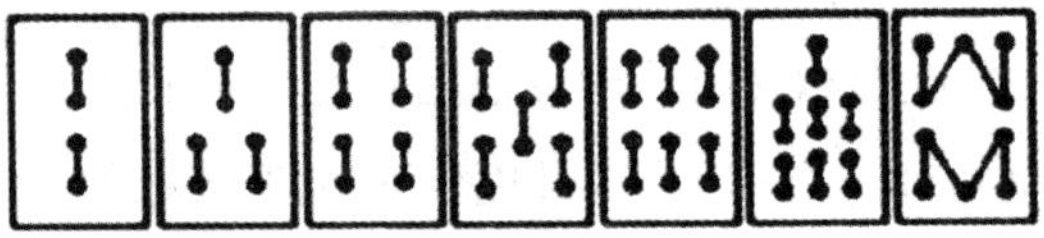

图 150

最后单钓 8 条自摸成和。

本铺牌计有:老少副 1 分,连六 1 分,缺一门 1 分,平和 2 分,单钓 1 分,自摸 1 分,无字 1 分。

番种分数之和正好够 8 分,且符合和牌规定。

得分为:(8 +8)×3=48 分。三家各付 16 分。

／　｜

底分　基本分

［牌例 2］某家以下列一手牌和出,见图 151:

图 151

和牌的前提条件是:没有吃、碰牌,最后单钓一万食和。

分数相当可观:一般高 1 分,缺一门 1 分,双暗刻 2 分,幺九刻 1 分,单钓将 1 分,四归一 2 分,全小 24 分,门前清 2 分。基本分= 34 分。

总计得分为:8×3+34=58 分。

／　｜

底分　基本分

由点炮者付 34 +8= 42 分,其余两家各付 8 分。

(九十一)花样小技

花样战术形式多样,奥妙无穷。行张组合,舍留吃碰,均有策论。

花样战法的核心是争番——根据手中的牌势及其变化,随机做成较多的花样,以取得尽可能高的番分。

通常采用的战法有:行张争番,拆对争番,留嵌争番,破副争番,钓牌争番,门断平争番,一色争番,龙卡缺争番等。

(九十二)行张争番

花样组牌与一般打法有许多不同之处,入张出张都有策论,必须认真对待。

1.先打风后舍箭

这是因为四风牌除本门风和本圈风外,开碰无番可计[注]。而箭牌就不同了,中发白如摸上对子,开碰均有固定的番。故有先风后箭之分。

打风牌时,也应先打客风,破他家之阵法,将门风与圈风留在中发白之后再打。当然别人已打过的风箭牌可先行追熟跟打。

注:《新规则》规定,三张相同的字牌(箭刻、门风刻、圈风刻除外),按幺九刻计分。

以下几种情况另当别论:

(1)自己拟做全不靠(十三不靠)、七星不靠或十三幺时单张风、箭牌即为宝贵之牌,当然不能切舍。

(2)起手配牌就窥测出有人在做十三幺一类的牌,而自己又有成和希望时,不如及早将中发白切掉,因留着也极难碰出,有时反倒误事。

(3)自己牌姿较佳,摸调又顺手,面子已组合好,且易于做高番牌时,三元牌应及早舍掉。

(4)一手烂牌,根本没有成和希望时,则应紧扣三元牌不舍,以牵制他家开碰。别人若有打出,自己方可追熟。

2.幺九取舍析疑

既然花样组牌与一般打法有大相径庭之处,那么幺九牌当如何取舍呢?通常情况是:

(1)拟做十三幺、七星不靠、全不靠(十三不靠)、清幺九和混幺九一类的牌型，幺九牌乃是不可多得的上乘之牌张，当然必须保留。

(2)拟做缺一门牌型，则应首先打掉缺的那门牌的幺和九。

(3)当手牌牌姿是以中张牌为主，“断幺”条件成熟时，无论哪一门类的幺九牌色，均可打掉。

(4)已有一、二、三或七、八、九的牌副，再打幺九闲张时，应考虑有无组成“老少副”“一般高”和“喜相逢”的可能性，并联系整个牌局做一权衡，再予以决定。

3.四连拆头顾番

手中有四连副，必须拆舍一张方可入听时，当然要以不出铳为原则。但除注意追熟保证安全外，还要尽量顾及到“番”。

例如已有二、三、四条牌副，当四连副二、三、四、五万必须拆打一张时，最好是安危与番分兼顾。假如二万安全，从安全角度考虑，当然该切二万，但如切去二万，显然损失了“喜相逢”一番。这时如五万虽无二万安全性大，但预测打出去顶多是有人吃、碰，不至于放炮。在这种情况下，就应拆大头留小头(即舍五留二)，以保持二、三、四万与二、三、四条“喜相逢”的一番不受损失。

4.择张颇有说道

择张也就是选择牌张，两张牌须舍其一，舍孰留孰？关系重大。这在设计不靠类的牌型时，尤为突出，若择张不当，就会导致全局的失败。

例如，手牌13张：中、发、白、南、北，二、七万，一、六、九筒，二、五、八条。已是“全不靠”的阵势。

换张摸进六万，须打出一张。这种情况下势必打掉没用的一筒，而不可在万牌中打主意——三张万子二、六、七此刻都不能动。须视下巡如何进张而定。若一时粗心，认为六万没用(有七万在手)随手打掉，情况就大为不妙了。因为二、六、七万中，六万与七万是两张选择牌：如进一万，与六万不配；如进三万，则与七万不配；如进五万或八万，则与六、七万都不配。凡遇到这种情况，择张时必须将二、六、七万都先留下，而把一筒打掉(因为在一、六、九筒中，六与九已成不靠，只差进一张三筒，便组成三、六、九筒不靠，一筒在这里已是无用之牌)。随后无论上张一、三、五、八、九万与四万，均可成局。

由此可见，在花样战术中择张有多么重要。

(九十三)拆对争番

手牌 13 张如图 152 所示:

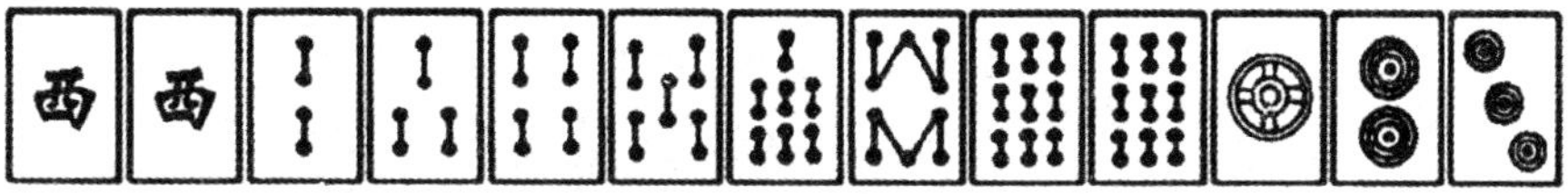

图 152

已是一入听的牌姿。摸牌摸进六条,如打出一张二、五、八条,叫听西风、九条对倒。成和后得番只有缺一门和门前清的番(西风为非令风,碰出也无番,如和在九条上,还可有幺九刻番)。好牌和不出高番,划不来。只要还有时间,就应断然拆掉西风对子,决心做条子清龙(只差一张幺鸡即可成局)。若进幺条成和,得番有:清龙番、缺门番、平和番、一般高番;如是单钓成和,还有单钓番(尚未考虑门前清),得番高出数倍。即便和在其他条子上,或者单钓不是万子的牌,番数也不会比对倒少。

(九十四)破副争番

手牌如图 153 所示:

图 153

呈一入听状态。只要碰出白板或九万,即可叫听四、七万;或者吃进四、七万,叫听白板与九万对倒。但这样成和得番有限(只有白板刻或九万刻及缺一门),不如调牌,争取高番。

手牌中二万已成刻,白板、九万与六万 3 个对子都能开碰,可拆弃一、二、三条副子,单钓五万,做碰碰和。

如按上述设想和牌,牌面为:

白白白,二、二、二万,六、六、六万,九、九、九万,五、五万。

得番有:碰碰和、白板刻、九万刻、缺一门、单钓将,番数大增。

(九十五)钓牌争番

已吃倒七、八、九条，碰坎北风(客风)，手牌 7 张如图 154 所示：

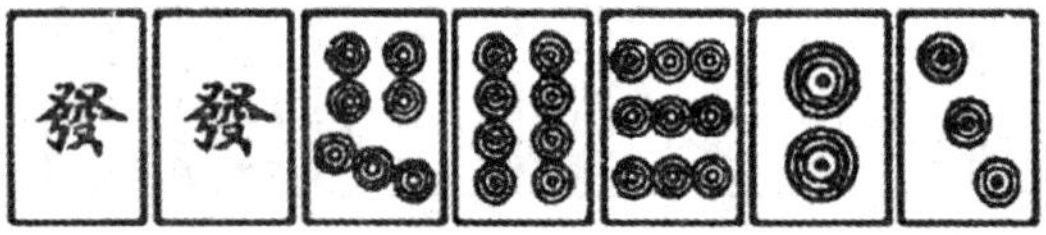

图 154

叫听一、四筒。

果真这样成和，得番仅“缺门”一番，再无其他番可计，如属牌局紧迫，此铺牌有和即和乃是正道。然而牌局尚早，各家均未入听，这就有调牌的余地了。此时若有人打出或自摸发财。即拆搭改钓，或打三钓二，或打二钓三(视牌面形势)。虽叫牌减少一张，但成和后番数明显增加。可得“发财刻”、“缺门”和“单钓”番。

(九十六)留嵌争番

进张情况如图 155 所示：

图 155

这手牌明显地多出一组面子，必须拆舍一组才行。如按常规打法，应在两个嵌搭中选拆一个，但不妥，为什么呢？

请看：这铺牌显然有做成“花龙”的可能。已有大头七、八、九万，小头有一、三条，中间有四、六条和四、五筒。假若拆掉一、三条嵌梦，这条花龙是绝对做不成的了，此其一；如拆四、六条未尝不可，但这样一来，花龙的“腰”就只能指望六筒一张牌了(如先进张五条，亦可组成“混龙”)。况且如进展顺利的话，最后叫听在四、六条搭子上，还可多得嵌张番，此其二；如放弃“花龙”，成和后得番最多是“连六”“喜相逢”或许还有“缺门”，番分有限，此其三。

如果拆两面搭而保留嵌搭的话，情况就大不一样了。拆七、八筒，如能按设计进张二条与六筒，则牌面为：一、二、三条，四、五、六筒，七、八、九万，五万为将头，听张牌是四、六条，叫牌嵌五条。

这样成和后得番有："花龙""喜相逢"、嵌张和。

可见在本铺牌中，拆两面搭要比拆嵌搭高得多。这就是花样组牌战术的特点之一。

（九十七）门、断、平争番

"门"指门前清，"断"指断幺，"平"是平和。这种复合番在花样战术中经常出现。一些高手做起"门、断、平"牌型来，如同魔术师"大变活人"一般地熟练。

手牌如图 156 所示：

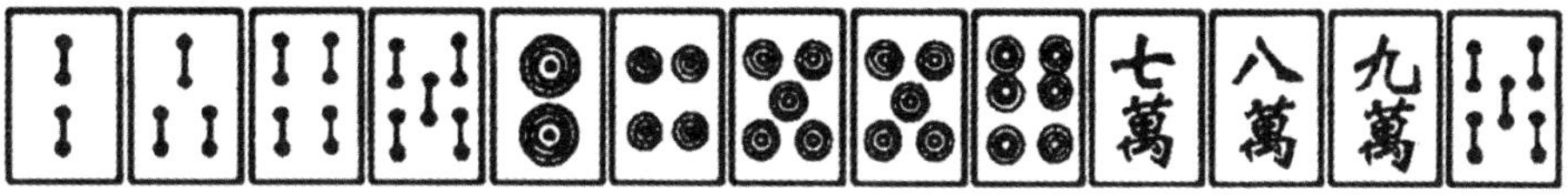

图 156

这手牌只要碰出五条或在一至七筒中入牌任何一张，即可叫听待和。但这样和出几乎无番可计，白白葬送掉一手好牌。

这手牌完全有条件向"门、断、平"的牌型发展，因为手牌的面子相当整齐。

只需自己摸进一张六万换切九万，再摸来三、四、六、七筒中的任何一张，即可成局。

决心下定，对别家打出的五条、五筒不予理睬。摸牌摸上八筒，虽说无用，也先留下，打掉九万先搞断幺。两巡过后，自己先后摸起六万和三筒，真乃"天公作美"也！打掉八筒与五筒此时牌型已成为：

二、三、四、五、五条，二、三、四、五、六筒，六、七、八万，叫听一、四、七筒。

如和一筒，得番有："门前清""连六""平和""无字"。

如和四筒，得番有："门前清""断幺""无字""喜相逢""平和"。

如和七筒，得番有："门前清""断幺""连六""喜相逢""平和""无字"。多么令人振奋！

（九十八）龙、卡、缺争番

所谓"龙、卡、缺"即指"一条龙…嵌档"和"缺一门"。前者"龙"难度较大，后面的“嵌”与“缺”容易成型。

不过在实战当中，凡遇有“龙”雏形的牌面时，都是先奔“龙”，因“龙”牌番数最高，其次是“卡”，最后是“缺”。

手牌如图157所示：

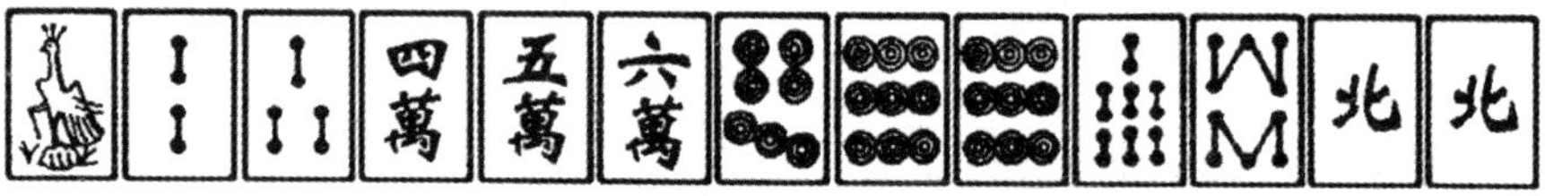

图157

一眼可见，这手牌有一条“花龙”即将形成。这时有人打出九筒，如开碰，即可叫听六、九条。然而此乃低路之打法，高手们决不这么干。因为这一碰就把“龙头”碰掉了。即使成和，也只有九筒刻一番牌，别的什么番也没有。故九筒碰不得。如有人打出北风，也应置之不理。否则碰出北风，则丢了将头，又走上和六、九条的老路上去了，因此对于北风，仍应视而不见。

高明的打法是自己摸牌，摸上八筒最为理想，但摸进的却是八条，切掉九筒。此时如有人再打出北风或是八条即可开碰。牌过一巡，恰好摸来九条，打掉多余的八条，叫听嵌八筒。

两巡过后，对家碰坎七筒，打出八筒，当了炮手。

这铺牌虽未打出“缺门”，但已是相当理想了：既有“花龙”一条，又是“嵌档”和，番数不低。

（九十九）一色争番

一色牌番高但难做。这是因为在做清一色或混一色时，势必将另外两色牌逐张打掉，尤其是拆舍搭子或对子的情况下，极易被别人看穿你的目的。于是便会扣住该色牌不放，只能靠自摸去凑牌，这样就误事了（清一色比混一色难度更大）。

然而，当配牌中同色牌在9张以上（或有风、箭对子时同色牌不少于8张），且联络性较好的情况下，就不应放弃做一色牌的计划，相反应采取积极进取的态度，力争和出一色的大牌来。

假如摸牌情况如图158所示：

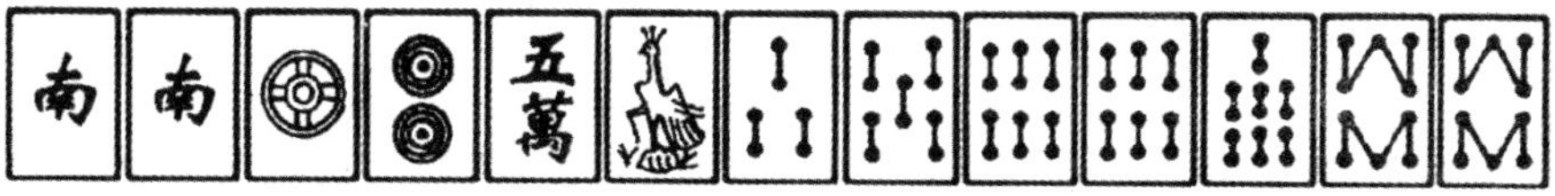

图 158

牌面分析：

(1)碰南风，进二条，八条作将，叫听边三筒；

(2)碰八条，进三筒，南风作将，叫听嵌二条（或进二条叫听边三筒）；

(3)进四条与七条，南风作将，叫听边三筒；

(4)进二条再进四或七条，南风作将，叫听边三筒。

按上述设计，成和快，但得番有限。

权衡得失：这铺牌有 8 张条子，牌面相当整齐，均已成副成搭。且还有一对南风，既可开碰，又可作将。故距“混一色”仅一步之遥。应下决心做条子“混一色”。若条子上张顺利，连一对南风都可考虑拆舍，往“清一色”方面发展。

(1)无论摸进任何条子，都应毫不动摇地开筒子。

(2)如能进张二条，继而进张四条，则牌型就成为：南南，五万，一、二、三、四、五、六、六、七、八、八条；

(3)如碰出南风，则叫听五、八条；

(4)如进五、八条，则叫听南风、8 条对倒；

(5)如进七条，则叫听三、六、九条；

(6)如进九条，则叫听边七条。

如果能和在九条上，则得番有：混一色、青龙、平和、缺一门，番数相当高了。即便和不出“龙”来，起码是混一色连六，不碰牌的话，还有平和番，也是可观的。

十、制胜方略

牌战取胜之道，一言以蔽之，无非八个字：全局在胸，通权达变。

也就是说要有一个通盘的计划和策略，还要有随机应变的战术技巧。这两条乃牌战制胜之根本所在。

(一〇〇)如欲取胜,先知其败

凡打牌者,没有一个不想赢的。然而想赢是一回事,能否赢得了又是一回事。常见牌桌之上赢牌心切者,往往是输得最惨的一个。缘何如此？关键就在于他们不懂得胜与负、输与赢之间的辩证法则。

牌家如不注意克服下述弊病,定输无疑:

1.不看牌势如何,不顾牌局变化,只凭想当然——牌好想和,牌差也想和,每局都抱着非和不可的念头,与客观规律作对。

2."贪"心过重——贪大弃小,贪图眼前,贪吃贪碰,碰得连将头都没了。为了做清一色,宁肯拆舍客风对子,而不安于混一色。到头来,落个"鸡飞蛋打"。

3.只知进,不知退;只讲攻,不顾防;不讲时间、场合、节奏。进,不得章法,退,乱了自己阵脚。

4.不讲策略,不讲战术。牌至终局,自己手牌 7 张,呈一入听牌姿。碰听为鸡和,不碰摸牌上张可获平和。只为不愿鸡和,有碰也不碰,决计待平和,其结果事与愿违。

5.死守教条,固守牌姿,不求变通。不顾时间、空间的不利,一味固执地打一色牌,做牌到底,宁可坐失良机。

6.只顾抑制下家,不顾另两家牌势如何,不知牵制的重点在哪里。

7.摸打吃碰不讲技法,如遇配牌不顺,就想做"十三不靠"(也不想想十三不靠不是那么好做的),急于求和。

8.会和不会算。缺乏预测能力,心中无数,常常走极端:要么冒险打生张,充当炮手;要么生张一扣到底,自己也不叫和,直至摸黄。也不区分别家有无大和,离摸黄还有多远。或者遇有零散之牌,便心灰意冷,自认成和无望,便索性扣住全部风令和箭牌,放张供下家食和。殊不知打麻将不同于下象棋,既有战术技巧,又有摸顺因素,即使牌势不佳,也应努力拼搏,难说就没有后来居上的情况出现。

9."惜牌"心理作怪,算不开账。没有用的中心张总是舍不得打,留到不得不打的时候,往往成了炮弹。

10.不知牌的安危,分不清生熟冷热。一旦叫听便心存侥幸,靠撞大运,不出铳暗自庆幸,出了铳自认倒霉。

（一〇一）宁快勿贪，集腋成裘

欲操胜券，必须和牌，这是尽人皆知的道理。然而，和牌有大小之分，正如牌谱中所说的"大番一和胜十小，小和不舍一返三"。这两句话是辩证的关系。

那么，实战当中，当如何对待大和与小和呢？笔者的体会是：宁快勿贪，集腋成裘，以"快"为上。即便是小和，也应有和即和，绝不可贪大求高，以致失掉和牌良机，尤其自己坐庄时，更应如此。

道理很简单：自己成和一盘，得三人之分，让别人和出，倒找一分。孰多孰少，不言自明。

所说的"贪"，是指本来不具备大和条件，而偏去好高骛远，结局自然是因小失大。假如起手配牌就有"相"：发发，一、五筒，三条，二、二、四、五、五、七、八、九万，一看便知是上好的"混一色"牌面，这当然不是"贪"。但若牌面一变：发、一、三筒，四、五条，万子牌仍然是：二、二、四、五、五、七、八、九万。这种情况下，你如果硬要企图去做"清一色"或者"混一色"，就属于"贪"了——因为你必须连拆两个搭子。这样一来，就等于明明白白地告诉各家：你在做万子一色牌，有谁还会向你提供万子呢？只能靠自己摸牌来凑了。而且行张中还有别的牌需要切舍，在时间上肯定来不及。没等你入听，恐怕早有人和出几遍了。像这样的牌还是从实际出发，安于平和的好。如能进张六万和六条，还有个"连六"与"喜相逢"可得；如万子进张，当然可打缺门。

所以，在自己没有大牌的情况下，绝不可起贪心，硬是去做高番。正确的选择应是抄近路，力争完成小和，破坏他人之大和；如有把握应以自摸为主，以获得加倍记分，自己坐庄时更应努力和出；他人当庄，应极力牵制设阻，破坏其食和机会。

（一〇二）吃碰之道，重在牵制

打牌见吃就吃，有碰则碰，绝不是高手所为。须知吃碰之道，重在牵制。牵制的目的在于阻止他人手牌的顺利进展，以便使自己能先人一步踏入听区。在麻将战局中，不懂得牵制者，根本谈不上牌技的战略战术，最终是断然败北的。

例如：当摸打进行至第五巡时，手牌牌姿为：

二、三、五、六万，二、二、二、三、五、六条，一、二、二筒。

从下家的舍牌相看，极希望得到条子与万子。当上家打出一、四、七万时，尽量不要吃（上家以后还会按此同一线切出，还会有吃牌机会）。通过自摸得到有效牌后，即可拆舍一、二、二筒，以此来牵制下家。

再比如，手牌为：二、三、三、四、七筒，三、四、五、六、七万，五、六、七条。

这样一铺以中张为主的牌面，且具有搭子的重复要素和三门听的优越条件，是应当好好珍惜的。还有一点，已预测出七筒是危险牌。

当上家打出一、二、三、四、五筒时不应去吃（三筒也不能碰）；打出二、五、八万时，也以不吃为好。吃了之后打什么！尖张七筒是险牌，三筒也不能切。如通过自摸得到这些待牌的话，宁肯拆舍三、四万的安全搭子，也不应作冒险性的尝试。这样对另三家牌可起到极大的牵制和威慑作用。

吃牌要吃得有理，吃得灵活。若已预测出别家做大牌或是战局紧迫，自己就不该再固执地非做“门前清”不可。这种情况下，则应赶快吃牌，力争早听快和。

碰牌也同样有这个问题。在牌局形势一触即发之际，手中有碰，即使鸡和也要开碰，以促成早听；自己坐在西位，当北家打出自己的对子时，故意开碰，造成庄家摸牌跳档，以此牵制庄家连庄机会；还有，已窥测出有人做“清一色”大牌时，只要手中有该色牌的对子，则应断然开碰，以破坏其手牌面子的组合。

（一〇三）居安思危，不攒炮弹

没有用的中张闲牌应及早打掉；危险张子伺机舍出；手中尽可能扣压一张安全牌，以替换入听时待舍的危险牌；注意牌的安危规律，提早将对家或上家可能要的牌（自己的待舍牌）打掉，免除后顾之忧；多家叫牌阶段，注意自己手中的暗坎及暗坎的同一线筋牌，多半属于危险牌。

（一〇四）虚实并用，兵不厌诈

打牌跟打仗一样，离不开斗智。大凡牌坛高手，几乎个个都是善于动脑，思维敏捷的智者。

经验证明，牌桌上的巧设迷局，暗度陈仓、掩人耳目、声东击西等等战术技巧，正是高手们赢牌的一种法宝，而且是屡用屡灵。不过，值得注意的是要时常加以变换，交替使用，真真假假、虚虚实实，这样才能致使对方难以摸清你的路数,防不胜防,处处被动。而你的“兵不厌诈”之战术,就可以大显神通了。

(一〇五)牌顺宜摸调,牌逆宜吃碰

从组牌的角度上讲,当自己牌顺时,应尽量少吃少碰,以摸牌为主,尤其在中局之前,更是如此。因为每吃、碰一张,便会使牌墙上的牌出现滑落,使本来对自己有利的摸调顺序变为不利。相反,当自己摸牌不顺时,恰恰应当有吃即吃,有碰则碰,以改变原有的摸调顺序,说不定会给自己带来转机。

(一〇六)注意隐蔽,“天机”勿露

打牌过程中,需要注意下述几点:

1.起手配牌不是特别好时,开局之初的前几巡,尽量少吃少碰,以免过早地被别家猜测出自己手牌的牌姿和战略意图,否则对自己的下一步作战极为不利。

2.讲求摆放牌的技巧性。

3.做大牌时,尤其要注意隐蔽。若是一旦被人察觉,势必会形成被扣牌或放和的情形,使自己的辛苦经营毁于一旦。

因此必须善于多用心,虚张声势,真假相济,让对方对你的手牌牌姿产生疑惑,乃至错误判断。

譬如拟做一色牌时,可故意先切出手中单张的中、发、白(或者在拆过半搭之后,打一张中、发、白),表明自己无意做一色牌。这样就可以在客观上起到麻痹他人的作用,从而隐蔽了自己的做牌意向。

4.沉着冷静,做到喜怒哀乐不露于言表,不给对方窥测你的牌姿留下可乘之隙。

5.装腔作势。本来是一手上好的大牌架势,故意装出一副牌差的样子,甚至唉声叹气,让对方无从猜测出“你的葫芦里究竟装的什么药”。

6.遮人耳目。假如你已是一入听的牌姿:中、中,五、五万,三、四、八条。

摸牌摸进一张二万,从盘面上看,二万绝对安全,但为遮人耳目,暂不切出,故意将手中多余的八条打掉。因为七条被碰坎,八条被吃进的可能性也不会太大。反正早晚也是个打,与其迟打还不如现在就打(打出后果然无人过问),待碰出红中后,再将这张安全牌二万打出。这样一来,别家很难推测你的叫牌,也许会误认为你就叫在二万附近。于是你达到了掩人耳目的目的。为食和二、五条创造了条件。

(一〇七)出其不意,混成一色

在实战当中,做大牌成和者,有一多半是混一色。

何故“混一色”如此这般受到垂青呢?原因是它容易保密,即使三副倒地,也不至被人注意。在这一点上,混一色确比清一色与碰碰和强得多。

譬如落地的三副牌是北北北,四、五、六筒和七、八、九筒,而该家是西位,北风刻无番可计。这样的牌面,往往被人所忽视,不像 9 张筒子倒地那么引人注目。而手牌呢?则是一对发财为将头,一、三筒嵌搭,听张叫牌二筒。这种外表平常之牌,和出后竟是可贵的混一色、一条青龙、稍带嵌当,番数颇为可观。

混一色之可贵,并非在其本身,而在于碰出的是客风。请注意,仅此一碰往往就足以使人迷惑了。若西家开碰的不是北风,而是西风的话,未免就扎眼了,极易招致群起而攻之。

高手们打牌很留意混一色,又特别留意无番的客风。因为他们深知客风价值之妙——妙就妙在一个“惑”字上。若单留自家的门风或圈风,而无客风的“招摇过市”,恐怕是难成大器的。

(一〇八)单骑客风,无往不胜

实战当中,单钓客风的成功率高于任何形式的听牌,越是高手聚桌的场面,越是如此。所以,单骑客风,成为高手们赢牌的一把“撒手锏”。

假设在某一盘牌局里,东家与南家均已入听。东家是本门风“东”与白板的对倒听、南家是客风牌北风的单骑听。这时,“海”内已见一张东风,但白板未出现;北风也是露面一张。从待牌的数量上看,东家是一张东风,两张白板,总共是 3 张,而南家只有 2 张北风。这样看来似乎东家占优势,实则却不然。

此刻牌战已是中盘后期,开始进入听张阶段。三箭牌白板仍未出现,一般来讲孤张的可能性就极小了。不是有人拿对,就是埋在黄牌墙尾八墩之内,要不就是有人做“十三不靠”或“十三幺”“攥”在手牌之中了。否则早应该有开碰的机会。由此看来,东家的待牌实际上只剩一张东风,成和机遇大为缩小。

然而,相比之下,南家的形势反倒令人乐观。作为客风的北风、“海”内已经有一张,虽然另两张尚未见面,但北风与东风不同。东风是东家(庄家)的本门风,“连庄不打东”;而北风“海”内既见一张,说明它已成为一张绝对安全牌。其余各家谁如摸到北风,定打无疑。而谁家如摸到白板,一看盘面太生,则轻易不敢出手。于是,南家单骑北风的成和机遇,就比东家白板与东风对倒的成和机遇在实际上大得多。

当然,如果两家的待牌,都同时被砌在黄牌墙内,那就另当别论了。

由此可以得出一条经验:听张的待牌,如能叫在绝对安全或谁家也不要的牌上,其成和率为最高。而其中成和机会最多、最大的,莫过于单骑客风。

(一〇九)灵活应变,切忌死守

在所有的战术技巧中,顶属“随机应变”这一条最最关键了。它不单是检验牌手水平高低的一把标尺,更是牌战胜败的决定性因素。

牌桌之上,四家各自为战,互为敌手,关系复杂,微妙异常。同时牌无定势,处于变化之中。尤其进入中盘战后期至终局期,牌局形势瞬息万变,隔巡如生张,安危难预测。各种突变因素,迫使你必须纵观全局,明察秋毫,依据手牌和盘局变化,灵活机动地调整或改变战术,切不可死守教条,在一棵树上吊死。必须清楚,麻将取胜,应变乃属上策。

然而,变应有术。战术可变,战略性的方针不可变。例如死盯下家,决心弃和拆臭,不可因中途摸上一张好牌又心存侥幸。但如若被迫听张,所扣之牌变成熟张,未尝不可改变。

一般地说,起手配牌较好,可取攻势。但如摸打至七八巡上,牌势毫无进展、反倒多几张险张或孤牌,则应改取守势。严与宽,松与紧,扣与放等等,也都应根据牌势,依时间、场合、阶段、牌局变化等具体情况而定。比如对庄家要严,对下家要扣。然而当下家牌势较弱时,就应宽松一些,以利于自己组牌;如上家牌旺或过刁,则应采取迷惑战术,或者乱吃乱碰,故意扰乱其节奏,使其成牌困难。

例如,当你发现上家在做万子清一色,对家在做清幺九,两家都是大和牌、且牌势极顺。而自己的牌姿相差甚远,预测将会失利。为了保持战平或减少损失,应立即停止对下家的诛伐,变抑制为放张,即使拆搭拆副,也在所不惜,目的是促其成和,以对付另两家做大牌者。

诚然，若自己的牌势也极佳，有成和之希望，则大可不必与他人计较，一门心思打自己的牌也就是了。

（一一〇）适应战局，转变型格

门前付露为红中一刻，六万一刻，切出四万，又摸进一张九万。此时摸打已进行到中盘战后期。手牌 8 张如图 159 所示：

图 159

显然手牌临介于碰碰和与混一色两种型格之间。于是打出六筒试试，万一进张万子，再接着打掉四、五筒。但事不从心，摸来的竟是一张五筒，此时手牌形成：三、三、八、九、九万，四、五、五筒。须打掉一张。

该打哪一张呢？观察盘面形势，牌风有点吃紧，且“海”内已有两张五筒（五筒已是满张），三万也被人吃死了一张。如继续按原计划做牌，势必铸成大错。于是当机立断，打掉摸来的五筒。牌过一巡，对家碰坎八万打出九万，立即开碰，切出八万。以一对三万为将，叫听三、六筒。虽然变了又变，但和出机会不见得少。这是因为：

第一，三副碰坎落地：红中、六万与九万。各家对你的牌姿肯定吃惊，推测你不是碰碰和、就是混一色。面对这样的大牌架势，引起牌局震动。于是各家紧扣万子不舍，专在筒子或条子上进攻。

第二，由于自己打过六筒与五筒，别人会误以为你不需要筒子，为了牵制你，肯定会追熟。这样一来六筒和同一线筋牌三筒打出的希望最大（何况五筒已经绝张）。

（一一一）迫不得已，减番求和

打牌，谁都想奔高番，然而有时又不得不自动减番。因为如果不这么办的话，不但高番做不成，恐怕连“鸡和”也与你无缘了，弄不好，还有可能倒赔老本，这就叫被迫“屈就”。

被迫“屈就”，并非下策，恰恰相反，乃是随机应变的明智举措。

例如你是下面一铺牌：门前碰倒红中与白板，手头还有一对发财，另外五张牌是一、一、二万及三、四条。

谁都明白，碰出发财，打掉二万，叫听二、五条，成和后便是“大三元”的高番牌。可是，谈何容易！你已碰出两副箭刻，别人肯定扣住发财不打，除非自己摸到发财。这时你就应当实际一点，明智一点，灵活一点。当有人打出一万时，断然开碰，或上家打出二、五条或三万时，立即吃进。以一对发财为将，和出后也是一铺小三元，番数仅比大三元低一档。若硬是抱着大三元不放，非大三元不和，寄希望于侥幸，势必会贻误战机，到头来怕只怕鸡飞蛋打，“赔了夫人又折兵”。

所以打牌切不可凭侥幸想当然，还是多从最坏角度想想的好，“该出手时就出手”，“你有我有全都有”。减番求和的道理就在于此。

（一一二）为死吃碰，脱火求存

从战术角度上讲，碰牌的重要意义在于牵制，打乱摸调顺序，为连庄者或牌旺家设置障碍，使其成和困难。故意碰牌往往还可以起到迷惑他人的作用。

假如抓到一手烂牌，根本没有成和的可能。怎么办呢？与其跟在别人屁股后头一味地追熟出张，莫如故做强胜，猛打猛冲，有吃便吃，有碰即碰，乱碰硬碰，以给各家造成心理压力：此人必有好牌不可小看。于是在阵阵担心和惶恐不安的心态下，便会做出你所期望的选择——或为牵制而拆牌追熟；或为赶牌而不得不弃大（和）改小（和）。果然如此，你的目的达到矣。

不过，为死而碰也有限度，这就是手中必须保持至少两张安全牌，否则你的“以攻代守”的战术便无法实行。

例如起手就是一铺烂牌，根本无“相”。于是打定主意，以攻代守。用一、二万吃了边三万，又碰出八筒明刻。手牌 7 张为：白板、西风、八万、三筒、六、八、九条。

这时，白板、西风，“海”内各见两张，都属安全牌之列。如摸上白板（或西风），绝不可因有了此对牌而想入非非，做出不切实际的蠢事，以致前功尽弃。正确的选择应是不改初衷，干脆将保险牌白板打掉，遇上家的七条，照吃不误，再舍安全张西风。此刻，手牌 4 张：白板、八万、三筒、六条，而白板又是绝对安全牌。

由于自己已吃碰三副牌,已经造成对方的紧张气氛,牌战已是后期,对方必持谨慎态度,放弃做牌,匆忙求和,了结此局。这盘牌虽然输了,但失分不多,这样也就达到了“为死吃碰、脱火求存”的目的。

(一一三)临近黄庄,格外冷静

打牌打到临近黄庄,最为紧要了。这时有几点需格外注意。

(1)“海底捞月”(即指和别人打出的最后一张牌),番数不低。如自己已叫听,当极力争取,不可气馁。

(2)“妙手回春”(自摸牌墙上最后一张牌成和),更是千金难买之良机,决不放弃。一旦成和,得番也是相当可观。若自己未入听,则应运用机智,将最后那张牌转移到自己或另一家未叫和者手中。

(3)注意三样牌:清一色、混一色与碰碰和。临近末了,谁家有没有这三样牌,已是“和尚头顶的虱子——明摆着”,如若一时不慎,让对方来个“落地开花”,损失可就惨重了。

(4)暗刻勿杠。临到末尾,手握一副暗刻最为有利,切勿轻易杠出。例如手中有一、一、一万刻加一张二万,叫和二、三万的牌,几巡下来,仍不能和出。这时摸入一张五筒,观察“海”、“地”,五筒出现一张,且四筒与六筒均多见,不如弃二万单钓熟张五筒,反倒容易食和。(当然,若测出二万系险张,则另当别论)

临近残局,越是叫听熟牌,越容易成和,哪怕待牌只剩一张,也有成牌希望。也就是说,叫牌叫在别人越是不要、越敢打的牌上,则越容易和出——此乃残局和牌战术的绝妙一招,请君谨记。

(一一四)骨架之牌,不可乱拆

凡有一定打牌经验的人都知道“金三银七”之重要。只要手中有同花色的三与七,无论摸进同色牌中任何一张,都能与之配伍,组成搭子或对子。同时三与七这两个尖张牌,还有其特殊功能——控制边搭一、二与八、九的作用,不到一定时机,是轻易不能切舍的。

同样,一、五、九三张牌,也是不可轻易拆舍的。别看这三张牌既不成搭又不成对,似乎孤立互不相连,但只要摸入该色牌中的任何一张,均能与之相匹配,不是成搭便是成对,而其他的牌点就略逊一筹了。故三、七与一、五、九这种组合,乃是牌张组合中的“骨架”结构,极为可贵。在手牌面子不足的情况下,不可随便拆舍。

(一一五)狭路相逢,智勇取胜

两军对阵。前有高山大川阻拦,后有重兵围追堵截,左右重重埋伏,四面楚歌。到了这般山穷水尽的地步怎么办?上天无路,入地无门。那也只有拼死一战了,豁出去,破釜沉舟,或许还有绝处逢生的一线希望。而畏缩不前,则只有死路一条。打牌又何尝不是如此!

例如,时值牌战终局期。门前付露一、二、三万与七、八、九万。手牌 7 张是:红中对,三、三、三、四、六万,叫和嵌五万。成和后便是混一色、青龙加三万暗刻的一铺大牌。

可是,事不从心,摸牌偏偏摸来一张七条。从盘面上看,七条已见一张,但那是开局不久下家打出的。牌局已是终场,“隔巡如生张”,如现在再打,安危就难说了。面临抉择:七条留之无用,打之不保。怎么办?这就要看你的胆量了。

但光有胆量还不行,还必须用脑子。这时就需要纵观全局,仔细察看盘面,首先弄清两点:一是有无大牌家;二是与七条有关的牌出现了多少。假如没有大牌家,或者七条不是大牌家的要牌,况且六条、八条“海”、“地”中露面较多,那么,你就应下定决心,断然开出七条。打住了最好,打不住大不了给小和家放一炮,也没什么了不起。高手们也短不了出铳,因为人非神仙,所算者,只能是牌势中少部分牌而已,能在 136 张牌中,猜准二三十张,已属相当高超了。

在牌战的关键场合,谁能冷静果敢地豁上一搏,谁就能赢,这就叫“狭路相逢,胜属智勇”。

(一一六)六张孤立牌,退出胜负圈

前面曾讲过,手牌过烂,故意制造紧张空气,以佯攻来掩盖防守的情形。那不过是特殊条件下的一种特殊战术而已,不应该成为一种固定的模式。在很多场合下,配牌太烂,孤立牌在 6 张以上时,还是应该及早决策,退出胜负圈,方为明智之举。

例如,起手配牌如图 160 所示:

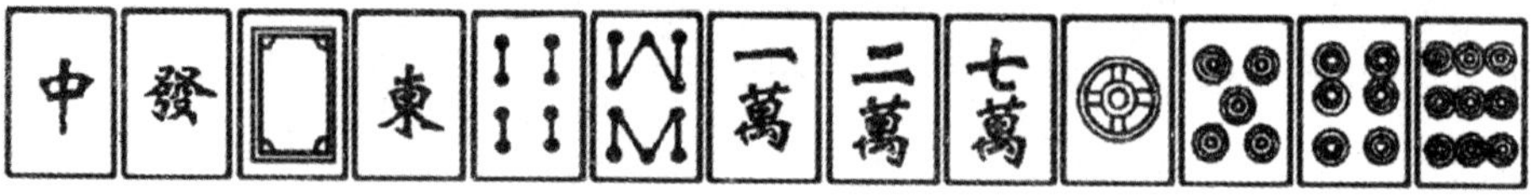

图 160

像这样一手散乱不堪的牌，就是从天明打到鸡叫也不可能入听，神仙也打不赢。同色牌难以成副——打“无番和”也相当困难；牌色杂乱——打“清一色”如同儿戏；打“碰碰和”更不沾边——一对都没有；打“十三不靠”也不现实——一般来讲，做“十三不靠”，字牌至少要有五张，而废牌最多不超过三张，否则难以做成；做“十三幺”也没有可能——令你平均每两巡能摸上一张要牌，至少也得十二巡以上，等你摸齐时，别人早已和出几遍了。

类似这种情况，一上手自己就应当“判死刑”，一点余地都没有。所以，如果初期配牌中，孤立牌在六张以上时，最好从一开始就做好不和的思想准备，决心退出胜负圈。采取绝对守势，抑制生张，追熟拆臭。牌局紧迫时，寻找小和家放牌，尽量促其成和，以使自己少失分（如能黄庄，当然谢天谢地，这是不太可能的）。即便别人和了牌，也属自己的一个胜利。

（一一七）“引牌”断后，成和不愁

所谓“引牌”，顾名思义，就是引诱自己所要的牌。将这张牌，放在叫听时再打（断后），以引诱出所求的待牌食和。

不言而喻，作为“断后”的引牌，应当是一张安全牌，至少应是安全系数较大的牌张，否则就难免步人“上听点炮”的险路了。

需要说明，作为“断后”的“引牌”与“A 牌”是有区别的，虽然“A 牌”也常常在入听时才切出。“A”牌的作用主要是用来替换手中待舍的险张，以防出铳，不一定非要等到入听时再打，也可以于一入听时舍出，以不出铳为原则。而且它一般地不担负诱引待牌的任务。

引牌就不一样了，既然是“断后”的引牌，目的性十分明确：就是诱引待牌食和。因此只能在叫听时打出，早打一巡都不好使。

这样看来，引牌必须具备两个功能：安全性和诱引性。

例如，门前已有两组付露，手牌 7 张是：

南南，三、四条，二、三万，白板。

显然此例中的白板只是“A 牌”，而不是“引牌”。一旦摸入一张生牌，在权衡一番之后，多数要打掉安全牌白板，以保安全过关。当然如进张二、五条或是一、四万，切出白板便进入听张状态了。

现在我们换一张牌：

南南，三、四条，二、三万，八条（八条系安全牌）。

这里的八条就是身兼二职了：既是“引牌”又是“A 牌”。应是在吃进或摸进一、四万时打出，以诱出同一线筋牌二、五条食和；若先进张二、五条，这种情况下切出八条，也属正常，但起的却是迷惑作用、而非诱引作用。

既然八条断后，摸来生张怎么办？原则还是权衡利弊。如果推测没有人做大牌，或者此生张预计最多有人吃、碰而不致放铳时，不妨索性打出。倘若这时先打安全牌八条，他家以同一线筋牌二、五条牵制，此刻你还未能听张，岂不是干瞪眼吗？

（一一八）虚有其表，绝对自误

常言道：“兵贵精而不在多，将在谋而不在勇。”如此极富哲理的用兵之道，拿到麻将桌上，绝对百分之百适用。徒有其表而实际上毫无用处的牌，只能是自我欣赏，真正能成和的希望很小。手上有这种牌面，如不断然改变，到头来势必自误。

让我们来看两个例子。

［例 1］13 张牌如图 161 所示：

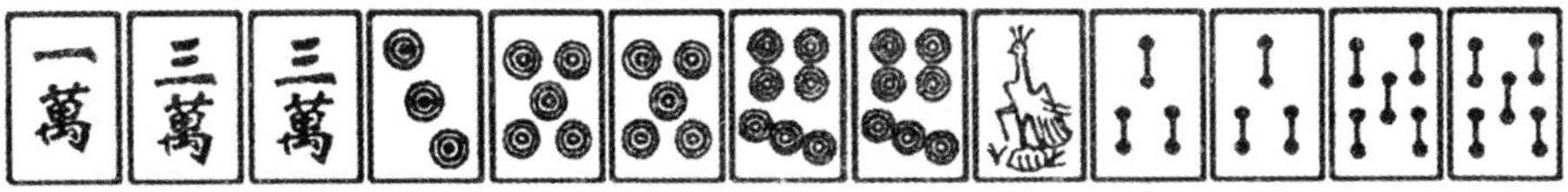

图 161

这铺牌有五个对子，显然是碰碰和的牌势，但不可乐观，为什么？

请看：五对当中有三对是尖张，另两对为中张。这种牌期望别人打出来是很困难的，越是到后期越是罕见。按说手里有两对尖张，就犹如徒手摘星，何况三对，外加两对中间牌，岂不难上加难！靠自摸又谈何容易，时间也不容许。

因此遇到这种牌姿，切不可贪心突起，面对现实，及早收帆，改成平和或者鸡和，才是明智之举。

［例2］牌战行进到中期偏后，手牌牌姿为：

一、一、三、五、六、六、八万，一、二、四、五、七、九条。

万子是连襟型的复合面子，条子则是缠夹不清的头搭尾、尾搭头。从外表看，似乎并无单张，全是搭子加嵌搭或对搭相间的复合面子。然而，却是徒有其表。这种牌姿实际上拥塞一团，毫无头绪，没有一个完整的朋组，相同进张的情况有好几处。如果配牌就是这样，还好办些（时间允许），怎奈却是陆续摸得。若此时拟做清一色，牌局已到这般时候，怕只怕为时已晚；不去做牌，又不知拆舍哪张为好。要知道，经过这么多巡的摸打，别家恐已处于听张前后，而自己这一大堆"马拉松"的牌，尚难理出头绪，这就十分不妙了。

除此之外，像"大四喜""十三幺""四杠""连七对""九莲宝灯"一类的牌型，可遇而不可求，刻意去做，成功率几乎为零。

所以，打牌切忌打华而不实、虚有其表的牌，绝对自误。

（一一九）不同牌手，不同对策

四人对阵，水平完全相同的情况不是很多，多数场合是有高有低，参差不齐。

对待不同水平的对手，应采取不同的策略与战术，以便获胜。

那么，实战当中怎样来区分牌手水平的优劣高低呢？大体可按下面四个档次来划杠。

一流牌手：战术运用自由，行张运筹讲究技法，一进一出滴水不漏。他们只用少部分精力考虑自己的牌，绝大部分精力用在牌桌上：观察牌面的动向、分析三家的暗牌——眼睛似乎总盯着三家的一举一动；出手牌大都不能为他人所用，并可根据战略需要，对下家或他家"送其所需"；这种人大都老练稳重，喜怒哀乐不露于言表，别人很难察出破绽。

二流牌手：比起一流牌手明显地略逊一筹。但摸打吃碰杠已有相当功夫；盯上控下有一定技巧；除了注意自己手牌外，尚能留心观察"海"、"地"及庄家的动向；但在牵制战术的运用以及对牌的预测能力方面、稍嫌欠缺；还有就是做大牌时不够沉着冷静，往往"天机泄露"。

三流牌手：多为初出道者。他们的特征是：会打而不精，会和不会算。一上手就喜欢吃、碰、急于听牌；只知克控下家，很少注意牌面变化；喜欢留中张牌，即使一点没用，也舍不得打，总想再靠一靠，一旦入听，往往“炮手”非他莫属。

四流牌手：这是最低级的牌手了。他们的特点很突出：眼睛总盯着自己的手牌，对其他三家打出的牌，只关心自己能否吃或碰，别的就一无所顾、一无所知了；生熟冷热不分，安危不辨，只要是自己无用的牌，不管三七二十一，抓起来就打；要么就跟着别人打，出张毫无规律；甚至别人打出自己的听牌，往往也不能及时看出，致使错失良机。

只要你留心观察，一两盘牌下来，最多三盘，孰高孰低，哪一档次，基本八九不离十。于是采取不同的策略与手段、区别对待，以求战而胜之。

对付三四流牌手，不必大动干戈。一般不需要费很大劲去做牌，依据牌势，尽可能以快取胜。因为他们基本上不懂得扣牌，你所需要的牌，可随时获得；而他们想要的牌，你却心明如镜，扣住不放，“江南的斧头——一面砍”，他们能奈你何？欲得待牌，只能凭自己的手气去摸了，你岂有不胜之理？

当然“笨鸟”也有先飞的时候，也不是就可掉以轻心，至少还得预防他们给别人放炮。

对付二流牌手就要动一番脑筋了。必须依据自己的牌势特点，结合整个牌局形势，制定作战方针。战术上要得当，灵活机动，随机应变，攻略大于守。但当局势不利时，该收则收，不可过贪或过煞。

对付一流的高手、则全凭斗智了。斗有不同的斗法，非一两句话所能概括。除上面所谈的之外，还必须准确地判断各家的牌情与动向，恰到好处地掌握住各种牌的出牌时机；战术上要通权达变，随战随行。而要做到这一点，绝非是一日之功了，需要在长期的牌战实践中，不断地摸索规律和积累经验。

由于牌战变幻莫测，一切战略目标的制定与战术技巧的运用，要依靠自己用心领悟，举一反三，不断实践，总结经验。谁人能拿得出“打败天下无敌手”的绝招来？

（一二〇）先让一圈，后发取胜

有经验的牌手，打牌开始总是先让一圈。头一圈有和则和，无和则任凭别人去和，当然以不使其和出大牌为原则。

之所以如此，完全是为了侦察各家牌手的打牌习性和技法。就像两个拳击运动员打拳一样,聪明的一方总是先后退一步,甚至让过三拳,从中找出对方破绽,摸清其套路,然后再予以反击。而最后的胜者,往往恰恰是先行退让的一方。

牌桌上的先退后进,与上面讲的拳师放拳,如出一辙。然而在战略上,则是先"紧"而后"松"。让过一圈之后,便奋起直追,以小和为基础,有和便和;遇有大牌便和大牌;自己不能和,便放他家小和,前四圈打出水平,为最后制胜奠定基础。

后四圈则以速战速决为原则,重要的一条是不贪不赌,有听则听,有和便和,绝不勉强做牌。若遇有现成大牌或是迫成之大牌,当然也不放过。但须格外谨慎,尽量避开各家注意,以减少被扣被拦的情况出现。如若预测自己牌势失利.又有做大牌者,必要时则应寻求小牌家放和,减少失分,保住必胜比分。一盘牌成和与否,并非很紧要,关键是自己在全局所处的地位,必须保持相对的优势——这才是最最紧要的。

这样一来,他家难以对你进行牵制,你获取最后胜利的希望必大矣。

(一二一)今日虽败,明日再赛

打牌,既要赢得来,也要输得起。赢了不趾高气扬,输了不垂头丧气,这样才令人佩服。

牌桌之上,常有不愉快的现象发生,其中之一,便是输者的不冷静。不是怨天尤人,就是摔摔打打,甚至出言不逊,弄得大伙很不愉快,严重时吵得不可开交,或是不欢而散,这是很不应当的。

打牌本来是为了娱乐消遣,何苦要自寻烦恼呢?

再说,这样做也于事无补。打牌本来就有输有赢,有胜有负。输了牌不外乎两条:一条是手气不佳("点背")——这是无可奈何的事,谁都有"运气"不佳的时候;另一条就是水平问题,或是战术技巧运用上不当——这就需要总结经验教训,坚定信心,以利再战。

打牌的人大多都有这样的体验:你越是摔牌骂牌,你越是输得惨,就好像有一个无形的"赌神",在暗中操纵一般。如同有时打错了某一张牌,下一巡十有七八又摸了回来——大概算是对你的一种惩罚吧。其实哪有什么"赌神",确切地说,应该是你的阴暗心理在起作用,须知它只会帮你倒忙!

常言说得好:“胜败乃兵家常事”,今日虽败,来日再赛。牌桌上先赢后输和先输后赢的情况随处可见,关键看你如何对待,又何必想不开呢?

一个有修养的牌手,必须自始至终有一个良好的心态:从容镇定,充满信心,豁达开朗,大将风范,真正做到胜不骄、败不馁。这样不仅有助于打好牌,也有益于团结,有益于健康。

第三章　麻将技战术三十作法

麻将比赛较为复杂，有时打对牌未能成胡，打错牌却成了胡，但不能因此而怀疑常规技术的作用，因为这只是偶然的现象，也就是特殊性。必须深信，常规技术才是比赛的基本功。

（一）舍牌有什么技巧？

舍牌即打张，是抓起牌第一个遇到的问题。每一圈揭起牌都要出打一张，打什么不打什么，先打什么后打什么，事关成败。组牌艺术、控牌艺术都集中地表现在舍牌上，所以说，舍牌是打麻将中的重要艺术。常见的一般打法是顺其自然，即不要什么就打舍什么，看起来也符合实际，其实并不科学，因为只考虑到自己的需要与否，未想到其他三方的需求情况。这样的打法有时也能取胜，但长期打下去成少败多。舍牌的科学方法就是要全面地看问题，既要看到自己一方，又要看到其他三方；既要看到自己手中的牌情，又要看到打在场中的牌况；既要看当时牌势，又要预测到未来的牌局。具体地讲，至少应做到"六看"。

一是看牌型。是幺九型还是中心张型，是多对型还是花张型，是多门型还是缺门型，各类型均有各自的特点，应根据牌情，科学择打。

二是看搭子。抓起牌后首先要看搭子够不够，有将牌没有。搭子够，将牌有，那就可以先打多余的中心张，以免后患；搭子不够，一般就先打风字一九张，中心张留下挂搭。有时搭子也算够了，但是不好，一旦被碰即成为断张搭，难以补救。在这样的情况下，也应考虑留一定的中心张等待挂搭。

三是看阶段。牌局共分三个阶段，各阶段均有其特点。第一阶段是组牌阶段，一般打牌较乱；到了二、三阶段主要是停口并开始成胡，控牌成为关键问题，一个碰牌将可能导致严重后果，一些生张特别是风字边沿张的生牌轻易不可出打。

四是看方位。东南西北，任何方位都是具有一定特殊意义的战略要地。在一般条件下,主要是控制庄家的问题,偏一偏二可以通过碰牌隔空庄家,偏三可以通过放碰隔空庄家。庄家的位置东方看来似乎是个较为被动的位置,但是他的被动是因为拥有了较大的主动——先揭牌、胡绩大而造成的。总之,舍牌时不要忘了自己的方位。

五是看庄家牌势。庄家初期舍牌一般无奇,而且又很杂乱,说明他的牌势不会太好,至少不是上等牌,你可按照自己的组牌计划舍牌。如果庄家一开始就连打中心张,或者开拆好牌搭,说明庄家牌势比较好,一是幺九风字牌对子较多,二是虽无风字对便是牌路很宽。这时,你首先要考虑的是第一种,风字幺九牌的生张要慎打,以免给庄家放碰,导致听口成胡。

六是看场中舍牌。场中舍牌就是打在场上的废牌,这是四家各自的无用之张。如果把每一家的"无用之牌"放在一起,并且分开出打的先后,那就像一面反光镜一样,可以清楚地看出他们的牌路及其发展阶段。对场中之牌的分析研究,至少可以得到四个启示:打什么牌容易放碰,什么牌容易放胡;留什么牌容易挂搭,什么牌难以挂搭;什么牌是安全张,什么牌是危张;他方可能要什么牌,不可能要什么牌。许多人打牌前都要摊看场中的废牌,其意就在于此。不过有的人并非"有心人",摊看场中之牌只是一种本能的反应,看了场中牌还是放了碰放了胡,因为他们没有科学地分析研究。更甚者连看都不看,任意乱打,造成不良后果,而且毫不在意,重蹈覆辙。

(二)组挂牌搭的最佳方略是什么?

麻将的普遍规则是五个牌组,三张搭四组,两张将搭一组。一般抓起牌搭子均不够,有缺一搭的,有缺两搭的,还有缺三搭的,第一阶段的中心任务就是组挂好这五个搭子。组挂牌搭包括两个方面:

1.挂副搭。"副搭"即三张搭的连张,如一、二、三,七、八、九等,对子碰了也可以当作三张的牌组。组挂副搭的基本方法是"三打三留":一是打风字张和边沿张,留中心张。中心张一张可以连五张牌,留五条,三、四、五、六、七条均可挂连;留一条,只能挂一、二、三条;留风字张,只有来同样的一张牌。二是打断连的生张,留场中已打出的熟张甚至绝张。如三、五万已基本打完,不可留四万挂搭。五筒已打出三张,你若摸到五筒绝张必留,能挂上搭的三、四、六、七筒一定容易摸到。如一、二、二筒,应果断地打掉一筒,对子二筒碰也行,也可做将牌,留下其他中心张挂搭，牌路宽广。

2.挂将搭。组挂将牌的方法也是“三打三留”。一是打为数少的熟张，留生张。任何牌均是四张，打一张即少一张，可得率就少了四分之一。当然也可能摸到绝张，这是一种特殊的可能性，一般不可择取，如果是停口钓将，可以作为一种过渡的方法。二是打孤张，留连张。孤张只有等待自身，连张即可等待多张，即使是熟牌也比孤张宽。如有六、七、八万，又摸到一张九万，即可留六、九万成了双钓张。或者有二、三、四、五、六、七条，又摸到一张八条，这就成为二、五、八条多张钓。三是打边沿张，留中心张。这样可能先挂上副搭，成为“四大钓”牌路更宽了。比如有七、八筒，五条，二筒，一万，一般情况下可以先打掉一万，一旦摸上四条再打二筒，成为两个副搭“四大钓”，八张牌上任何一张均可停口。

（三）怎样科学地处理“断张搭”？

所谓“断张搭”，即需要的牌张断了的牌搭。其主要原因是杠、碰、舍打，或者明显被占用了。断张搭有四种：一是偏断。本来是双张搭断了一头，如四、五万，三万被碰，也叫下断。二是双断。双张搭需要的上下两张牌全部被碰，如七、八条，六、九条均被碰。三是卡断，或者称中断。卡张搭需要的中间张被碰，如五、七万，六万被碰。四是边断。边张搭所需要的牌已被舍尽，如一、二筒，三筒打完。

断张搭的出现对于牌局影响极大，等于伤了元气，要想调整过来非常困难。究竟应该怎样对待断张搭？最关键的问题就是，既要考虑自己的组牌，又要考虑控制他人。如果他人一碰你就开搭，结果他人连放两碰，导致成胡，即使你重新组挂下好搭，也会落得一场空。正确的方略有二：

（1）对偏断搭基本上不拆。因为断了上还有下，断了下还有上，断了三张还有五张，比卡张搭还多一张，仍属于较好的牌搭，停口后成胡的可能性还是很大的，这是其一。其二，若急于开拆了此搭，断张之张偏抠了上来，会后悔莫及。其三，拆搭被人利用，例如四、五条，三条被碰，碰者手中是三、三、四、四、五条，碰了三条打五条是为了逼碰四条停口，你若开拆了此搭正好上当。

（2）对于双断、卡断、边断搭，“四看”而定。

一看牌局阶段。若是早期，应考虑开掉它，即使是生张、断连张，因为这时还没有经过筛选，也不一定就是险张。再说，早开掉此搭，重新组挂好搭的机会也较多。若到了中后期，开搭的两个好条件将可能转化为两个难题：要拆打的牌可能成为险张,新搭也难以组挂。这就要慎重对待,因情而定。

二看熟张生张。要拆的搭子是熟张,就毫不犹豫地开掉;若是生张,就应加以考虑。比如七筒被碰,你手中的八、九筒全是生张,一旦打出很可能引起连碰,导致他方停口成胡。如果只有一张八筒是熟张,可先打八筒,九筒等停口时再打,也许你还能揭到一张九筒成为对子,使牌局发生变化。

三看庄家的需求。你要拆打的断张搭若可能引起庄家的碰食,那就不可开拆,应耐心等待,相机而定。

四看有无将牌。若手中没有将牌,断张搭不可急于开掉,它仍存在着一定的生命力。如边七筒被碰,摸到八、九筒做将也可,即使摸不到,停口时还可单钓。要是手中有将牌,那应该考虑开掉,先打其中的熟张,等挂好新搭或者停口时,再打剩余的生张。

(四)遇到难局时怎么办?

麻将场上,许多牌友常有过面对牌局发难的情景,犹豫不决,不知究竟该打什么牌。其难题无非是三个方面:

1.组牌方面的难题。组牌是打麻将中的第一任务,行牌过程中,绝大部分舍留之张都是围绕组牌而抉择。所以,组牌方面出现的难题比较多,诸如挂搭问题、开搭问题、上张停口问题、停口之变的问题等等,范围极广。但是,只要能够纵观全局,权衡利弊,就可以妥善处理好各种疑难问题。

例如:

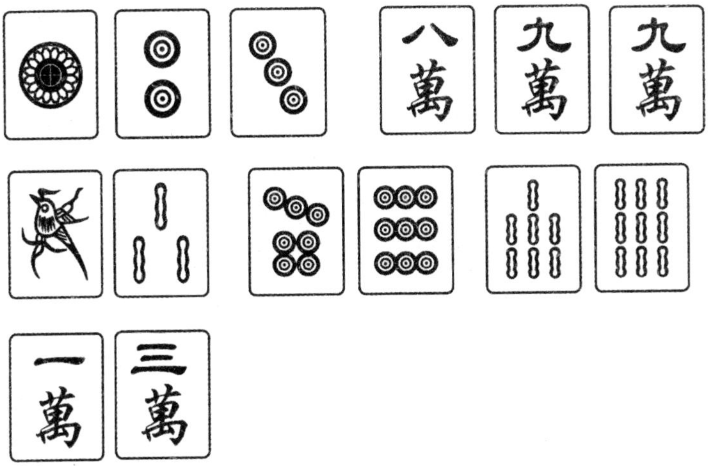

多一搭牌，多数都属于不太好的搭，如何打呢？一般情况下都应先开掉一搭，但是这种牌局不宜过早地开搭，因为搭子都不够好。同时也有条件不开搭。先打掉八万，只有一个对子九万可做将，其余四个卡张搭，哪搭上来留哪搭，哪个搭子的需牌发生问题开拆哪个搭。这种打法留有充分余地，掌握着主动权，可以应对变幻难测的局面。

2.控牌方面的难题。控牌方面的难题比组牌方面的难题少，但是难度却较大。需要舍打的闲张是险张，安全之牌都是有用之张，往往使人不知如何是好。

例如：

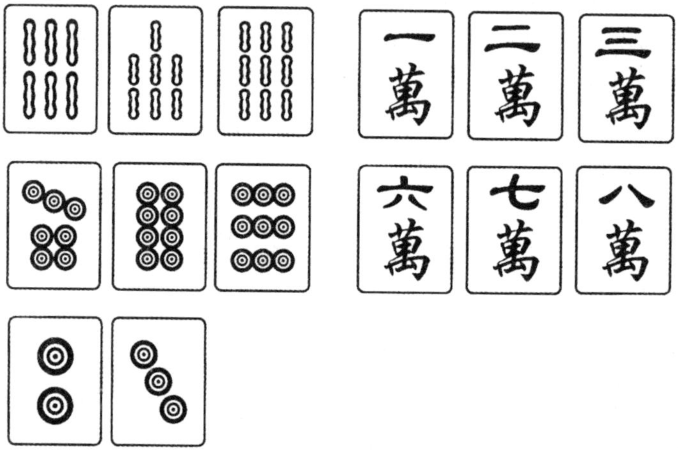

搭子够，无将牌。场中已打出两张五条、一张八条、一张六条。只有打唯一的闲张九条，留下二三筒、六七条四大钓，上张停口。但九条是很不安全的险张，极容易放碰放杠，并导致停口成胡。最佳方案应该是舍小痛割小爱，打掉六条，留下七、九条与二、三筒四大钓。因为没有将牌，五条也是难得之张，六条既是安全张，自己又难以摸到。这样打，既起到了控牌作用，又容易得到揭将牌的机遇。

3.综合性的难题。组牌方面的难题与控牌方面的难题交织在一起，结构更复杂，难度更大。单纯性组牌难题，某搭子不好了，可以拆掉，重新组搭。单纯性控牌难题，某张牌是险张，可以另打一张。综合性难题则是两者兼有。解决的方法有三种：一是从中找到二者兼顾的最佳方案，二是冒小险而获大利，三是获小利而避大险。

二者兼顾之例：

原停口是八筒与三条对倒。场中八筒、一条未打出，二、三条各打出一张。这时你摸来一张一条，是可能碰杠的险张，因为三条自占两张，场中还打出一张，一条却一张未出。这样的牌局应该留下一条打三条，改停卡二条，这样既防止了放碰放杠之险，又转停为较好的卡二条，两全其美。

冒小险获大利之例：

手中有四、五、六、七、九条，二、二万为将，停口卡八条，也算是好牌。这时又摸下一张三条，留下三条打九条，可停二、五、八条三张牌。可是九条是尚未出世的险张，一旦舍出会不会带来不良后果？应该这样认识，自己已停口，而且又可转变成多张的好口，宁冒点小险也不可丢掉这个获大利的良机，应果断地打掉九条。

获小利避大险之例：

手中有六、六、六、八条，停口钓八卡七条，牌势较好。这时又摸来一张九条，八、九条均未出来，明显存在着碰杠的危险，一旦他人获碰停口，胡者何人就难论定了，而且还有放杠的危险。这样的牌局，可考虑打掉一张六条，转停边七条。自己占有三张六条，胡边七条也是好牌。虽然和牌张数少了，大利变成为小利，但是却避免了一场大险。当然，如果是“带杠”麻将，可能误了开杠之良机，但还必须认识到这个“良机”是可望而不可即的一面。

（五）吃牌有没有艺术技巧？

在组牌过程中，自己需牌的来源有二，即自揭和求人。求人包括三个方面：一是碰杠，二是和牌，三是吃牌。前两个方面是各种麻将中比较普遍的方法，吃牌只是在少数地区的一种打法。吃牌有两个限制：一是只能吃上手的牌；二是只能吃连张副（即顺子），如有五、六万，可吃四、七万，吃牌后亮倒，不得再与其他牌张发生联系。不能吃搭子，不能吃将牌。

这种吃牌的打法给牌局带来重大变化：一是上张快，容易早停口早成胡，尤其是对兴牌有利；二是对控牌带来极大困难，因为求人之路拓宽，既能碰杠又能吃，引起牌局的混乱。但是乱中必有其妙，正是“山重水复疑无路，柳暗花明又一村”，允许吃牌的牌局也有妙趣横生之路。

第一，按照上家的舍牌而留张组牌。上家舍牌是你需牌的一个主要来源，几乎占到来牌的半数。如果你的需牌与上家的舍牌门路相合，将在一定程度上决定了你胜利可及。这个“相合”有两方面因素:一是上家的无意造成的,也可以说是客观条件带来的结果;二是自己有意造成的,是主观谋求的结果。后者是决定的因素,因为可以人为地支配。比如上家舍打的万子牌多,在一定条件下,你可以拆掉其他门的牌搭,留下万子门牌搭,这样可以“双管齐下”,自己可以揭,上家打出还可以吃。

第二,按照下家的留牌而组牌舍牌。你的舍牌同样也是下家需牌的主要来路,在一局里,下家如果吃上你两张牌,将胜利在望,下家之胜当然就意味着你之败。自己想成胡,既要利用上家,也要不被下家所利用,这是一个问题的两个方面。所以,在组牌过程中应该留什么、舍什么,在一定条件下不能完全按照自己的牌况来决定,还必须考虑到下家的需牌。比如,下家舍打的条子多,可能留万子、筒子多,在一定条件下,你应该留万子、筒子,拆打条子。

第三,上家舍牌下家需牌与自己的牌如果发生矛盾时,应该科学择取。食用上家的牌和控制下家的牌,有时是统一的,可以兼顾;有时候却是矛盾的,无万全之策,不可能彼此兼顾,那就只能根据实际情况科学取舍。取舍基本战略有二:一是如果自己的需牌与上家的舍牌不对路,一般情况下不可人为地强行扭转,应顺其自然。二是自己的舍牌恰是下家的需牌,也不可贸然地扭转舍牌。自己的牌很好,胡性较大,可以顺其自然,不硬性控制下家,一般情况下应打则打,应留则留,力争自己停口成胡。如果自己的牌不佳,下家的牌势极好,那就应该扭转舍牌的门路,加强对下家的控制,在控制下家的基础上争取自己成胡。

(六)“边连搭”应拆还是应留?

“边连搭”有两种,即“一四连搭”和“六九连搭”。所谓“一四连搭”就是某一门牌的一二四五,看起来是两搭,从牌路来说,实际上是一个搭子,关键是需要两张三。若揭到三还需要三六双张,那就成了好搭子,来了一二更佳,上三六也行,碰一二也行。来不了三,也摸不到一二,基本上不是好搭子。保留边连搭,有成功者,也有失败者,究竟利弊各占几成,无从调查统计。但有三种方法可以使君因情制宜,是利而获,是弊而弃。

1.看是早期还是后期。若是牌局的第一阶段,可留下其他中心张挂搭,及早拆掉这个边张搭(一二),即使摸到了三也用得上。有的人舍不得拆,结果一副一副地打掉,这个边张还未上来,本应成胡的牌落得无胡。要是中后期,又是上张停口的牌势，则不可拆掉此搭。如果一二又是生张，更不应拆打，必须相持而待。

2.看有无其他搭子可以代替。若是其他牌挂上新搭，即使是单张搭，也应果断地拆掉一四连搭的边张搭，这样至少是牌路宽了一张，而且来了三也不误牌。

3.看所需之牌是否易得之张。如果二已逢碰，三成为半断连张，这个连搭可能是好搭，切勿轻易拆掉，再说一二也许是他人待碰之张，留下还可起到控牌作用。

“六九连搭”与“一四连搭”完全一样，所不同的是向下连，五六八九，需要的是四七，处理的方法与“一四连搭”完全相同，可以触类旁通。

（七）“开搭没高低”的说法有没有道理？

“开搭”是指搭子多了拆掉其中的一搭。究竟应该开拆哪一搭？不少人的习惯说法是“开搭没高低”，就是说随便拆哪一搭均可。可能他遇到过这类情况：开了卡二条搭，即偏偏抠到二条。尽管如此，“开搭没高低”的说法也是不正确的。开搭的问题发生在三种牌局的形势之下：一是择优汰劣；二是断张搭，需牌被碰或被杠；三是控牌之需，留下易放碰放胡的险张重新挂搭，开拆原有的牌搭。从总体上讲，开搭的基本方略是“五开五不开”：

1.开边张搭不开卡张搭。边张搭转变为双张搭，过渡时间太长，至少得两步走。如边七筒搭，第一步揭下六筒，打掉九筒，第二步揭下五筒，打掉八筒，才转化为四、七筒搭。卡八筒搭，揭下六筒打掉九筒，一步到位即可转化为双张搭。

2.开单张搭不开双张搭。尽管有时单张搭抠到手，双张搭却未上来，但必须懂得，一般情况下，双张搭还是比单张搭上牌的机会多。

3.开熟张搭不开生张搭。开掉一搭牌，就必须打出两张牌，首先要考虑这两张牌的安危。比如边三条搭，一条已碰，二条也打出一张，开此搭较安全，特别是早期。不过这只是从安全方面考虑的，要从组牌方面讲，也许会摸到一张三条。但是，也许留下边三条搭开了其他生张搭，却被某方逢碰听口成了和。事物总是一分为二的，有得就可能有失，有失也可能换来得，既要懂得无限风光在“险峰”，还要懂得险峰不一定就有“无限风光”。最后权衡利弊，还是安全第一，一般情况下还是开熟张搭，不开生张搭。

4.开难上张的搭，不开易上张的搭。本方法人人皆知，关键问题是如何得知哪个搭子易上张,哪个搭子难上张。一般来说,非缺张搭(无人打出)易上,缺张搭(已打出多张)难上;中心张易上(上断下可连,下断上可连),边沿张难上(一旦断张难以补救);幺九对子易碰,中心张对子难碰;断连张的搭子易上,非断连张的搭子难上(如七万已碰,卡八万搭就易上)。

5.开庄家可能不需要的搭张,不开庄家可能需要的搭张。开搭不仅要考虑有利于自己的组牌,还要考虑对他人的控制,特别是对庄家的控制。有的人开了一个搭子,给庄家放了两碰,导致停口抠和。当然,也可能还有另一个方面:开搭虽然给庄家放了碰,但自己留下好搭却成了和。尽管如此.开搭也首先要有庄家意识,在一定条件下进行科学选择。

(八)“牌回头留一留”的说法道理何在?

所谓“牌回头”,就是打了什么张又揭到什么张。有的人一揭到“回头牌”就果断地打掉。有的人则认为“牌回头留一留”,在一定的条件下是有一定道理的。

第一,还可能再揭到这张牌。因为你打过一张并无人声碰,说明此牌较少有人占住,一般多在牌墙之中,现在又揭来一张,可能还会揭到第三张甚至第四张。即使揭不到第四张,手中有了两张,场中打出一张,他人揭到一般无用,遇碰的可能性极大。

第二,容易挂搭。此牌既然多在牌墙之中,它的上下可连之张也可能多在牌墙之中,可连性极强。比如你打了一张五万无人声碰,又摸到一张五万,说明此牌无人占用,至少是占用不多,牌墙之中还可能有五万。这样,五万的上下连张四、六万便成为难以挂连的牌张,若是又未打出,也极可能多在牌墙之中。把“回头”五万留下,很容易揭到四、六万,既好挂搭,听口后又易成和。

但是留“回头”牌是有条件的,不是一摸到“回头”牌就留一留。在两种条件下“回头”牌不可留:

一是搭子够,麻将有。牌况极好,上一张即停口,你打了五万,五万又回头,应继续打之,留下反而会导致后患。

二是无用的“回头”牌。留“回头”牌是为了组牌之用,毫无意义的“回头”牌不可留之。例如,回头的绝张西风,留之何用?二条被碰,一条打出两张,回头一条一般情况下也没有留的必要,只有停口钓将等少有的特殊情况下,方可考虑留之。总之,无用的“回头”牌不可再留。

(九)有对子就碰是否正确?

碰牌是求人的一种方式,碰一碰即完成了一个牌组。但有对子就碰是不完全正确的,在一些特殊条件下可碰而不碰,或者不可碰而碰,这种碰牌与不碰牌的行为将使牌局发生重大变化,其中有许多神奇的奥妙。

1.对子多的牌一定要碰。两对子以上的牌,有机会即碰,不管何方位的打张都应碰。因为对子牌是“腿长路窄”,主要靠碰。卡张搭的需牌平均你可以摸到一张,对子的需牌平均你可摸到半张,较之少了一倍。

2.只有一个对子应慎碰。如果是风字对子,上手打可以不碰,他方打应该碰,打第一张可以不碰,打出第二张一定要碰。如果搭子不够,只有一对易碰的牌,上手打出也可以不碰,应揭牌挂搭。因为碰了对子就必须从手中打出一张牌,挂搭的牌就少了一张,而且还没了将牌。例如:

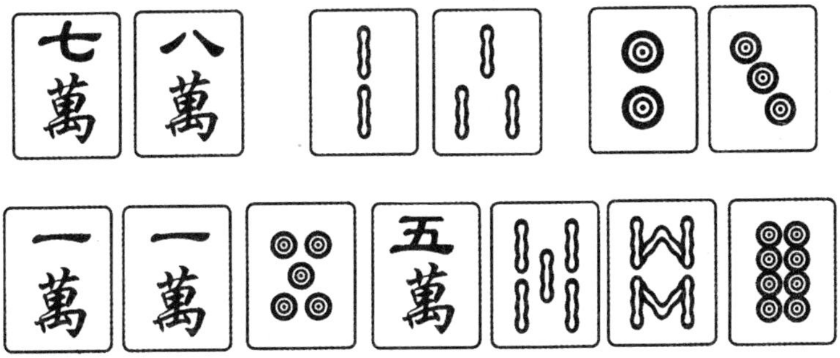

上手打出一万,一般不该碰,揭条筒万中的任何一张都有挂连。

3.搭子不够,碰牌能够增加牌搭可以碰。玩牌过程中常有这样的现象,搭子不够,想挂新搭十分困难,本来不可碰的对子破例地碰了,便解决了这个挂搭的难题。例如:六、七、八、八万,碰了八万还等五、八万,搭子就够了,需牌比一个卡张搭还多一张牌,而且听口后又最容易迷惑人。

4.为了隔空庄家,有对子即碰。庄家已连庄,且又停了口,对三方偏家构成严重威胁,只要能隔空庄家,有对子即碰,甚至一副碰一副,以便减少庄家揭牌机会。当然,这种碰牌也是有条件的,若自己也已听口,而且需牌极宽,应力争成和下庄,不宜破例乱碰。

5.上张听口,碰了将牌多张钓。两副两搭麻将有,上一张即听口,可是却迟迟摸不到适张。在这样的情况下，碰了将牌转为多张钓，牌路就拓宽了。例如：

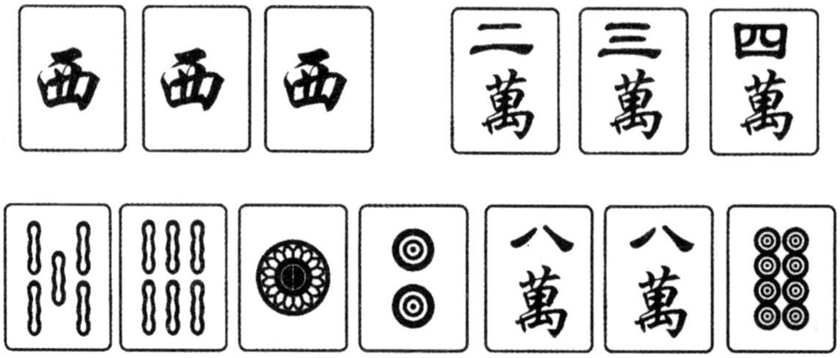

上四、七万或三筒停口，碰了八万打掉八筒，牌局转为“四大钓”，即两搭中的四张牌均可钓将，上来将牌可停口，上来副子也可听口单钓。

6.该碰而不碰，不该碰而碰。碰牌还有一种特殊的功能，即是一定条件下，该碰而不碰，不该碰而碰，会人为地打乱本来的揭牌顺序，使自己揭到兴家的牌。

（十）“大头张”“长脚张”是否可以碰牌？

所谓“大头张”，就是一副上面多一张，如七、八、九、九条。“长脚张”就是一副下面多一张，如三、三、四、五万。碰了三万还要三、六万，碰了九条还要六、九条，那么，该碰不该碰呢？什么情况下该碰，什么情况下不该碰？

1.看搭子够不够。组牌搭子不够，多余闲张又多是边沿张和风字，不易挂搭，就应该碰。再说碰了三万还需三、六万，比卡张搭还多一张牌。组牌搭子够，甚至有的搭子不太好，一般不可碰。

2.看碰了是否可以听口。若碰了可以停口，就应该碰；如果碰了不能听口，牌路又不太好，那就不应该碰。

3.看玩的哪种类型的牌。若是定叶子牌，如某一门必然够八页子，多页加绩，况且你的八页子门是万，那就必然碰，即使是“大肚子张”（二、三、三、四万），在一定情况下也可以碰。

4.看方位。若是偏一，庄家很兴，况且已经连庄，你的牌又很一般，碰了偏三的打张可隔空庄家，那就该碰，起到控制庄家的作用；如果不直接隔空庄家，一般不应该碰。如果是你下手的打张，碰了稍有好处，就应该碰。对上手的打张一般不应该碰，而应该揭牌。

（十一）“姊妹副”可碰不可碰？

所谓“姊妹副”，即是两个同样的副子（即顺子）。如一、一、二、二、三、三万，既是两个完整的牌组——两个顺子，又是三个不完整的牌组——三个对子。有人打出这种牌该碰不该碰，这是由各方面条件决定的。

1.看牌局发展的阶段。若是早期，可以考虑碰；如果到了上张听口阶段，就不宜碰。例如：

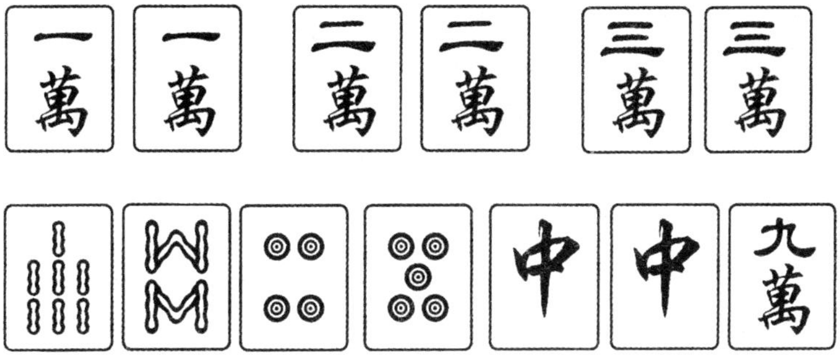

上三、六筒或六、九条听口，有人打出一、二、三万不可碰。

2.看搭子够不够。搭子已够，即使是搭子不太好，也不宜碰；如果搭子不够可以考虑碰。例如：

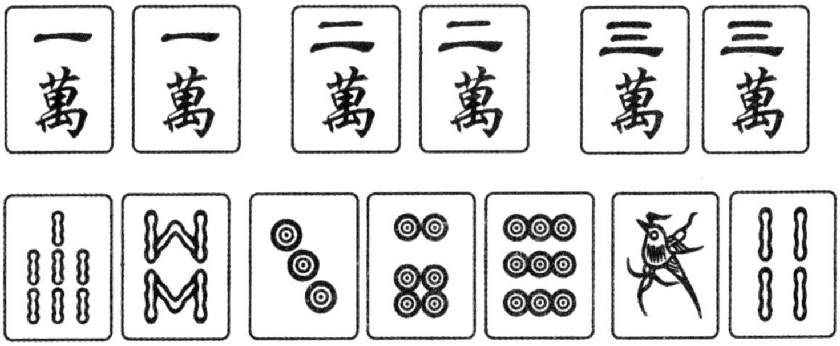

只有三搭牌，组牌任务相当大，有人舍打一、二、三万，一定要碰，两副子变成一个刻子两个对子，再碰一下就是挂搭听口。

3.看牌组中对子多少。如果手中之牌还有两个对子，决不可碰，因为一碰姊妹副，把两副子变成一个刻子、两个对子，手中全成了对子，碰也难，自摸和更难。若手中只有这两副子或者再没有对子，可以碰。

例如：

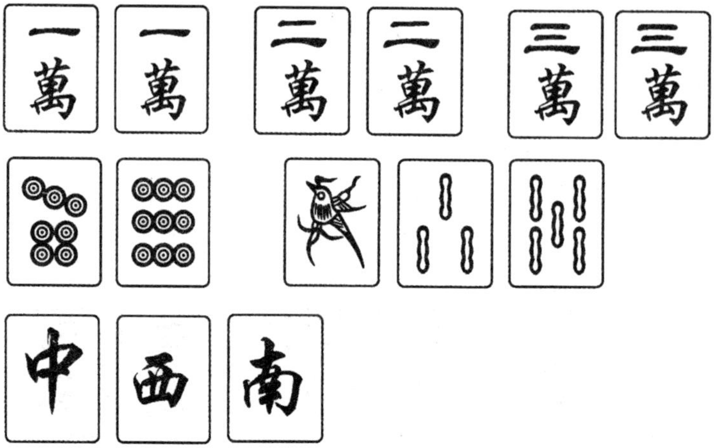

属于中等偏下的牌局，不仅搭子不够，而且连将牌都没有。这种牌局一定要碰一、二、三万，既解决了搭子不够的问题，又解决了缺将的问题。

4.看“姊妹副”牌张的可碰性大小。如果一、二、三万已打出一张或两张，就不可碰；若一张都未打出，一旦打出第一张，可以碰。若先打出一万，不宜碰，因为碰了一万，二、三万两个对子再碰不了就等于无和。如果先打出三万，一定要碰，这是最佳形势，三万一碰，一、二万成为全断连，很快即可全部获碰。若先打出二万，也可以考虑碰，一万成为全断连，极可能获碰，即使三万碰不了也可做将。

（十二）“好牌不碰头一张”的说法是否有道理？

这个问题的基本概念是，由于自己抓的牌极好，庄家打下第一张牌，可以碰但不碰。这种说法道理何在？

历来的麻将场上可碰而不碰的牌局主要有以下六种：

1.三副子，一对将，两张中心张挂搭听口。为了不走单钓之路，不碰。

2.“跑马”，手中有对子西风，上家打出第一张西风，可以不碰，首先得到一个揭牌机遇，待机复碰。

3.只有一个对子，牌况极不好，上家打下牌可以不碰，揭牌组牌。因为碰一个对子就得打出一张，手中挂搭的牌就少了一张。

4.上张听口牌局，两个副子，两个搭子，一对将，另有一张“危张”，一碰就可能放碰或者放杠，上家打出牌后可碰但不碰。

5.从自己需牌的可得性大小或从安全稳妥的角度出发，对他家打出的牌可碰而不碰。

6.已经停口，牌路极宽，当然不可再碰。这是不言而喻之理，也算作一例。

以上六种情况 几乎涵盖了所有可碰而不碰的牌局。这“好牌不碰头一张”的说法也确实有点稀奇，即便如此，也不可轻易否定它的作用。在极其特殊的条件下，也会出现“好牌不碰头一张”的牌局。如：

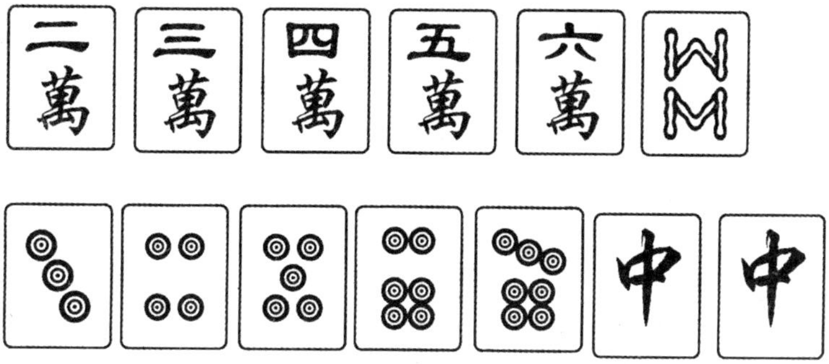

一、四、七万或二、五、八筒摸任何一张即听口。这时庄家打出第一张牌红中，不可碰，应自揭停口。

这就是“好牌不碰头一张”。看来，这种说法还是有一定道理的。它的道理即是：走近路，两不误。所谓“走近路”就是距听口最近的路是自揭，一旦摸上一张即可听口。若碰了红中仍然不能停口，还要等一圈揭牌停口，这就绕了远路。所谓“两不误”就是不碰红中属于“跑马”，一旦摸不上听口张，他人再打出红中仍可复碰。

（十三）开杠有什么艺术技巧？

由于牌规特别是一些地方性牌规的章约，杠牌有以下四种特殊的作用：一是开杠计绩，明杠等于一胡，暗杠等于抠和；二是“杠上开花”，这是最高和绩；三是增页增绩，指“页子牌”，某门牌在一定限数基础上多一页增一个和绩；四是“小相公”杠后不打，弥补了短牌页数，仍有成和的可能。在这种情况下，一般都要开杠。除此之外，杠牌还有一系列艺术技巧，事关成败。

1.隔空他人必杠，不隔空他人酌情而定。下手和对家的打张必须杠，隔空了他人就相对地有利于自己。对上手的打张，杠不杠酌情而定。

2.需要风字张可杠,需要中心张酌情而定。你需要碰食风字张,有机会则杠,即使是上手打张也要杠。因为这个风字张若在牌墙尾部,不开杠永远揭不出来;若在牌墙前边,即使你因开杠误了揭机,他人揭下也是易打之张。你需要的是中心张,杠不杠可酌情而定。若是"断连张",也可以开杠从尾部揭,即使是误了揭机,他人揭到也容易打出。

3.边沿张可杠,中心张可酌情而定。

一九等边沿张的杠坯子(刻子),有人打出即可开杠。若是中心张应酌情而定,尤其在早期更不宜开杠,其意有二:一是控制他人的需要。比如有三个五万,若早期有人打出五万,不可开杠,可使他人卡五万的搭子久待难得,成和落空。若杠了五万,可能引起牌局的重大变化,后果难以设想。二是挂搭的需要。三个五万的占有使四、六万成了断连张,若停口时挂上一张四万,胡三、四、六万三张牌,极为宽广。

4.早期可杠,晚期应酌情而定。牌局的一、二阶段,一般情况下有条件开杠即杠。到了后期,墙中之牌已为数不多,如果有两个人停口待和,未停口者有条件必杠,因为开一杠墙尾之留牌则加一摞(此系一些地方牌规),以便促成"荒局"。听口者也要力争开杠,只求多一次揭牌机会,同时也会隔空其他听口者。这些都是常情,与此相反的是,如果只有一个听口者,这位听口者一般也不杠上手的打张,因为开一杠墙尾留牌加一摞,可揭之牌少了两三张,减少了自己成和的可能性,只有到最后一张揭牌时方可开杠。

5.无人"抢杠"可开杠,可能会有人"抢杠"成和则不应开杠。多数地区的习惯性牌规是,碰了对子又揭到绝张开明杠,有人成和可以抢杠,你若不杠而打出,人家还可以成和。对于这种情况,如果猜测无误,应该不杠也不打,进行科学调整。有的地区是自抠成和,你摸到绝张开明杠,可以抢杠,叫做"抢杠开花",你若不杠而打出,他却不能成和。对此,你若有所猜测,可以不杠而打舍。

6.开杠计绩的牌一定要杠,一杠等于一和,或者还可争取"杠上开花"。

(十四)庄家头上该杠不该杠?

位居庄家头上的偏三,自己揭到的杠当然要杠,因为不存在隔空某家的问题。庄家头上杠不杠,主要是隔空偏家的明杠,杠庄家的打张隔空两家偏家,杠偏一的打张隔空一家偏家。庄家头上该杠不该杠,许多人认为不可杠,一杠就必然隔空一家或者两家偏家，给庄家赶前了一个揭牌机会。这个观点是不正确的，至少是不完全正确的。因为虽然给庄家赶前一个揭牌机会，但开杠者也提前得到一个揭牌机会，只是隔空了偏家，这在某种意义上讲，是好事而非坏事。减少一两个偏家的揭牌机会，等于减少了他们一分成和的可能性，相对地讲，也等于增加了自己一分成和的可能性，何乐而不为！

庄家头上杠不杠，要从实际出发，一般情况下都是要杠的，只有在以下四种特殊条件下可以不杠。

1.庄家已经听口。庄家牌极好，上张又快，三家还在组牌阶段庄家却已听口。在这种情况下一般不可隔空偏家贸然开杠。当然，开了杠庄家也不一定就可自抠，不开杠庄家也不一定就不可能自抠。但是必须懂得，庄家抠和的前提条件是获得揭牌机会，多一个揭牌机会，就多一个自抠的可能性。所以，还是不杠为上策。

2.庄家已经连庄。庄家是兴者，本局牌基又好，上张又快，况且已经连庄，众偏家极目注视，控牌十分严谨。在此种情况下，庄家头上的偏三不可隔空偏家而去开杠，庄家一旦有机会摸上一个适张即会听口，甚至继续连庄。

3.自己牌况太差。位居庄家之上的偏三，如果抓了一手劣牌，基本上是无和之牌，那就要准备实现第二或者第三目的，即“荒局”或让偏家成和，当然不可开杠隔空偏家了。

4.杠不计绩。开杠不计绩，偏三一般不可杠他人的打张，若计绩则一定要杠。

（十五）进张听口的牌应该如何打？

上一张即可听口的牌一般有五种形式，并且在互相转化及发展，此中有彼，彼中有此，此变成彼，彼又变成此，形成一种复杂多变的形势。

1.挂搭听口。手中已有三副一对将，还有两张闲牌，任何一张挂上搭即可停口。这两张牌如果是中心张五条、六万，牌局无异常，将牌不可碰，因为碰了势必单钓，况且又是中心张，成和困难较大。最佳方案还是等待挂搭，因为中心张可连性极大，三、四、五、六七条和四、五、六、七、八万，十张牌任意揭到一张即可听口，不管挂上什么样的搭，都比碰了将牌单钓好。

2.上副听口。“副”即是三张的牌组（顺子或刻子）。手中牌是两副两搭一对将，还有一张闲牌。这种牌局的前程是：第一是摸上一副听口，这是最理想的。第二是未摸上副子，搭子上又挂上一个对子，牌局发生好的转机，路子宽了，腿也长了，上副碰对子均可听口。第三是碰将牌转为四大钓，牌路变宽。第四是副子未上来，将牌也碰不了，而那张闲牌又挂上新搭子，成了六搭牌，就只能是择留好搭，拆掉一搭，等待上副听口。

3.碰张听口。手中牌是两副三对，另有一张闲牌。例如：

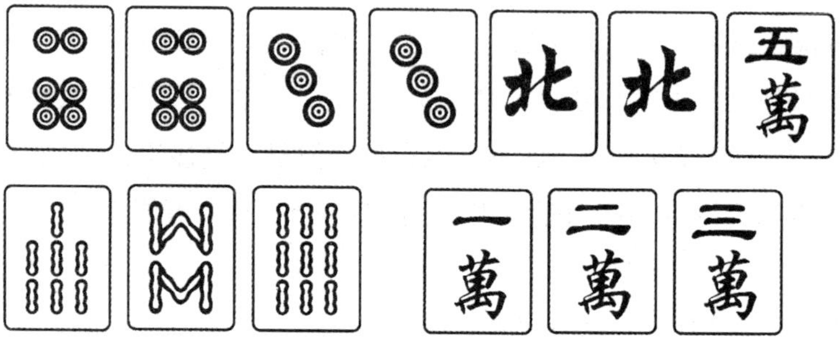

该牌局有三种前程：第一，遇碰听口对倒。第二，又摸上一张五筒或四筒，六筒或三筒对子兼为双张搭，这是最佳形势，三、六筒或北风遇碰听口四、七筒或二、五筒。第三，三个对子均未遇碰，又摸上一张四万与五万挂上新搭，应开拆掉三筒或六筒一个对子，遇碰听三、六万。

4.上将牌听口。手中有三副一搭，两张闲牌。例如：

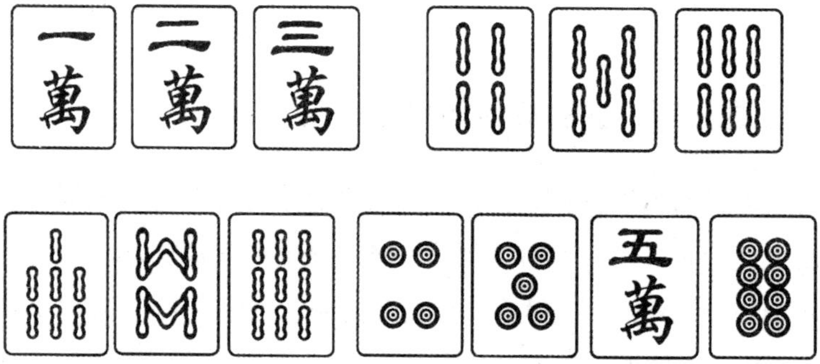

这种牌局的路子比较宽：第一，上五万或八筒做将，停口三、六筒。第二，摸上三、六筒停口单钓八筒或五万。第三，五万或八筒挂上新搭，形成四大钓，牌路拓宽，八张牌任意上一张即可听口。但最理想的是上将，可听双张搭。如果是先上来四万与五万挂上搭，下又与一、二、三万相连，那就打掉八筒，成为一、

二、三、四、五万和四、五筒多张钓，此系最理想的转变。第四，如果上来三条或九条，那就可以先打掉五万或八筒，上将听口三、六筒，上副停口三、六、九条多张钓，不可能走上单钓的路子。

5.四大钓待听口。手中有三副两搭。

例如：

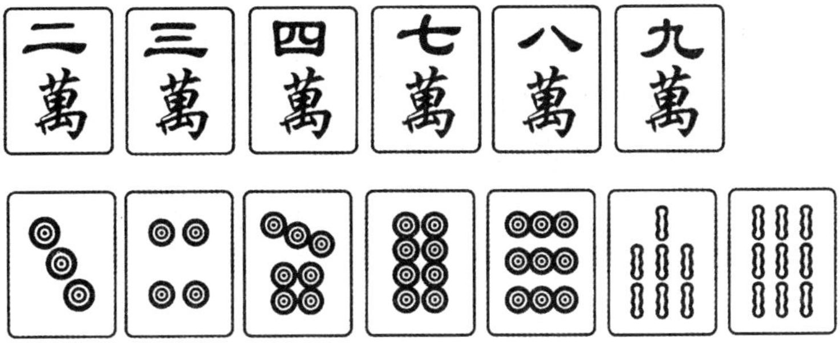

这种牌局的路子是：第一，上将停口卡八条或二、五筒。第二，上副听口单钓。第三，如果上来六筒，也可开掉卡八条(打七条)，转化为一种自由型的多张钓。此时来九条，六、九筒均可做将，停二、五筒；若先来五筒可打掉九条，听口三、六、九筒多张钓。

以上五种上张听口的牌，只是根据就近上张的规律研究的，都是相对而言，也许还有意想不到的千变万化。望牌友们在玩牌时以变应变，科学地处理好上张停口的问题。

(十六)听什么口容易成和？

“听口”就是常说的听牌。人们往往都想停个宽口，其实，不论宽口还是窄口，成了胡才能被实践证明是好口。宽口和窄口何者为佳？只能相对而言，不可绝对定论。有的听口三、四张牌都未能成和，有的听口单钓却抠到手。但也不能因此而认为窄口比宽口好，这不仅要看场中舍牌和各家的牌况，还要科学地预测未来之牌。如果牌局没有出现什么异常情况，停口应该注意以下四点：

1.听多张不停单张。一般情况下，多张毕竟比单张成胡的可能性大。

2.听断连张不停可连张。比如有一、三、五条，三条已被碰，宁听卡二条不听卡四条。因为二条下无路上断连，极易得到；四条则是下断连上可连，可得率较低。

3.听边卡不听对倒。这是由牌张的占有及分布规律决定的,这个规律的枢纽就是可连性。条筒万牌张的可连性有三类:一和九的可连张各有两张,即二、三和七、八;二和八的可连张各有三张,即一、三、四和六、七、九;三至七的可连性均是四张。可连性越强,它被占有的量就可能越大。如果听四筒与七万对倒,四筒与七万共八张牌,你占了四张,仅剩四张,二、三、五、六筒和五、六、八、九万八张牌都是它们的可连张,也就是说拥有这八张牌的人均可能占有你的对倒张。如果你听口卡八万,还是四张牌,但八万的可连张只有六、七、九万,也就是说,只有拥有这三张牌的才可能占有八万。这就可以明显看出,同是四张牌听边卡比听对倒的成和率高过一倍多。

4.听熟张不听生张。熟张即是已有人打出的牌,打一张就少了一张,但它的可得率还是较高的,原因有二:一是打出一张无人声碰,说明其余张数多在牌墙之中;二是人们为了控牌往往有一种撵牌的习惯,你打五万,他手中有五、六、七万,摸到八万留下撵打五万。特别是单钓,你钓一万久而难和,有人打出五万,你摸到五万后打一万改钓五万,结果就有人撵打五万使你成和。生张是无人打出,算起来可得张数较多,但有时却偏偏难得。其因也有二:一是他人过多占有;二是控牌严谨,不易打出。

以上这些听口的方略都是在一定条件下而言的,这个条件包括三个内容:一是需牌的形势,二是控牌的形势,三是听牌的阶段。究竟听什么口好,应该从当时牌局的实际情况出发,实事求是,择优而定。

(十七)听边沿张口是不是比中心张口容易成和?

容易不容易是相对而言的,是有条件的。在一定条件下,边沿张就比中心张容易成和;在另一种条件下,中心张却比边沿张容易成和。"边沿张"主要指的是一、二和八、九,"中心张"主要指的是四、五、六。应该承认,边沿张较中心张有两个特有的条件:

1.边沿张可连性差。边沿张牌路不宽,难以挂搭,一般情况下容易打出。比如,宁听六、九条,不听三、六条;应听一、四筒,不听四、七筒;宁听卡八万,不听卡五万;宁听边三筒,不听卡五筒。卡八条就比卡五条容易成和,八条的可连张只有六、七、九条三张牌,五条的可连张却有三、四、六、七条四张牌,同时有四、六条两张牌可使五条挂上双张搭。所以,八条较五条容易打出,所有的边沿张都是如此。

2.边沿张是习惯性的“安全张”。在放和的问题上，一般情况下都觉得边沿张较为放心，似乎已经成为一种难以改变的习惯，宁打边沿张不打中心张。比如你听口钓九万，某方手上有七、八、九万，摸到六万后，一般均打的是九万而不是六万。因为他们都记住一个规律：打九万，六、九万可成和，三、六万则不可成和；若打六万，三、六万和六、九万均可成和。看来，这种习惯不是对边沿张的偏见，而是对这种特殊条件的正视。

（十八）为什么说听断连张比可连张容易成和？

所谓断连张是指上下无法挂连的牌，又分半断连和全断连。半断连即偏断，如六筒被碰，五、七筒皆成为半断连，五筒向下可连向上则无法挂连，七筒向上可连向下则无法挂连。全断连即全断，如三、五条均被碰，四条上下皆无可挂连。弄清了什么叫断连张也就懂得了什么叫可连张，自然就会知道听断连张容易成和的基本原因了。听断连张有三个好处：

1.断连张无依无靠，极容易打出。如七万被碰，八、九万均成为全断连，六万成为断连，如果摸上一张绝张七万则不可轻易打出，一旦挂上九万卡八万，即是好搭；若摸到八万听六、九万更佳，九万是全断连，六万是半断连，成和的可能性极大。

2.断连张是放心张，一般都敢于打出。对于断连张，人们只想到怕放碰，怕放杠，很少想到放和。尤其是早期阶段，大部分人还是觉得比较安全，敢于舍打出来。

3.断连张自抠和的可能性比较大。既然是断连张，早应打出而却未见打出，一般说来多在牌墙之中。不仅他人摸到无用容易放和，而且自己抠和的可能性还比较大。例如：

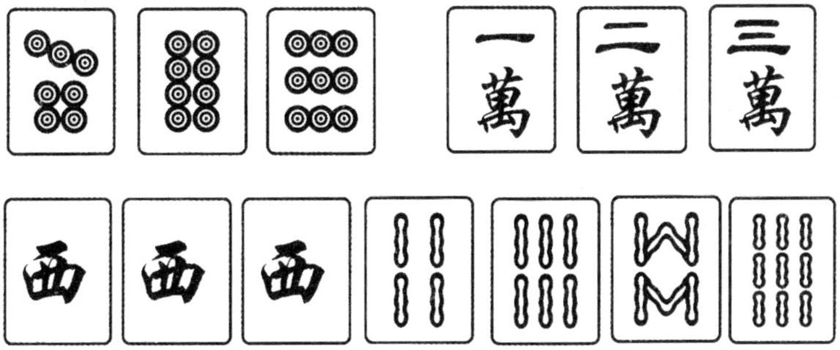

牌局是四大钓上张听口。这时你如果摸上一张绝张七条(因为七条已碰),有三种听口的方式:一是打一张西风听卡五条,二是打四条双钓六、九条,三是打六条或九条钓四条。应该果断地选择第二种,因为六条是上断连,九条是全断连,抠和的机会比较多。

以上所言听断连张口的好处,均是相对的、有条件的。但这种机会比较少,大部分人的听口均是可连张,决不会能听可连张而不听,等待听断连张口。

(十九)专停"杠上开花"的口是否可以?

"杠上开花"有两种:一种是自己开杠杠出来胡张;另一种是,某方碰了牌之后,又摸到这张绝张开明杠,有人抢杠成"杠上开花",或者叫"抢杠开花",和绩最大。这是南方不少地区的一种打法,这里讲的就是这一种。专听"抢杠开花"的口是否可以?一般情况下是不可取的,原因有三:

1.成和本来就有很大的偶然性。参赛者四人,每局的成和者最多只有一人,至少有三人绝对无和。有的牌势极好,也未能成和。唯一的成和者谁能没有一点偶然的色彩?由此看来,在一般情况下成和都是非常艰难的,若要再加上其他制约条件,成和的难度将会更大。

2."抢杠开花"的需牌是独一无二的绝张。成和可能性的大小一般均与和张的多少有关,和张多的和的可能性就大,和张少的和的可能性即小。和两张的牌概率张数共有八张(钓将除外),"抢杠开花"只需一张牌,绝对张数只是一张,比和两张者少七倍,而且还只有揭到某一人之手开杠时才可抢杠。

3.容易脱离客观实际。你一心想听个抢杠开花的口,可是这"抢杠开花"需要一系列绝对条件。比如,对家碰了二条,你若想要抢二条"杠上开花",必须有以下四个绝对条件:一是必须摸到一、三条。二是必须完成其他组牌任务已经听口。三是这张绝张二条必须揭到对家之手,而且必须等你听口后再揭。四是对家手中再不能有需要二条(二、五条)的牌搭。这些客观条件不可能全部随你之意,脱离实际的梦想"抢扛开花",其结果极可能是失败。

但是,也不能因此就认为"抢杠开花"绝对是可望而不可即,而是说不应脱离实际,想入非非。不仅"抢杠开花"如此,其他任何形式的和都不能提前做出什么样的设想,只能根据当时整个牌局的实际情况来决定。在一定条件下也可以考虑听"抢杠开花"口。比如,对家碰了二条,你手中有四条.又挂上张三条听口二、五条。这当然是个很好的口,既可以等抢杠开花,还可以胡五条。再如,对家碰了二条,下家碰了四条,一、三条尚未出打,你手中有三条,又摸来一条挂上卡二条搭听口。这也可以等待“抢杠开花”,因为四条已碰,绝张二条极可能在墙中。万一这张二条被他人摸走,便可把卡二条当作一个过渡,等再摸上一条时,还可以改变为对倒。总之,应按照实际情况,随机应变,万不可死谋硬等“抢杠开花”。

(二十)“早听对倒晚听卡”的说法对吗?

“早听对倒晚听卡”之论有一定道理,但必须是在一定条件下,即是说它的正确性是相对的,而不是绝对的。

第一,“早晚”的基本概念。

一是指牌局的早期阶段还是晚期阶段。比如说,在第一阶段听口可以先听对倒,若在第三阶段听口时应该听边卡张。

二是指听口的先后。比如说,即使是到了第二阶段,第一次听口应首先听成对倒,而后有可能会再调整变化,将会更加如意。

第二,特定的条件。

一是组牌的可能性。比如,你在早期听口时揭不到两个对子,就无法先听对倒;而在晚期听口时却摸到两个对子,没有听边卡的条件。

二是控牌的可能性。比如,在第二阶段的早期,你手中有一、一、三条,一张西风,这时又摸来一张西风,可以听一条与西风对倒,也可以听卡二条。但是四条被杠,二条打出一张,三条成为上断连,却迟迟不见打出,尚怕放碰或者放杠,即使是早期,也不可打三条听对倒,而应打一张一条听卡二条。如果牌局已进入中后阶段,你手中有一、一、三筒和一万,这时又摸来一张一万,可听口卡二筒或一万与一筒对倒。牌局形势是,二筒打出两张,三筒打出一张,一筒未见打出。同时你已猜测到某方极可能碰一筒,碰了一筒即有抠胡的可能,或者就待胡一筒。这时谁让步就等于让出了一分成功。尽管牌局已到晚期,也应该听对倒而不听卡二筒。

第三,“早听对倒晚听卡”的正确性。

在“两个可能性”的基本条件下,“早听对倒晚听卡”之说有两方面的正确性。

一是符合牌局阶段的特点。早期听对倒比晚期听对倒成和的可能性大，晚期听边卡比早期听边卡成和的系数高。这是牌局阶段特点决定的。早期停对倒，所需之牌多在牌墙之中，与他人对住的机会较少；而晚期墙中之牌已为数不多，你的需牌与他人对住的可能性大，或者被他人占用过多，导致你无和。早期听边卡危险性较大，你的需牌一旦被人暗杠，将会伤了元气；而到了后期，这种可能性较少。

二是符合听口之变的规律。听口之变的牌局很多，变化极大，但万变不离其宗。一般来说对倒之变是上等之变，变化的牌路很宽，变后的需牌极广。早期有条件听对倒而故意听成边卡的，属于败策，至少不是胜策。比如，你手中有五、五、七条和四筒，又摸来一张四筒，可听卡六条，也可听五条与四筒对倒。你若听了对倒，可以两头挂，四、六条和三、五筒都可挂上搭，而且是多张口。同时，随时有选择变化的自由，又不怕他人碰杠给你造成灾难。如果你听了卡六条，四筒成了死将，无法再挂，只有五、七条一头挂，也只有四、八条两张牌上来可变成多张口。

（二十一）"听口不钓将"的说法是否有道理？

这个问题本来不应该提出，因为它几乎不存在，至少是没有作为一个问题专门研究的价值。单钓将首先自己占了一张，其余仅有三张，是各种听口牌中需牌张数最少的，这是人人皆知的。不过这个问题的提出使我们受到一些启示，可以引申回答这个问题带来的另外一个新问题：怎样才能做到听口不钓将？

1.有将不碰挂搭听。例如：

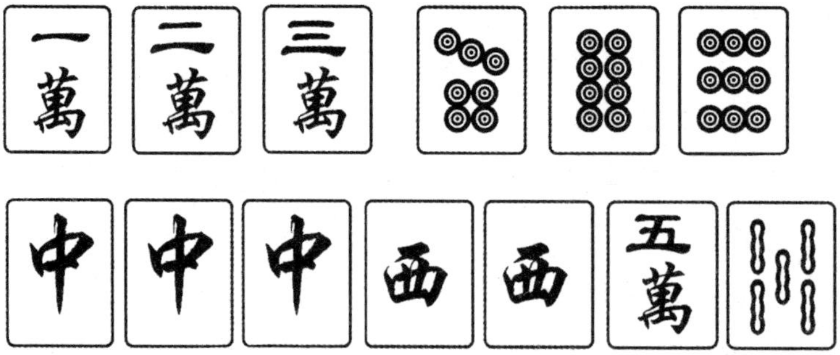

碰西风可听口钓将，若上家打出西风应考虑不碰，靠五万和五条挂搭听口

为最佳之策。

2.留“大头张”或“长脚张”两头上。例如：

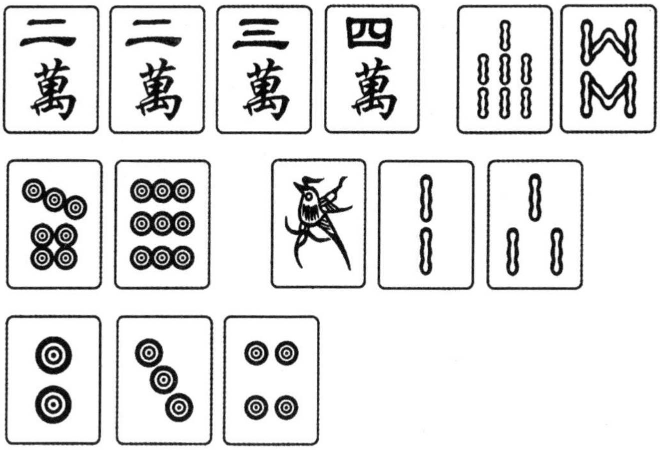

场中七、八筒已打出。这种牌局要想不走单钓将之路，可以留下长脚张二万，打七筒开掉卡八筒搭子，从各个方面讲，这都是上策。

3.先定将多留搭。例如：

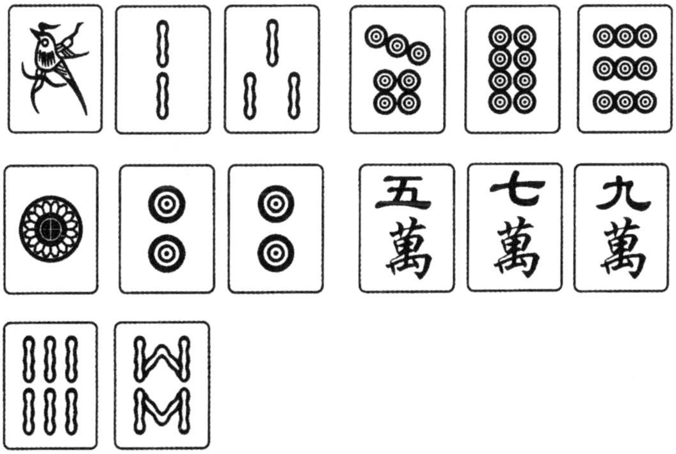

最佳方案是定将多留搭。打掉一筒，对子二筒作为将，五、七、九万搭子不可打，成为三张的双卡搭，上张听口，不会走上单钓的路。

4.留近连张多张钓。手中无将牌，应留近连张准备挂将，万一挂不下，有条件还可以听双张钓、多张钓，避免走单张钓之路。例如：

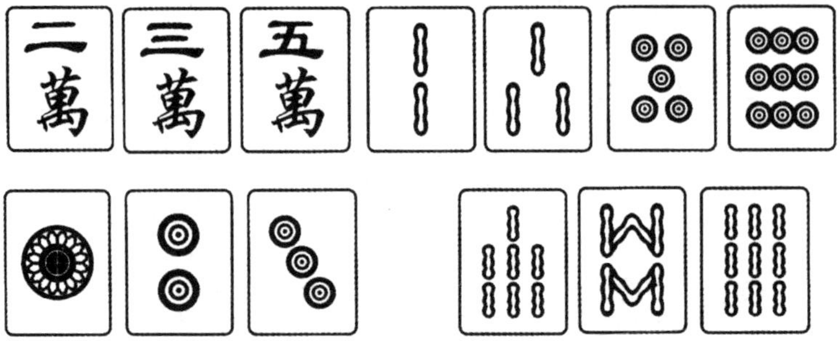

牌局特点是上张听口无将牌。这种情况下，准备单钓九筒也是一条听口的路子。但要尽可能地不单钓就必须打掉九筒，留两个近连张五万与五筒。一旦摸到四万，可双钓二、五万。要先摸到四筒即成为一、二、三、四、五筒，可打掉五万，再上来一、四万，即可双钓一、四筒或者二、五筒。

以上四条讲的是怎样避免走单张钓将的路。不是说单张钓将就绝对不好，听口单钓绝张有时也可以抠到手。不过必须承认，多张钓多张和总是比单张钓成和的可能性大。

（二十二）怎么才能听多张口？

一般说来，听多张口比听单张口成和的可能性大，这个道理人人都清楚。但是怎样才容易听成多张口？通过总结牌友们的经验，我们认为主要有以下六个方面：

1.舍边沿张，留中心张。留中心张容易挂多张搭，因为中心张可连性强，比如四万，来了三、五万均可成为双张搭，即使是先来了二万成为卡三万，再摸上五万还可转化为三、六万双张搭。边沿张则大不相同，比如九万，来了八万是边七万，来了七万是卡八万。即使八万，来了九万是边七万，来了六万是卡七万，只有来了七万一张牌才可挂上双张搭，较中心张三、四、五、六、七万挂上双张搭的可能性少了一倍。留中心张容易挂上多张搭，牌友们是比较清楚的，但容易忽略的是牌局的阶段性，就是说，留中心张挂多张搭，是早期组牌阶段就应该注意的事，一旦到了后期，必然临饥觅食，落下个单张搭。如果头脑清醒，早期在一定条件下，开掉单张搭，留中心张挂多张搭。例如：

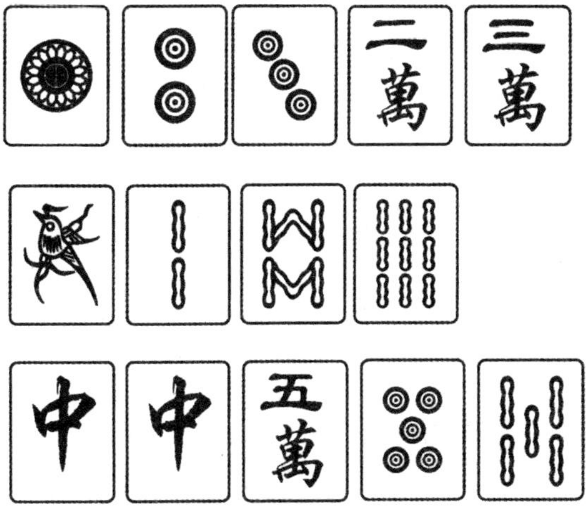

牌局里两个边张搭，三个中心张五。场中一、二条已有人打出，三条打出两张。因为是组牌阶段，不可把希望过多地寄托在边三条上，再说一、二条也不是危张，应该果断地开掉边三条搭，留下三个五等待挂搭。特别是五万，若上来四、六万，则成为一、四、七万的多张搭。

2.宁留熟张，不留生张。比如五条、五万、五筒，五万已打出三张，就应留五万这个绝张，而不留五条、五筒。因为四、六万均成为半断连张，尚未打出，牌墙中一定较多，挂成双张搭的可能性极大。五条、五筒则次之。

3.宁留卡张搭，不留边张搭。比如八、九万和七、九条，在牌局没有什么异常的情况下，宁留七、九条，不留八、九万。因为八、九万要转化为双张搭难度较大，而七、九条上一张六条即可变为双张搭。

4.宁挂搭听口，不碰将听口。例如：

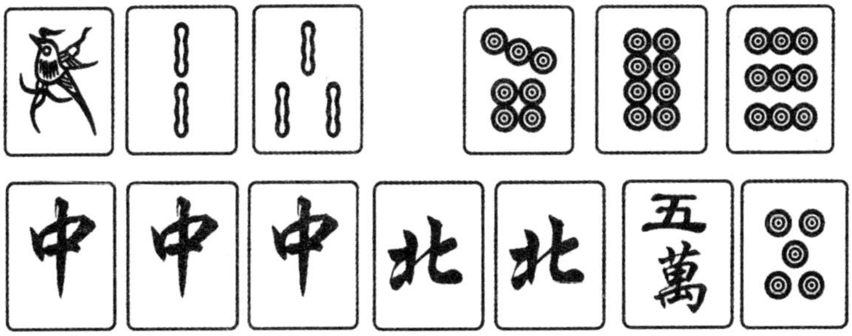

一般情况下不可碰北风，一碰北风势必走上“独木桥”——单钓之路。而应

该等五万、五筒挂搭停口,有十张牌可挂上搭,其中有四张牌可以挂成双张搭。

5.宁留边张,不留孤张。主要是指留待挂搭的牌。所谓"连张"即是与其他牌组相连的牌。比如:

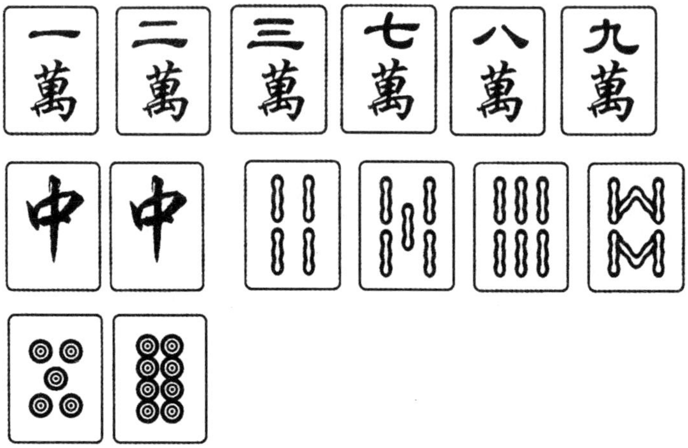

三副子一对将,短一个牌组,宁打八筒或者五筒,必留八条。五筒可连性强,上三、四、六、七筒均可挂上搭,它却是孤张。八条的可连张是六、七、九三张牌,比五筒可连性还少一张,但它和四、五、六条这个牌组联系着,通过这个牌组与三条又发生了联系,这就使八条这个本来只有三个可连张的牌成了四个可连张。如果先上一张七条,就转化为三六九条的多张搭,而五筒最多不过是个双张搭。

6.宁多留某一门牌(条筒万),不留多门牌。这一门牌占有越多,和的张数就越多,同时这一门牌中同数码的牌张数越多,和的张数也越多。和四张以上的牌,同门牌占有必须在五张以上,还必须有三张同数码的牌;和六张以上的牌,必须是清一色,还要有三张同数码的牌;和七张以上的牌,除清一色外,还需要有两组三张同数码的牌。

本题的前提是指普通麻将,在某些特殊麻将的打法中就不同了。如"数咀麻将"中的"三五六",和牌后条筒万三门的张数必须分别为三张、五张、六张、多张不行,少张也不行。再如"平和",和牌后,只有一个对子为将,其余四组牌均是顺子(三个连张)等等。

(二十三)“多张和”能和多少张?

只可和一张牌的叫“单张和”,和两张以上的叫“多张和”。一般说来,多张和比单张和成和率高,这是普遍规律。尽管有时和单张牌却抠到手,但人们往往还是想听个多张口。那么“多张和”究竟能和多少张?

1.和两张。例如:

①四、五万,和三、六万。

②一、二、三、四条,钓将一、四条。

③一、一、一、二筒或二、二、二、四筒,和钓二边三或钓四卡三。

④七万、七万,中、中,和七万红中对倒。

2.和三张。例如:

①五、五、五、四条,和三、四、六条。

②三、四、五、六、七万,和二、五、八万。

③二、二、二、三、四条,九、九筒,和二、五条和九筒。

④七张连张三张钓,如一、二、三、四、五、六、七万,钓一、四、七万。

3.和四张。例如:

①一、一、一、二、三、三、三条,和一、二、三、四条。

②五、六、六、六、七、七、七条,和四、五、六、七条。

③四、五、六、七、七、七、八筒,和三、六、八、九筒。

④四、五、五、五、五、六、七筒,和三、四、六、七条。

4.和五张。例如:

①三、三、三、四、五、六、七万,和二、四、五、七、八万。

②二、二、二、三、四、五、六条,和一、三、四、六、七条。

③一、二、三、四、五、五、五、六、七、八筒,和一、三、四、六、九筒。

④一、二、三、四、四、四、五、五、五、六、七、八、九万,和四、五、六、七、九万。

⑤三、三、三、四、四、四、五、六、六、六、七、七、七条,和三、四、五、六、七条。

5.和六张。例如:

①一、二、三、四、五、六、七、八、八、八筒,和一、四、七、三、六、九筒。

②一、二、三、四、五、五、五、六、七、八、九、九、九条,和一、三、四、五、六、九条。

③一、一、一、二、三、四、五、五、五、六、七、八、九万，和一、四、五、六、七、九万。

6.和七张。例如：

①一、二、三、四、四、四、五、六、七、八、九、九、九条，和三、四、五、六、七、八、九条。

②一、一、一、二、三、四、五、六、六、六、七、八、九万，和一、二、三、四、五、六、七万。

7.和八张。例如：

①二、三、四、四、四、四、五、六、七、八、九、九、九万，和二、五、八、三、六、九、一、七万。四万也和，因手中已占有四张，不可再计和张。

②一、一、一、二、三、四、五、六、六、六、六、七、八条，和一、四、七、二、五、八、三、九。六条也和，但手中已有四张，不可再计和张。

8.和九张。例如：

一、一、二、三、四、五、六、七、八、九、九、九万，和一、二、三、四、五、六、七、八九万。

（二十四）听了好口是否可硬等自抠和？

麻将娱乐活动，各地的具体打法均有所不同，有的地区是只能自抠和，但多数地区是也可和他人的打张。本题讲的指后一种情况。听口极宽，至少在三张牌以上，可不可硬等自抠和？对此，不可笼统地肯定或否定，要看具体情况。不过一般情况下，均是见机即和，只有在某些特殊条件下方可考虑自抠和。

第一，要看听口迟早。要是听口较早，他人均在组牌阶段，可以考虑自抠和；若是听口较迟，别人也可能有的已听口，那就要食和他人的打张，不可硬等自抠。

第二，要看你的和牌可得率高低。如果场中已打出不少，或者他人可能占用的较多，和牌的可得率不高，那就应见机而和；若是场中舍出不多，他人又不可能过多地占用，可得率很高，这就可考虑自抠和。

第三，看庄家是否连庄？若是庄家已连坐几庄，牌局形势十分紧张，这就要见和即成，不可硬等自抠；如果庄家是刚上庄，又是僻牌，自己牌又比较兴，可考虑自抠。

第四,看你是庄家还是偏家。你若是偏家,牌又比较兴,可以考虑自抠;要是庄家,即使是兴者,也应见机即和,决不可贻误时机。必须懂得:庄家连庄即是胜利。

(二十五)听口之变应该怎样变?

听口是在一定条件下形成的,一般不可能十全十美。随着牌局的发展,往往还在不断地调整变化。但万变不离其宗,为了自己成和,为了制控他人。听口之变的规律主要有以下七变:

1.边张变卡张。例如,八九万,听口边七万。如果上来六万可打停九万,边七万变成卡七万。这种变化的意义仅在于,再上来五万时可变为四七万双张搭。如果九万是个易放碰易放和的险张,那就不可以调变,揭六万打六万。

2.卡张变双张。例如,五七条,听口卡六条。上来四条可变为三六条,上来八条可变为六九条,皆可变为双张。

3.双张变多张(三张以上的)。例如,三三三四五六万、三四五六筒,听口双钓三六筒两张牌。若上来一张七万,打掉三筒或六筒,改听二四五七八万五张牌。

4.边卡变对倒。例如,七九筒、二二万,听口卡八筒。这个听口很好,一般不需要改变为对倒。如果发现八筒已是难得之张,再摸到九筒可打掉七筒,变为九筒二万对倒。

5.对倒变边卡。例如,一一筒、九九万,听口对倒。九万已打出一张,仅剩一张;二筒已碰,一筒不见出打,可能对住。在这种情况下,若揭到一张七万,则可变为卡八万,需牌路子宽,打九万又是安全张。

6.边卡变单钓。例如,七九条、两张西,听口卡八条。可是八条久久不见打出,可疑为不祥之兆。有人打出西风可以碰,改听单钓九条或七条。

7.单钓变多张钓(两张以上)。例如,三四五七八九筒、九条,单钓九条。若摸上一张六筒,可打掉九条,改为三六九筒多张钓。这是人人皆知的道理。如果摸来一张一筒,也该留下,打掉九条钓一筒,其意在于,再摸到二筒时,即可改钓一四筒或二五筒。

以上七条多是从自己成和方面讲的,听口之变还牵涉一个给他人放和的问题。这就要从两个方面认识听口之变的问题,既要考虑自己成和,又要考虑不给他人放和。如果你听口是单张，若改听多张即可能给他人放和，那就宁听单张也不改听多张。如果你听的是多张，不改成单张即可能给他人放和，那就应改多张口为单张口。因为你若给他人放了和，尽管你听的是多张口也没了和。

（二十六）对对型牌有什么奇妙的打法？

所谓“对对型”牌，即是从抓起牌到第一阶段之前，也就是组牌阶段的早期，手中之牌对子多，至少有三对以上。这是基础牌的一种类型，属于中性牌。这种牌有四个好处：一是“腿长”，即是可以碰牌，谁打的牌也有权碰食，真可谓“腿长走遍天下”。二是开杠的条件多，如果杠随胡绩的话，能开两杠，不成胡也算得过。三是不愁无将，一般情况下走不了单钓的路。四是有力地控制着他人，对子多必然占得同样牌张多，多是他人需要之张，若能碰上两碰，将使他人部分牌组成为断张搭。对对型牌也有缺点：一是路窄，需牌数量少，上张慢，虽然“腿长”，但有时“腿长”却不走路。二是怕与他人对住对子，特别是两家每家跟你对住一对儿，那就无和了。三是一般情况下听不了好口（多张口），很可能对倒口，成和率不高。

总的说，对对型牌除了在定咀计番麻将中可打碰碰胡、七巧对或者“四将两副”之外，在普通麻将中不能算是好牌，至少不是上等牌。这种牌有什么奇妙的打法呢？不常即为奇，客观便是妙，这就是既要打破常规，又要符合实际，根据牌局发展的实际情况，有计划地调整。基本方略有五：

1.变对子为连张搭。比如有两张五条，又摸到四条时可留下，打其他闲牌，甚至可以打掉一张五条。这样调整主要是指中心张对子，边沿张对子一般不这样调整。比如两张一万，再摸到一张二万时不可打一万，因为一万易碰，要揭张边三万有时比碰一万困难更大。

2.开掉多余的对子搭。如果有六搭牌，可考虑开掉一个对子搭。搭子不多不可开，只能相机调整为连张搭。

3.对子四开三不开。有四个对子，可考虑开一对；只有三个对子，一般情况下不可开对子，因为对子毕竟还是“腿长”，左右均可逢碰。

4.开中心张对子，不开幺九风字对子。中心张对子比较难碰，开掉也不容易放碰。幺九风字对子留下容易获碰，若开掉也容易被他人碰食，宁可对住也不可开拆。尤其是与庄家对住，一开即会造成严重后果。如果是与偏家对住，在一定条件下，可以考虑开掉让偏家碰食，同时也给自己开路。

5.尽可能不听对倒口。对对型牌最容易听对倒口，要扭转这样的结局，必须及早谋划，周密思考，否则对倒将是难以避免的。比如：三三万、七七五筒、四四五条，不可打掉五筒，应先打掉一张四条，三万、七筒碰一对，可听口三六条。若先摸下三条或六条，还有听卡六筒的条件。此外，若是先打了五筒，三万、七筒均成为孤对，碰不了可能落得无和。当然，不是说听对倒口就绝对不好，而是说认识牌局形势较为有益。

（二十七）无和之牌应该怎样打？

所谓“无和之牌”就是没有条件成和的牌。这种牌形成的主要原因：一是“大相公”无和，即是手中多了牌。二是“小相公”无和，即是少了牌。三是违章无和，违犯了牌规，自然也无和。四是劣牌无和，基础牌太差，基本无和。五是末期未听口无和。行牌已到三阶段末期尚未听口，牌墙已尽终极，也是无和了。六是和张已被碰杠无和。如听口卡张，已被他人暗杠，牌墙将尽，无机可待。种种无和之牌，可概括为两种：一是绝对无和。例如“大相公”无和、“小相公”无和等，这一种是百分之百无和。二是相对无和。主要指牌的基础太差，基本上无和，但还有一线希望，尽管非常渺茫。

无和之牌应该如何打呢？决不可因为无和了就随便乱打。首先应该清醒地看到，各种无和之牌有明显的特点，要把它们一分为二。一类是“死牌”，即是按照牌规已无权倒换手中之牌了，揭什么必须打什么，这种牌当然不必煞费苦心了。另一类是“活牌”，虽然已基本无和，但有舍牌的自由权，它仍有极大的生命力。可以力争自己成和，把百分之几的成和可能性变成现实；还可以争取打“荒局”，这是主要的，也是比较现实的；在“逼上梁山”的形势下，让偏家和和绩小的人成和。舍牌技巧主要有六条：

1.初期打牌时，应先打手中的多张牌（即两张以上的），不轻易打单张，他人碰的可能性小。这条主要指绝对无和者。

2.打熟张不打生张，他人打什么你打什么。在没有熟张的情况下，应根据牌局发展情况，择打那些不可能放碰的牌。

3.一般情况下应先打中心张，不打边沿张及风字牌，因为中心张留作配副挂搭的可能性较多，边沿张特别是风字张舍出他人待碰的可能性较大。

4.先打条筒万门的熟张,不打熟风字张,因为条筒万门的熟张久留有后患,熟风字张留到后期一般皆是无用之张。

5.一般不碰牌,不开杠。他人既然打出一张,说明一人无用,二人不碰,倒成为安全张。早期一般也不可开杠,特别是暗杠,可以安全地打几圈,到后期多数人听口待胡、牌墙将尽时方可以考虑开杠。

6.在多数人听口的情况下,可按照关联线的规律择打,而且是宁打边沿张不打中心张。

以上各条主要是针对无和之牌而言,一旦成和有了希望,可按照这些原则和牌局发展的实际情况择留择舍。对于“带杠麻将”,有杠必杠。

(二十八)无胡的牌还需要碰牌吗?

“无胡”在这里主要是指基础牌太差,不可能有和。这种牌还有必要碰牌吗?要回答清楚这个问题,首先必须明确碰牌的作用。

碰牌的作用简单地说,就是为了自己取胜。具体地说,主要有以下四个方面:

1.碰牌是自己组牌的特殊来源。行牌即是组牌成和的过程,自己的需牌来自两个方面,一是自己每圈揭一张,二是碰食他人之牌。第二个来源虽然牌数较少,但有着比第一个来源更加特殊的作用,不仅腿长,谁家的牌均可碰食,而且所碰之牌均是自己难以摸到的。

2.碰牌可以隔空他人。如果在某家头上连碰三张,这家将会失去七分之一左右的揭牌机会,大大影响其成和。

3.碰牌可以改变揭牌顺序。

4.碰牌可给开明杠创造条件。特别是开杠计绩的打法,碰牌就有了更加实际的意义。

由此看来,碰牌既利于自己组牌,又干扰着他人组牌,是行牌中一种重要行为,一般情况下皆是要碰的。即使是“无和之牌”也应该碰,一旦“偶然性”给你送来几张神奇之牌,将可能转为好牌进而取胜。应该有这种敢于取胜的精神。万一成不了和,碰牌之后开了明杠也是有意义的。

(二十九)怎样预测未来之牌?

玩牌过程中常遇到过这样的情况:打什么来什么,开什么搭来什么张,想要什么牌却不来,原因何在?对自己的需牌心中无数,不能预测未来之牌。未来之牌是可以预测的,但预测绝不是想入非非,必须持科学态度,实事求是。事实就是打在场中的废牌,自己手中的牌,其他三家舍牌时显示出来的情况,经过分析研究,从中找出规律性的东西,进而才能求出"是"来。

未来之牌来自两个方面:一是牌墙之中,二是他人之手。测牌的规律主要有以下八条:

1.场中舍牌较多者,墙中为数甚少,不可久等。比如场中打出两张三万,自己手中一张,再出现三万的可能性就不大了。

2.场中打出风字张无人碰,其余基本上都是牌墙之中,尤其是已打出两张的。

3.边沿性的熟张,场中有而不多,又无人声碰,墙中极容易再摸到。比如一筒,场中打出一张,其他人手中占有不会较多,墙中至少还有两张,摸到的机会是较多的。

4.断连张容易在墙中出现。比如七九条相继打出多张,八条基本上成为断连张,你的卡八条很可能在墙中摸到,即使他人占上两张,其余也会在墙中。再如,五七筒均被碰,六筒尚未出现,即使他人占有较多,墙中还一定会有。

5.牌局已进入中后期,风字牌、边沿张,不见出打,首先应考虑是他人较多占有,墙中即使有也不多。

6.注意他人旁敲侧击之张。有的人抓起牌有八九九条,第一张先打出八条,意在逼碰九条,往往效果较好。有时第一个人打出八条,第二个也撵打八条,第三个也撵打八条,一般可考虑这三个人中可能有一人是旁敲侧击,逼碰九条。

7.注意他人开搭之张。场中打出三张三筒后,有人便从手中抽出一张二筒打出,可以考虑他是开边三筒搭子。当然,也许是有两张一筒,不过一般说来会是一张,因为若是两张的话,别人打出两张三筒后,就该打二筒逼碰一筒。你要是等待一筒的话,希望便在他手中。

8.注意他人舍牌的周围之张。第一阶段后期以及进入第二阶段之后,舍牌与个人手中之牌一般均会有联系,包括四种:一是成了副,打多余之张,如五六六万，上来四万打六万；二是听口打与和牌有联系的张，如五六六万，上来适张听口，打六万待和四七万；三是连张搭上来将牌，如五六万上来五万做将，打掉六万；四是关联线上调整牌，如六七八万，上来九万是生张，就换打六万。从这个规律中可以明显看出，若有三家相继从手中打出来某张同样或同门数码相近的牌，说明这个打张的周围之牌他们大都占有，为数已经很少。

对未来之牌的预测，特别是对墙中之牌的预测非常重要，如果分析判断得正确，将使你少走弯路，对于取胜起着关键性作用。当然也有不可测之牌，即使是可测之牌，也不可能百发百中地预测准确。一局中你能准确地预测一两张牌，并且为你所用，那就胜利在握了。

（三十）在行牌过程中如何能换揭成兴家的牌？

稍有一点灵感的牌友都会认为这个问题很简单：你碰了谁的牌，之后你揭到的即是谁的牌。比如对家是兴家，你碰了对家的牌，揭到的正好是兴家的牌。

一般情况下可以这样认识。如果是有位僻者想通过打乱揭牌顺序能使自己揭到兴者之牌，从而被除惯性的话，这种认识就不正确了。

按照"惯性"论的观点讲，自然的碰牌杠牌并没有从根本上打乱了本来的揭牌顺序，因为它是正常的现象，兴僻局面形成之后牌局的特殊规律就包括着这种自然的碰杠。同时，这种碰牌引起的揭牌顺序的变化是非常不稳定的，不断地发生碰牌、杠牌，揭牌顺序将会不断地发生变化。所以说，自然地碰了兴家的牌，不等于你就揭到了兴家的牌。

要想真正换揭到兴家的牌，只有打破常规，破辙而行。其具体方略有二：

一是破例之碰。就是本来不该碰的牌却碰了，这样才真正打破了当前局势形成的一般规律。例如，你的下家是兴者，他打出二万，你手中有二二三四万，本不该碰，却破例地碰了。之后，你在本局中所揭到的牌将全是打破常规后兴者的牌。

二是破例之不碰。破例之碰可以打破"常规"，破例之不碰也可以打破"常规"。任何人打出的牌，你完全应该碰却未碰，也自然地可以打破兴僻形成之后出现的规律，从而能够真正揭到某家的牌。它的规律与破例之碰有点不同：上家是兴者，对下家打的牌应碰而不碰，所揭到的是兴者上家的牌；下家是兴者，对上家打的牌应碰而不碰，揭到的是兴者下家的牌；只有对家是兴者，对对家打的牌应碰而不碰，揭到的才仍然是兴者对家的牌。

不过还有一点必须注意：这种方法只有在自己大僻的局势下方可运用，否则将可能因未碰牌而使自己牌局的发展受到影响。

(三十一)心理战术在麻将娱乐中有没有作用？

历史名剧《空城计》，就演示了诸葛亮和司马懿进行的一场典型的心理战，诸葛亮兵不血刃而获胜。打麻将在所有文体娱乐活动中运用心理战术犹为突出，主要原因有三：

1.多方位多矛盾。打麻将是四方各自为战，没有“友军”，全系“敌方”，根据复杂多变的牌局，相互利用，相互控制。比如，一般说来，庄家是三位偏家的共同主敌，若庄家属于僻者，本局的牌势又不佳，而某偏家属于兴者，本局的牌势又极好，这局的主敌将由庄家转变为某位偏家，因为对三方构成最大威胁的不是庄家，而是这位偏家。

2.属于“两明一暗三麻”的牌局。自己手中牌和舍在场中的牌是明的，墙中之牌是暗的，其他三方手中之牌可以析知一二。这种场面给人们带来难辨难测的局势，需要靠心理战术，相机取胜。

3.玩牌者的诸多行为都是其牌况和心理的反应。打麻将的全过程都是人们大脑思维活动的必然反应，既要观察分析客观牌局的形势，又要判断他方的牌况和诸多谋略，这种相互猜测相互应对的过程，皆属于心理战术。一个人舍牌过程的犹豫不决和自言自语、翻阅场中舍牌的神色、调整垒摆牌组的表情等，都流露了他的心理状态，也是其手中牌况的反应。四方都在不由自主地流露着自己的心理活动，同时也都在观察着他人的心理活动，这就形成了一种复杂的心理之战。谁观察得细致，判断得正确，谁就将赢得胜利。

总之，打麻将除了基本战略和常规战术之外，还必须重视心理战术，并且把它看作成功的关键举措。

(三十二)玩牌时怎样才能做到“知彼”？

古人云：“知彼知己，百战百胜。”看起来此话有点绝对，但确有一定的道理，根本问题在于是否真正“知彼知己”了。尤其是“知彼”，在麻将之战中十分重要。知彼是相对而言的，不可能把其他三方手中的牌知道得一清二楚，只能分析到大体情况。“知彼”主要有三知：一是知道他人的组牌状况，二是知道他人的需牌状况，三是知道他人牌局的发展阶段。知己完全是为我作用，知彼则是两者兼有，既是为己所用，也是防彼之用。要真正做到知彼，基本方法就是科学地猜牌。

1.根据他人舍牌的情况猜牌。大部分人是按照常规打舍，这就很容易露出真情，只要你细心观察、认真研究，就会从他的舍牌内容中看出其牌路。例如二筒被碰，三筒已有人相继打出，在这样的情况下，某家从牌组中抽出一张二筒打出，那他就可能要碰一筒。问题在于他的这张二筒是从手中抽打的，二筒已碰，三筒已打出两张，他的二筒仍留在手中，说明还有可连之张，很可能是一筒。又如，两家连打八条，某家也撵打八条，前两家无心，后一家则会是有意，可能要逼碰九条。

2.根据调摆手中之牌的情况猜牌。一般人都习惯不时地调摆手中之牌，特别是在打牌前，这样调那样摆，最后才抽出一张打出。根据他打舍的这张牌，就可猜出他的一部分牌况，分析到他现在需要的是什么牌。比如他打出的这张牌是八万，如果听口的话，很可能是和六九万，或者边七万。因为他调摆牌的过程和舍牌犹豫不决的情形，可以猜到他的听口与八万有关，如果是一张闲八万，不必要调来摆去犹豫不决，而应果断地打出。

3.根据无意中之言谈猜牌。不少人对某些舍牌很敏感，如连打出几张同样牌之后，有的人正需要此牌，见连打几张就不由自主地露出其意，甚至说出声来。也有的则是通过言谈鼓励你打舍哪类的牌，为其所用。比如他听口是边三万，有人打出六九万，他便顺口说道：“六九万，打吧！”他知道人们都认为三六九是一条关联线，六九万既然安全，三万即可引打出来。

4.根据神色猜牌。由于某一张牌的相继撵打，一些人会表现出异常的神色，一种是忧虑，一种是喜悦，哪一种都是其心理活动的反应。比如场上撵打出几张三筒之后，有的人就会发出感叹：“都打三筒！”从言谈中看，他似乎想要三筒，但他流露出来的不是忧虑，而是喜悦的神色，因为三筒打完了，他的二筒或者一筒就容易获碰了。

5.根据翻阅场中舍牌的真实意图猜牌。许多人打牌之前都要翻阅场中的舍牌，有的翻是为了自己看，以便决定留什么打什么；有的翻阅只是让别人看，他如果要和三六万，就故意把打在场中的三六万翻出来让大家看，提醒人们三六万是熟张、安全张，以便打出给自己放和。有的人已听口，别人打出九万，他明明看到了，也听清了，却故意翻牌提问“几万”，好像他要和的是万了，其实他根本不要万，你舍打万子牌是安全的。

（三十三）打麻将怎样才算“知己”？

人们常常认为“知己容易知彼难”，此论不完全正确。其实，知彼难，知己也不那么容易。在打麻将过程中，怎样才算“知己”呢？主要有“三知”：

一是知道自己的牌况，手中有什么牌，搭子够不够，应该舍什么牌、留什么张，决不可错打牌。这是最起码的一知。

二是知道自己需要什么牌，碰什么牌，上什么张听口，要和什么牌，切不可误碰误和。有的人面对复杂的听口牌局，不知道和几张牌，他人打出不知成和，自己抠了又打了出去。

三是知道自己的需牌在何处，是难得之张，还是易得之张。

前两知确实是比较容易的，这第三知却是难度极大，学问很深，“知己”的关键和灵魂就是这第三知。没有第三知，基本上可以说是“无知”。需牌何在，在他人之手，还是在牌墙之中，或者是二者皆有，或者是被他人占尽成为绝张？从各家舍牌情况经过科学分析，可以得知一二。如果是上副、挂搭、上将，那就只好依靠牌墙中的来张；若是碰牌，则是两者皆可，必要时可采取“旁敲侧击”的办法，逼其出打而获碰；要是成为绝张，即应该改道更辙，另觅新途。

（三十四）胜不骄败不馁也是一种战术吗？

胜败乃兵家常事，古往今来绝无常胜将军。胜不骄败不馁，保持正常的精神状态，不仅是玩牌者应有的气质，也是一种心理战术，或者叫作精神战术。因为精神状态不仅是对以前胜败结局的反应，更重要的是关系到之后的成败。

如果你是兴者，也必须认真对待牌局，决不可贸然舍打，造成失误。再说，你的兴势一定会引起他方的极度关注，并设法抑制。你本局的牌又极好，一露出欣喜若狂的骄傲神态，他人就会加倍对你提防设卡。比如你手中的南北风碰任何一对，即可听口三六九条，别人捏住就是不打，而是先打舍其他牌张，也可能被他人获碰听口成和，结果你的胜利被别人夺走，导致转兴为衰。

如果你本局牌况太差，基本上可以说是无和。即使如此，也应持正常的精神状态，认真揭打组牌，力争使最小的成和可能性变大。天有不测风云，事有千变万化，虽然基础牌不好，几个偶然所得之张到手，将转化为上等牌。你要是因为牌况不好而失去信心，胡打乱放，表现无常，别人就会看出你的牌势不佳，基本无和，对他构不成威胁，不在控制你方面“投资”。我们必须懂得这个辩证法：在一定条件下，他人对你的控制是坏事；但是在另一种条件下，他人完全放弃了对你的制控不是好事，而是坏事，这后一种有时比前一种更可怕。因为你的牌是无和之牌，不控制你，你也对他构不成威胁，控制是毫无意义的，反而会使控制者牌局受到或多或少的影响。而人家完全根据自己的需要打舍，早听口早成和，才是真正对你构成威胁。你如果真的绝对无和，也不可灰心失意。比如你听口卡八万，八万却被人开了暗杠，你也应继续保持希望获胜的神态，使别人摸不清底细，每圈过来舍牌时还要提防你这个“听口者”，为了不给你放和，他的牌有时就会受到一些影响，在一定条件下，也许会打成“荒局”。如果人家从你失意的心态中发现你绝对无和，那就毫无顾忌了，完全从自己的需要出发，想打什么打什么，若听了宽口，你打出一张或许人家还不和，等着自抠哩！

(三十五)有什么奇方妙法能以诈取胜?

自古兵法“兵不厌诈”。以诈取胜成为永恒的战略战术，一用再用，久而不厌。麻将场上以诈取胜者亦屡见不鲜。所谓“诈”就是以难以猜测的情形迷惑他人，达到获胜之目的。主要有以下四种：

1.声东击西。其特点是，对自己的牌况不露真相，打乱他人对自己牌况的猜测。比如手中有三五六万和一张二条，先打三万，听口时再打二条，引导他人对打二条听口进行猜测，而不去考虑四七万的问题。又如有的人早已听口一四万，本来是揭啥打啥，可是摸到一张无用的二条不就势舍出，却换打手中原有的二条，还故意犹豫不决，把别人的注意力引到条子上。

2.以假乱真。通过翻阅场中舍牌、故意问别人的打张等手法，给人造成假象，误以为他和什么类的牌。还有的竟采取特殊手法，已听口六九条，便把本来已成副的五六七万分开摆放，把五六万摆放在右侧，七万放在左侧，紧靠五六万的便是一对红中，揭牌时故意将五六万和红中撞倒，让别人看到他要胡四七万，就会卡住四七万闲张，既影响了他人的牌路，还可能舍出六九条给自己放和。

3.以真掩真。一般人手中的牌绝对不让别人看见，特别是听口后的牌。有的人便反利用这个特点，采取以真掩真的手法诈胜。比如听口六九筒，手中却拿一张八筒拨弄来拨弄去，故意让人看，别人看见他拿着八筒来回晃动，绝不会成六九筒，结果舍出九筒放胡。还有的手中有五、七、七、八条，开搭时先舍出五、七条，最后听口六、九条，给人印象开了个卡六条牌搭，结果打六条放了和。

4.调虎离山。在一定条件下，一般人都有一个撵牌的习惯，特别是对庄家。有的人就利用这个习惯，采取调虎离山之计，抓起牌不先打风字张，偏先打舍边沿张或对手的连张。如八、九、九筒，先打掉八筒，有人便可能撵打九筒。手中有二、二、三、五、六万，先舍掉三万，四万来了不误牌，别人想不到他打三万会逼碰二万，一撵打即中计。

以诈取胜是牌艺较高者在一定条件下常用的一种手法，往往收到很好的效果。牌艺较低者一般皆是老老实实的打法，极容易被人们摸清牌路，针对性地采取方略制约控制，使其好牌势收不到好效果。总之，以诈取胜是打麻将中的一项特别艺术，可以打破常规，出奇制胜。不过应该注意的是，必须在当地牌规允许的范围内采用。

（三十六）打麻将究竟有没有运气？

麻将娱乐与篮球、足球等许多文体活动有所不同，因为它是四方各自为战，没有“友军”，全是“敌方”，而且是一对三，无人与你进行有机的配合，皆尽力地对任何一方制约控制。加之一些技术不高者乱打乱放，形成麻将场上一种特有的复杂性，使人们对牌局形势难以猜测，难以应对，有时连连获胜，有时却落得惨败。对此，人们不知其故，就归结为运气。

麻将场上的运气确实是存在的。但是运气究竟是什么，至今还是一个不解的谜。有人认为运气就是牌的兴僻、手气的好劣，这是运气的别称，并非运气的内涵；也有人认为运气就是财神的方位，财神方位向北，你坐在北方就来了好运，可以相继取胜，这是对运气的迷信解释，也不是运气的实质。笔者认为，麻将场上的运气是诸方面客观条件的奇妙逢合，是自然条件赐予的，而不是你的命运注定的。麻将场上的运气包括以下几个方面：

1.摞牌打点恰好有利于你。摞的牌墙和打的启揭点，恰好使你抓到一手好牌，“搭子够，麻将有，上一张即听口”，有的甚至抓起牌即听口，乃至抠和。

2.舍牌恰好无误。打的牌都是未挂连上的张，留下的牌正好都挂上了搭或者成了副。比如，一张九万一张九条，先打哪张好，你随便打了张九万，正好又摸到一张九条，而且很快逢碰。再如，有二五八筒，一般人都是先打二或者八筒，你却先打了五筒，恰好摸来七筒，听口六九筒，真可谓是好运！

3.开搭恰好正确。这里所指的“正确”前边加了个“恰好”，其意是不完全由于技术所致，而是你的运气巧逢。比如，边三条、边三筒两个搭子，应开拆哪搭？你也未测谋，随便开了边三条搭，先舍掉一条，你的上手一碰，你正好摸到一张三筒，真乃“银河巧逢”。

4.来牌左右逢源。你需要什么就能来什么，需要碰东风听口，你的下手偏揭来一张东风，况且揭到即打。又如上手打八万，该揭一张无用的熟张，偏有人碰八万，转过来你恰巧摸到一个卡张听口边七筒。可是七筒对家已占三张，困难极大，不料却有人开杠，从墙尾杠出一个绝张七筒给你放了和，真乃是“神差鬼使”，这才是实实在在的运气！

总之，运气是十分奇妙的，很大程度上不是由自己决定的，有自然的，有他方人为的。特别是他方人为的，给谁放牌谁的运气就好，控制谁谁的运气就不佳。

（三十七）运气和技术什么起决定性作用？

在麻将场上，技术较高者有时也落得惨败，技术不高者有时也大获全胜。运气与技术何者是胜负的决定因素，历来各有其观，争论不休，胜者败者均不服气。这个问题应该从以下五方面来分析。

1.运气和技术是辩证统一的，不可截然分开论其所长，应该科学地认识运气与技术的关系。运气是基础，是客观条件，是在技术指导下起作用的；技术是人的主观能动性，是在运气的基础条件下起作用的。只有好运气没有好技术，有时一手好牌却未能成和；只有好技术没有好运气，成和的可能性也极小。只有二者有机结合，才能获得取胜的最大可能性。

2.知晓运气与技术作用的比率。在玩牌的过程中，技术高超者时兴时僻，技术不高者也时兴时僻。因此就有人认为，打麻将就是凭运气，凭手气，归根结底是“兴”与“僻”的问题，“兴”了就胜，“僻”了就败，根本不是技术高低的问题。那么，技术高超者与技术不高者，究竟何者胜多败少？何者败多胜少？事实胜于雄辩，真理尽在不言中。笔者曾经对一位技术高超者和一位技术不高者各自玩牌的十场结果做过调查:不高者“兴”过一场,“僻”过四场,五场得平;高超者“兴”过四场,“僻”过一场,五场得平。另据二位对长期玩牌结果的自述,技术不高者胜少败多,总的来说则是败;技术高超者败少胜多,总得来说则是胜。这个事实可以证明,运气与技术七比三的比率是较为恰当的。尽管如此,也不能说明运气是决定胜负的唯一因素。

3.运气有局限性。既要看到运气的基础作用,也要看到它的局限性。好运气不是自己决定的,而是自然形成的,四方都想获得好运,对每一个人来说,获得好运的可能性平均仅为四分之一。同时还要看到,好运气的获得不是均等的,而是十分不公平的。所以说运气的作用是偶然的、不稳定的,也可以说是不可靠的,把获胜的希望完全寄托在运气上是不客观的,甚至是想入非非。

4.技术的作用是永恒的。技术是在运气基础上起作用的,这是指大获其胜而言。但是还必须懂得,技术是主观能动性的反应,是人为的。好运是侥幸的,不可能场场玩牌逢好运;技术的作用却是永恒的,在什么条件下都能起到应有的作用,可以使上等牌早听口、早成和,可以使中等牌不失时机地听口成和,也可使下等牌转化为中等乃至上等牌,进而听口成和,还可以把无和之牌的牌局打成“荒局”。再说,麻将娱乐是技术的比赛,决不是运气的比赛。有人错打错来,反复无常,结果还成了和,甚至抓起牌就自抠成和,不会有人说他是打麻将的能手。反过来讲,有的人基础牌非常差,由于控牌严谨有方,控制了兴牌,虽然自己未能成和,却打成了“荒局”,众人会异口同声地称赞他技术高超。

5.技术的作用贵在长期性。玩牌的时间越长,技术的作用就越大。如果只打一局决胜负,技术不高者胜的可能性就比较大,不是比技术较高者胜利的可能性大,而是比打的局数多了取胜的可能性大,因为时间越短,全靠运气的技术较低者的弱点暴露得越不明显,时间越长则暴露得越明显;技术较高者胜利的可能性却比较小,不是比技术较低者胜利的可能性小,而是比打的局数多了胜利的可能性小,因为时间越短他的优点(技术)发挥的机会就越少,时间越长则发挥的机会越多。用最明快的一句话说,就是技术较低者主要靠运气,技术较高者也不是绝对没运气,而是运气加技术。所以,相对地讲,技术还是决定胜负的主要因素。

(三十八)技术高超者为什么有时也落得惨败?

技术较高的人有时确实连连失败,但这种现象是很少的,因为是“有时”而不是经常。这里说的“很少的”有两个含义:一是在技术高超者打牌的历史上是“很少的”,多数是平或者兴;二是与技术很低者相对是“很少的”。必须认识到,这种现象是正常的,不足为奇,也就是说属于一种合理的比例。因为从来没有“常胜将军”,只不过是胜多败少。要说是技术高超者一贯胜,一贯兴,不败一场,那才是奇怪的现象呢!

技术较高者毕竟也有失误之处,之所以有时落得惨败,除了运气不佳,诸方面客观条件均不利于他之外,主观上可能有两条原因:

一是对麻将牌技特有的复杂性及其带来的各方面的问题重视不够,处理不当。比如对神奇的偶然性估计不足,对三方手中之牌况猜测有误,或许较多地给他人放碰、放杠、放和。

二是对其他三方牌艺水平认识不清。这是一个未被人们认识的公开“秘密”,就是可能至少有两个技术不高者,乱打乱放,搅乱了牌局,大大降低了技术的作用,主要靠运气得胜。在这种情况下,技术较高者没有针锋相对地应对,仍然坚持常规打法,那就可能失利。应该顺其自然,决不可影响自己的牌而去硬性控牌,因为你控他不控,结果不但未控住他人,还影响了自己的听口成和。

第四章　南北竞技麻将赢家实例

中国麻将的历史源远流长，因其具有深厚鲜明的民族性、文化性、奥妙无穷的趣味性，所以爱好者广泛。麻将的智力竞技和围棋、象棋、桥牌相比，可以说不分伯仲，各有千秋。

“竞技麻将”从中国传统麻将的数百种花样中，精挑细选出了81个番种，并按其成功的难易程度，定下了1、2、4、6、8、12、16、24、32、48、64、88等12级分值，作为比赛时决定胜负所用。于是，这种打法，也同样广为流传并沿用至今。

（一）1分的番种

1.花牌。一副牌有花牌8张，分别是春、夏、秋、冬、梅、兰、竹、菊。每张花牌可记1分，但不计在起和的8分之内，和牌后才能得分。若花牌在补花时成了和牌，只记自摸得分，不能视为“杠上开花”得分。

2.自摸。自己在摸进牌张后组成了和牌。

3.单钓将。钓取单张将牌而组成了和牌。

4.坎张。以嵌在两张牌之间的牌张和牌。如：三、五万以四万和牌，五、七条以六条和牌，一、三筒以二筒和牌，四、五、五、六万以五万和牌，亦可算为坎张，不计单钓将。

5.边张。单和一、二、三的三，七、八、九的七。和一、二、三、三的三，七、七、八、九的七都可算为边张和牌，不计单钓将。

6.无字。和牌中没有四风、三箭之牌。

7.缺一门。和牌中缺少一种花色的序数牌。（此与传统中国麻将的有字——四风、三箭，不算缺不同。此为有字也可以算缺少一种花色的序数牌。）

8.明杠。以自己的暗刻，和别人打出来的那张花色、牌点完全相同的牌开杠，或者是自己摸进与碰起的明刻完全相同的那张牌来开杠。

9.幺九刻。三张相同的一、九序数牌或字牌组成的刻子。杠了也算。

10.老少副。同种花色牌、序数为一、二、三和七、八、九的两副顺子。

11.连六。同种花色、序数相连的六张牌。

12.喜相逢。两种花色、两副序数相同的顺子。

13.一般高。同种花色、两副序数相同的顺子。

(二)2分的番种

14.断幺。和牌中,没有序数一、九的牌,没有字牌。

15.暗杠。用四张相同的牌来开杠。

16.双暗刻。并非碰起的两副刻子。

17.双同刻。两副序数相同的刻子。

18.四归一。和牌时有四张相同的牌,且分别存在于顺子、刻子、对子、将牌之中。开杠的四张牌,当然不在此列。

19.平和。由四副顺子、一对序数牌作将而组成的和牌。

20.门前清。和牌时,没有吃、碰、明杠,和别人打出来的牌。

21.门风刻。与本门风相同的那副风刻。

22.圈风刻。与圈风相同的那副风刻。

23.箭刻。由箭牌中、发、白所组成的刻子。

(三)4分的番种

24.和绝张。用来和牌的那张牌,是牌池、桌面上已经亮明了的三张牌所剩下的第四张相同的牌。抢杠和牌则为抢杠,不算和绝张。

25.双明杠。两个明杠。

26.不求人。四副牌及将牌都不是靠吃牌、碰牌(包括明杠)来组成的,且和牌也是靠自己摸进的。

27.全带幺。和牌时,每副顺子、刻子都带有幺、九的序数牌,将牌亦是。

(四)6分的番种

28.双箭刻。两副箭刻(包括杠)。

29.双暗杠。两个暗杠。

30.全求人。全凭吃牌、碰牌、单钓别人打出来的牌和牌。不再计算单钓。

31.五门齐。和牌时筒、条、万三种序数牌,风牌,箭牌,共五种牌都齐全。

32.三色三步高。三种花色三副依次递增一位序数的顺子。

33.混一色。由字牌和一种花色的序数牌所组成的和牌。

34.碰碰和。由四副刻子(或杠)、将牌所组成的和牌。

(五)8 分的番种

35.抢杠和。抢过他人开明杠的那张牌来和牌。不计算和绝张。

36.杠上开花。用开杠时摸进的牌组成了和牌。不包括补花开杠,亦不计算自摸。

37.海底捞月。和摸完牌墙后他人打出来的最后一张牌。

38.妙手回春。摸起牌墙上最后一张牌而组成了和牌。不计算自摸。

39.无番和。和牌后数不出任何一种番种得分。花牌不计算在内。

40.三色三节高。三种花色三副依次递增一位序数的刻子。

41.三色三同顺。三种花色三副序数相同的顺子。

42.推不倒。和牌时,其牌面图形颠来倒去都没有上下的区别。

43.花龙。三种花色的三副顺子可以连接数出一至九的数目。

(六)12 分的番种

44.三风刻。三个风牌的刻子。

45.小于五。由序数牌一至四的顺子、刻子、将牌所组成的和牌。不计算无字。

46.大于五。由序数牌六至九的顺子、刻子、将牌所组成的和牌。不计算无字。

47.组合龙。三种花色按不能错位的特殊牌序组成一、四、七,二、五、八,三、六、九的九张牌。

48.全不靠。和牌时,三种花色按不能错位的特殊牌序组成一、四、七,二、五、八,三、六、九,其他牌为东、南、西、北、中、发、白之中的任何五张。不再计算五门齐、不求人。

(七)16 分的番种

49.三暗刻。三个暗刻。

50.三同刻。三个序数相同的刻子。

51.全带五。每副牌和将牌,都有序数为五的牌。不再计算断幺。

52.一色三步高。同种花色的三副依次递增一位或两位数字的顺子。

53.三色双龙会。两种花色的两个老少副,加上另一种花色的牌序为五的将牌。不再计喜相逢、老少副、无字。

54.清龙。同种花色的一、二、三,四、五、六,七、八、九的三个顺子。

(八)24 分的番种

55.全小。由序数牌一、二、三所组成的顺子、刻子(杠)、将牌来和牌。不计无字。

56.全中。由序数牌四、五、六所组成的顺子、刻子(杠)、将牌来和牌。不计断幺。

57.全大。由序数牌七、八、九所组成的顺子、刻子(杠)、将牌来和牌。不计无字。

58.一色三节高。同种花色的三副依次递增一位数字的刻子。不计一色三同顺。

59.一色三同顺。同种花色的三副序数相同的顺子。不计一色三节高。

60.清一色。同种花色的序数牌所组成的和牌。

61.全双刻。由二、四、六、八的双数的序数牌的刻子、将牌所组成的和牌(成都麻将称为“将对”)。不计碰碰和、断幺。

62.七星不靠。七个单张的东、南、西、北、中、发、白,加上三种花色牌序为一、四、七,二、五、八,三、六、九中的七张序数牌所组成的、没有将牌的和牌。不计五门齐、不求人。

63.七对。由七个对子所组成的和牌。不计不求人、单钓将。

(九)32 分的番种

64.混幺九。由字牌和序数牌一、九的刻子、将牌所组成的和牌。不计碰碰和。

65.三杠。无论明杠、暗杠,共有三个杠。

66.一色四步高。同一种花色的四副依次递增一位或两位数的顺子。

(十)48 分的番种

67.一色四节高。同一种花色的四副依次递增一位数的刻子。不计一色三同顺、碰碰和。

68.一色四同顺。同一种花色的四副序数相同的顺子。不计一色三节高、一般高、四归一。

(十一)64 分的番种

69.一色双龙会。同一种花色的两个老少副、将牌的序数为五。不计平和、七对。

70.四暗刻。四个暗刻(杠)。不计门前清、碰碰和。

71.字一色。由字牌的刻子(杠)、将牌所组成的和牌。不计碰碰和。

72.小三元。箭牌的两副刻子(杠)和将牌所组成的和牌。不计箭刻。

73.小四喜。风牌的三副刻子(杠)和将牌所组成的和牌。不计三风刻。

74.清幺九。由序数牌一、九的刻子(杠)和将牌所组成的和牌。不计碰碰和、双同刻、无字。

(十二)88 分的番种

75.十三幺。由三种花色序数牌的单张一(幺)九牌、七种字牌,加上其中任何一种牌作将牌,所组成的和牌。不计五门齐、不求人、单钓将。

76.连七对。同一种花色的序数牌的序数相连的七个对子所组成的和牌。不计清一色、不求人、单钓将。

77.四杠。无论明杠、暗杠,共有四个杠。(传统麻将、成都麻将都给其一个很雅的名称:十八学士。)

78.九莲宝灯。同一种花色的牌,按序数一、一、一、二、三、四、五、六、七、八、九、九、九组成之后,遇见同种花色的任何一张序数牌,即成和牌。不计清一色。

79.绿一色。由绿色的二、三、四、六、八的条子牌和发字牌中的任何牌组成的顺子、刻子(杠)、将牌来和牌。不计混一色。若无字牌发,可另计清一色。

80.大三元。和牌时,有箭牌中、发、白的三副刻子(杠)。不计箭刻。

81.大四喜。和牌时,有东、南、西、北四副风刻(杠)。不计圈风刻、门风刻、三风刻、碰碰和。

介绍完 81 个番种之后,有必要再啰唆一句:打“竞技麻将”,最首要的一点是应该将上述 81 个番种烂熟于心。这样,在拿起一手牌之后,你才可以立刻判断出做什么样的高分番种是上策,从而制订好战略,运用好技战术,灵活机动,巧思妙算,赢得胜利。

实例 1

东风圈,你坐东、当庄。摸上来 14 张牌,字牌占了一大半,且有三种风牌成对成刻,而成刻的竟然是三张东风。

手中没有花牌,当然就不能率先补花。待后面三家补花完毕,便直接打出幺鸡“安客”。

对家碰了首张幺鸡,弃出东风,心中一喜,立即开杠,杠上来一张南风。此时,还持有三对风牌,若其他人都不需要风牌的话,做成四风会,应当很顺畅。

接下来的行牌,很快让你美梦成真。碰起上家打出的南风,再碰了下家弃出的北风,对家也在打发财、白板,看来,做成四风会只是时间迟早而已。

各地对这个番种有四风会、四风聚、四风齐、四喜、大四喜等称谓。竞技麻将已经将其定名为“大四喜”。

面临形势大好的一手牌,心中开始祈祷:千万不要在我做成功“大四喜”之前,有人和了小番。

是呵!竞技麻将和血战到底迥然不同,它是一家和了牌即推倒重新洗牌。

不过，它规定的和牌必须符合其规则规定的牌形，番种分值之和至少 8 分，且符合规定的和牌方式，要想快速和牌，也并非易事。

这盘，你的确相当幸运，叫下得比其他三家要早一些。

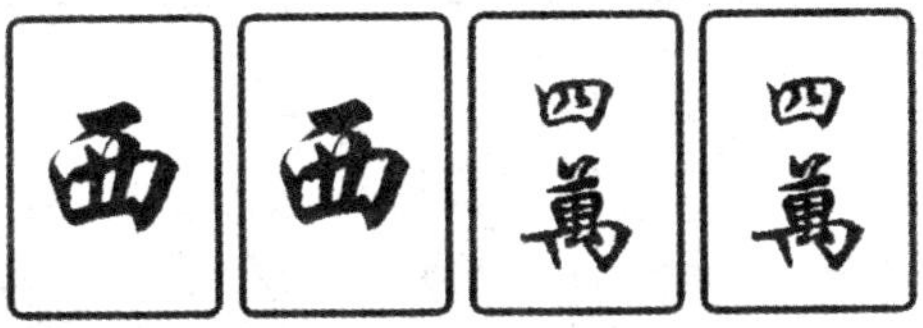

下一轮行牌，下家打出一张四万。如果点炮和牌，可以计混一色 6 分，碰碰和 6 分，三风刻 8 分，东风圈风刻 2 分，明杠 1 分，东风门风刻 2 分，已经有了资格。然而，这较之和西风点炮的“大四喜”的 88 分，混一色 6 分，就差得太多了。

毅然放过四万，决定等待西风。

果然，吉人天相。当自摸到一张西风时，“大四喜”和牌，自豪地宣布成功。三家入瓮，庄家乐在牌中。

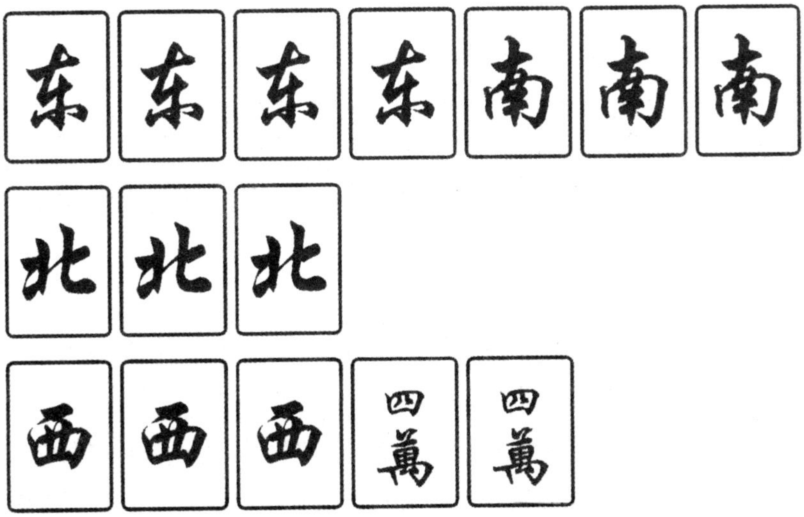

实例 2

北风圈，稳坐在西。摸牌时就发现了有四对幺九牌，整理成“花搭子”，亦很醒目。

两张花牌,按序补花。补抓之牌竟然把幺鸡也配成了对。手持五对幺九牌,立即十分注意其他三家出牌,唯恐没有看清而漏掉了自己需要碰起的那些幺幺九九。

这手牌,这么好的幺九基础,最理想的结果,就是做成清幺九。

果然运气不差!其他三家都不想做带幺之类的番种,前几轮就轻松地碰起了两对:一万、九条。稍后,又把幺鸡摸成了一个刻子。似乎其他三家都在想摸张好牌之时,你的一手牌已经有了个“对杵”的叫。

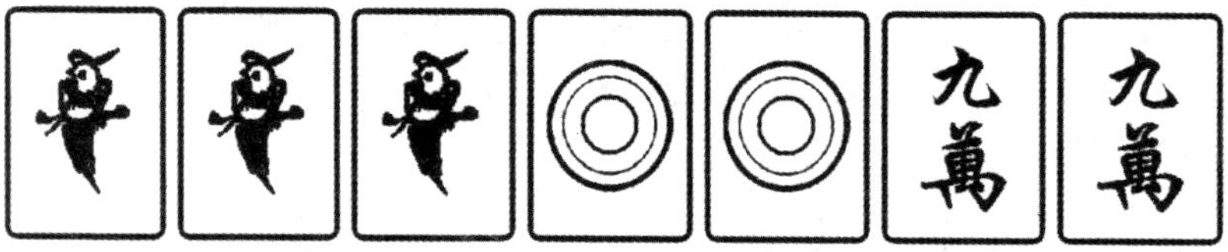

“对杵”欲和牌,难度相当大,因为“‘对杵’不如一卡”。如果他人手中亦是一筒、九万成对,那当然就更是希望渺茫。

好在这盘牌运不错。虽然对家在做清一色的筒子,而且牌阵之前吃成了一个顺子一、二、三筒。这就透露了一个有利信息:除了对家单钓一筒作将,那最后一张一筒,便大有出来的希望。

满怀希望,静心等待。果然,两轮之后,喜从天降。上家摸牌,看了一眼,旋即弃出,一张一筒。

好呵，上家成全了你的这副清幺九。

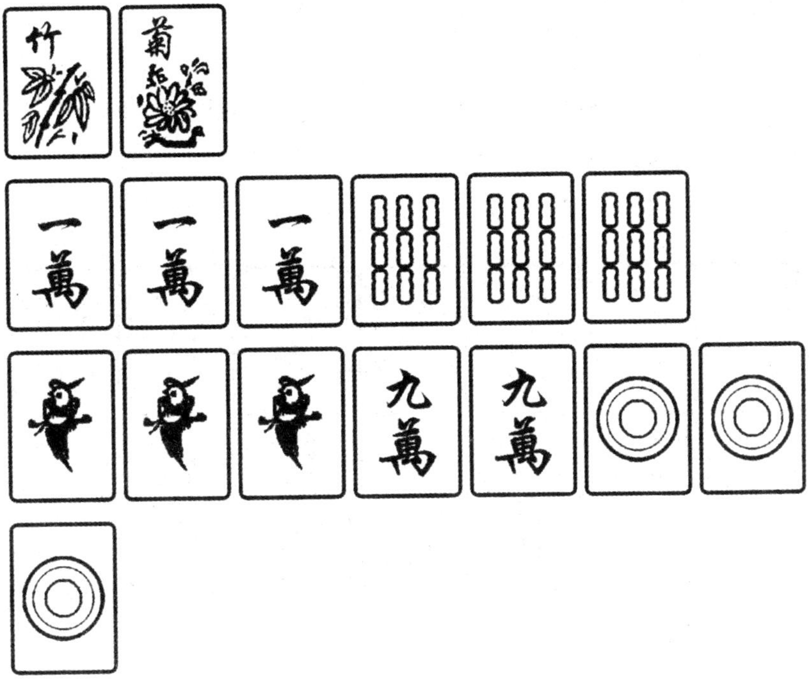

实例 3

西风圈，座位在北。上手就有 11 张筒子牌，稍事整理，排阵列好。

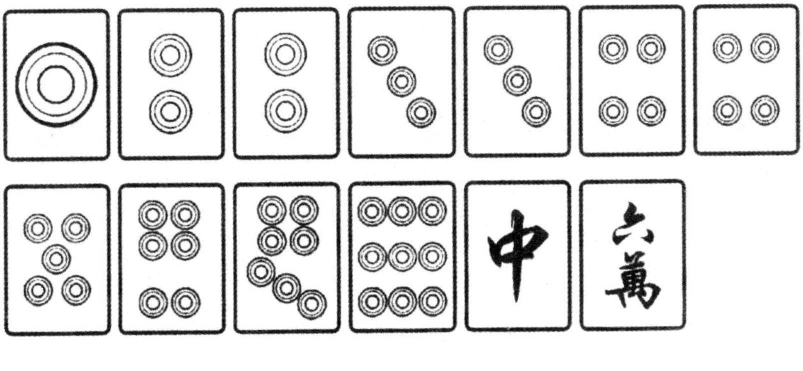

这副牌，预示着向清一色发展的基础相当不错，顺势而为吧！

庄家补完花后，打出了一张二筒。

你打牌，本来就喜欢“少吃多摸休贪碰”，且这手牌，你把一、二、三筒，二、三、四筒已看成了已经组合好的两个顺子，且后面还有四、五、六筒一个顺子，当然就更不愿意碰二筒，反而破坏了一手好牌。

没有碰二筒，就没有打乱原来的摸牌秩序。正常行牌几轮，连摸筒子，良好进张，居然很顺畅地摸成了原计划。

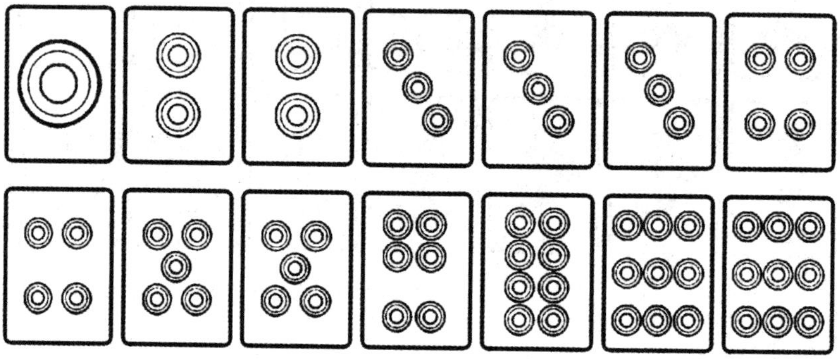

这么好的牌，该如何“下叫”，值得认真推敲。很显然，弃出八筒，就有和一、四、七筒的“宽叫”。

再看看场上情态，觉得打八筒，实乃妙招。如此之后，再仔细端详牌阵，把一个个顺子依序放好，这才更加奇妙。

尽管是和一、四、七筒三个叫，但和成四筒应是首选、更加绝妙。因为和了四筒，手中的四个顺子就是一、二、三筒，二、三、四筒，三、四、五筒，四、五、六筒，岂不是和成了“一色四步高”！

如果和成了一筒、七筒，那就只是个一般的清一色，两者间的分值，相差竟有 8 分之遥。

看出新的端倪，决心争取和成四筒。由此，雄心勃发的你，放过了上家打出的七筒，亦放过了对家打出的一筒。因为，你审时度势，判断其他三家手中之牌尚不足以和 8 分，自己和牌，空间尚大。

有追求，就有机会获得成功。仅仅两轮过去，一张四筒就来到了你的手中，“一色四步高”，竟是这样“踏破铁鞋无觅处，得来全不费功夫”。

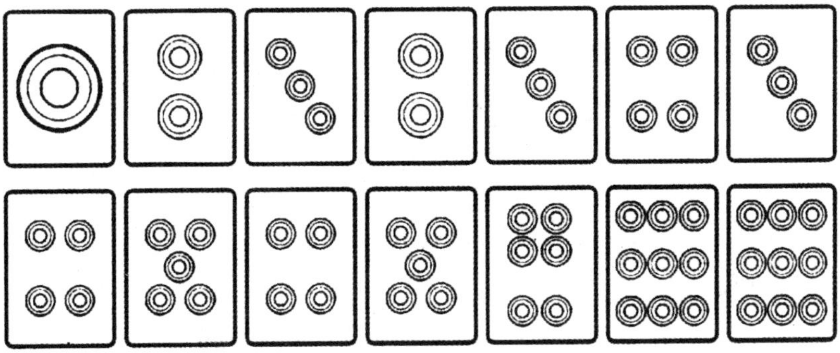

这副牌,还要赢得:门前清 2 分,平和 2 分,自摸 1 分。

实例 4

西风圈,你端坐在西。整理好摸上手的这副牌,发现有四个对子。

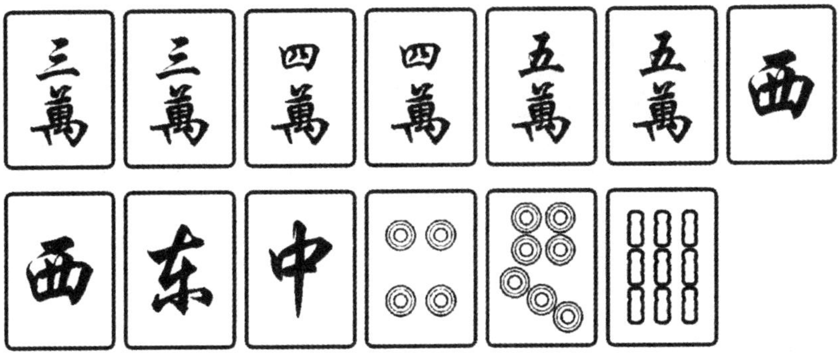

乍看这手牌,有四个对子,可以向七对发展,亦可以做成混一色,若碰起西风,那么,圈风刻、门风刻的分值,都可以收入囊中。

然而,细看这手牌,心中突发奇想,三、四、五万是依次递增一位数字的同一种花色的序数牌,如果能够把它们碰成或摸成刻子,那就完全符合"一色三节高"番种的条件。

由此一想,便决定照此开干。三、四、五万无论哪张先出来都碰起再说,若碰了其中一对,那其他的对子就可能接踵而至,迅速碰成刻子。

果然,你的荣华梦如期而至。行牌似乎都按照你的设想大步跟进。西风、三万、五万在前几轮就都碰成了刻子。剩下的四张牌不断变幻着,对你进行考验。

因为东风、红中已经有人碰起，这就打乱了你做混一色的计划，只好陆续把手中的两张废牌换掉。

牌运之好就好在自己摸上了一张四万，而手中的字牌也换成了弃牌池中只有两张的发财。形势转好，和牌希望大增。

接下来的行牌过程很是平淡，仿佛大家都难于进张，而牌墙上的牌逐渐减少到只剩下了最后一张。

这张牌恰好轮到该你去摸，这张牌你和他们都猜得很准：肯定是发财！

果然不差！一张单钓将发财，助你成功地做成了“一色三节高”。

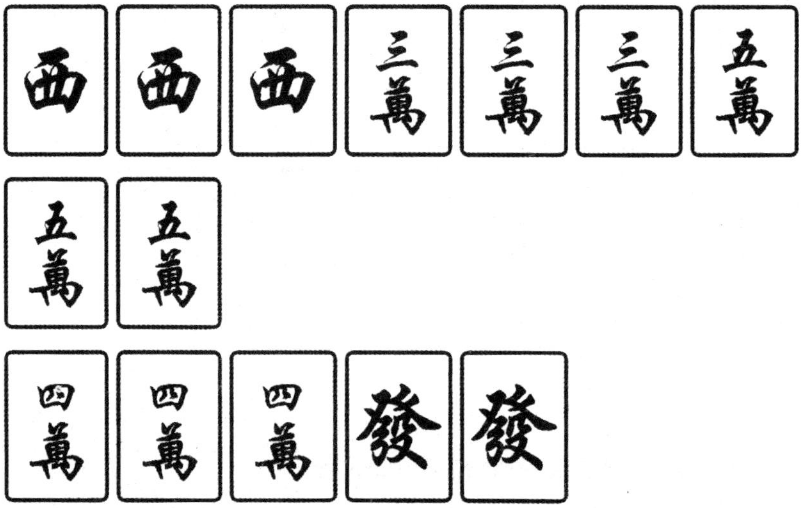

这副和牌，还可以得到混一色 6 分，圈风刻 2 分，门风刻 2 分，单钓将 1 分，自摸 1 分。

实例 5

西风圈，你坐定北方。这手牌摸齐之后，按花色整理成阵，发现有三个对子、一个刻子、一张花牌。

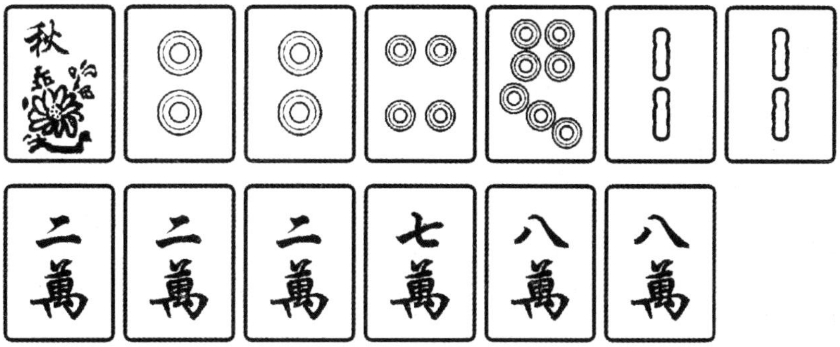

补花，补上一张无用的字牌，南风。

首先想到做成无字 1 分，碰碰和 6 分，断幺 2 分，就达到了和牌的起码分了。

当过了五轮都还没有碰成任何一对，却摸上一张二条成为刻子之时，脑子里突然闪现了“三同刻”的番种。如果将这手牌做成功摸上一张二筒，或是下一个和二筒的叫再和牌的话，那么，这副牌就不是开始计划的那几分了，16 分的“三同刻”——二万、二条、二筒都是刻子，就翩然而至了。

有了新的目标，下定决心努力奋斗。接下来，对家助了你一臂之力。他让你碰其弃出来的八万之后，又摸成了有叫的牌形，“对杵”个二筒、七万。

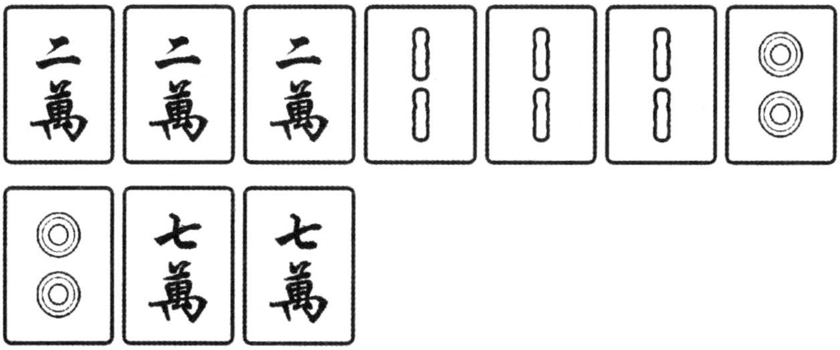

对家似乎是帮忙帮到底，一张七万又被他弃入牌池。你若和牌，开始时设想的那几分进入账户。然而，你感觉和牌是迟早的事，故暂时放弃，待二筒出来，才尽人意。

有此志气，便来运气。放过对家的七万，隔一家就该你摸牌。事有凑巧，那张二筒果然没有辜负你的期望，非常愿意为你和牌贡献全力。

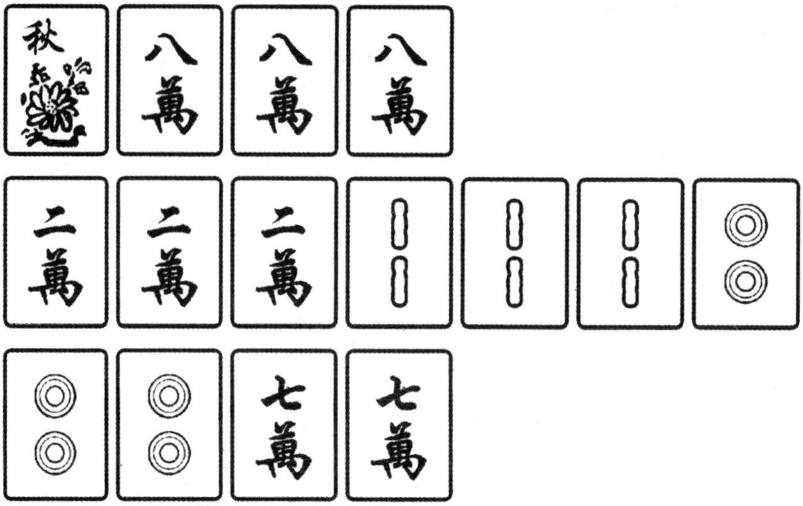

这副和牌，尚有无字1分，碰碰和6分，断幺2分，自摸1分给付予你。

实例6

南风圈，你坐南方。整理牌张，你发现一张万字牌都没得。耶，先送1分垫底嗦。

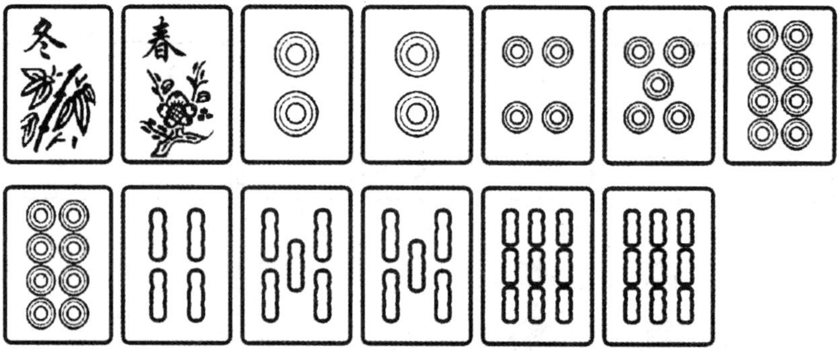

两张花牌，补花补得你眉开眼笑。一张二筒、一张五条让这两对牌瞬间成为了刻子。这一下，两个对子、两个刻子，前景更加向好。

再仔细观瞧，怎么所有的牌张都是颠来倒去摆放一个模样呢？打了这么久的牌，拿这一手被称为是“推不倒”的牌，好像还是第一次。

那干脆就做成个“推不倒”，这个番种的分值刚刚够和牌的起码分。

基础不错，碰牌也顺。先碰起下家的九条，稍后上家打出的八筒也将就碰了，牌阵只剩二筒、五条两个刻子，单钓四筒作将，看起来简洁明了。

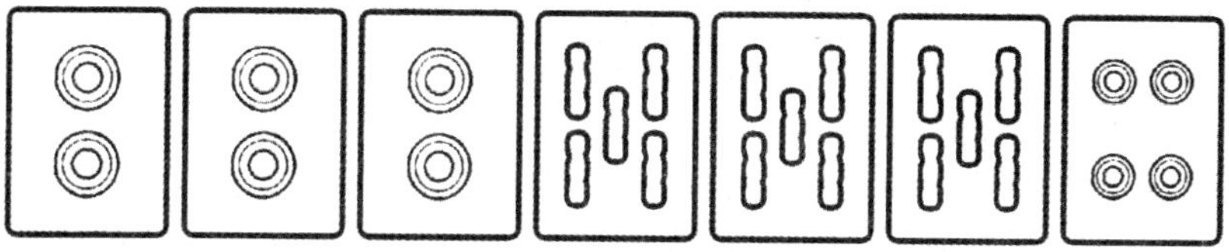

后来的行牌，幸运之神先是青睐于你，给了你两个惊喜：让你自己摸上第四张二筒，开个暗杠，杠牌弃出，无忧无虑；让对家打出第四张五条，你开个明杠，杠牌打出，风浪不起。

幸运之神突然又戏耍了你：当决定单钓刚摸上手的五筒，还是坚持“老叫”四筒时，你见弃牌池中已安躺两张五筒，便坚持“老叫”是钱，弃出了五筒。然而，转过来轮到你摸牌时，一张五筒赌着气来到你手里，好像在说：“牌从绝张出，你竟然对我置之不理，那我就要气一气你。”

三轮之后，上家弃出一张四筒，你毅然宣布和牌，决不让到手的胜利成果眼睁睁地失去，更何况如此和牌会多加一个“全求人”。

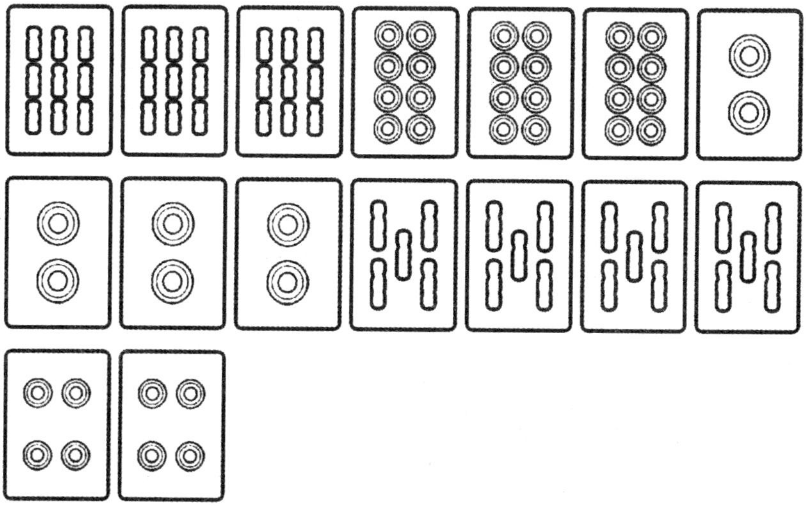

“推不倒”就满足了和牌的起码分。但这手和牌，还可以赢得无字 1 分，缺一门 1 分，暗杠 2 分，明杠 1 分，全求人 6 分。

实例 7

东风圈，你的座位在南方。整理好 13 张牌，虽然只有一对红中、一对白板，但是你做大三元的想法，仿佛已经成竹在胸。

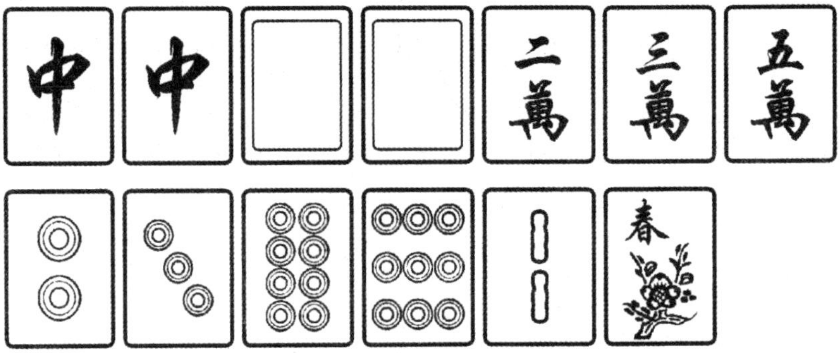

补花，一张花牌为你补上一张发财，难道是边理牌边冥想而与麻将牌心有灵犀？

上家打出一张四万，你考虑要为再摸发财，碰红中、白板留出空间，决定先不能吃牌。伸手摸牌，进张九筒成对，打出二条。

碰巧的事立即来临，下家弃出了一张白板，助你碰白板成为刻子。有一家不要箭牌了，形势趋好。

对家碰起了上家弃出的南风。他要字牌！继续盯紧，休要急躁。

摸牌数轮，心想事成，运气特好。红中摸成了刻子，发财已经有了两个。而观察到碰南风那家又碰了东风、九万，看来自己的大三元大有希望获得成功。

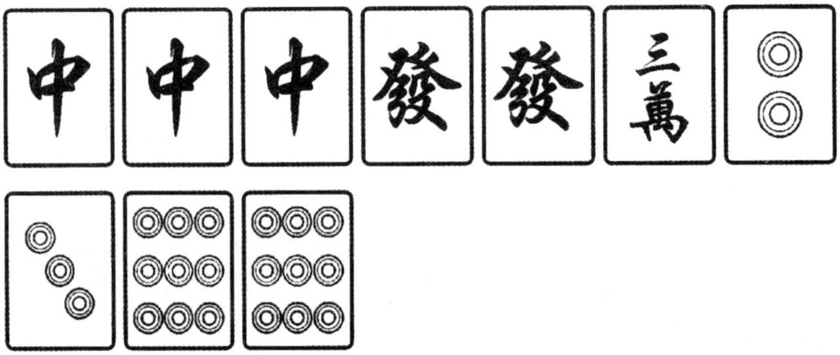

下一轮，上家打出一张四筒，立即用二、三筒吃进，组成一个顺子。这样，弃出三万以后，己方的牌阵先缺了条子，再缺了万字，实际已经成了混一色，还有了发财、九筒“对杵”的好叫，加快了做成大三元的速度。

在等待发财出来和成大三元的过程中，有人打出来一张九筒。算一算混一色 6 分，白板、红中两个箭刻 4 分，已经够了和牌的起码分 8 分，但坚决不和，坚决不把即将成功的大三元降价出售。

最后的结局，既有戏剧性，又有幸运之神对你的深情眷顾：

你的上家弃出一张发财，你的对家立即喊和，且亮出了确实是单钓发财、混一色的碰碰和。不过，你的喊声和亮牌几乎与他同时。

“竞技麻将”的规则规定：“和牌者：一盘一人。如有两人或两人以上同时表示和牌时，从打牌者按逆时针方向，顺序在前者被定为‘和牌者’。”

裁判员据此判定，你的大三元和牌有效，胜利非你莫属。

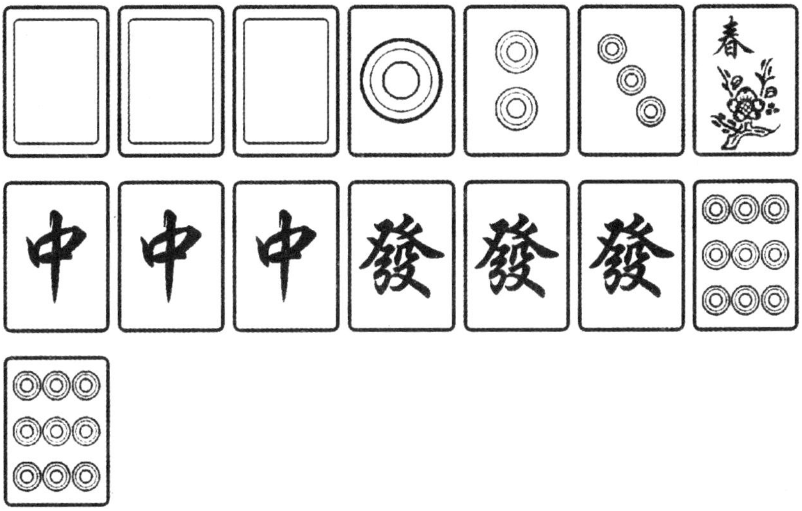

这副和牌，还要计算花牌的 1 分，混一色的 6 分。

实例 8

南风圈，你坐东、当庄。起牌就摸上 7 张风牌、1 张红中。且圈风、本门风皆为对子。

率先补花，摸上一张三条，顺手打出三筒，先试一试做混一色，碰起圈风、本门风，就够了和牌的起码分。前几轮，牌局按常规进行，很快碰起了南风、西风，混一色已具雏形。

这时，如果打掉北风，立刻可以下一个和边三条的叫。算起混一色 6 分、圈风刻 2 分、边张 1 分，和牌的起码分应该足够了。

但是，你却看出了三张风牌的巨大潜质，毅然决定保留风牌，先不要叫，另辟蹊径，弃出三条。

两轮之后，心愿初尝，东风顺利碰成了坎之后，新的选择更加考验你的壮志雄心：

如果打掉北风，立刻下个幺鸡、二条“对杵”的叫，这时的番种就包括了 6 分的混一色、6 分的碰碰和、2 分的圈风刻、2 分的门风刻，远远超过了起和分，尽快和牌，只有一步之差。

如果不打掉北风，再来个先不要叫，拆一对条子牌先弃一张，争取碰了剩余的对子后，再下个单钓北风的叫，就可能和一个 64 分的番种“小四喜”，胜果更加辉煌。

难得遇到得高分的机会，决心一搏。开二条弃一张，更利于碰起幺鸡。

接下来的行牌，让你的正确选择步步走向胜利。碰起幺鸡，轻松愉快，单钓北风，进张是自己摸上手的。

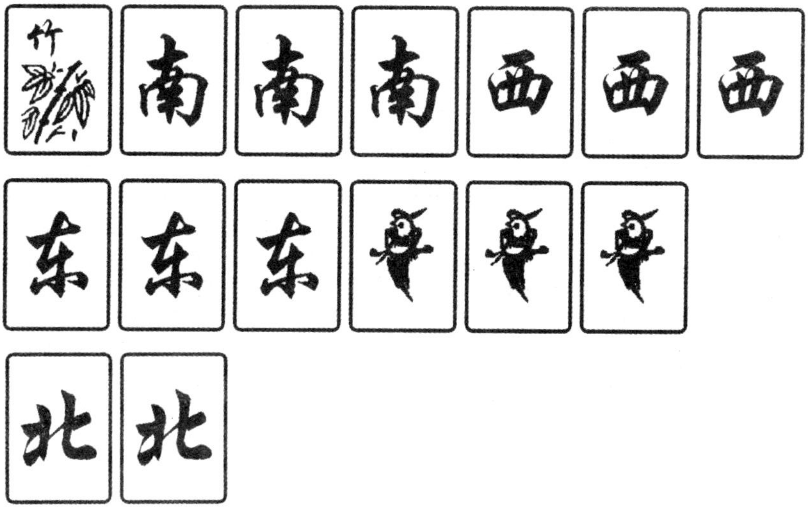

从最初设想的混一色，到最后成功的小四喜，完成了一次巨大的飞跃。这副和牌还能得到：花牌 1 分，圈风刻 2 分，门风刻 2 分，单钓将 1 分，混一色 6 分，碰碰和 6 分。

实例 9

起南风，东位你坐。这副牌摸上来就有两朵花、两个对子、两个刻子，真是好事成双呀！

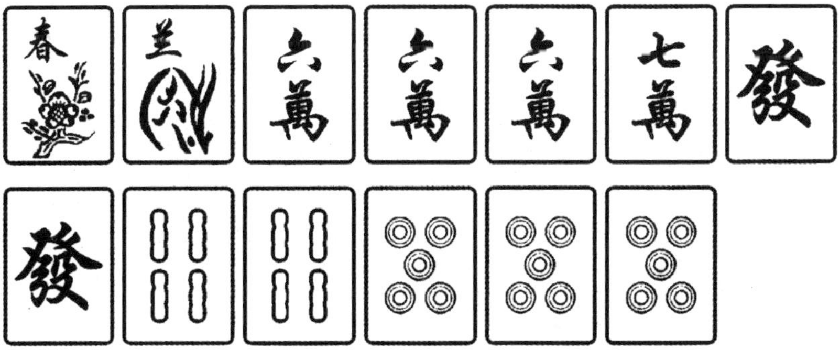

这盘开局，就你有两张花牌，虽非庄家，却是率先补花。摸上来一张六筒、一张七筒。

庄家“安客”，打出四条，碰起再说。算计着做成碰碰和 6 分、无字 1 分、断幺 2 分就够和牌的起码分，便把一对发财作了弃张。

没有料到，这张四条碰起“错”了摸牌的顺序，反而给你带来了好运。轮到摸牌，抓起了一张五筒，立即把牌阵中的三张拿出，开个暗杠。杠上一张花牌，补花，竟是早碰起的四条的绝张，再杠。

之后三轮，手中的牌变幻成了六筒、七筒“对杵”的叫。

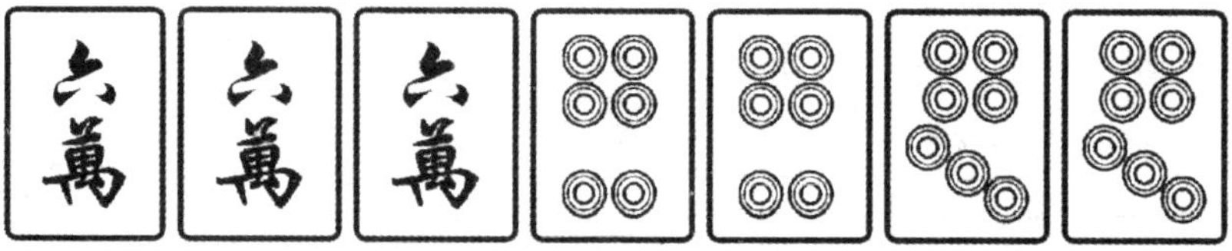

有叫之后，更往好处想：若六万能够出来杠起，那么这副牌和牌的番种就变成了“三杠”，那就是起码 32 分的进项。

心想事成，就发生在三轮之后。对家打出一张七筒，可以和牌的你却潇洒地放过。紧接着，对家的下家、你的上家就在摸牌进张之时，从自己的牌阵中抽出来一张六万，弃了出来，让你眼前突然一亮，立即开杠。嘿，又是杠起来一张花牌，再补花，一张北风，打出去风平浪静。

再过一轮，当上家将你的下家弃出的八万碰过之后，给你送来了一个“上碰下自摸”。你摸上一张六筒，和牌，脸上笑开了花。

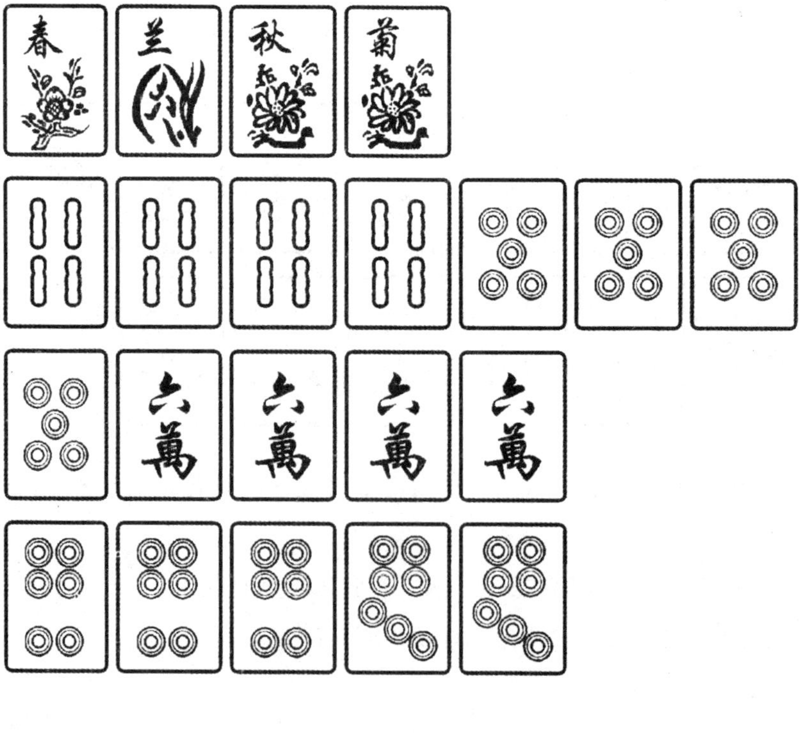

除了“三杠”的得分，还有进项：四朵花 4 分，无字 1 分，断幺 2 分，自摸 1 分，碰碰和 6 分。

实例 10

北风圈，你的座位为南。轮到当庄，摸牌时就觉得几乎 14 张牌全是大牌点，整理好再细看，果不其然。

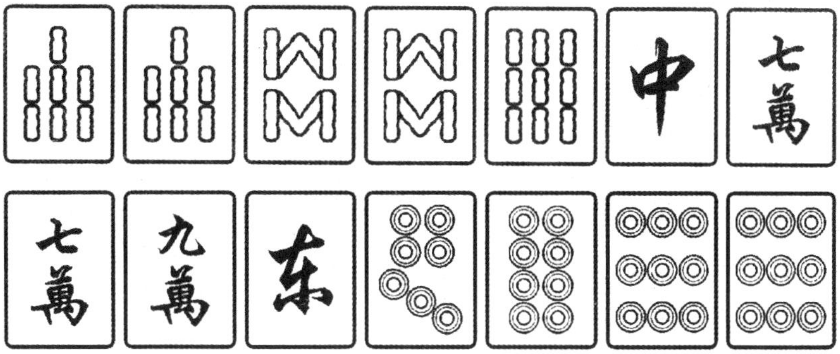

无花可补，打出东风。趁他人补花，又看了看这一手牌，做成一副“全大”应该是问题不大。

决心下定，对家首弃九筒，你便稳起不碰。要做成“全大”，如果碰了九筒，还要去和绝张九筒，难度太大。

这个决策，既未打乱摸牌顺序，又保持了你的牌运，以下两轮，两张九万，接连摸起。你心中思量：不碰第一张九筒是明智之举，否则这两张九万就变成别人的了。

再过几轮，别人碰了牌，却把好运碰给了你。你摸上了一张九条，条子牌顿时变成大牌点的两个顺子。士气大振呵！但手中的牌如何取舍，倒是有些考你的脑力。

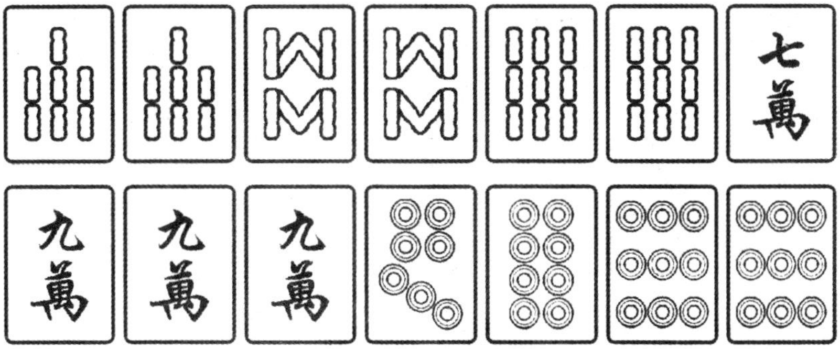

如果弃掉那张七万，下个和六、九筒的叫，九万出来还有开杠的机会。但是，九筒早被弃出一张，自己手上又有两张，要和绝张，难度实在太大。

如果打出一张九筒，下个七万带卡八万的叫，两个叫，且从场上情况看来，似乎容易许多。

胸有成竹了，弃张九筒。果然，只过了两轮，便自己摸上来一张八万，和牌。

在亮牌示众查验之时，你耍了一个小心眼，自称是摸的边七万和牌，口中还唠叨着："哎呀！我自己早就打过一张七万。"钻个规则的空子，可以多得"边张"的1分。其实，多此一举，卡张八万也能得到1分。

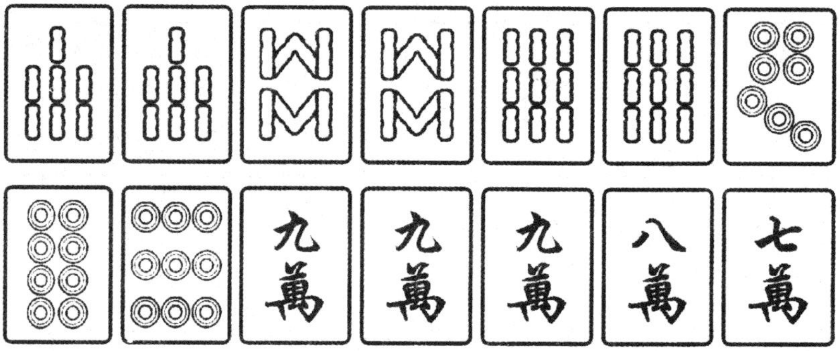

这副和牌，先得了"全大"的24分，还可以得到：门前清2分，平和2分，一般高1分，喜相逢1分，边张1分，三色三同顺8分。

实例11

北风圈，君的位置在南。边摸牌边看边计数，一上手就有五对牌。匆匆理好，看他人补花。

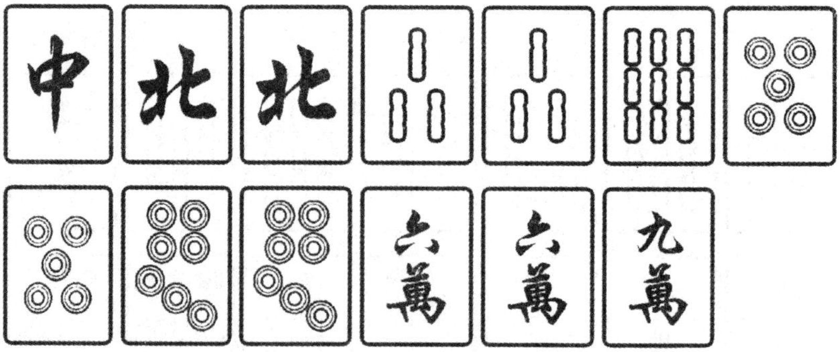

首先想到的是做成七对、碰碰和、全求人。

然而，好几轮行牌，你的想法似乎都不受支持。既没有摸进新的对子，又没有碰成一个刻子。相反，六万、五筒都摸成了三个，成了有两个暗刻的牌。

你想到，是否该修正一下刚开始的想法呢？既然手中已经有了两个暗刻，何不把这副牌直接向16分的“三暗刻”番种发展呢？

下面的难题是：这么几个对子，哪一对可能摸成暗刻，先拆哪一对最为合适。细看场上态势，酌情拆一对北风应该是上策，对家在做混一色碰碰和，说不定要碰北风，正等得不耐烦了。

判断准确，对家果然在你打出北风之后，迫不及待地碰成一刻。他打出一张八条，立即被你上家吃进。轮到你摸牌，一张三条。真是如有神助，三个暗刻，已尽在手中。

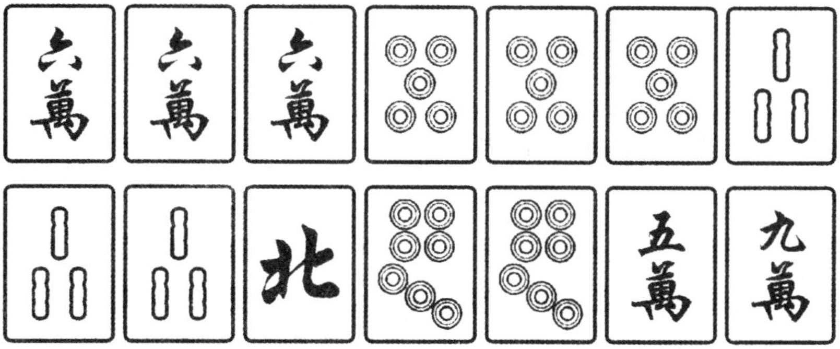

这时，手中的北风是最保险的安全牌张。于是弃出九万，盼望能碰上七筒或摸进三、四、六、七万与五万成为搭子，再弃出北风，顺利“下叫”。

后几轮行牌十分顺利。摸四万，弃北风，“下叫”和三、六万带七筒，最后和了下家弃出的最后一张六万，三暗刻宣布成功。整理好和牌，翻开示众。

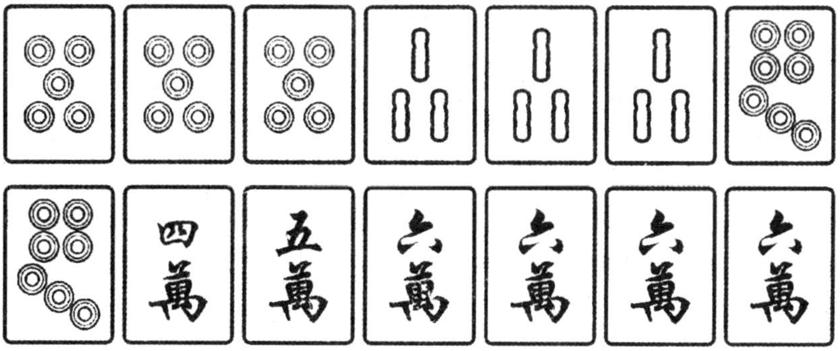

这副和牌还要计算的番种和分值是:无字 1 分,断幺 2 分,门前清 2 分,四归一 2 分。

实例 12

东风圈,座位为西。摸牌手气不错,八张条子,两张花牌,整理好都想多看几眼,赏心悦目。

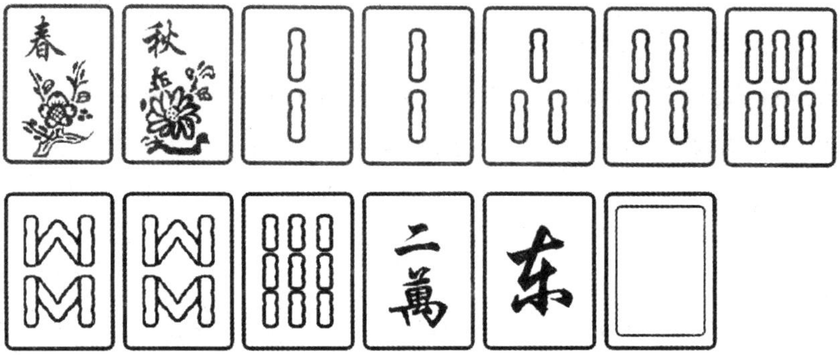

依序在庄家之后补花,两张花牌竟然补上来一对发财。耶,硬是要发财了嗦?

首先考虑做成个 6 分的混一色,加一个 2 分的箭刻,就可以达到和牌分的最低标准。若能发展成为混一色加碰碰和,那就能更多得点儿分。

行牌数轮,先碰起发财成为刻子,又碰起了二条,手中还有两个对子,看来做成两个 6 分的番种和牌将更为快捷。

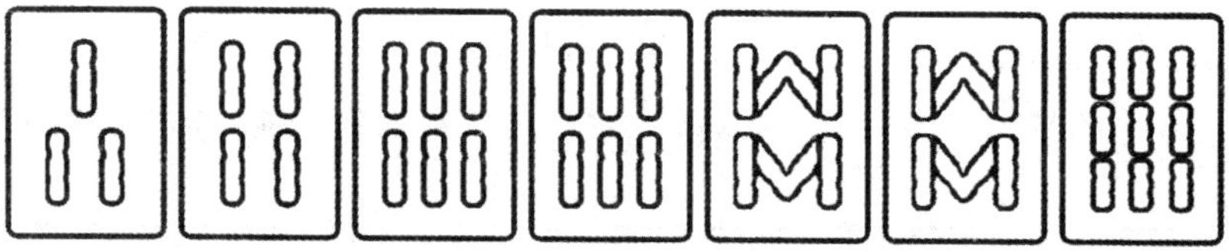

目标既已决定,更想尽快顺利碰起六、八条,来个一帆风顺。

时过两轮,上家打出了最后那张二条。吃还是不吃?吃了弃九条就立即"下叫",但打乱了碰碰和的方略,虽然已经够了和牌的起码 8 分。

定睛凝目,细看一惊。快点吃进!虽然吃了做不成碰碰和,但变换成的番种是比碰碰和要高出 80 多分的"绿一色",差一点儿就错失了千载难逢的良机!

用手中的三、四条吃进二条,组成一个顺子。下个六、八条"对杵"的叫。这才是“有心栽花花不开,无心插柳柳成荫”。

其他人看出你的惊喜,猜测做成了大牌,摸上条子者,都开始捏牌,弃牌池中,风牌、筒子牌、万子牌纷纷打出,就是不见条子牌和箭牌。

耐心等待。你若着急,它更不会来。

如是三轮有余,你运气上升,喜从天降:摸起来一张绿油油的八条,成功地和牌,做成了 88 分的“绿一色”。

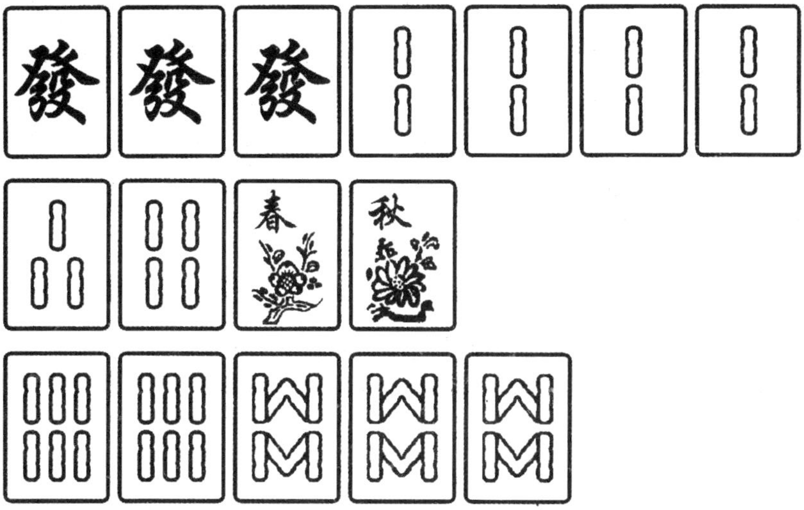

这副和牌,还应该添上几分:两朵花 2 分,四归一 2 分,自摸 1 分,箭刻 2 分。

实例 13

西风圈,你坐定北方。摸牌 13 张,一张发财、两张白板、三张红中,共 6 张箭牌。爱砌“花搭子”,你有意放成了一列乱牌。

这盘，四个人无花可补。庄家率先打出了一张红中。

你从三个位置抽出三张红中，明杠。杠上来一张白板，与手中一对成了一个刻子，喜出望外。

于是，算计这副牌至少都要做成一副“小三元”，便抽出七条，弃之。

连摸多轮无用废牌，打了也不心疼，只是自己默叹一声，手气差劲。

上家打出一张三筒，你不急于摸牌，快速地开动“机器”：

如果用手中的四、五筒吃成一个顺子，那么弃出八条。若再能碰上四万，或把手中的三、四、四万摸成或吃进成为一个顺子，那么单钓发财，就可以做成小三元。

思虑至此，顿觉应该吃牌。计策既定，立即取出四、五筒并捡过三筒，摊放于己方牌阵之前，弃出八条。

后面的行牌仿佛就是按照你的计划在走。你用手中的三、四万吃进上家的五万，弃出多张四万，“下叫”，单钓发财。

面临迫近的成功，你的贪欲竟然还在上涨。下一轮，上家打出了一张发财，无人呼碰，你预见牌墙上应该还有两张发财、一张白板，于是伸手摸牌。

嘿嘿，摸上来的竟然又是一张发财，自然就该你和了，小三元。

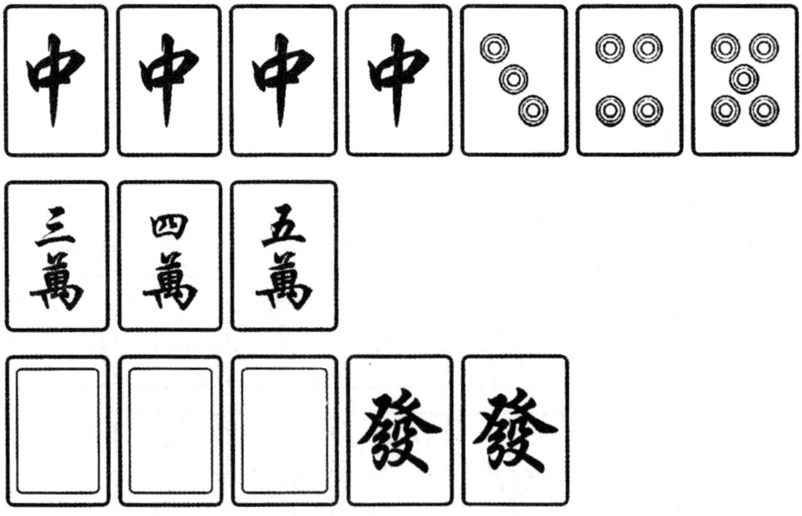

这副和牌还应该得的分有：明杠 1 分，喜相逢 1 分，单钓将 1 分，自摸 1 分。

实例 14

东风圈，坐在东位。当庄，摸完 14 张牌，字牌竟有一半，还有两对幺九牌。

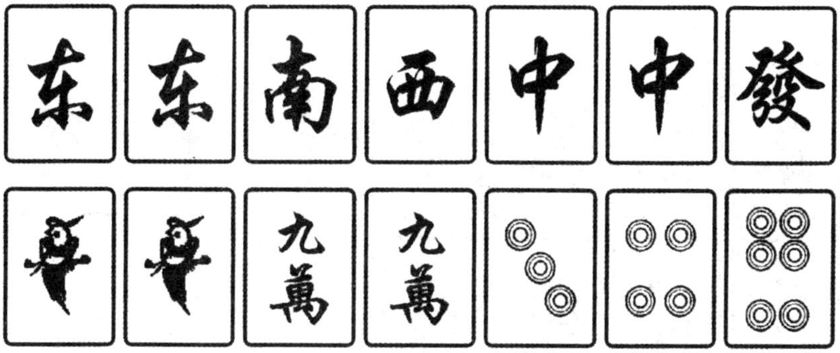

手中无花，待别人补花，正好合计一下这手牌，该如何打出第一张。

顺其牌形，从实际出发，做成“混幺九”成为首选目标，自然随手弃出了六筒。

首轮顺利，碰起东风。这一下，圈风刻 2 分，门风刻 2 分尽入囊中。

次轮亦畅，碰起了红中。由此，箭刻 2 分，又入账中。

再过几轮，摸起发财成对，这副牌就更有了锦上添花的胜势。但是，幺鸡和九万至此无踪无影，想碰牌，何处去找？

场上有人吃牌，有人碰牌，难道把自己该进的牌都“错”到别人手中去了？

惊喜发生在自己摸到了早就碰成箭刻的最后一张红中。立即开杠，居然会是一张发财，箭刻，又一副箭刻暗藏在自己手中。弃掉废牌，马上“下叫”。

这时，场上的局势已经相当明朗：弃池内有一张幺鸡、一张二条，但另外三张二条早被对家碰成了刻子。最后那张幺鸡是属于牌友们常说的“看得见的牌”，自己和牌肯定是跑不掉了。

几轮平淡行牌之后，异峰突起：

最后那一张发财，被对家摸张打张弃于牌池。你不慌不忙捡了过来，并取出自己的发财刻子，开杠。

有人在帮你喊：杠上开花。你自己在祈祷：幺鸡，幺鸡。然而，出乎你的意料，摸上来一张九万，却应了帮忙者的话语。

混幺九和牌成功，其 32 分之外，还应该得到的分数为：圈风刻 2 分，门风刻 2 分，红中箭刻 2 分，明杠 1 分，发财明杠 1 分，杠上开花 8 分。

实例 15

南风圈，安坐东方之位。还在理牌，庄家就补了一朵花，该你了。你急忙中把手中的花牌拿出来补，又是一张花牌，再补，成了如下牌型：

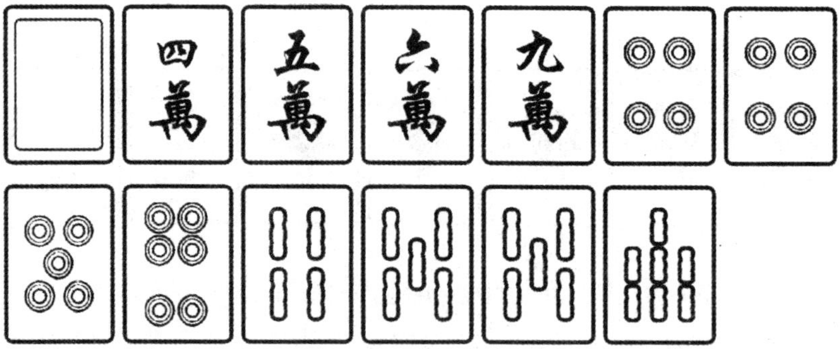

仔细审视牌阵，边看边想牌情，究竟做什么番种最佳呢？看出来了，应该向分值为 24 的番种“全中”努力。

关键要看能否摸上中张，“全中”可是规定牌的序数只能是四、五、六哦！

行牌数轮，打掉了白板、九万，五条却摸成了一个刻子。

上家打出一张四筒，你立即反应出不能碰，只能吃。用手中的五、六筒吃起，正好是一副中张的顺子。余下的一对四筒，正好是中张牌的将牌。

再过三轮，上家打出一张六条，你急忙用手中的四、五条吃进，成为中张的顺子。弃出七条，四筒、五条“对杵”的叫，已经形成。

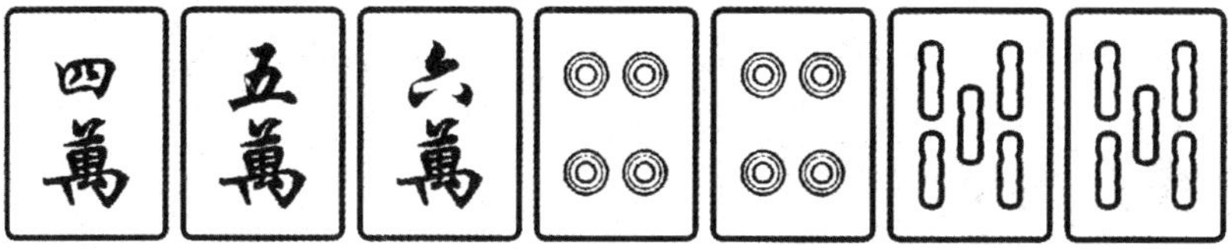

叫是下了，可弃牌处已经有一张四筒，能让你和牌的，只有唯一的一张五条了。

还真是应了“牌从绝张出”这句麻将爱好者们的口头禅。两轮之后，自己果真摸上了最后的那张五条，实现了和“全中”的计划。

不过，这时摸上来的“绝张”，却不能得到竞技麻将中“和绝张”番种的4分。因为，此“和绝张”的定义是：“和牌池、桌面已亮明三张牌”的那张牌，才算“和绝张”。

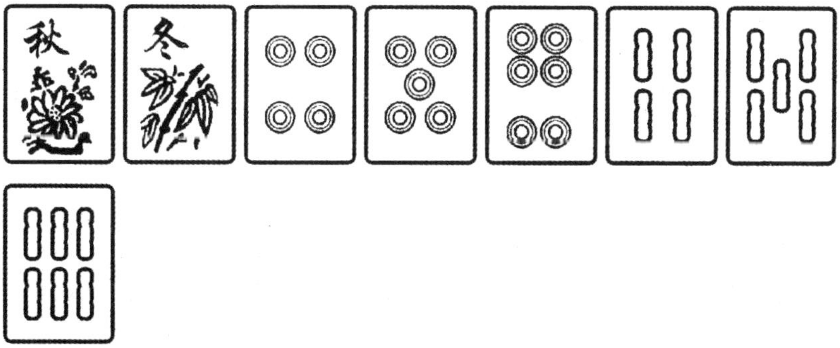

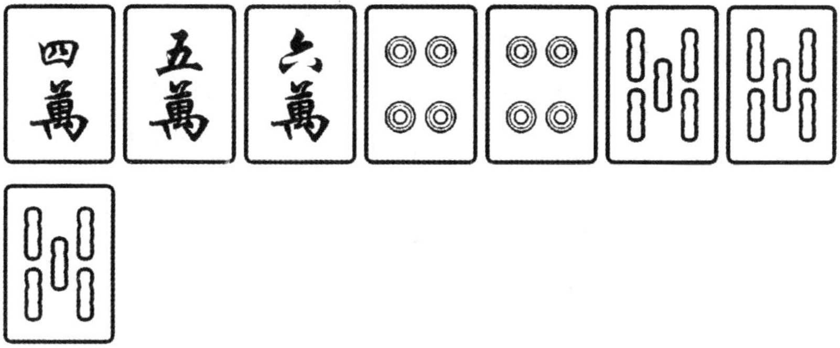

这副和牌，还应该得到下列分数：无字 1 分，三色三同顺 8 分，四归一 2 分，花牌 2 分。

实例 16

西风圈，稳坐南方之位。摸完牌，按花色整理成一行。再一看，这副牌真是太差劲了：没有一个对子、一个刻子，甚至没有一个连张的搭子。

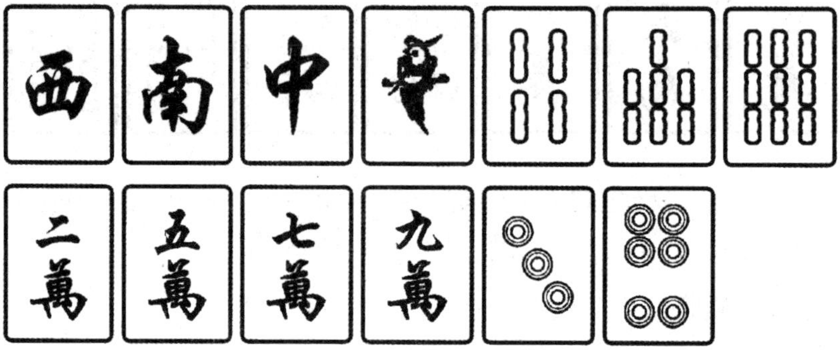

轮到摸第一轮牌了，似乎都还没有想到这么烂的一手牌，该做个什么番种。

摸起一张花牌——春，呃，应该有好运哦！补花，一张九筒。将其放到六筒右边之时，你心里突然默念了一下：三、六、九。

嘿嘿，有了。这手乍看很烂的牌，竟然已经拥有相当好的“全不靠”番种的雏形：条子牌有了一、四、七条，万字牌有二、五万。若能摸进八万和其他字牌（何况手中已经有了西风、南风、红中），岂不是和牌“全不靠”的 12 分就已经超标 8 分的起码分？

真是不看不知道，一看吓一跳。这么好的基础，你还抱怨它是烂牌，看来是对 81 种番种不熟悉，还是头脑反应不够灵活？

主意既定，先打七万，奋力向“全不靠”的要求去靠。由此，找对了番种，开了个好头，后面的摸牌就显得相当顺畅了。只几轮工夫，就摸上了一张八万，手中的“烂牌”竟然很快就有了叫。

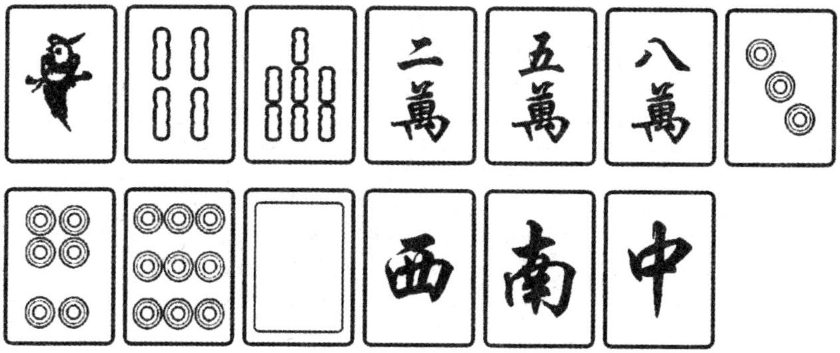

按照“全不靠”的和牌条件，这手牌能和的牌应该有发财、东风、北风，三个叫。从场上的情况来看，这三种牌是和尚敲木鱼——多多多。

不过，这并未助长你的贪心——老是想象打成都麻将血战到底那样一味地追求自摸。当对家弃出第一张发财时，你立即公开表态：我和了，全不靠。

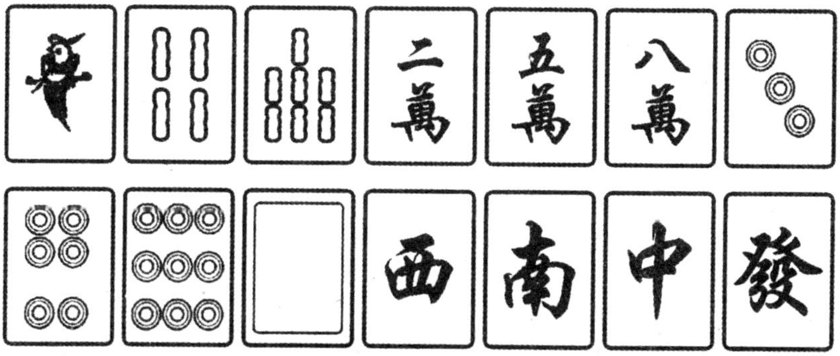

从和牌来看，这副牌筒、条、万、风、箭五门牌全齐，但根据规则却不能再计算“五门齐”的分值，必须遵从。于是，只能再得到“门前清”的2分。

实例17

南风圈，坐北方。摸牌时边摸边笑，十张筒子牌竟依序排列得很顺畅。扫底，竟摸上来一朵秋花。

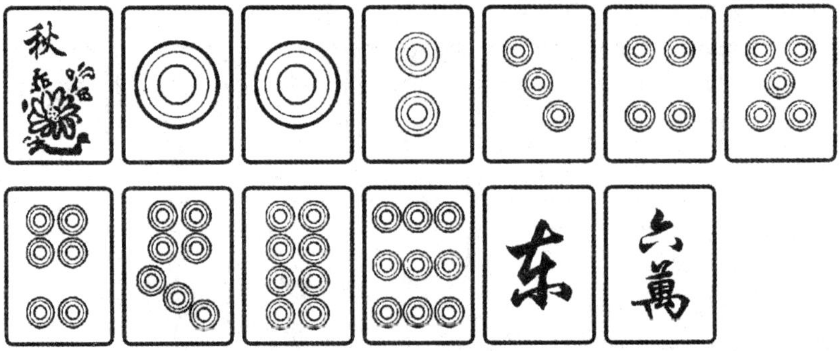

嘿嘿，这手牌摸上手就有一条16分的“清龙”，还想啥子嘛！尽快“下叫”，扯拢就和啊！

补花，摸上来一张六条，顺手放在六万的旁边。哈哈，六六大顺哦！是不是这盘牌该做个更“旺已”的大番哦？

呃，不好意思，高兴起来就说了句四川方言。“旺已”嘛，就是很大的意思。

前三轮，一张筒子都没有摸起来，不是白板就是红中，东风还摸了个成双成对。

说来也巧，对家弃出了东风。是碰还是不碰？碰了就定死了混一色，要做大番，先还是不要去碰。

后来的摸牌，奖赏了你不碰对家东风的决策。接连摸进一筒、九筒、九筒，放入自己的一字长蛇阵，看起来都非常舒服。

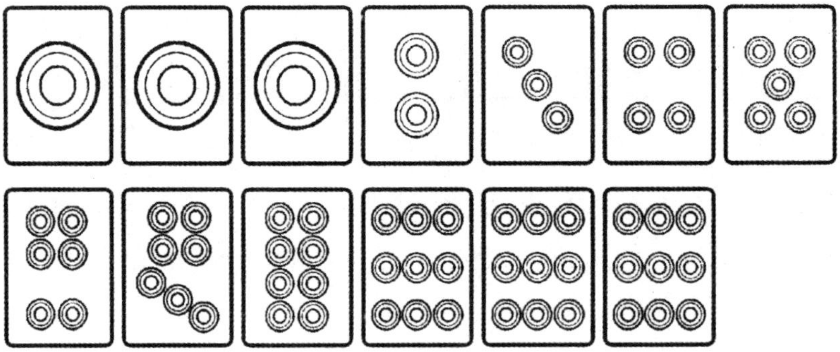

心头在想，要是碰了东风，就摸不起来这么漂亮的牌喽。定睛细看，一头一尾三个一筒、三个九筒，中间的牌序是二、三、四、五、六、七、八筒哦！

这手牌，并非一般的清一色，中间有一条清龙，而且是手里的牌愈多叫愈多，它有九个叫，任何一张筒子牌出来，它都是能够和牌的哦！

如果一筒出来，和牌：

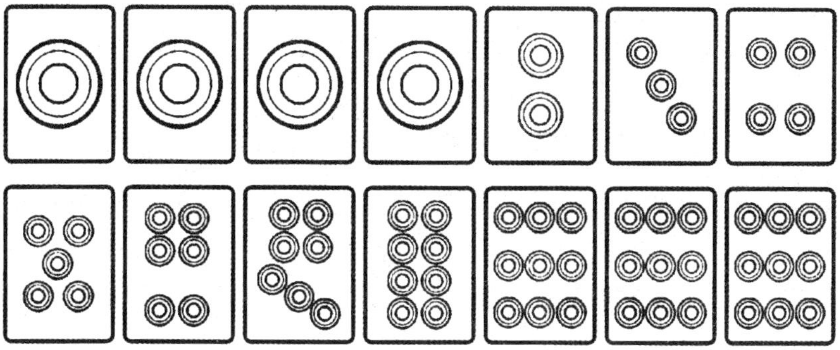

假如二筒出来，和牌：

若是三筒出来，和牌：

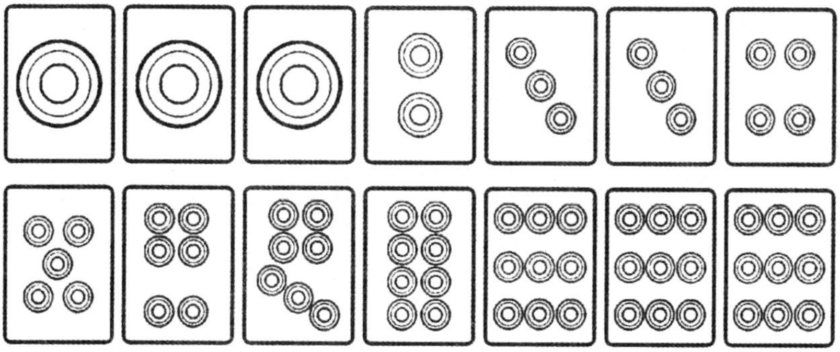

假若四筒出来,和牌:

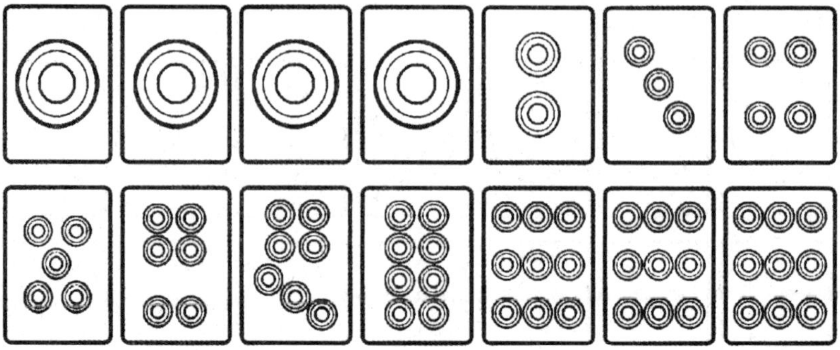

假使五筒出来,和牌:

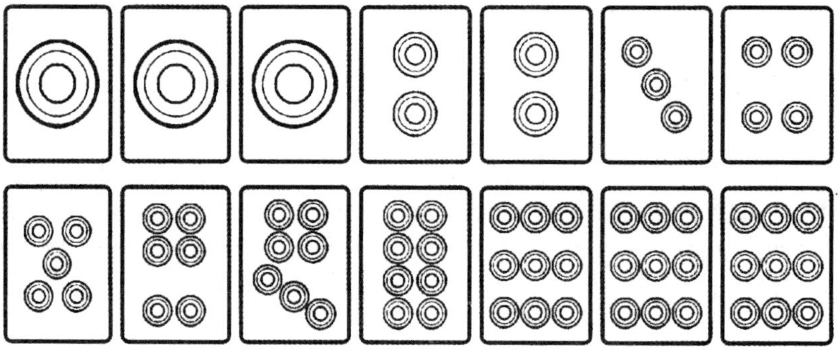

假设六筒出来,和牌:

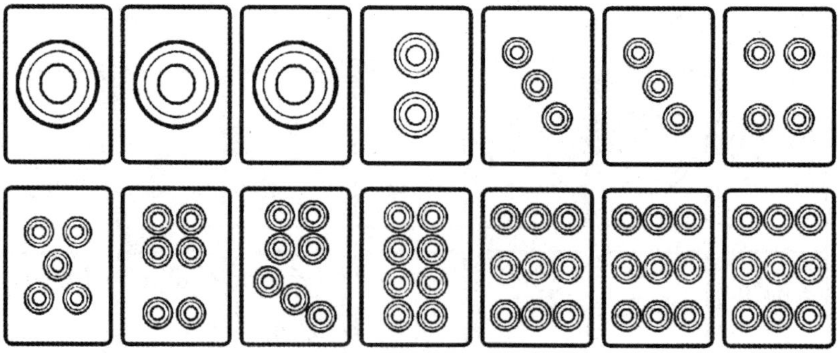

假定七筒出来，和牌：

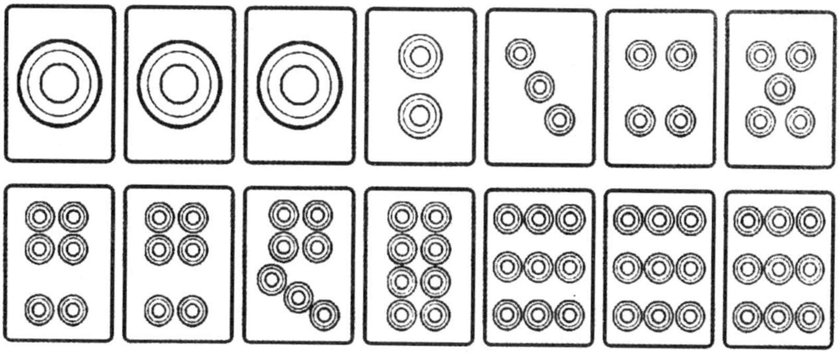

如果八筒出来，和牌：

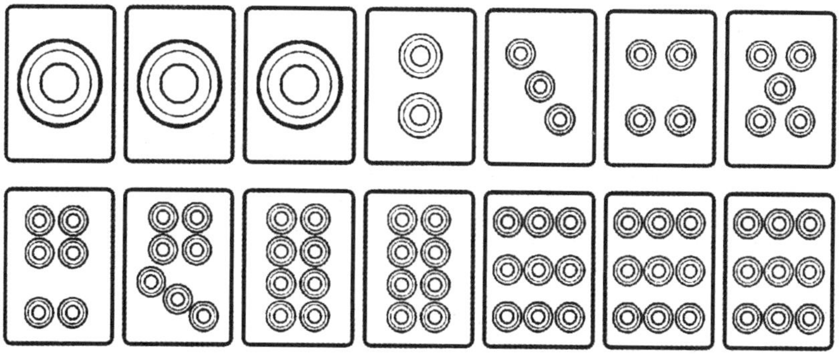

如若九筒出来，和牌：

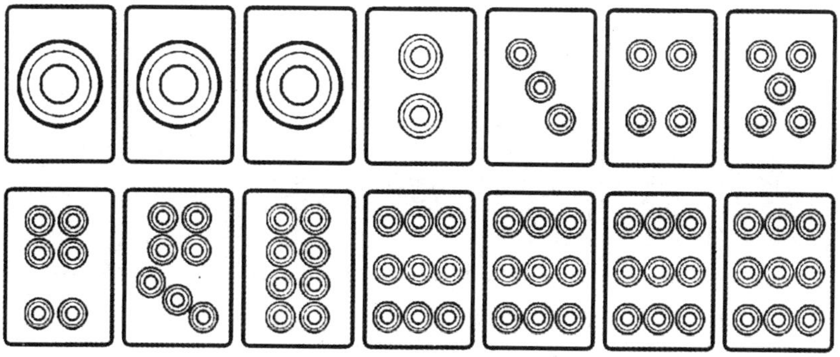

这盘，果然遂了你的心愿，六六大顺你得到了，胜利果实你得到了，更“旺己”的大番你自摸了。当你拿着摸到的一筒，翻开你所有的牌张，再把那张一筒放到其他三张一筒旁边的时候，你清清楚楚地说了一句：“九莲宝灯，我和了。”

众人像看天大的稀奇一样，注视着你的一字长蛇阵，注视着你的“九莲宝灯”——很难得见到的88分的番种。

你再清楚地说了一句：“这盘和牌，还应该得到花牌1分，门前清2分，自摸1分，四归一2分，清龙16分。”

实例18

南风圈，你坐东。边摸牌边看牌边在想：“咋个这么多字牌啊？”整理成行，心里在乐：十张字牌，还有三个对子、一个刻子，真安逸！

补花，抓上来一张五条。这么好的字牌，应该努力把它做成“字一色”的番种，成竹在胸。

前三轮，没有如愿碰起一对，而对家却碰到了白板。你心想，万一字牌和他对起了，对子都碰不起，那自己的计划岂不要成竹篮打水——一场空。

然而，接下来的行牌，让你打消了疑虑，充满了希望。自己摸上东风成为刻子，又碰起了本门风南风，还把七筒摸成了一对。

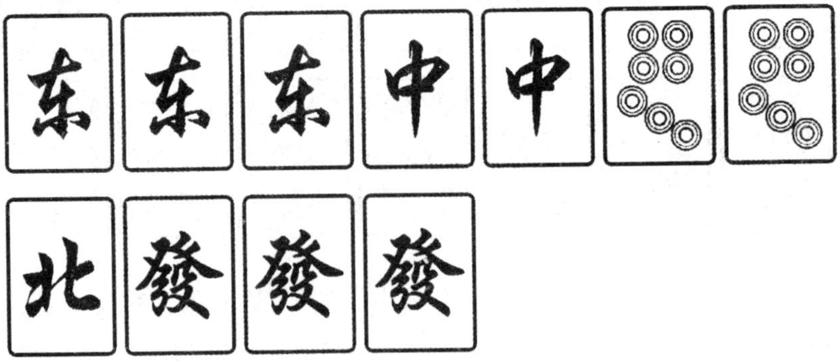

面对这一目了然的11张牌，短暂的思考之后，决定先不“下叫”。因为先弃北风“下叫”的话，和牌的番种就成为了“混一色”加“碰碰和”为主，即使和牌，最多得个十多分；而拆七筒，再碰成红中，单钓北风和牌的话，最后和成原定计划“字一色”，起码就有60多分。

两相比较，决心下定，打出一张七筒。尽管红中有可能和对家“绷起”，但还可能摸上一张北风。然而，从对家碰牌所亮开的刻子来看，也非绝对是手中尚有一对红中。

仔细思考算度，判断果然准确。只过了三轮，如愿碰起了红中。

单钓北风的过程虽然显得有点长，其实，也可以算是一帆风顺，在其他三家还在为和牌的起码分发愁的时候，你已经自己摸到了非常想摸起来的一张北风。和牌，“字一色”圆满成功。

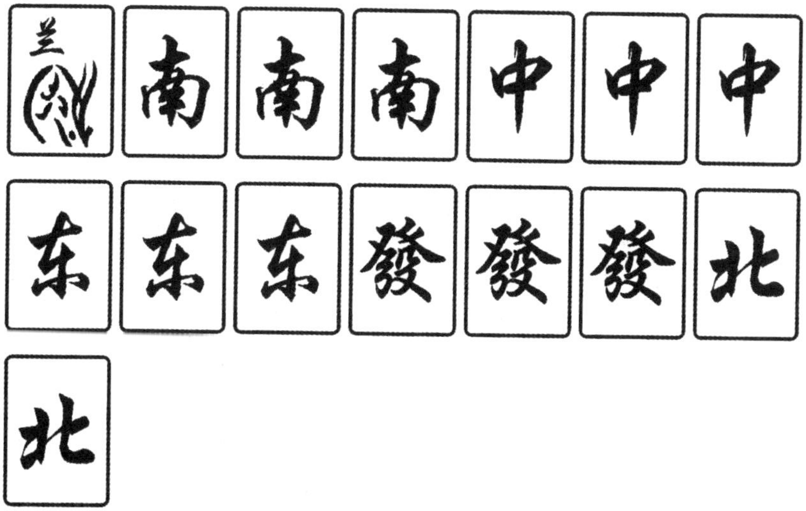

这副和牌还有得分为：圈风刻2分，门风刻2分，两个箭刻4分，单钓将1分，自摸1分，花牌1分。

实例19

南风圈，座位亦为南。这副牌，是你上洗手间去了，别人帮你摸的。整理好一看，心中暗喜：硬是把手气“错”好了哈。

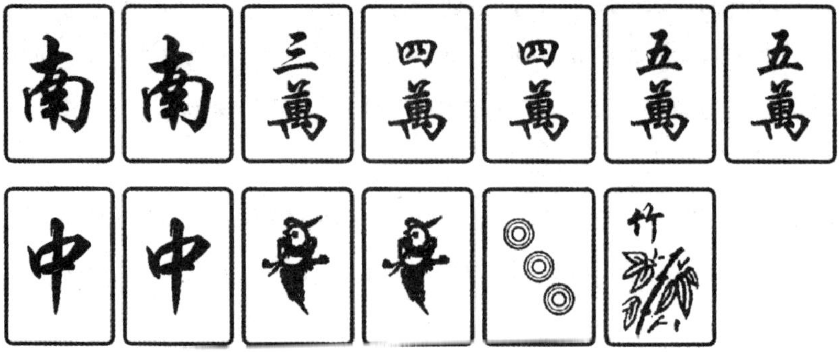

这是今天这场麻将时间过半之后才第一次摸牌就有一朵花呀！初尝补花的味道，真爽！补上来一张发财，让你觉得这盘硬是要转运了，有点好味道。

数一数有五对牌，决计朝分值为 24 的“七对”方向发展。

行牌六轮，没有新摸起一个对子，有点着急。心想：那就朝碰碰和发展。还有些后悔刚才红中、幺鸡、南风出来时，自己咋个不喊碰。

刚想改弦易辙，轮到摸牌就抓起来一张三万。耶，硬是该按原计划执行才对哈，咋个要三心二意呢？

“下叫”，自认为单钓发财最好，留在手中。

连摸数轮，发财和你就是避而不见。倒是先摸到了自己弃出过的一张三筒。想起了“牌回头，留一留”的口头禅，你留下三筒，把发财弃了出去。

仿佛是平地一声惊雷，对家大吼一声杠起。你虽先失 2 分，却有些暗自庆幸，若不换叫死等发财，那么这盘的七对就是看到稀饭化成水，肯定没得和的希望了。

然而，更令你大喜过望的事犹如空中突然掉下馅饼落在了你的手上：对家杠了你的发财之后，打出来的竟然是一张三筒，硬是把你的七对送到了目的地。

不过竞技麻将没有“杠上炮”这个番种，当然就更没有成都麻将血战到底的杠上炮加倍的待遇了。然而，你依然高兴，毕竟和了一次 24 分嘛，知足常乐。

实例 20

西风圈，座位在南。摸牌完毕，四张一万带给你少有的惊喜。

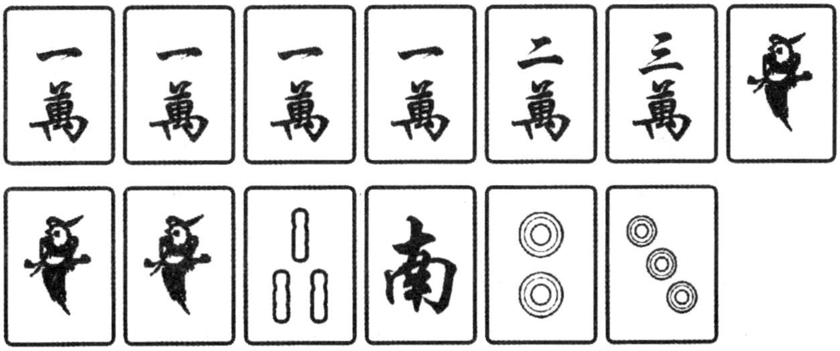

惊喜之余，你突然回过神来，今天打的是竞技麻将，你还以为是血战到底嗦？血战到底直杠一万，立马得到 6 分，竞技麻将没得那么大的搞头。

仔细端详，发现这手牌几乎全是序数为一、二、三的牌，如此基础，当然做成“全小”番种应是首选。趁别人在补花，你想是否把四张一万拿来暗杠。一看四个一万和二、三万已经是一个刻子、一个顺子，还是觉得不杠为佳。

定下方略，摸牌的手气也在对你竭力相助。仅仅几轮的工夫，手中的牌就摸成了准备“下叫”的阵式。

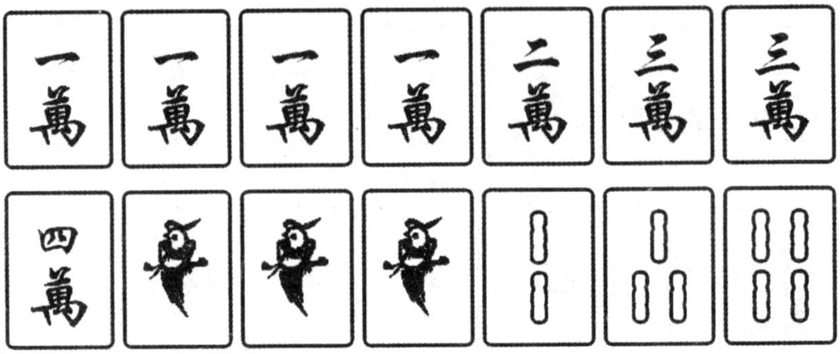

这时，如果打掉四万，可以和卡二万带边三万，两个叫；如果打掉一张三万，和一、四万，虽是两个叫，但自己手中有四个一万，等于是一个叫。

反正叫也并不怎么好，还不如把四张一万拿出来暗杠，万一搞成一个杠上开花，岂不更妙？

敢这么想，就这么干。立刻把四个一万抽出牌阵，开个暗杠。

杠上来一张意外惊喜牌，犹如喜从天降：把杠上来的幺鸡和手中的三个幺鸡一起，再来一次暗杠。

更大的惊喜竟然出现在转瞬之间，杠起来一张三万，的确是一张三万，和牌了，杠上开花！简直没有料到，“全小”的计划，竟是这样大获成功。

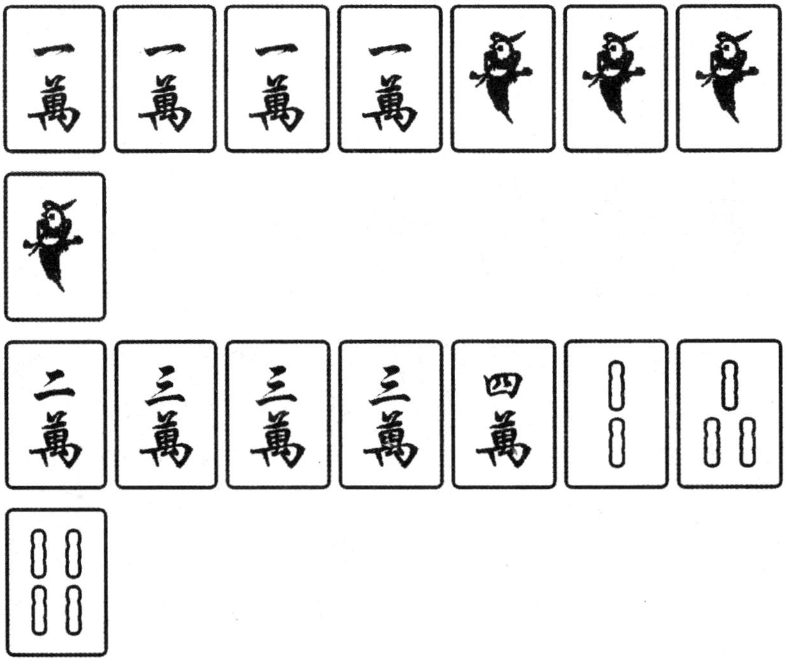

这副和牌还能够得到：两个暗杠4分，无字1分，缺一门1分，喜相逢1分，杠上开花8分。

实例21

东风圈，你坐在西位。这手牌摸起来整理成一字长蛇阵之后，觉得很乱，基础很差。

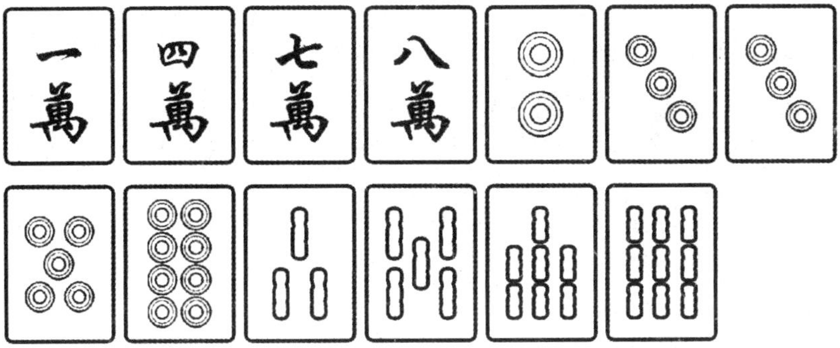

没有花牌，抓紧他人补花的时间，再研究研究自己的这手烂牌。

哈哈，果然看出了些门道，想起了一个适合的番种：三种花色的特殊组合，一、四、七，二、五、八，三、六、九，这样不能错位的序数牌手中已经不少，把它们组合成一条"组合龙"，岂不就有12分了吗？

再看清楚了，万字牌已经占据了一、四、七万，筒子牌也已经二、五、八筒在握，条子牌不是有了三、九条吗？嘿嘿，简直就是一条完美的"组合龙"的好骨架嘛！

胸有成竹，照计行事。行牌的过程亦变得相当顺当。特别开心的是，用手中的五、七条，吃进上家打出的卡六条之后，打出多余的八万，己方牌阵迅速"下叫"，只待六条。

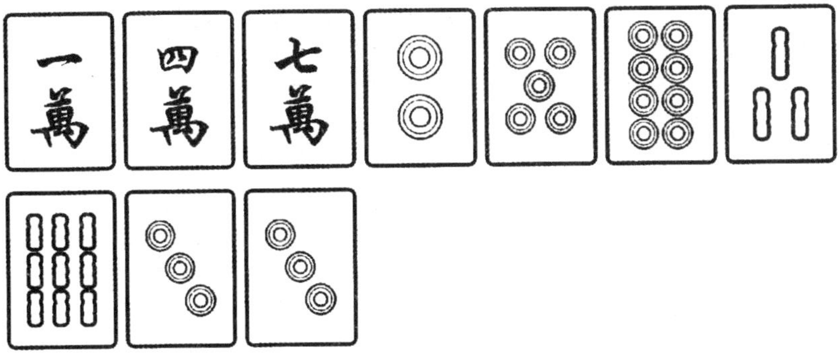

当其他三家碰过来、吃过去，都努力打造自己的番种，搞得热火朝天的时候，你悄然摸上手一张六条，宣布了自己已经和牌，是一条特殊牌形的“组合龙”。

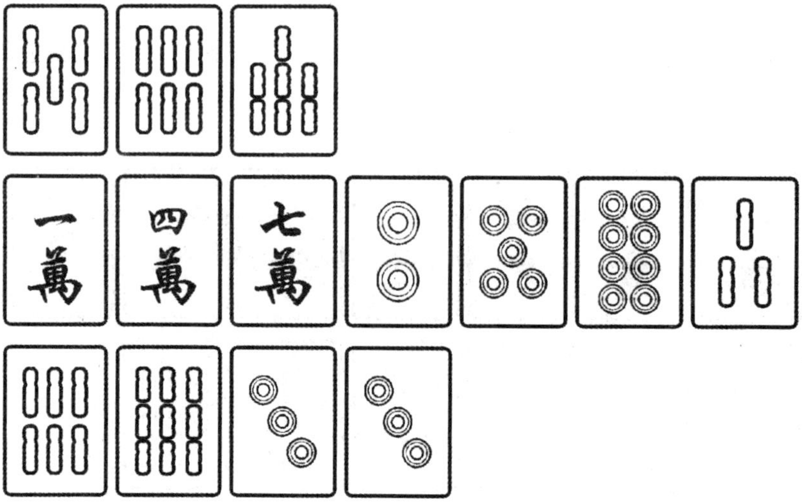

“组合龙”有了12分，还有无字1分、自摸1分可以得到。

实例22

东风圈，独坐西方。你摸牌、理牌的速度快捷而不拖泥带水。这一盘，一张花牌、两个对子、两个刻子，应该是基础相当不错。

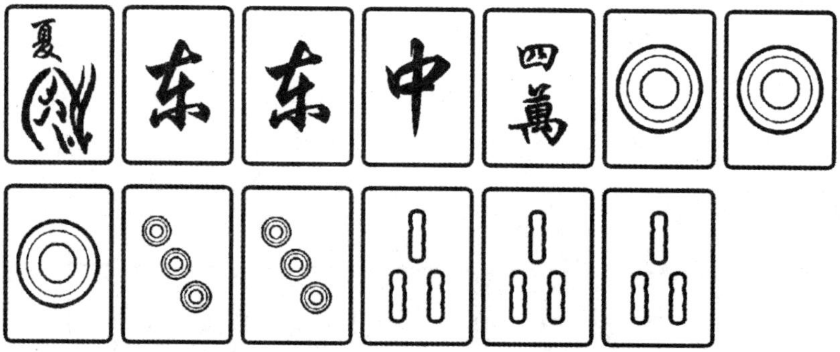

补花仅你一人，补上来一张白板，顺势放在最边上。

行牌伊始，碰起东风，先将圈风刻2分拥在手中。计划做成6分的碰碰和，和牌的起码分就足够了。若能碰起三筒或将三筒摸成刻子，那它与三条就是双同刻，还能增添2分。当然，再能杠起一筒，就是又添幸运。

顺势而为，心想事成。很快就碰起了三筒，没有想过的摸张三条来助兴，暗杠，迅速地变幻出了一手有叫之牌。

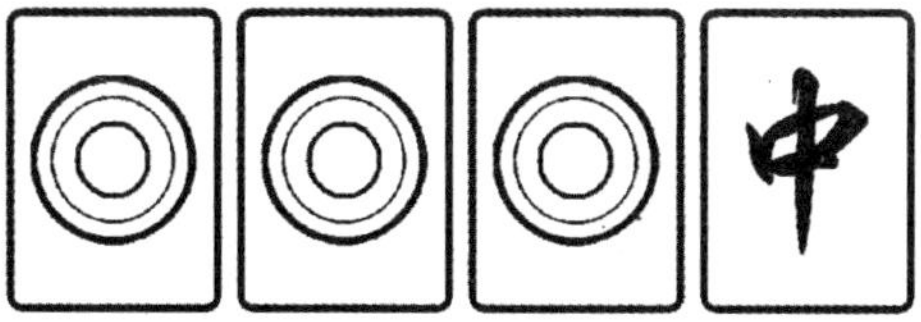

接下来的进程出奇地好运连连：先是摸到绝张东风，开个明杠；后又抓进绝张三筒，明杠再开。而且，两次杠上的牌弃出之后，都顺利地闯过了关隘。

静心一想，如果能再把一筒开杠，岂不是就做成了可以得 88 分的“四杠”？

天遂人愿的幸运机会似乎是招之即来、一想就到。下一轮，真的就在下一轮，对家就把一筒给你弃了出来。

杠牌顺理成章，只是没有极其走运出现杠上开花，也没有出现极其倒霉的杠上点炮。四杠的基础已经打好，就等时来运转、天缘巧合，和了牌才能算是“四杠”圆满成功。

还是对家不走运，你可乘势大展宏图。他摸上红中，弃之牌池；你捡起红中，和牌成功。

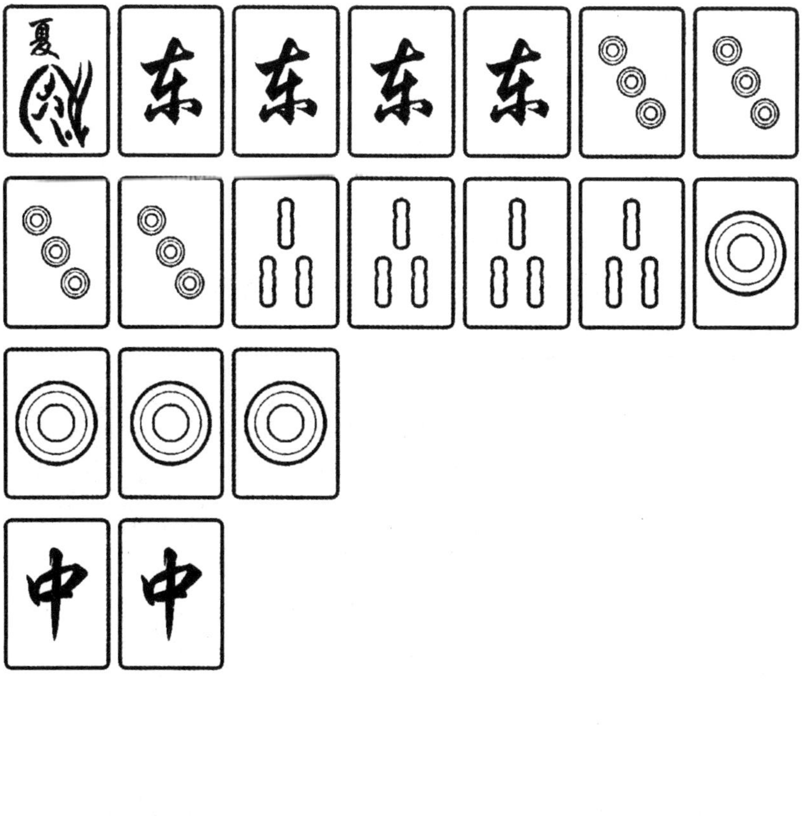

“四杠”在传统麻将和成都麻将中都有一个很雅的名称：“十八学士。”这副和牌还应得的分数有：花牌 1 分，圈风刻 2 分，明杠 1 分，碰碰和 6 分，双同刻 2 分，单钓将 1 分。

实例 23

北风圈，坐东位，当庄。摸起来的牌竟然有四朵花、两个对子、两个刻子，没有一张字牌。

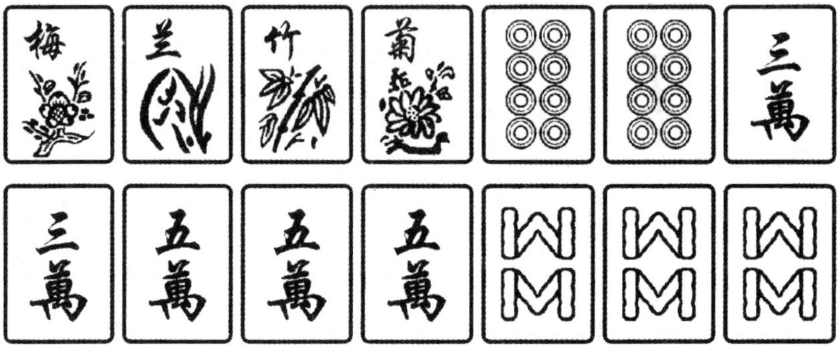

率先补花，补上来的牌非常差劲儿：一张东风、一张南风、一张四万、一张三筒。打出南风“安客”。

这副牌架子，首先想到了碰碰和，想到了开杠。可是，过了好几轮，不要说开杠，就是两个对子也没有一个能够碰起。

只能等待，你的心态很好。摸上来一张八筒，增添了一个刻子。做个大番“四暗刻”的想法突然就在脑海中出现，指令你下定决心，奋勇一搏。

是呵，手中已经有了三个刻子，似乎离成功只差一步。在希望与失望中交替摸牌，再过四轮，竟然先摸成了三万、四万的“对杵”“下叫”。

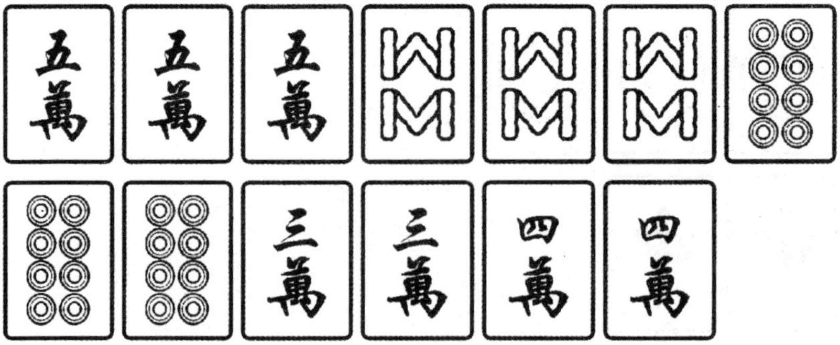

这时的牌，如果别人点炮和了，就是三暗刻的16分、双同刻的2分、碰碰和6分、断幺2分、无字1分、门前清2分、花牌4分。

正在算计，就听对家两字轻声：三万。

“三万”你重复了一遍。众人不知你有何意，注目于你，就连该摸牌者也停住了手。

其实，你在考虑是和牌或者放过。如果能够自摸一张三万或者四万，原计划64分的“四暗刻”就成功了，现在还不是自动降分和牌的时候。

行牌继续，摸牌者打出刚摸上的牌，场上悄无声息，该你摸牌，一张四万，悄然到手。和牌了，你自己为自己记上一功。

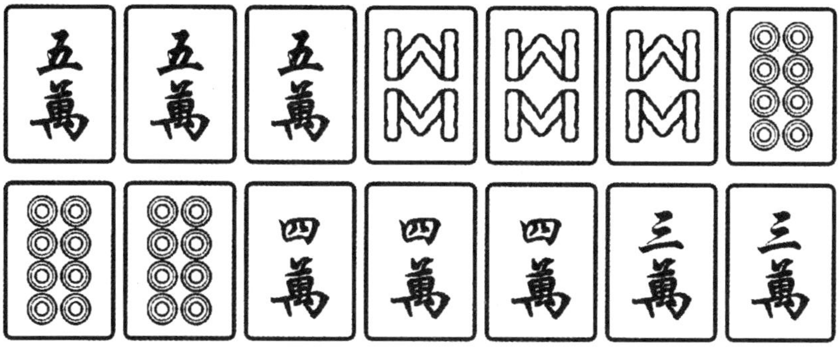

这手和牌，把你上面计算时的“三暗刻”的16分改为“四暗刻”的64分，其他的分也能同时得到，还要添一个：自摸1分。

实例24

北风圈，座位也是北方。摸牌时发现这盘字牌有点儿多，更美的是还有一对北风。不过，其他花色的牌就显得非常杂乱。

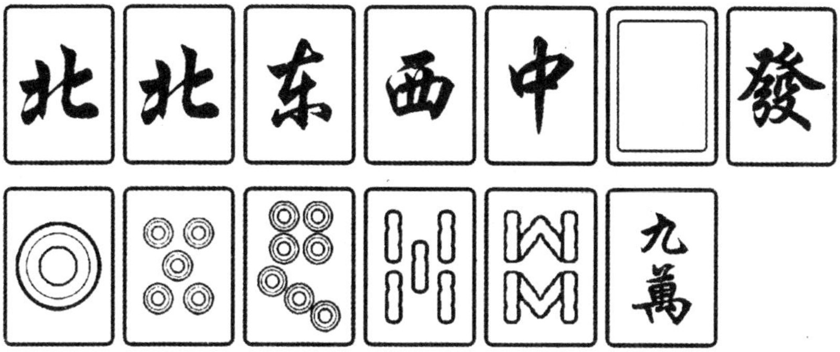

他人补花，你看着这手牌发呆。冥思苦想，顷刻间，你似乎发现了奥妙。

这手牌，大有希望做成24分的“七星不靠”。字牌只差南风，花色序数牌看似杂乱，其实基础良好。

主意拿稳，成竹在胸。庄家打出一张北风，你为何岿然不动？碰起北风，圈风刻的2分，门风刻的2分，皆是你所有。

不动，肯定就是不得碰。如果碰了北风，贪图4分，这手牌的计划就被破坏，怎么能够捡了芝麻丢了西瓜？

摸牌手气好，连连在进张，先凑齐了“七星不靠”番种所规定的七个单张字牌——风牌东、南、西、北，箭牌中、发、白，还摸到了特殊规定的序数牌，一手牌顺利地下了叫。

此时，从牌面看有三个叫：四筒、二条、六万。看似容易和牌，其实限制性还是很强的。

从全场形势来看，尚难乐观。因为四筒、二条、六万都被他人碰成了刻子，从理论上讲，能供自己和牌的牌张已经只剩三张。

下面的每一轮摸牌，都充满着希望。虽然三张绝张不肯露面，但摸上两张花牌，还是觉得添了彩头。

久等必有一禅，好运正在临头。对家摸上一张牌看了又看，审视全局之后，方才决定开杠。众人举目视之，六万。这一刻，你得到了意外惊喜，轻言一声：“抢杠。”和牌了，“七星不靠”。

这盘和牌，还应该享受门前清 2 分、抢杠和 8 分。

实例 25

西风圈，坐于南方。摸完牌，整理好，真有些泄气。管它的，好在还有一朵春花。

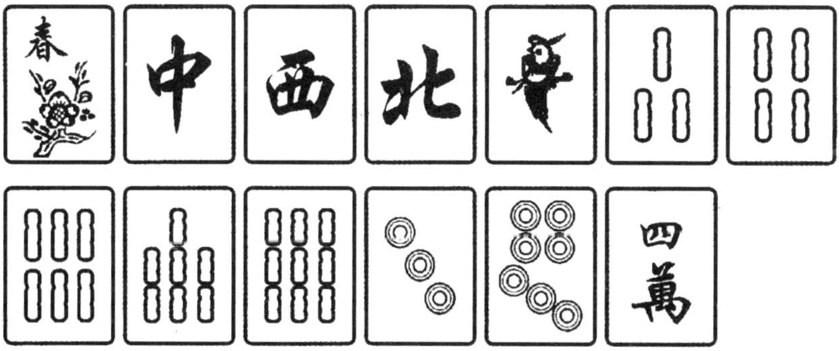

补花，摸上来一张八条，插入七、九条之间，再往左右一看，泄掉的气，竟然立刻又提起来了。

这手牌看似很差，但条子牌却已经有了“清龙”番种的雏形。努力朝这方面发展，岂不就能把一手“废牌”变废为宝，清龙腾空？

要保证清龙能够凌空，余下的牌只要能成一个刻子或顺子就容易了。寄希望于摸牌，好在手气还顺，一边弃完字牌，另一边就摸成了顺子二、三、四筒，幺鸡也摸成了对子。

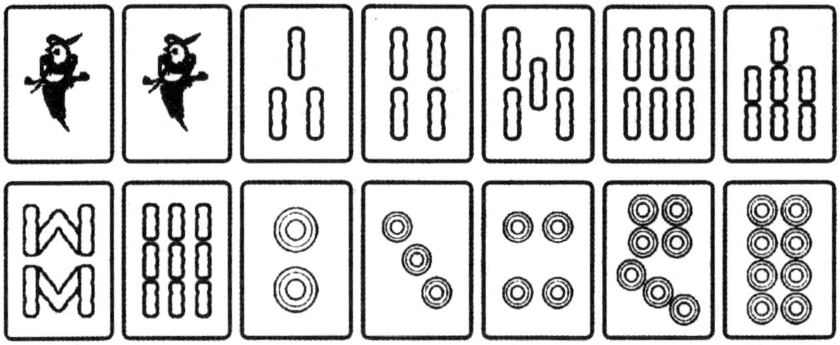

此时,若打出一张条子"下叫",门前清、平和、无字、缺一门倒是现成的,但8分的起和分,看来算去也难以凑够。看来,要保证原计划的顺利实施,必须先不要叫。

看自己的牌阵,思量最佳对策,打出一张幺鸡当算最好。主意拿定,弃出幺鸡一张,上家立刻呼叫碰起。

没有料到的事突然发生,这个上手竟然扯得出奇地好。待轮到摸牌,居然是一张非常非常盼望的条子牌:二条。

二条到手,宛若完成了一条清龙的画龙点睛。轮到该打出一张七筒和八筒"下叫",等待单钓将和牌。

和牌成功在三轮之后,和牌的程序很有些戏剧性。因为打习惯了血战到底,常常采用只放上家的策略。这次,居然在单钓八筒作将和牌时,习惯性地放过了上家打出的一张八筒,伸手摸牌。

然而,摸上来的那张牌,还是一张八筒。

清龙和牌，16 分到手之外，还有如下分值的进项：花牌 1 分，无字 1 分，缺一门 1 分，平和 2 分，单钓将 1 分，门前清 2 分，自摸 1 分。

实例 26

南风圈，座位为北方。摸牌时你好像觉得序数牌的牌点多半是下半副，整理完毕，看得更加清楚，果然牌点全在六点以上。

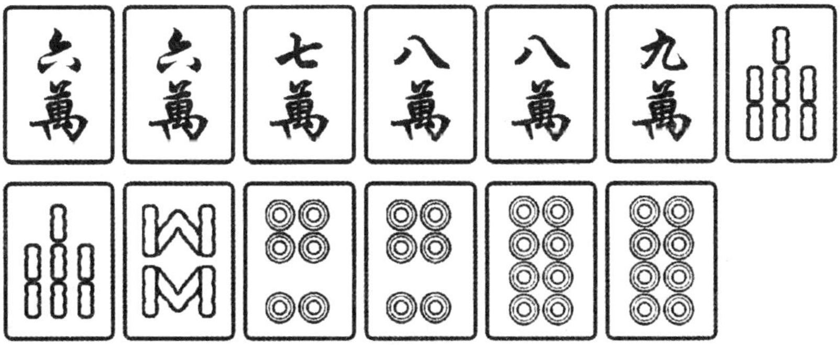

看清楚这副牌，你的第一感觉就是应该首先考虑做成的番种为“大于五”。其 12 分的分值用不着你再去想如何把起和分凑足。

仔细思考，觉得有五对牌了，再摸上一对就是七对“下叫”，相当美妙。若摸不起新对子，碰张出来，都可以碰成刻子再说。上家若打出六以上的、可以吃成顺子的牌，也可以顺势吃起了事。

你的策略的确机动灵活。前几轮行牌，摸不成对子，又缺乏进张。十轮之后，你吃呀，碰呀，倒是十分得心应手，顷刻之间，只有一张牌在手中，单钓八万，等待和牌。

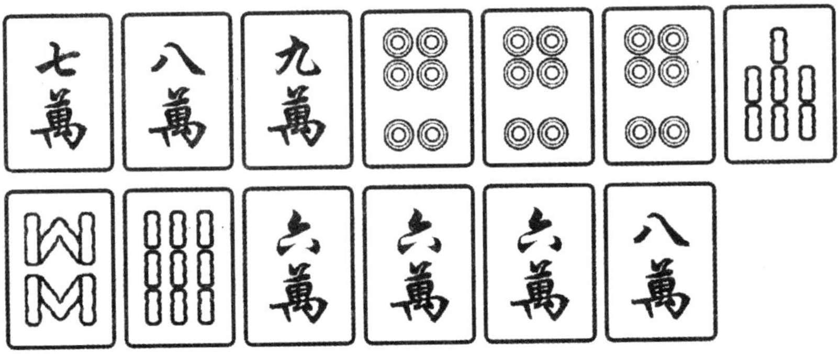

俗话说，单钓心慌。就是说一般人遇着单钓，大都会心慌意乱，有时还会把单钓的那张牌换来换去，就是和不了牌。

可是，你相当老练，显得不慌不忙，总是认定“老叫是钱”“二心不定必有输心”，坚持单钓八万不改不变。

坚持就是胜利！最终的和牌者果然是你，而且还是自摸一张八万，和牌成功。

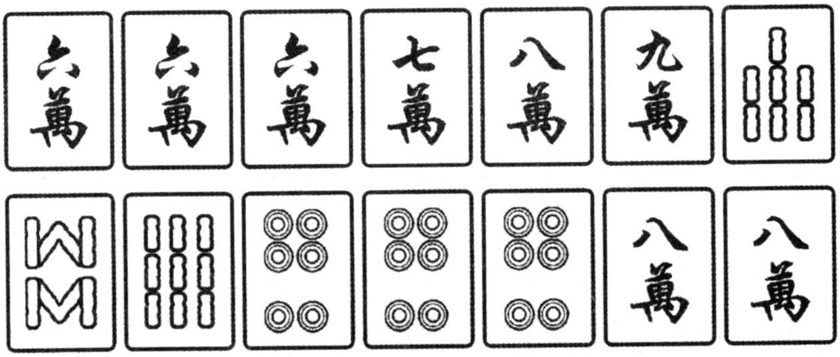

这副和牌还可以赢得：无字 1 分，双同刻 2 分，喜相逢 1 分，单钓将 1 分，自摸 1 分。

实例 27

西风圈，坐镇南方。整理好这手牌，因为不仅有 10 张万字牌，而且还是 5 个对子。

这么好的一手牌，做成个清一色应该是一点难度都没有的。

又一想，这五个对子任何一对的碰张出来，都可以碰。从它们的序数来看，碰起任何一对，其他对子的碰张都容易碰牌成功。

这样的话，既是清一色，又是碰碰和，还可能有一色三节高、四节高，可以赢得更高分值的番种。

然而，行牌多轮，一、三、四、五、六万，都没有任何人弃出或者自己摸进一张。

但摸牌承接了你这盘起牌时的最佳手气，行牌近半，你手中的牌就被摸成了清一色万子的良好形势。

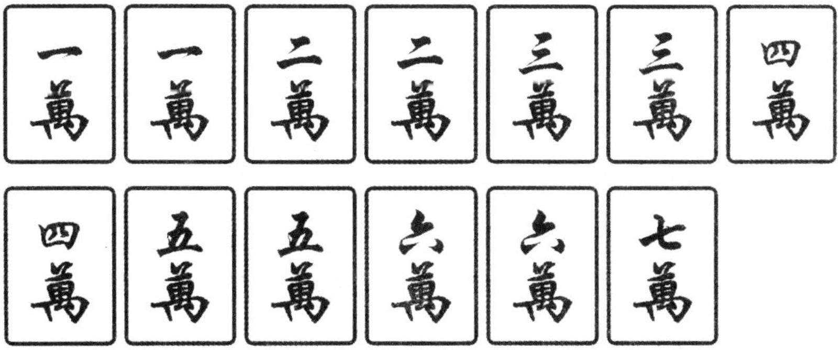

如此万字长蛇阵，如果按清一色和牌，它可以和一万、四万、七万三个叫。但是，如果和成七万的话，它就成为了一个最高分值 88 分的番种："连七对。"这可是你前面没有想到的呀！

走到了这一步，你真是非常盼望能有一张七万从空而降，因为做成这样的番种的确太不容易了。今天这个好运降临到了你的身上，你当然非常盼望能够和牌,有一个最圆满的完美结局。

对“连七对”的痴迷,让你放过了他人弃出的一万、四万。对“连七对”的痴迷,让你有志者事竟成,放了两家之后,立即就摸起来了一张七万,盼来了令人惊喜的胜利。

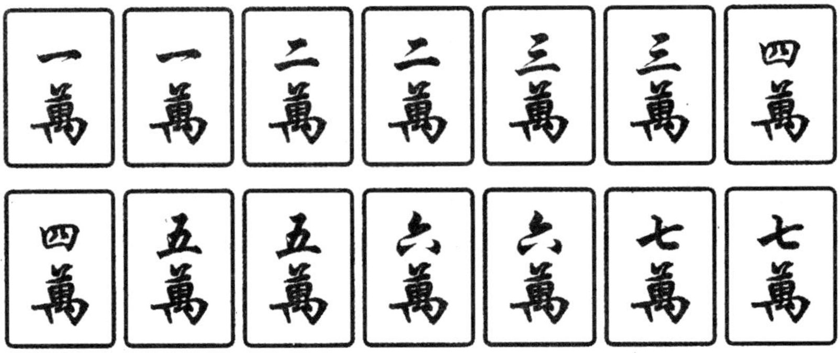

这副和牌,还有门前清 2 分、自摸 1 分的小胜。

实例 28

东风圈,座位为北方。摸进 13 张牌,一张条子、两张万子、10 张筒子。好安逸哦。

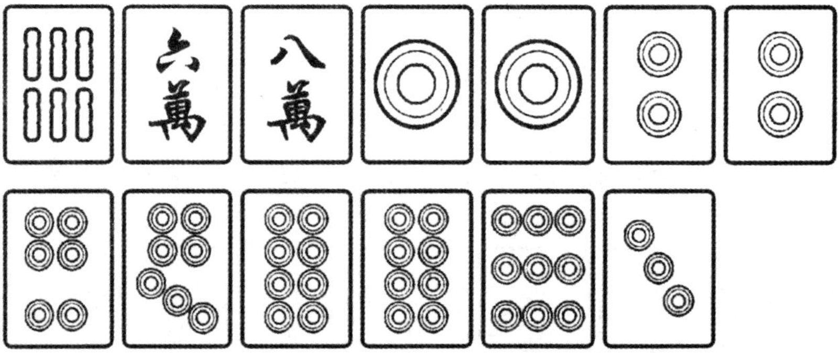

理牌时一不留神,把三筒放在了最边上。巧了,第一次摸牌就是一张三筒,急忙把两张一起放到了一对二筒的旁边,从牌阵左边抽出弃张六条打出。

首先计划把这手牌做成清一色,若再能有一条清龙,那就更是锦上添花了。

前三轮按常规摸牌打牌,感觉今天这盘的手气相当好。第一轮摸三筒,第二轮摸七筒,第三轮摸九筒,三张条子和万子全部弃完,手中的牌清一色筒子,早早“下叫”。

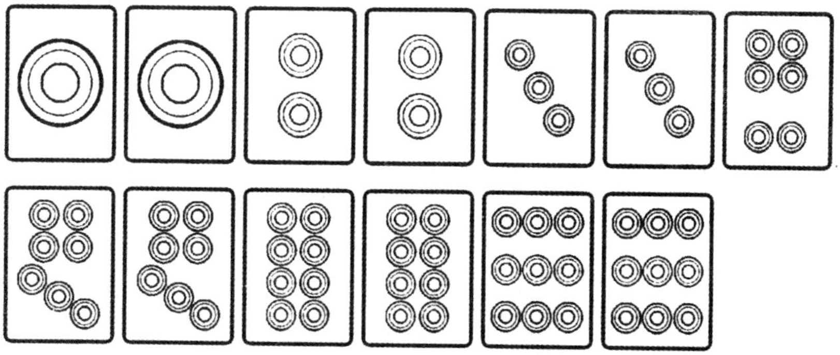

细看这手牌，真是奇妙。

假如和在九筒，首先计算的番种应是清一色，24 分；

如果和在六筒，就能先计两个 24 分的番种：清一色、七对。

这样一说，当然以和六筒为好。实际行牌，情况更巧，第四轮，对家就弃出了一张九筒。你考虑为时尚早，暂且先放一马，去追求和个六筒。

接下来数轮，他人有碰有吃，你却不再进张，步入低谷。唯恐有人超越自己，抢先和牌，心想：再有九筒出来，一定和了算了。

又轮摸牌，一张比六筒少一筒的五筒。

你灵机一动，抽出六筒将其打掉。为什么把两个叫换成了单钓？因为，单钓五筒和牌的话，手中的牌就成了 64 分的番种“一色双龙会”，岂不更妙！

看来，你对 81 个番种非常熟悉，结合实际，联想精妙。

你弃出六筒，情况更加奇妙。上家突然呼碰，又改成了杠牌。你想和六筒，何处去找？

杠牌“错”了牌，帮助你进张。摸起牌来看，一张筒子牌，上面的同心小圆不多不少，刚好五个。天遂人愿，该你和牌，一色双龙会，圆满成功。

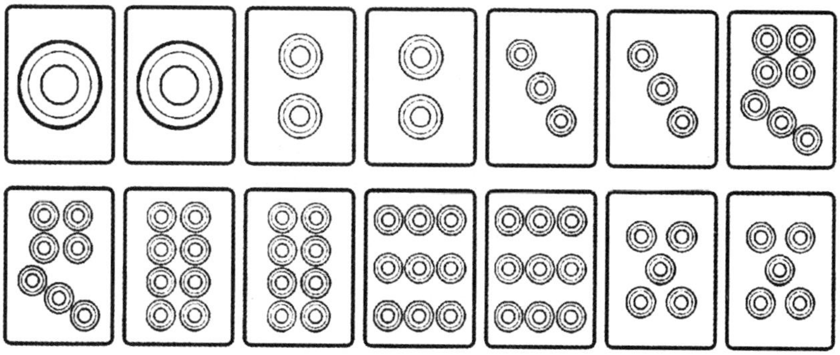

虽然此番种规定和牌之后不再计平和、七对，但是门前清 2 分、单钓将 1 分、自摸 1 分，还是可以计为胜果。

实例 29

西风圈，你坐定南方。起牌摸进一个刻子、两张花牌、三个对子。

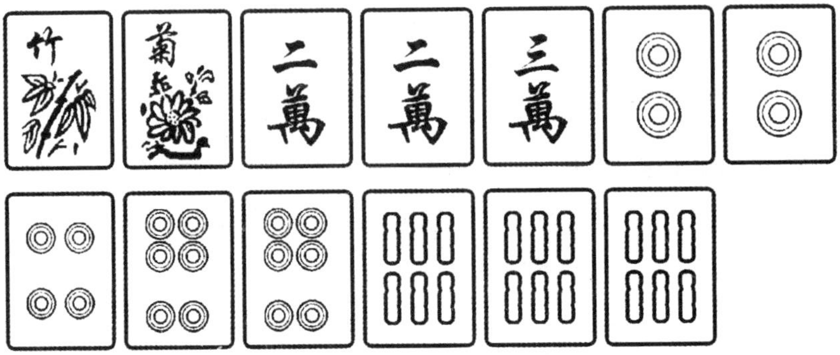

补花两张，摸上东风、白板，很不理想。

审视牌阵，序数牌的对子、刻子都是偶数，当然，做成个 24 分的“全双刻”应该是条捷径。

会打麻将者都有一个共同感受：手气好的时候，想摸什么牌，立刻进手；想碰什么牌，马上成功。这一盘，你就摊上了这样的好手气。

数轮行牌，二万、六筒都摸成了刻子，而且还摸到一对六万。迅速做成了“全双刻”“下叫”，并且所做的番种为何，一点儿都没有显山露水。场上诸君，盯着你的弃牌，也看不出任何门道。

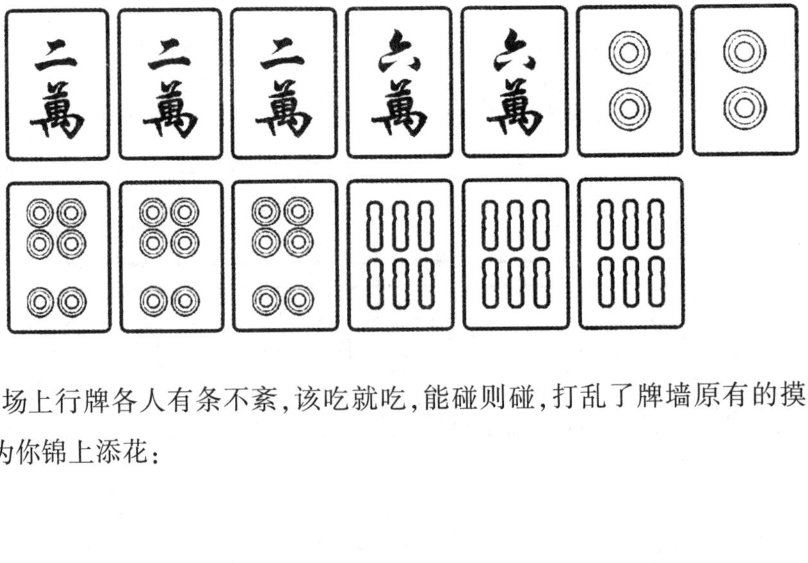

场上行牌各人有条不紊，该吃就吃，能碰则碰，打乱了牌墙原有的摸牌秩序，为你锦上添花：

先摸到一张六筒，开个暗杠，没有开花，也没有放炮；又抓进一张六条，又开一个暗杠，还是没有开花；再抓上一张花牌，补花，也还是没有放炮。

平静摸打三轮，你的幸运牌张终于来到：对家弃出一张六万，你摊开牌阵和牌，口头上表示了和的“全双刻”，全场这才恍然大悟。下家说：“你这牌，我们连一点儿迹象都没有看出来。”

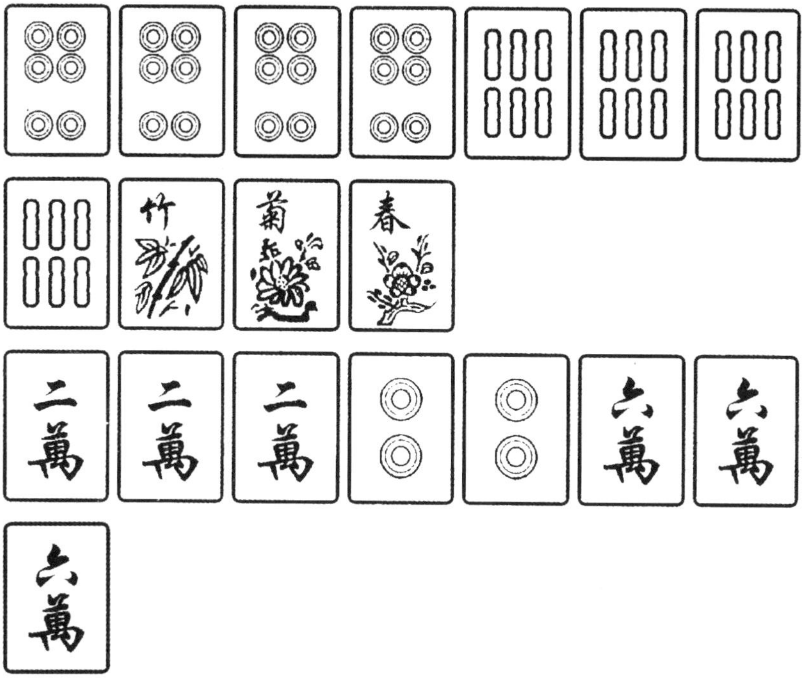

这手和牌还赢得了更多的分：花牌 3 分，两个暗杠 4 分，三同刻 16 分，无字 1 分。（断幺、碰碰和按规则不再计算赢分。）

实例 30

南风圈，坐在北方。这盘摸完 13 张，整理成列，没有一张字牌和花牌。你差点以为是在打你最拿手的成都麻将血战到底咧。快朝竞技麻将好生想哦！

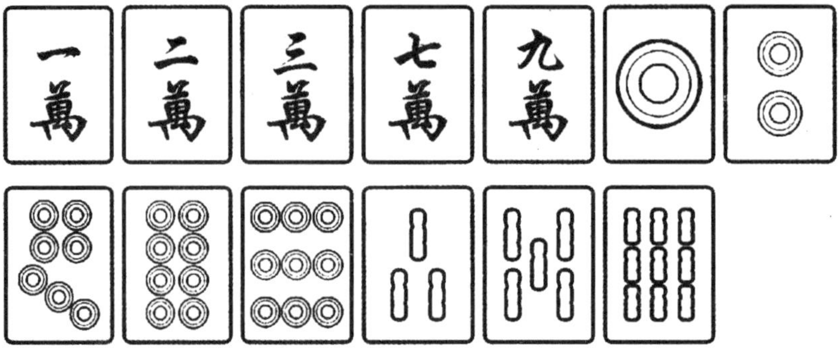

竞技麻将起和分要8分,看来想去觉得实在是难度不小。在大脑里搜索番种,嘿嘿,终于较快地想到了一个最佳方法。

这个方法,只需要摸进三张牌就能够大功告成:一张卡八万,一张边三筒,一张中张五条。若能顺利,“三色双龙会”的16分手到擒来,还管他什么找8分的起和分难度不小。

平常打牌,你喜欢想摸什么牌就在嘴上吊起,什么“摸张卡八万”“哎呀,摸一张边三筒嘛”……常常是冲口而出。今天,是参加竞技麻将比赛,“明显有违例犯规或干扰比赛的言行”将要受处罚。你只得告诫自己:把嘴巴管紧点儿。

嘴上不说,心里头可以喊噻。嘿嘿,你心里头喊的咋个还是和平常嘴上喊的同样有效?行牌数轮,你想的三张牌就摸进了两张,你计划的番种,也有了个边三筒的叫。

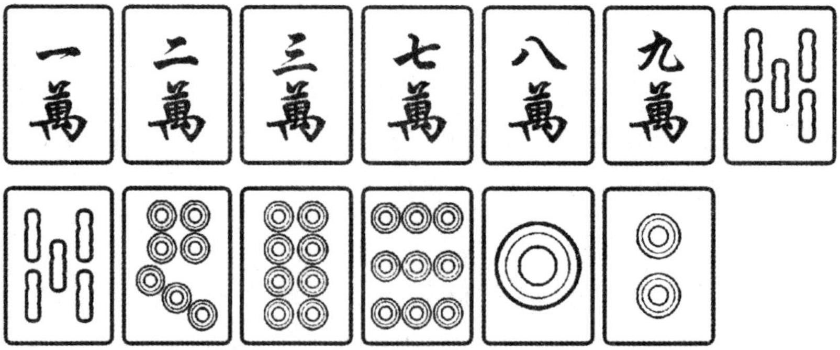

此后,你心里随便咋个喊,就是喊不上一张边三筒。摸张打张,打张摸张,牌墙上的牌越来越少,其他人仿佛都有了叫,仿佛都够了和牌的起码分。三筒呵,请你一定抢先来到!

牌墙上只剩下最后一张牌了！四家人都觉得这盘没有人能够和牌，特别是这张牌又轮不到你摸，你好像满怀的希望也已经变成了绝望。

巧呵，真是无巧不成书呵！对家摸起来最后那张牌，只瞄了一眼，就弃了出来。

“三筒，我和了！”想不到最后让你和了一个“海底捞月”，你的语调比平时还要高。

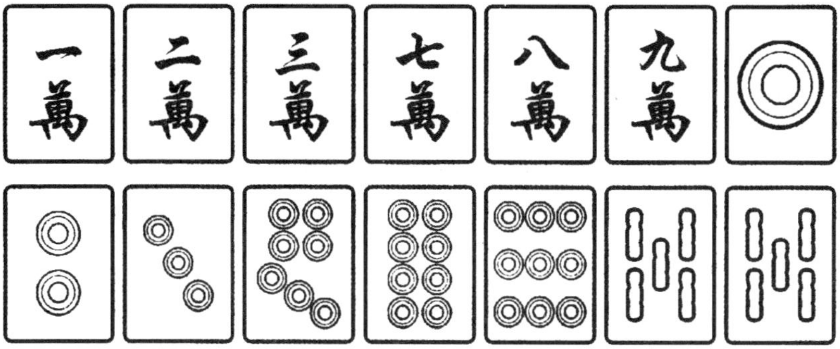

这副和牌，能够得的分有：边张 1 分，平和 2 分，门前清 2 分，海底捞月 8 分。

实例 31

西风圈，你坐定东方，且为庄家。比其他三家多摸一张牌，整理好 14 张牌，才发觉几乎全是序数牌，而且几乎全是小牌点。

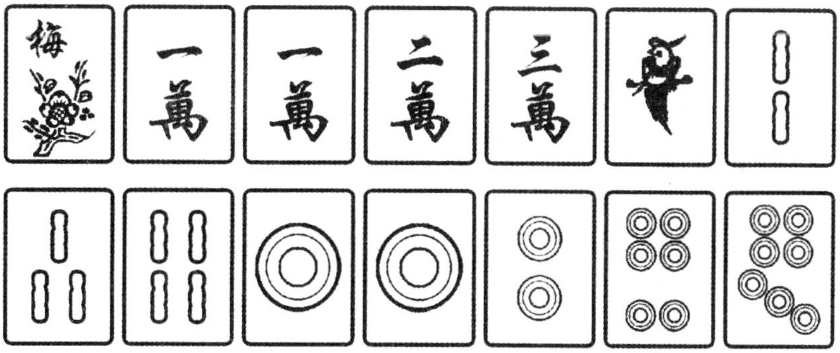

补花，抓起来一只幺鸡，还是张小牌点。看来这副牌的番种“小于五”得优先考虑，定为第一计。

上家打出一张一万，不能碰，你立即用手中的二、三万将其吃成一个顺子。两张大牌点六、七筒，先弃其一。

再过两三轮，碰起了对家弃出的幺鸡。

之后，该“下叫”的时候，你觉得“‘对杵’不如一卡”有道理，那就弃出一张一筒，下个边三筒的叫，和边张，还可以多得到1分。

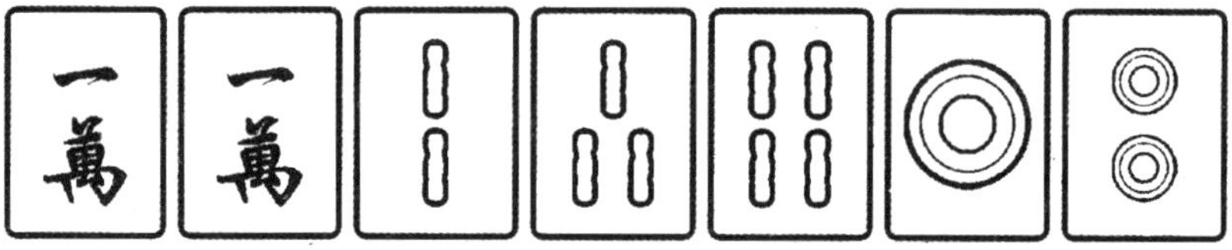

行牌平淡，一晃就是几轮。上家弃出一张幺鸡，你马上用手中的二、三条将其吃进，组成一个顺子。如此，既赚到了幺鸡的“四归一”两分，还可以凭一、二、三万，一、二、三条，一、二、三筒组成三色三同顺，增添8分，来一个有心栽花。

有句俗话叫“有心栽花花不开，无心插柳柳成荫”，但是，你这盘的手气太好了，真是“有心栽花花盛开”。

仅仅在两轮行牌之后，在上家碰了你打出去的一张八万之后，你自己摸进了一张花牌，补花，竟然是一张你盼望的三筒，能够和牌的边三筒。虽然补花和牌只计自摸分，不能享受“杠上开花”般的待遇，但你也相当知足了。

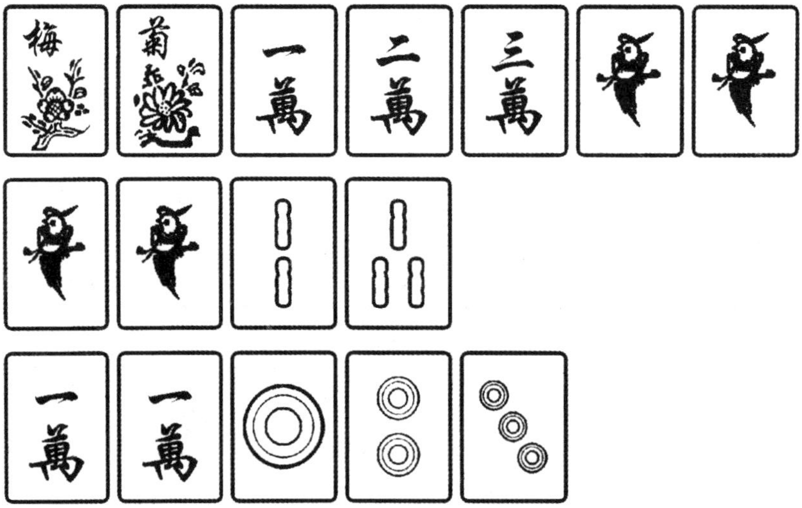

这副和牌，除了“小于五”的12分之外，还有一些得分：无字1分，四归一2分，边张1分，自摸1分，三色三同顺8分。

实例 32

西风圈，你坐西方。看着一手烂牌，似乎觉得这盘要想和牌，是光脑壳打阳尘——勿(无)望。

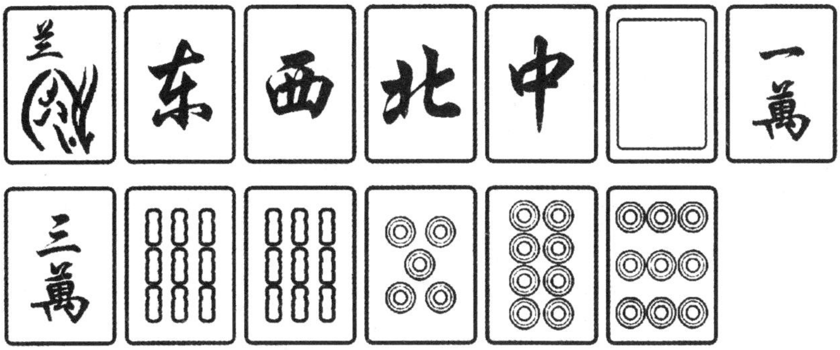

凭借对竞技麻将 81 个番种的熟悉程度，你终于从这手烂牌中看到了曙光。

五张字牌、四张幺九，一副 13 张的麻将牌，就占了 9 张，如果进张顺利，再找 4 张字牌、幺九牌，那么最高分值 88 分的“十三幺”和牌便大有希望。

如此解析，似乎竹子竿竿长在心坎上——胸有成竹了。补花摸进一张南风，觉得更是吉兆。

行牌似乎比较顺畅。你不管他人吃得好、碰得欢，只盼望自己能摸进发财、九万、一筒、幺鸡。

果然，摸牌的心愿，在行牌刚刚过半之时，便如愿以偿。这手烂牌已经在摸牌的顺利进张之中，显现出了“十三幺”的初级阶段。

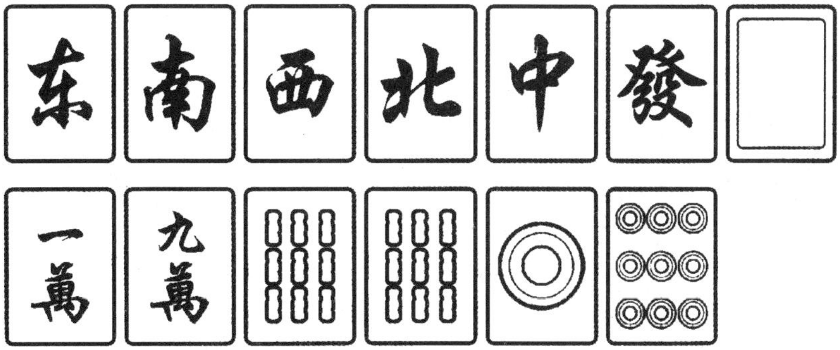

这时，你盼望着能够摸上任何一种字牌或者幺鸡：

假若摸上任何一张字牌，那么这对字牌作为将牌，打掉一张九条，和幺鸡，

“十三幺”成功；如果摸上一张幺鸡，那么打掉一张九条，任何一张字牌出来都可以作将，和牌，成功地做成“十三幺”。

经过了几轮望眼欲穿的摸牌，终于摸上了一张幺鸡。于是，笑逐颜开地打掉一张九条，下了一个最好的叫：任何一张字牌露面，都可以将其作为单钓将，和成“十三幺”。

场上对手几乎都看透了你做成了高分的番种，且和牌是需要一张字牌。于是，该捏牌的捏牌，有的甚至开始拆叫，而把字牌留住不打。

这种局面，你几乎是只有华山一条路，必须靠自摸，才能和成这副“十三幺”。

吉人天相。三轮之后，你终于摸上一张箭牌发财，和牌成功。真有些发财的味道，因为你赢得了“十三幺”的 88 分，还赢得了自摸 1 分、花牌 1 分、门前清 2 分。遗憾的是“十三幺”和牌，不能计 6 分的五门齐、4 分的不求人、1 分的单钓，这是明文规定，不能违拗。

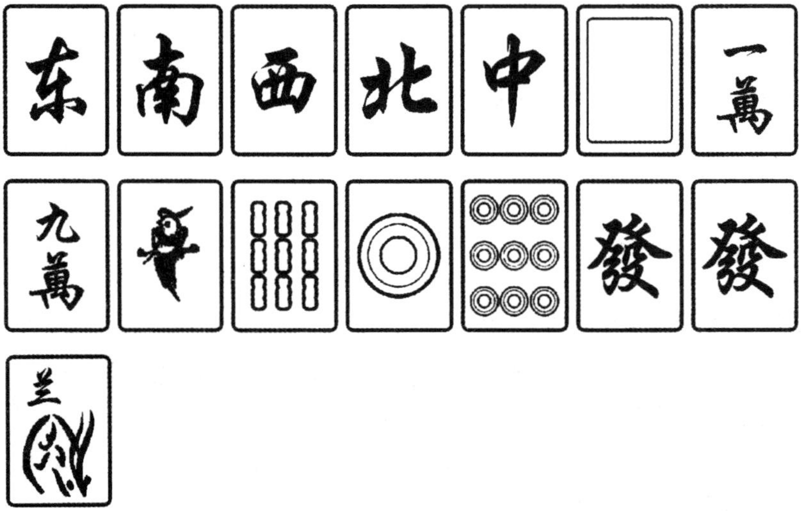

实例 33

南风圈，端坐东位。轮流坐庄轮到了你，摸进 14 张牌就有 10 张万子，且还是一个对子、两个刻子、两个单张。圈风一对，亦在阵中。

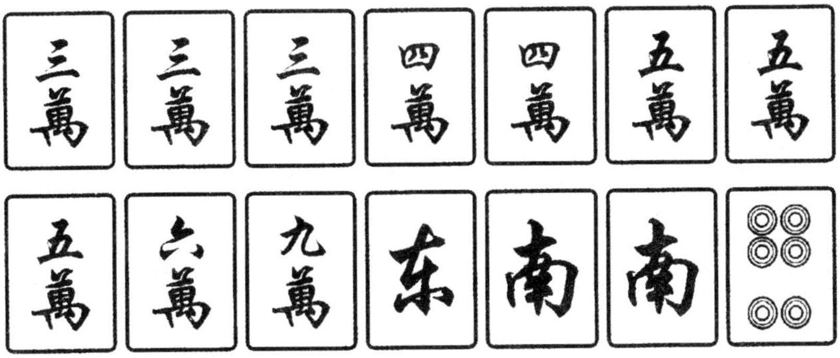

观看此牌阵，心中很明白。先考虑混一色、碰碰和，和牌的起码 8 分，根本不存在问题。

反正又无花可补，先把六筒弃出，权作“安客”之牌。

行牌数轮，尽摸些没有用的筒子、条子，就连很容易碰起的一对南风，依然待在阵里。看来需要字牌者并非自己一家，如果对子“绷起”了，就看哪家先稳不起。

不过，把四万一对摸成了四张之后，手中一对南风依然稳起，怎么办？得好好考虑。

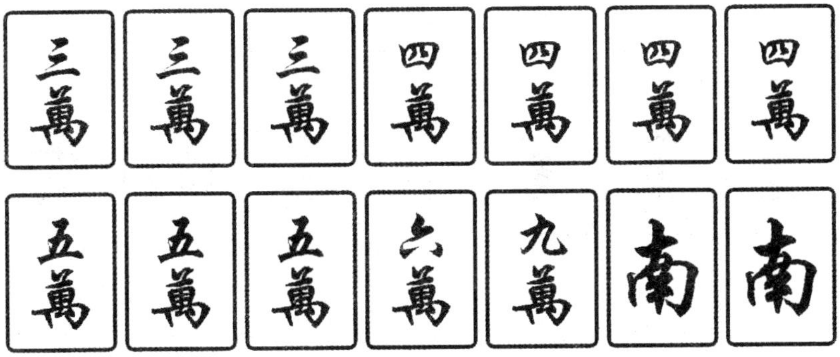

这时的牌的确难于处理：

如果把四万拿出来暗杠，料不定会杠上一张什么牌。若能杠上一张与手中万子牌牌序相连的当然不错；若不能杠上万子牌，只能弃之，手中的万子牌序也就有些乱套。

假如不暗杠四万，弃出一张九万，下一个和五万、南风“对杵”带二万的叫。若和五万，混一色、四归一的起码分也就够了；若和南风，混一色、圈风刻的起码分也不用愁了。

当机立断，先行“下叫”。场上的情势也不容许慢慢组合，迟缓“下叫”。这一点，你已经看得清楚明了。

数轮行牌，似乎一晃而过，当摸上一张三万之时，你认定做成清一色，时间已经不会许可，便打出了一张六万，保叫第一。

细看此时牌阵，你自己也暗自称奇：四个三万、四个四万、三个五万、一对南风，如果能够和成五万，那不是可以组成四个三、四、五万的顺子吗？那不是就成了可以得 48 分的“一色四同顺”了吗？真有点“踏破铁鞋无觅处，得来全不费工夫”的欣喜。

说巧便巧，该你和的牌，它是无论如何都跑不了。当下一轮，你摸起来一张五万如愿以偿时，你也随机应变，要个奇巧：嘿嘿，和了，一色四同顺，单钓南风，自摸。

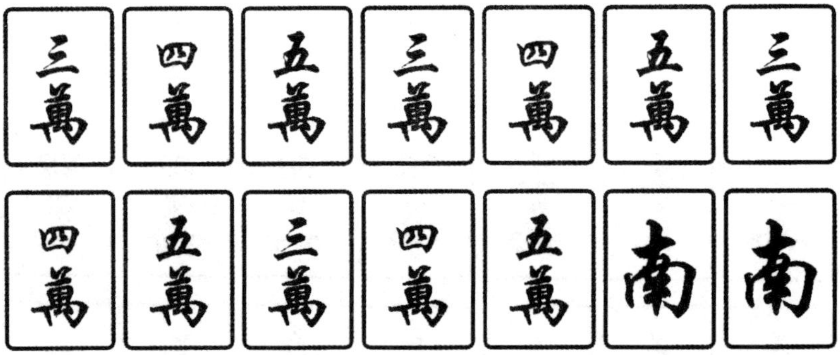

这副和牌，还应该赢的分有：混一色 6 分，门前清 2 分，单钓将 1 分，自摸 1 分。规则规定一色四同顺不再计一色三节高、一般高、四归一，真是遗憾。

实例 34

东风圈，你坐在东位。抽签定位，幸运当庄。先交好运，先摸牌 14 张。摸完理牌，11 张条子。

思量此牌，若碰起东风，圈风刻、门风刻立刻就有 4 分，再做个 6 分的混一色，那就根本不用顾虑起和分了。而且，条子的序数又连接得很好，和牌的进程当然能够很快。

再一看，手中已有四对牌，若能再摸进对子，和个 24 分的七对，也并非没有可能。

无花可补，自然是待他人补花之后，即弃出单张八万，开启首轮行牌。

行牌三五轮，“东风不与周郎便”，想碰碰不成。摸牌手气较差，尽是万子、筒子，看一眼即弃之，等于是在陪太子攻书，自己没得长进。

再过两三轮，外甥打灯笼——照舅（旧）。待摸上一张九条之后，觉得原计划应该修正：东风久不露面，一是埋得太深，二是对手持之，恐打出庄家碰起就有 4 分，老是捏牌不发，或成对留阵。干脆自己先弃，努力向清一色条子牌发展，前景将更加光明。

下定决心，拆对东风，弃出一张，果然对家呼碰，顿觉自己决策正确，清条子当能做成。

东风露面，万象更新。对家弃出二条，立即碰成刻子，再弃东风，清一色呈和二、五条阵形，若能和上绝张二条，还得添进一个四归一。

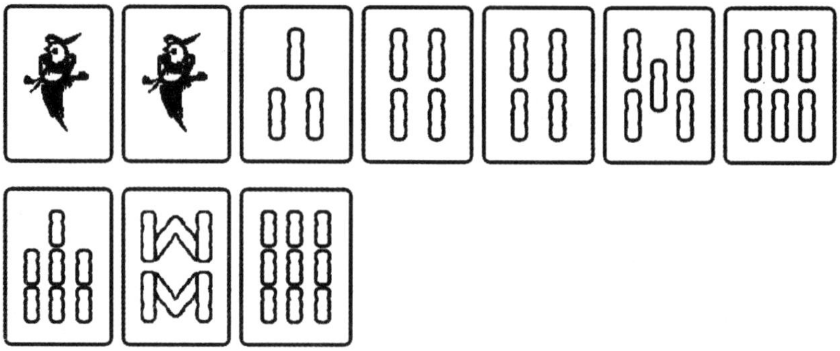

麻将对阵，手气背时，想摸啥子就是摸不到；手气好时，想进哪张就立刻摸起来。

这一盘，你是先背后好，三轮之后，终于想到了那张绝张二条，并且，的确是由你自己亲自把它摸上来，和牌，开门红。

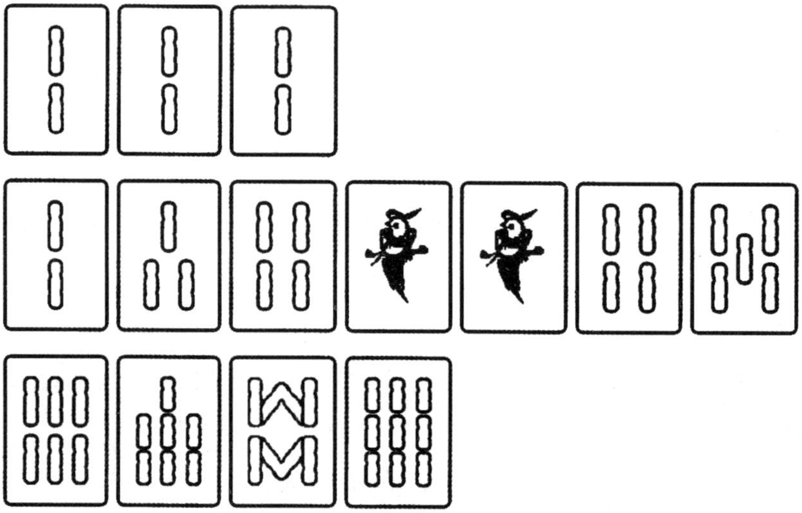

这盘牌，清一色的 24 分计算之后，还要算四归一 2 分、自摸 1 分。

实例 35

东风圈，你坐东，当庄。这手牌巧在摸上手就有三张东风，也就是说还未行牌，你就有圈风刻 2 分、门风刻 2 分在握，随便再做 4 分，就凑够了起和分，大有希望很快和牌，收盘完工。

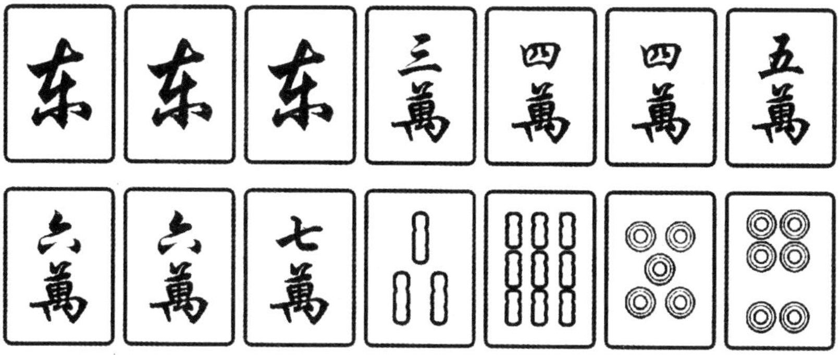

“安客”张子打出九条，立即扯了个上手。

上家弃出一张五万，马上用六万、七万将其吃为一个顺子，意欲尽快向混一色靠拢。

此时，你忽然发现，自己手中的万子，很有可能做成一个更高分值的番种：

刚刚吃成的五、六、七万，手中的四、五、六万，若能再把手中的三万、四万吃成或摸成一个三、四、五万的顺子，那么，这三个顺子就组成了一个 16 分的番种“一色三步高”。

看清楚了这种发展趋势，接下来的行动，就是如何保证“一色三步高”的顺利成功。

下一轮，摸进一张花牌，补花，将三条抓成了一对。一算牌，拆搭子五、六筒应是顺埋成章之事，若能顺利兑现三、四、五万，那么，“下叫”、和牌就应能尽快取得成功。

果然，行牌如你所想，不仅顺利“下叫”，还自己摸起绝张东风，开了暗杠。

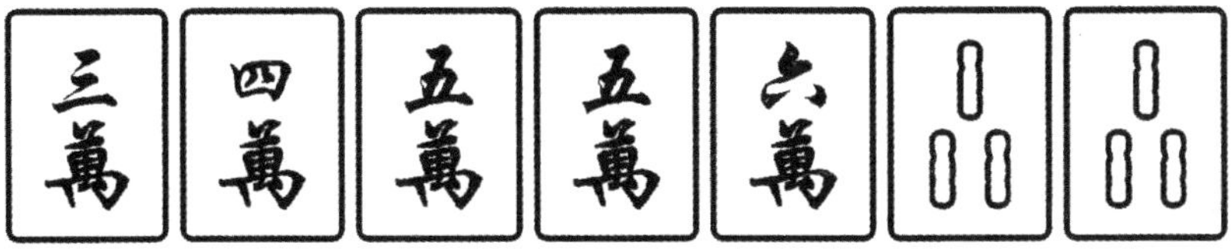

这一下，四、七万两个叫看得非常清楚，然而，要做成“一色三步高”，必须和四万才能符合要求。你暗下决心，非四万坚决不和，把“宽叫”当作“窄叫”，以实现自己的意图。其实，你比大家更明白，就是七万出来点炮，自己想和牌，如果起和分不够，也是妄想，因为这时的牌没有混一色的大头。

接下来，出现了一个小小的失误：你摸上来一张七万，立刻把它弃出。打出去之后你才想起自摸就可以和了，因为圈风刻 2 分，门风刻 2 分，暗杠 2 分，缺一门 1 分，自摸 1 分，刚好 8 分。如果再临场发挥点小聪明，报成是自摸三条、单钓将，还可以多得 1 分。

这也不要后悔嘛，谁让你心中全是非四万坚决不和。不过，这也给了你教训，今后，你决心要在灵活机动上多下功夫。

俗话说：该你的，跑不脱；不该你的，也强求不来。这一盘的和牌，是注定了该你的，三轮之内，你就摸起来一张四万，把牌和了，实现了你的愿望。

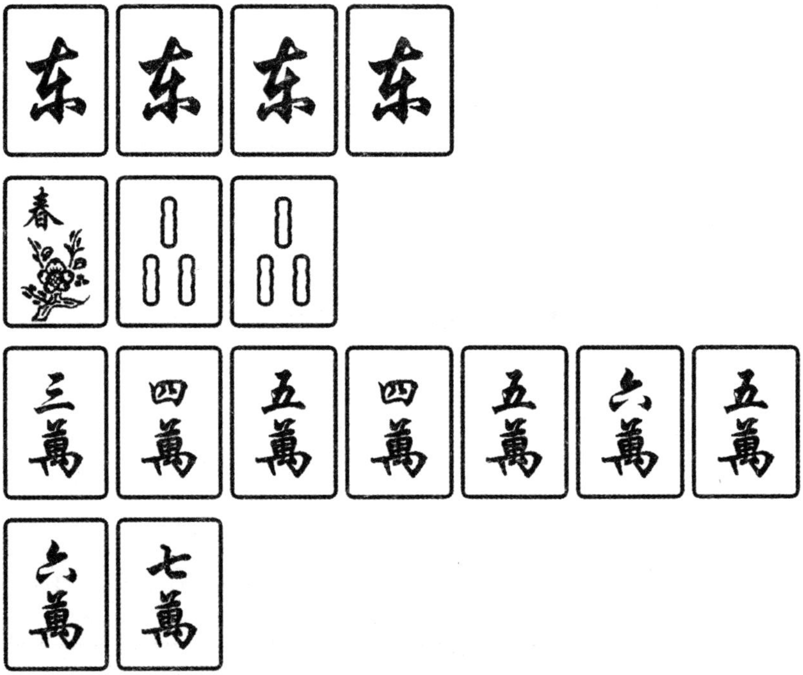

这副和牌，除了“一色三步高”的 16 分之外，尚可得到：花牌 1 分，圈风刻 2 分，门风刻 2 分，暗杠 2 分，自摸 1 分，缺一门 1 分。

实例 36

北风圈，座为南方。这副牌摸上手就有 8 张字牌，且北风三张，南风两张。

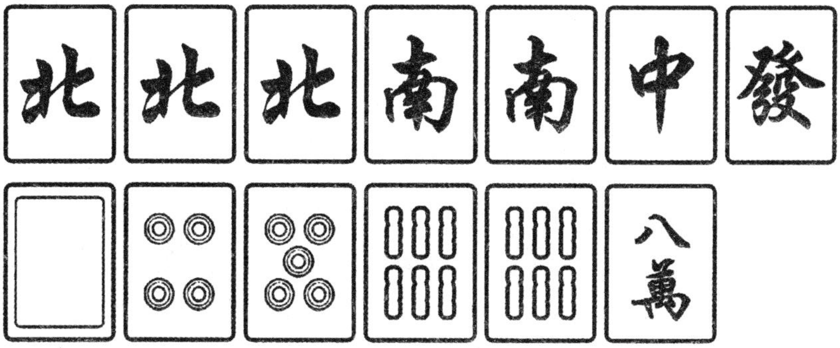

第二轮就碰起了南风。四、五轮连摸两张西风成对。因为红中、白板已经由下家碰成了刻子，所以打消了做成一色的念头，先考虑混一色、碰碰和，把起和分挣够了才好和牌。

浏览了自己的风牌，看出了“三风刻”已经初具规模。如果能够碰起西风，或者是下一个和西风的叫，再和牌，那么，12 分的“三风刻”就保证了起和分。

有了计划，就去努力实施。行牌接近半程，凭借摸牌进张，就先下了西风、六条“对杵”的叫。

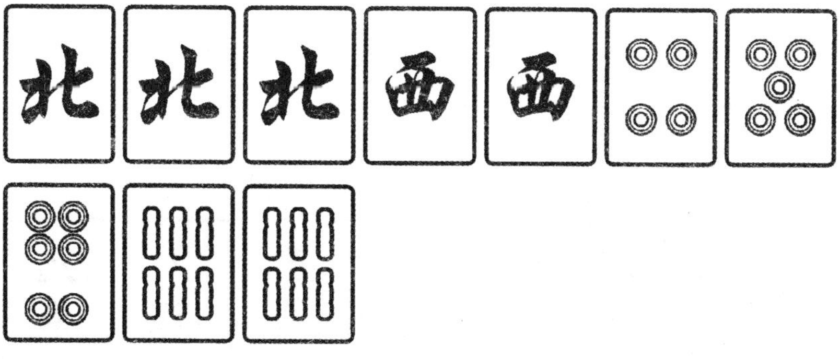

过了两轮，摸上一张六条，捏牌在手，心中再默想番种得分：圈风刻 2 分、门风刻 2 分、缺一门 1 分、自摸 1 分，无论如何都凑不齐 8 分，只好抱憾，弃出六条。

耐心等待，西风呵，何时才能吹拂？

等待中平添一丝惊喜，自己摸上最后那张北风，开个暗杠，杠上之牌顺利过关。

牌墙上的最后一张牌，被上家摸上手后轻瞄一眼又弃了出来。哈哈，一张西风！该你的终究还是出来了，终于和了一个海底捞月的“三风刻”。

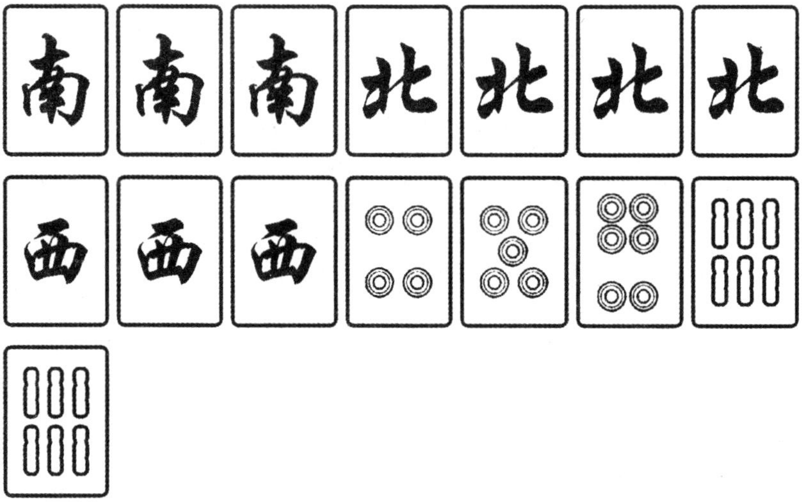

这副和牌，还赢得了：海底捞月 8 分，圈风刻 2 分，门风刻 2 分，暗杠 2 分，缺一门 1 分。

实例 37

西风圈，你的座位为南方。开始摸牌，咋个四张四张的万字牌？这么好的手气嗦？排列好了一数，11 张万字牌，两朵花。

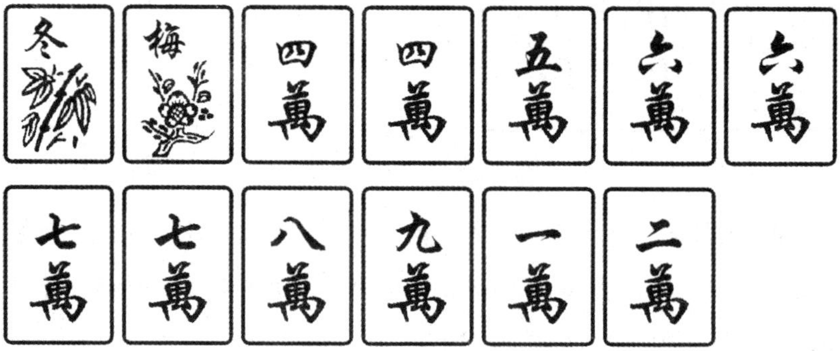

补花，只有你一人有资格，两张花牌，补上来一张西风、一张九条。

轮到摸牌，咋个又是万子？四万成了刻子。把九条弃出，上家碰。

又该摸牌，又是万子。五万成对，打出西风。

行牌，摸起非万子就马上弃之，摸到一张七万就立刻放入，并且把牌阵重新整理一下，才好决定该弃哪张万子。

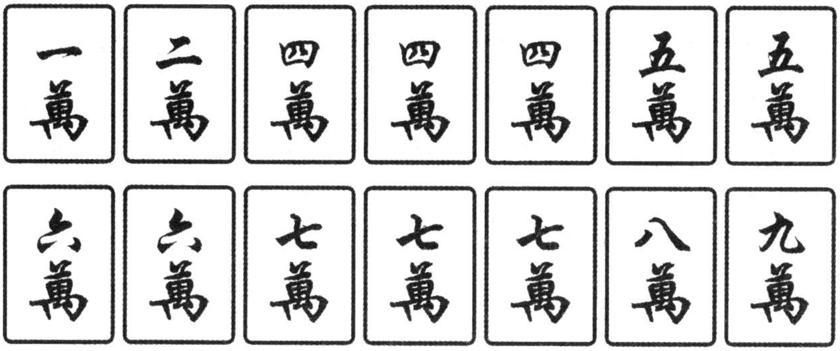

看着自己看起来都很舒服的万子牌阵，再看一下牌桌子上已经出现的万子，心中不住地嘀咕：

已经现了三张一万、三张二万，如果这时下个单钓一万或二万的叫，只能是个“理论叫”。

假如打掉一张四万或七万，可以下个边三万的叫，和牌的可能性也不小。但是，好不容易才有的刻子，这么好的杠牌基础，毁掉岂不可惜？更何况，可以碰起或把五、六万都变成刻子的机会更多，如果如愿，那四、五、六、七万都成了刻子，那不是就做成了“一色四节高”？那可是分值为48的高分番种！

主意既定，打出一万。这样，还可以保留好牌序，且下个卡三万的叫在那里搁起。

后来的行牌，很是遂你的心意：暗杠了四万，碰起了五万，摸上了一张六万。“一色四节高”顺利做起了阵形。根据场上的牌情，下成了和六、七、八万的叫，但必须和八万才是一色四节高。

单钓将等待和牌虽然容易让人心慌意乱，干扰和牌，但你的沉着冷静、胸有成竹，帮助你很快就摸到了一张八万，和牌，一色四节高，大功告成。

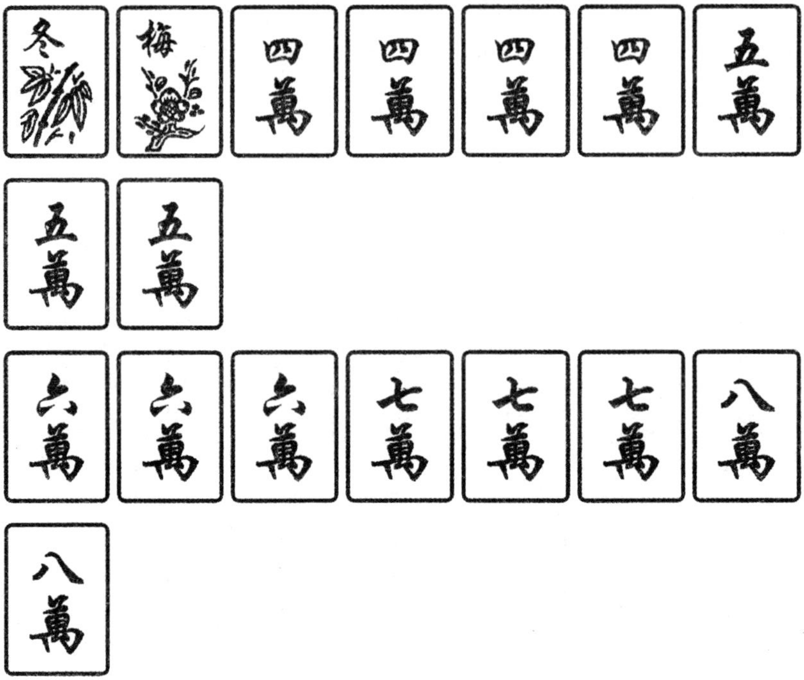

和牌,还为你赢得了以下番种的得分:花牌 2 分,断幺 2 分,暗杠 2 分,单钓将 1 分,自摸 1 分。

实例 38

南风圈,座位为东方。这盘牌摸上手就没有一张字牌,甚至连万子牌都无影无踪,更舒服的是有两张花牌。

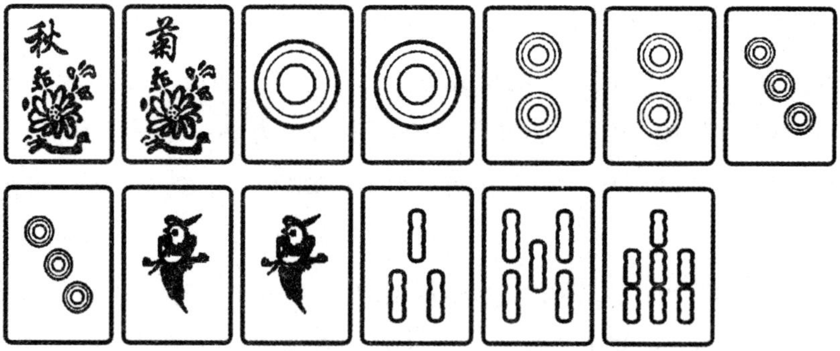

庄家补了一张花,轮到你补两张。真巧,一张三条、一张四条。

仔细看看这手牌,第一个反应就是力求做成 12 分的“小于五”,不必为凑够起和分而心焦。

行牌伊始,似乎就按着你的计划在走。上家弃出一张二筒,你立刻用手中的三筒和一筒将其吃进,而不是碰起,你心中还有别的图谋,又弃出大牌点七条。

数轮行牌,如愿摸起来一张二筒、一张三筒。虽然还未达到其全部牌点都小于五,但却是率先下了个叫。

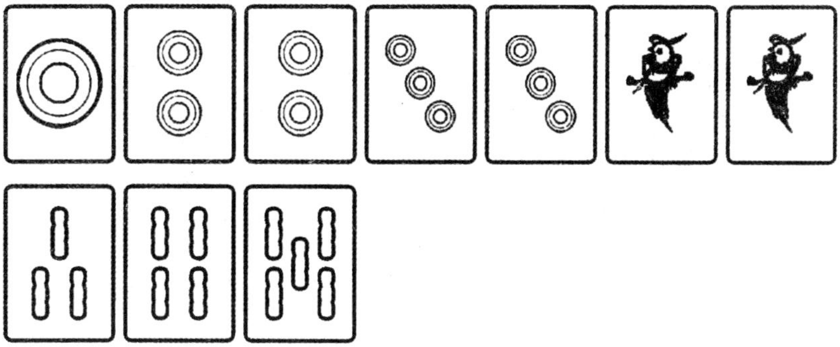

两轮之后,上家弃出一张四筒。你小算一下:无字 1 分、平和 2 分、缺一门 1 分、一般高 1 分,尚不够和牌的起和 8 分,无奈放过。心想:若能摸进二条弃出五条,那就是“小于五”的阵形,再出四筒,就能和了。不料,伸手摸牌,竟然心想事成,一张二条。弃出五条,心里在乐。

平平淡淡行牌三轮,你的幸运突然降临:自己摸上来一张一筒,和牌了。你笑容可掬地将手中之牌全部亮开,请大家查验。

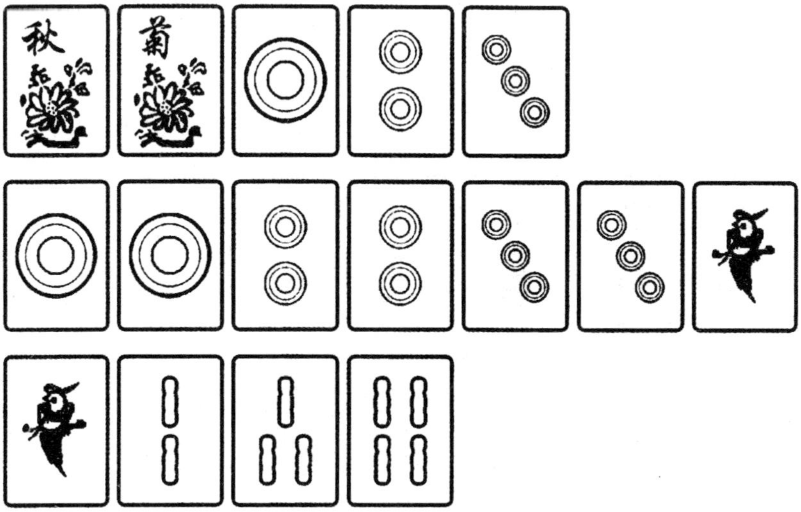

你先报出了“小于五”12 分，随即又报出了你用一、三筒吃进上家二筒时埋下的伏笔，成功做出“一色三同顺”24 分。还报出了：花牌 2 分，无字 1 分，缺一门 1 分，平和 2 分，自摸 1 分。

实例 39

南风圈，座位为东方。摸好 14 张牌的庄家，没有花牌，一边理牌，一边请下家率先补花。

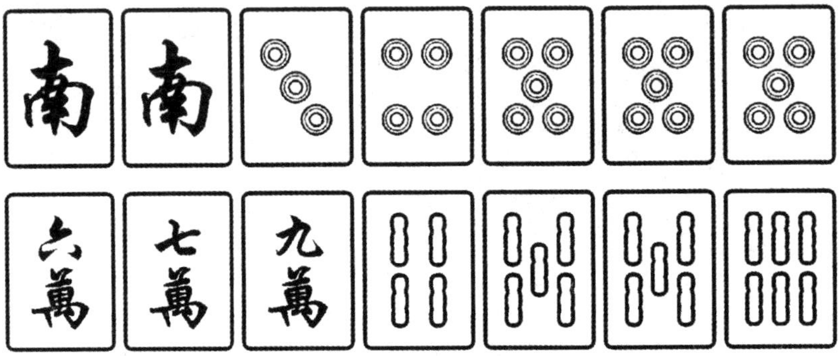

尽管是南风圈，碰起南风可以得到圈风刻的 2 分，但会影响做成其他高分番种。考虑周详之后，你第一张就拆对南风，打出“安客”。

你对竞技麻将的 81 个番种的要求记得滚瓜烂熟，这副牌，你首先考虑的是做成“全带五”，因其可以得到 16 分来免去凑足起和分的担忧。

由此，当第三轮上家弃出一张五筒时，你根本不去考虑暗杠的 2 分，而是用手中的三、四筒将其吃进，成为一个顺子，并得到四归一的 2 分。异曲同工。

更为振奋的是，后面的摸牌大大地遂了你的心愿，先先后后摸进三张五万，为做成全带五起了十分关键的作用。

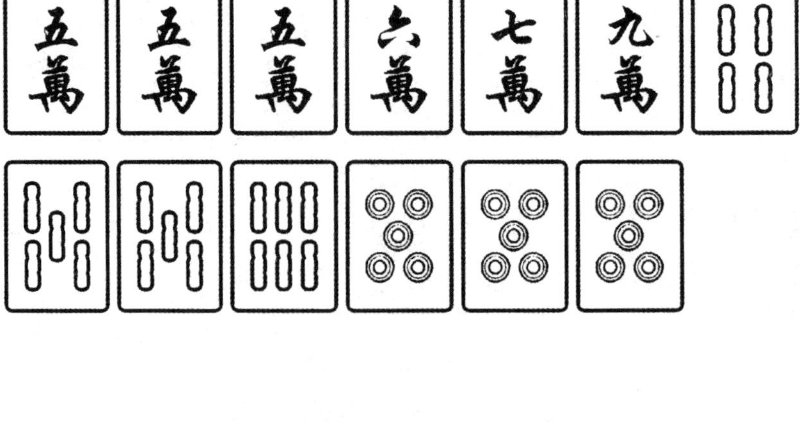

此时,若能碰上来或者摸进五万、五条,那么,弃出九万,就可以“下叫”了。

想得美妙,摸得实在。果然一张五万顺畅上手,然而,差点儿一高兴就把四张五万拿出去开了杠。猛然想起这是竞技麻将比赛,而不是在打血战到底,才立即收手,回到了自己在做全带五的牌面上。打出九万,“下叫”,单钓五条,静候成功。

再过三轮,上家打出一张五条,呃,不是血战到底哈,该和牌了。

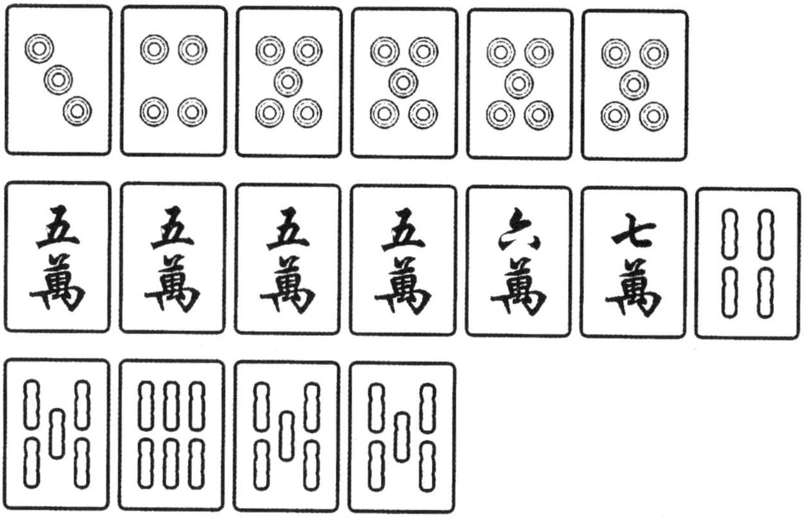

虽然全带五不能再计断幺是规则规定的,但这副和牌,还应该计算的分值有:无字 1 分,单钓将 1 分,两个四归一 4 分。

实例 40

南风圈,你坐在西位。这副牌摸上来好像是打成都麻将血战到底的起牌,无字牌无花牌,三种序数牌成五、四、四阵形。

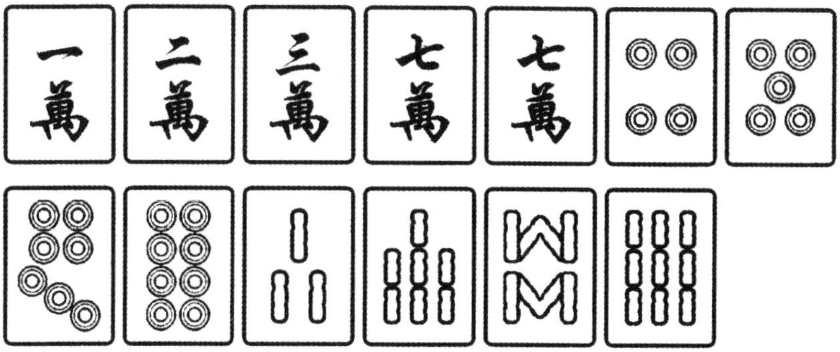

思绪还是立刻回到了竞技麻将。

研究一下这手牌,很快反应过来了,可以先考虑做一条花龙。因为一、二、三万,七、八、九条已经在手,而筒子牌有了四、五筒,只要有一张六筒,就能够立马成功。

有了前进的方向、奋斗的目标,就非常盼望早点儿摸上一张六筒,或是用自己手中的四、五筒吃进上家弃出来的六筒。

的确,这手牌做花龙的基础的确太好了,下面的行牌只要能向自己所想迈出一步,就是成功在望。

心有所想,事有所成。三轮之后,果然摸进了一张六筒,弃出三条,下个"宽叫",和三、六、九筒。

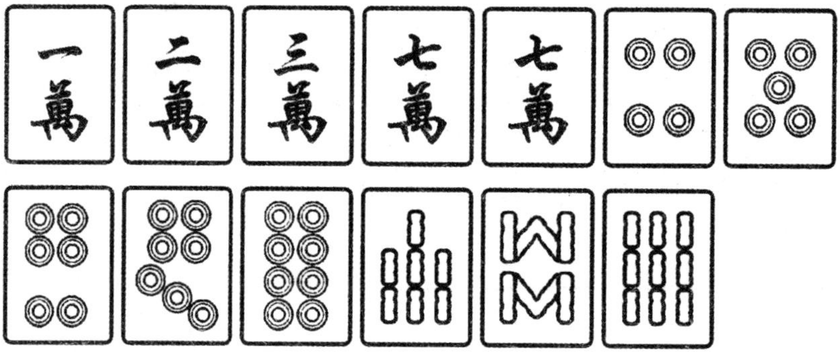

当然,如果和三筒,就构不成一条花龙;和六筒和九筒,就构得成一条花龙。下定决心,坚决等待六、九筒。

"盼星星,盼月亮,只盼着深山出太阳",你心中想起了京剧《智取威虎山》的一句唱词。当然,玩麻将牌,情况没有那么严重。盼望之中,你还幸运地摸上了一张花牌。

两轮之后,该你摸牌,上手一看,一张九筒,和牌成功。

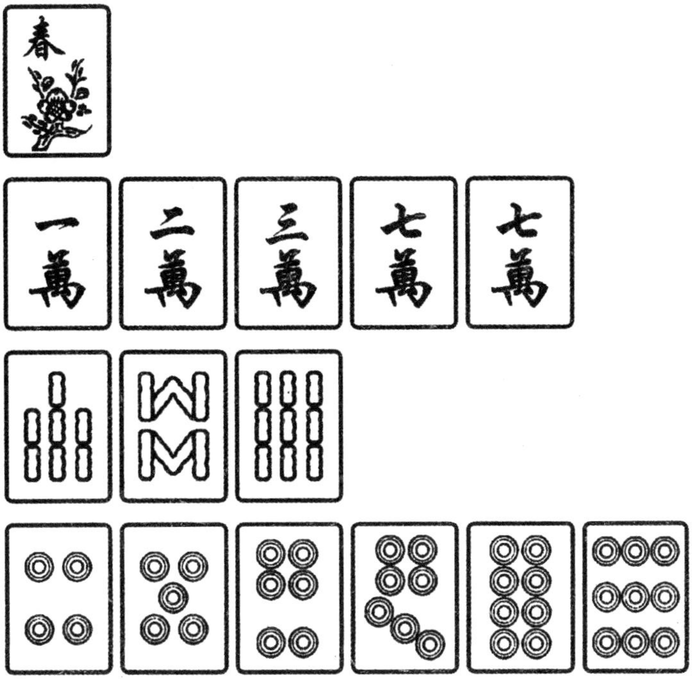

花龙凌空,还有一个喜相逢。这副和牌赢得的分值有:花龙 8 分,喜相逢 1 分,无字 1 分,平和 2 分,门前清 2 分,自摸 1 分,花牌 1 分。